늑대와 함께 달리는 여인들

원형 심리학으로 분석하고 이야기로 치유하는 여성의 심리

WOMEN WHO RUN WITH THE WOLVES by Clarissa Pinkola Estés
Copyright © 1992, 1995 by Clarissa Pinkola Estés, Ph.D.
All rights reserved.
This Korean edition was published by JIHYUNG Publishing Co. in 2013 by arrangement with Clarissa Pinkola Estés, Ph.D. c/o The Marsh Agency Ltd. through KCC(Korea Copyright Center Inc.), Seoul.

이 책은 (주)한국저작권센터(KCC)를 통한 저작권자와의 독점계약으로 지형에서 출간되었습니다.
저작권법에 의해 한국 내에서 보호를 받는 저작물이므로 무단전재와 복제를 금합니다.

Women Who Run With the Wolves
Myths and Stories of the Wild Woman Archetype

늑대와 함께 달리는 여인들

원형 심리학으로 분석하고 이야기로 치유하는 여성의 심리

클라리사 에스테스 지음 | 손영미 옮김

이루

■ 추천의 글

인습의 기성복을 벗고
어머니 늑대를 만나야 할 시간

아이오와에서의 어느 아름다운 가을날, 나는 대학 서점에서 금세기 최고의 심리학 베스트셀러라는 클라리사 핑콜라 에스테스의 《늑대와 함께 달리는 여인들》이라는 책 앞에서 말할 수 없는 전율을 느끼고 있었다. 세상에는 우리에게 전기충격 같은 전율을 주어 정신의 혁명을 일으키게 하는 책이 있는가 하면, 우리의 피 속에 말할 수 없이 따스한 불꽃을 일으켜 혈액의 혁명을 일으키는 책이 있다. 《늑대와 함께 달리는 여인들》은 바로 우리, 오랫동안 억압받고 무기력에 길들여져 야성적 자아를 끝내 상실하고, 그리하여 핏줄 속의 신성한 불을 불씨 하나 남김없이 꺼뜨려 버린 나약한 여성들의 핏속에 원초적 야성, 즉 신성의 점화를 성대하게 베풀어 주는 혈액의 혁명을 일으키는 책이었다.

"우리는 모두 야성을 원하지만 우리 문화의 테두리 안에서 이 갈망을 충족시킬 수 있는 것은 극히 제한되어 있다. 지금껏 우리는 그런 욕망을 수치스럽게 여겨 긴 머리카락으로 감추며 살아왔다. 그러나 여걸의 그림자는 우리 뒤를 어슬렁거리고 있다. 우리가 무엇이 됐건 우리 뒤에 걸어오는 그림자는 분명 네 발 달린 늑대다."라는 첫 구절을 읽을 때부터 나는 이 책이 내가 앓고 있는 문제에 대해 이야기하고 있고, 또한 내가 오랫동안 영적인 기아 상태에서 찾고 있었던 것에 대해 이야기하고 있음을 알아차렸다. 미숙한 채로나마 어느덧 나도 어머니가 되었고, 내가 누군가의 어머니가 되는 동안 늙고 메마르고 바스라져 더 이상 나의 위대한 어머니가 될 수 없는 노년의 어머니 사이에서 나를 위로해줄 수 있는 강하고 신성한 어머니를 갖고 싶다고 느끼고 있지 않았던가. 헤르만 헤세는 『데미안』에서 "새는 알을 깨고 나온다. 알은 하나의 세계다. 태어나려고 하는 자는 한 세계를 파괴해야 한다. 새는 새로운 신을 향해 날아간다. 그 신의 이름은 아프락사스다."라고 했다. 나는 '아프락사스'를, 아니 남자도 아니고 여자도 아니며, 선도 아니고 악도 아니라는 원초적 신의 생명의 따스함, 남성 중심주의적이고 유일신적인 배타의 신이 아니라 나의 완전한 생명의 원형을 받아줄 수 있는 '아프락사스' 같은 존재를 얼마나 꿈꾸며 찾았던가?

"건강한 늑대와 여성은 심리적으로 많은 공통점을 가지고 있다. 둘 다 예민하고, 장난스럽고, 강한 희생정신을 지니고 있고, 호기심이 강하며 엄청난 힘과 지구력을 가지고 있다. 또한 아주 직관적이고 자식과 배우자, 그리고 가족을 끔찍이 아끼며 끊임없이 변하는 환경에 잘 적응하며 씩씩하고 용감하다. 그러나 이들은 이리저리 내몰리고 학살당해 왔으며 열등한 존재라는 오해를 받아왔다. 그들은 미개지를 파괴하는 이들뿐 아니라 우리의 본능을 말살하여 인간 정신 속의 황무지를 없애고자 하는 이들의 표적이 되어 왔다. 늑대와 여성들은 자기들을 오해하는 이들에게서 놀라울 정도로 비슷한 취급을 받아왔다."

최초의 여성의 이름이 '에바(Eva)'였고, 그 이름은 '늑대[Vae, 늑대-Woe]'라는 말의 조직으로 만들어졌다는 것을 알고 있는가? 여성을 'Woman'이라고 표현할 때의 어원이 바로 'Woe', 즉 '늑대'+'Man'이라는 사실을 알고 보면 야성의 늑대가 원초적인 신성한 어머니의 원형을 갖고 있다는 에스테스의 논리는 극히 자연스러운 것임을 알게 되리라. 그러나 기독교의 영향으로 이런 어머니 늑대의 원형은 손상되고 마녀재판, 마녀사냥으로 무수한 세기에 걸쳐 학살되었다. 그리하여 '문화'라는 이름의 기성복이 '여성다움의 이미지'를 성모 이미지나 집안의 천사 이미지, 나이팅게일과 같은 간호 여인의 이미지로 과대 재생산하는 동안 열렬하고 따스한 야성의 힘에 넘치는 늑대-어머니-는 문화의 벼랑으로 밀쳐져 변두리 심연의 틈 속에 갇히게 되었다.

특히 한국 여성의 경우 우리의 늑대 같은 야성적 자아가 단군신화 속에서 이미 결박되고 재갈이 물려져 추방당했으니, 야성적이고 이글이글한 생명력을 지닌 아름다운 호랑이는 신화 속에서 쫓겨나 어디를 방황하고 있는지 알 수 없다. 우리는 스스로 웅녀의 후손이라 말하며 참고, 스스로의 본질적 원천을 누르면서 웅녀라는 숭고한 액자에 맞춰 자신의 에너지의 불길을 표구하고자 노력해온 것은 아니었을까.

에스테스의 말대로 '여걸[Wild Woman]'이라고 할 때의 'Wild'라는 말은 '거친, 통제할 수 없는'이라는 요즘의 왜곡된 뜻이 아니라 '자연스런 삶, 피조물이 본연의 건전한 한계를 온전히 지켜갈 수 있는 자연의 생활 방식'이라고 한다면 여성이 문화가 자기에게 만들어준 표구의 틀을 부수고 야성적 자아를 되찾는 것은 자신의 완전한 원형을 해방시키는 것에 다름 아니리라.

따라서 자신의 늑대를 회복하는 여성은 메마르고 무기력하고 언제나 자신이 없고 타인의 의지에 따라 살기만 하다가, 생명의 불씨를 꺼뜨려버린 영적 기아 상태의 삶을 청산하고 완전한 인간으로 자신을 복구시키게 되는 것이다.

에스테스는 심리전문의이자 C.G. 융(Jung) 학파의 심리학자로서 여성의 집단무의식 안에 시간과 공간을 뛰어넘어 '늑대 어머니' 원형이 있다고 보고 그것을 서로 다른 지역(멕시코나 유럽, 또는 미국 원주민과 일본 등), 서로 다른 시대(고대 그리스부터 15세기 남미, 그리고 현대 서구 여성들의 꿈 이야기 등)의 민담이나 설화, 동화의 원본에서 찾을 뿐 아니라, 그 속에 숨어 있는 의미와 상징을 새롭게 해석하여 어머니 늑대가 생명의 소생과 어떻게 연관되는지, 이성적 자아를 상실하게 되었을 때 어떻게 삶의 파탄이 오는지, 그리고 그 삶의 파탄을 어떻게 신성한 야성의 불로 회복할 수 있는지를 재미있게 보여준다.

또한 '푸른 수염', '미운 오리 새끼', '빨간 신', '해골여인', '손 없는 아가씨', '성냥팔이 소녀' 등의 친숙한 이야기를 재분석하여 가부장 이데올로기가 그토록 억압하려고 했던 신비로운 늑대의 창조적 자아의 비밀을 밝혀낸다. 그리하여 '문화'라는 남성 중심주의적 상황 속에서 스스로의 힘을 두려워하여 자신의 창조적 어머니인 '야성적 늑대'를 억압한 결과로 메말라 바스락거리며, 뼈가 너덜거리고, 어디가 어떻게 아픈지 늘 모르는 상태에서 가짜 환자 노릇을 하며 '너는 할 수 없을 거야.' 라고 무기력하게 주저앉는 그 영적 기아 상태를 치유해준다.

에스테스의 이 책을 읽는 동안 나는 자비롭고 신비로운, 따스한 불빛의 한가운데 있는 어느 아름다운 병원에 입원하여 나의 삐걱거리는 생명의 뼈를 다시 맞추고 마치 피를 야성적 불로 바꾼 것처럼 강해진 느낌을 받았다. 이 책은 영적인 기아 상태를 헤매는 현대인들에게 따스한 늑대의 창조적 에너지를 부어주는 매개체라 할 수 있다.

우리는 늑대의 진정한 불과 젖을 먹으러 그녀의 병원에 입원할 필요가 있는 사람들이고, 퇴원한 뒤에는 우아하고 의리 있게 생기와 지혜에 넘쳐 늑대와 함께 달려야 한다.

그때 누군가 우리에게 너는 누구냐고 묻는다면 "나는 본능을 다친 상처족"이라고 말해선 안 된다. "나는 신성한 어머니 늑대의 완전한 힘을 물려받아 내 안에 갇혀 있던 늑대 같은 원초적 에너지를 해방시킨, 반쪽 사람이 아닌 존엄한 늑대족"이라고 말하자.

여성해방은 다름 아닌 우리 속에 이천 년 동안이나 갇혀 있던 그 따스하고 지혜롭고 생명력 넘치는 늑대를 해방시키는 일에 다름 아니다. '늑대', 그것은 생명의 리듬이며 신의 불이고 저자의 말처럼 아버지의 이름으로 상징계가 억압해온 세미오틱(sémiotique, 기호계), 즉 어머니의 몸이며 모든 창조적 에너지의 원천이다.

야성적 자아를 해방시킨 악마가 축복을 내린 그런 '빨간 신'이 아니라 내가 만든 '빨간 신'을 신고 상실을 견디며 풍요롭게 자신의 길을 가기 위해 우리는 늑대와 함께 달려야 한다.

김승희(시인, 서강대 국문과 교수)

■ 서문

유해를 넘어서서 부르는 노래

늑대와 여걸, 그 평탄치 않은 운명

　야생동물과 '여걸'은 둘 다 멸종 위기에 처해 있다. 그동안 우리는 여성의 본능이 약탈당하고 매장당하는 모습을 수없이 목격해 왔다. 여성의 본능은 야생동물이나 미개지와 마찬가지로 수천 년 동안 우리가 한눈을 팔 때마다 인간 정신의 황무지로 내몰려 왔다. 지나온 인류의 역사 동안 여걸의 정신적 고향은 약탈·방화되었고, 그 굴 또한 심하게 파헤쳐졌다. 여성은 남들을 즐겁게 해주는 존재로 전락했고 본래 타고난 주기와는 무관한 부자연스런 리듬에 따라 살아야 했다.

　여성 안에 야성적 본능이 있다는 의식이 사라지면서 지구의 처녀지 역시 파괴되고 있다는 것은 결코 우연이 아니다. 태고의 원시림이든 나이 많은 여성이든 모두 쓸모없는 존재로 간주되고 있는 것이다. 여걸은 늑대, 코요테, 곰과 비슷한 존재로 간주되고 있는데 이는 모두 인간의 본능을 상징하는 것으로 철저히 그리고 천부적으로 위험하고 탐욕스러운 존재로 취급된다.

나는 융 계통의 심리학자 겸 이야기꾼이다. 수년간 심리학, 고고학적으로 파괴된 여성의 잠재의식을 파헤친 끝에 나는 약해진 여성의 힘을 되찾는 방법을 발견하게 되었다. 이 방법으로 여성의 타고난 심성을 되찾았을 뿐 아니라 여성성의 상징인 여걸 이미지를 통해 여성 본성의 기능을 이해할 수 있음도 깨닫게 되었다.

현대 여성은 여러 가지 활동의 집적체라 할 수 있다. 많은 사람에게 온갖 봉사를 다하지만 자신의 본성은 까맣게 잊는 존재가 바로 여성이다. 그러나 이제 여성들이 오랫동안 잊고 있던 그 지혜를 되찾을 때가 왔다.

《늑대와 함께 달리는 여인들》이라는 이 책의 제목은 야생 동물학, 특히 늑대에 대한 나의 특별한 관심에서 비롯되었다. 늑대와 붉은 이리는 여성처럼 활달하지만 많은 고난을 겪은 짐승으로 알려져 있다. 건강한 늑대와 여성은 심리적으로 많은 공통점이 있다. 둘 다 예민하고, 장난스럽고, 희생정신이 강하다. 천성적으로 남들과 가까워지기를 원하고, 호기심이 강하며, 엄청난 힘과 지구력이 있다. 또 매우 직관적이고, 자식과 배우자 등 가족을 끔찍이도 아낀다. 끊임없이 변화하는 주변 환경에 잘 적응할 뿐 아니라, 매우 씩씩하고 용감하다.

그러나 이들의 삶은 결코 평탄치 않았다. 이리저리 내몰리기 일쑤였고 항상 학살당할 위험에 노출되었다. 오해도 많았다. 탐욕스럽고 교활하며 지나치게 호전적인 데다가, 상대적으로 열등한 존재라는 낙인이 찍혔다. 늑대가 미개지를 파괴하는 이들의 표적이 되어온 것처럼, 여성 또한 그들의 본능을 말살하여 정신 속의 황무지를 없애버리려고 하는 이들의 표적이 되곤 했다. 늑대와 여성은 이처럼 놀라울 정도로 비슷한 취급을 받아왔다.

　여걸은 두 번 내 인생을 스쳐 지나갔다. 첫 번째는 열정적인 멕시코-스페인계 부모에게서 물려받은 선천적인 것이고, 성질이 불같은 헝가리인에게 입양된 것이 두 번째였다. 나는 숲과 과수원으로 둘러싸인 미시간과 인디아나주 경계, 오대호 주변의 농경 지대에서 어린 시절을 보냈다. 천둥과 번개를 벗 삼아 지냈고, 밤이 되면 바람에 흔들리는 옥수수밭을 보며 자랐다. 저 북쪽으로 올라가면 달밤에 늑대들이 숲속 공터에 내려와 뛰놀거나 기도하곤 했다. 사람이나 늑대나 아무 두려움 없이 같은 시냇물을 마시고 살았다.

　어렸을 때 나는 이름도 모르면서 막연히 여걸을 사랑했던 것 같다. 운동보다는 아름다움에 관심이 많았고, 행복한 방랑자가 되는 것이 유일한 꿈이었다. 의자나 탁자보다 땅바닥을 좋아했고 나무나 동굴을 자주 찾았다. 거기에 가야만 신의 품에 안긴 듯 포근했다. 날이 저물면 언제나 강이 부르는 소리를 들었고, 버석거리는 들판을 걸어야 마음이 편안했다. 밤에는 숲속에 모닥불을 지폈고, 어른들 모르게 아이들끼리의 이야기를 나누었다.

　내가 자연 속에서 자란 것은 그야말로 행운이었다. 번개를 보며 갑작스런 죽음의 실체와 인생의 허무를 배웠고, 새끼 쥐들을 보며 죽음의 고통을 달래주는 새로운 생명을 발견하기도 했다. 땅에서 '인디언 구슬'이라고 불리는 삼엽충을 파냈을 때는 인류의 역사가 얼마나 유구한지 알게 되었다. 제왕나비를 머리에 꽂았고, 반딧불로 옷을 장식했다. 짙푸른 개구리를 손목에 감고는 '자기 장식'이라는 신성한 예술을 발견하기도 했다.

치명상을 입은 제 새끼를 죽이는 어미 늑대를 볼 때는 쓰라린 연민과 함께 죽음을 받아들여야만 할 때가 있음을 깨닫기도 했다. 나뭇가지에서 굴러 떨어졌다 다시 기어 올라가는 털북숭이 벌레를 보면서 한 우물을 파야 한다는 교훈을 얻었고, 그 벌레들이 내 팔을 기어갈 때 간지러움을 느끼면서 내 피부가 얼마나 예민한지 알게 되었다. 그리고 나무 꼭대기에 올라섰을 때는 훗날 경험할 성에 대해 어렴풋이 짐작하기도 했다.

나는 제2차 세계대전이 끝난 뒤 태어난 세대였다. 여성과 아이가 사유재산으로 취급되는 사회 분위기 속에서 자랐던 당시 여성은 경작하지 않고 묵혀둔 땅 정도로 간주되었다. 다행히도 그 땅엔 항상 야생화의 씨가 바람에 날려 떨어졌다.

여성들은 인정받지 못할 줄 알면서도 뛰어난 작품들을 써댔고, 아무도 알아주지 않는 그림이지만 그것을 통해 영혼의 갈증을 달랬다. 창작 활동에 필요한 도구나 장소를 구걸하다 결국 안 되는 경우에는 나무나 숲, 혹은 다락에서 작품을 만들었다.

당시는 여성에게 춤이 거의 허용되지 않았다. 그래서 우리는 아무도 보지 않는 숲속이나 지하실, 혹은 쓰레기 버리러 가는 길에 몰래 춤을 추곤 했다. 멋을 부리다간 의심을 사기 십상이었다. 예쁜 옷으로 치장하거나 몸을 단장하면 폭행이나 강간당할 위험도 그만큼 컸기 때문에 입고 있는 옷조차 내 것이라 하기 힘들었다.

아이들을 학대하는 부모는 '엄하다'고 간주되었고, 너무 많이 시달려 정신에 치명타를 입은 여성은 '신경 쇠약자'로 불렸다. 몸과 마음이 꽁꽁 묶이고 입이 틀어 막힌 이들은 '여성적'이라고 생각되었으며, 잠깐씩 그 족쇄에서 빠져 나온 여성들은 '불량하다'고 매도되었다.

나 역시 허울을 쓴 피조물의 삶을 살아야 했다. 앞 세대 여성과 마찬가지로 굽 높은 구두를 신고 실쭉거리며 다녔고, 교회에 갈 땐 모자와 정장을 차려 입었다. 그러나 치맛자락 밑으로 빠져나온 엄청나게 긴 꼬리와 모자 밑에서 꿈틀대는 귀는 어찌할 수가 없었다.

　그 암울했던 시절의 노래, '굶주린 영혼의 노래'를 나는 아직도 생생히 기억한다. 흥겨운 '깊은 심연의 노래' 또한 나의 뇌리에 남아, 온 마음을 다해 사라진 자아를 되찾으려고 애쓸 때마다 가사가 되살아난다.

여성의 내면을 연구하는 심리학

　점점 희미해지다가 결국 없어지는 숲속의 오솔길처럼, 기존의 심리학 이론은 창의적이며 재능 넘치고 깊이 있는 여성의 내면을 설명하는 데 별 도움이 되지 않았다. 내가 30년 이상 여걸 원형 연구에 심혈을 기울인 이유도 거기에 있는데, 전통 심리학은 원형과 직관, 혹은 성적이고 주기적인 현상들에 대해 함구하고 있었다. 게다가 여성 자신도 나이나 습관, 지식, 창조적 열정 등 자신에게 중요하고 심각한 문제들에 대해 대부분 입을 다물고 있었다.

　여성의 영혼에 관한 문제는 무의식적 사고가 규정하는 대로 적당히 포장해 다루어서는 안 될 뿐더러, 의식이 있다고 주장하는 지식인들에 의해 지적으로 윤색되어서도 안 된다. 이는 오히려 수백만의 강하고 자연스러운 여성이 자신의 문화 안에서 국외자가 되어버리는 결과를 낳았다. 이제 아름답고 자연스러운 여성의 영적 자아를 되살릴 때가 왔다.

　동화, 신화, 이야기 등은 원시 상태의 자연이 남긴 것을 찾아 따라갈 수 있는 예리한 통찰력을 제공해준다. 이야기에 담겨 있는 교훈은 우리를 깊은 내면으로 이끌어준다. 우리는 이 이야기들과 함께 여걸, 즉 여성 본연의 본능적 길을 걷게 될 것이다.

내가 여성 본연의 본능적 자아를 여걸(Wild Woman)이라고 부르는 이유는 '길들여지지 않은(Wild)', '여성(Woman)'이라는 단어가 마치 동화처럼 여성의 깊은 내면의 문을 두드리기 때문이다. 이 말은 문자 그대로 문을 열기 위해 이름이라는 악기를 연주한다는 뜻으로, 말로써 길을 연다는 의미가 있다.

어떤 문화권에서 자랐든 여성이라면 누구나 직관적으로 '길들여지지 않은 여성'이라는 말을 이해할 것이다. 이 말을 듣는 여성들에게는 태고의 기억이 되살아날 것이고, 그러면 그들은 너무나 오랫동안 묻혀 있어서 잊어버리고, 지나치게 순화되어 의식의 밑바닥에 깔려버린 자신들의 본능을 만날 것이다. 이는 주변 문화에 의해 불법화되고, 더 이상 이해하기 어렵지만 절대적이며 부정할 수도, 되찾을 수도 없는 야성적인 여성의 본능이다.

우리가 설사 이름을 잊어버리고 부르는 소리를 듣지 못한다 해도 여걸은 우리의 골수에 남아 있어 항상 우리 마음을 끌어당긴다. 여걸은 우리 것이고 우리 또한 여걸의 소유이다. 우리는 태어날 때부터 여걸과 원초적이고 근본적인 관계를 맺고 있다. 이 관계가 우리 본질의 원천이다.

여걸 원형은 최초의 모계적인 생활 방식을 담고 있다. 우리는 잠깐씩이나마 야성을 경험할 때가 있는데 그때마다 그 느낌을 지속적으로 누리고 싶은 욕망에 사로잡힌다. 가령 임신 중이거나 아기에게 젖을 먹일 때, 또는 아이를 기르는 동안 기적적인 자기 변신을 체험하기도 하고, 또 소중한 정원을 가꾸듯 누군가와 연애를 하는 동안 이 생명력 넘치는 야성을 경험한다.

환상처럼 극도로 아름다운 광경을 볼 때도 야성을 경험할 수 있다.

나 또한 삼림지대 사람들이 '예수의 석양'이라고 부르는 낙조를 볼 때 그런 경험을 한 적이 있다. 해질녘 어부들이 등불을 켜들고 호수에서 올라오는 광경을 지켜볼 때나, 내가 낳은 아이의 발가락이 옥수수 알처럼 가지런한 것을 볼 때 야성이 내 안에서 파닥이는 걸 느꼈다.

야성은 소리를 통해서도 경험할 수 있다. 심금을 울리고 가슴을 뒤흔드는 음악, 북소리, 휘파람 소리, 누군가 울부짖는 소리 등은 우리의 야성을 불러낸다. 놀라울 정도로 정확하고 분명한 글이나 말도 마찬가지이다. 어떤 문장이나 시, 혹은 이야기를 들으면 잠깐이나마 우리 본연의 모습, 즉 우리의 고향을 기억하게 된다.

이 일시적인 '야성의 맛'은 영감의 순간에 나타나 곁에 있는가 하면 금세 스러져 버린다. 그리고 우연한 기회에 불현듯 그 순간에 대한 그리움에 사무친다. 예를 들면 야성과 긴밀한 유대를 맺고 있는 이를 만날 때, 또는 너무나 바쁜 나머지 모닥불을 피우거나 꿈조차 꿀 시간이 없을 때, 창조적인 일 또는 참된 사랑에 바칠 시간이 없다고 느끼는 그런 순간 말이다.

뭔가를 상실하거나 아름다움을 경험할 때 나타났다 사라져버리는, 이 덧없는 맛은 우리를 상실감과 흥분, 그리움으로 가득 채워 결국 야성을 추구하게 만든다. 우리는 눈을 부릅뜨고 귀를 곤두세운 채 아직 살아 있는 야성을 찾기 위해 길을 떠난다. 그곳은 숲이나 사막, 혹은 눈이 뒤덮인 산이 되기도 한다. 그런 길이 나타날 때 여성들이 하는 선택은 대개 이렇다. 잽싸게 야성을 따라잡거나, 책상을 치운다. 관계를 청산하거나 마음을 정돈해 인생의 새 장을 열기도 한다. 휴가를 내기도 하고, 때로는 규율을 깨고 세상을 정지시키려 한다. 이제 야성 없이는 살고 싶지 않기 때문이다.

그리하여 일단 야성을 되찾으면 이를 지키기 위해 온 힘을 다해 싸운다. 왜냐하면 야성이 있어야 창조력이 발휘되고, 깊고 건전한 관계를 맺을 수 있기 때문이다. 야성을 회복하면 성생활은 물론 모든 창조 행위나 유희의 주기도 새로워진다. 다른 이들의 희생물이 되지도 않을 뿐더러 자연의 법칙 아래 남성과 동등하게 성장하고 피어날 수 있다. 이때 하루 일과가 끝난 뒤에 밀려오는 피로는 만족스러운 노동의 부산물이 될 것이다.

야성과 관계를 되찾은 여성들은 마음속에 모든 것을 이해하고 예견·예언하는 능력을 갖게 된다. 영감이 넘치고, 직관적이고 생산적이며 창조적인 생활을 하게 된다. 남의 말을 경청하는 능력이 생기고 정신적·육체적으로 생기 넘치는 삶을 살게 될 것이다. 여걸을 받아들인 여성은 그 관계에서 오는 빛으로 빛나게 된다. 또 어떤 어려움에 처해도 걱정할 필요가 없다. 여걸이 교사이자 어머니, 혹은 지도자가 되어 안팎으로 그녀를 이끌어줄 것이기 때문이다.

이때 '길들여지지 않은'이란 말은 요즘 식으로 '통제할 수 없는'의 뜻으로 해석해서는 안 된다. 본래 의미대로 '자연스런 삶, 피조물이 본연의 건전한 한계를 지켜나갈 수 있는 생활 방식'으로 해석해야 한다. 길들여지지 않은 여성이라는 말 또한 통제 불가능한 여성이라는 뜻이 아니다. 여성의 본질과 사명을 기억하고 여성을 지탱해주는 힘을 떠올리며 여성에게 꼭 필요한 힘을 체현하는 여성이라는 의미로 받아들여야 한다.

여걸 원형을 나타내는 말은 그 밖에도 많다. 이를 본능이라고 부르고 싶을지 모르지만 여걸은 그보다 더 큰 힘을 가리킨다. 자연적인 심리 상태라고 하고 싶을지 모르지만 그 뒤에는 여전히 여걸 원형이 자리 잡고 있다. 이 힘은 여성이 원래 타고난 근본적인 성질, 천성, 혹은 본성이라 할 수도 있다. 심리학 용어로는 '이드(id: 본능의 힘)', '자아', 혹은 '중간적 성질'이라고 할 수 있고, 생물학에서는 '전형적 또는 근본적인 성질'이라 할 수도 있다.

이야기꾼들은 그 힘을 은근하고 통찰력 있으며 본능적이므로 현명하다거나 지혜롭다고 말한다. 때로는 '시간의 끝에 사는 여성'이나 '세계의 언저리에 사는 여성'이라고 표현하기도 한다. 또한 여러 형태로 의인화되어 '죽음의 여신', '지하 세계로 내려가는 처녀' 등으로 표현하고, 때로는 길 잃은 이로, 또 때로는 배우려는 이, 수수께끼를 풀어야 하는 이로 표현하기도 한다.

하나의 이름을 붙이기엔 너무 큰 존재

영적 무의식, 즉 여걸이 있는 곳에 정작 여걸은 이름이 없다. 어떤 한 이름을 붙이기에는 너무나 엄청난 존재이기 때문이다. 그러나 여걸은 여성의 삶에서 무수한 형태로 발현되기 때문에, 사람들은 그 본성을 찾고 그것에 매달리기 위해 수많은 이름을 지어냈다. 처음 여걸과의 관계를 회복하는 단계에서는 순식간에 그 관계를 놓칠 수 있기 때문에 여걸에게 이름을 붙이는 것이 좋다. 우리의 내면에 여걸이 생각하고 느낄 공간을 마련해주면 다음에도 여걸은 반드시 찾아올 것이고 계속 머물 것이다.

여걸에 대한 이해는 종교가 아니라 실천이고, 진정한 의미의 심리학이다. 여걸은 영혼 자체이고, 혹은 영혼에 대한 지식이다. 여걸이 없는 여성은 자신의 영혼에 대한 이야기나 내면의 리듬을 인식할 능력이 없고, 어떤 시커먼 손이 내면의 귀를 막아버린다. 그 결과 권태와 헛된 생각에 사로잡혀 반쯤 마비된 상태로 시간만 허비하게 된다. 그런 여성은 자신감이 없고, 스스로 존재 이유를 찾지 못한다. 저항해야 할 때 가만히 있고, 화급한 상황에서도 입을 다문다.

여걸은 여성의 삶을 조정하고 존재의 핵을 이루는, 이를테면 우리 몸을 조절하는 심장과 같은 존재이다. 이런 본능적 영과 단절된 삶을 사는 이들은 여성 본연의 심상이나 힘을 제대로 발현하지 못한다. 자신의 근본적인 힘의 원천과 단절된 여성은 필요한 것들을 빼앗긴 상태로 자신의 본능 및 자연의 주기를 상실한 채 문화나 지성에 종속되어 살아가며, 자아 또는 타아에 종속된다.

여걸은 모든 여성에게 건강의 근원이다. 여걸 없이는 여성의 심리를 이해할 수 없다. 여걸은 여성 본래의 모습으로 문화, 시대, 정치 상황에 상관없이 결코 변하지 않는다. 그 주기나 상징은 변할지 몰라도, 본질적으로 볼 때 여걸 자체는 변하지 않는다. 여걸은 여성 자신이며 총체적인 존재이기 때문이다.

여걸은 여성들의 몸을 빌려 체현되기 때문에 여성이 압박을 받으면 저항하고, 압박에서 풀려나면 자유롭게 존재한다. 다행히도 여걸은 아무리 여러 번 짓뭉개져도 반드시 되살아난다. 숱하게 금지당하고 진압되고 고문당한다 할지라도, 때로는 위험하다든가 미쳤다는 비난을 받는다 할지라도 여성들을 통해 다시금 일어선다.

아주 조용하고 얌전한 여성도 마음속에는 은밀히 여걸을 품고 있다. 철저히 억제된 삶을 사는 여성조차 속에는 화려하고 거친, 자연스런 생각과 감정을 품는다. 무언가에 온통 사로잡혀 있는 여성들도 직관적으로 언젠가는 빠져나갈 틈이 생길 것을 알고 있다. 그래서 야성적인 자아가 있는 공간을 지키다가 기회가 생기면 바로 도망친다.

나는 모든 사람이 제각기 타고난 재능이 있다고 믿는다. 기존의 심리학 이론들은 재능 있고 총명하고 창조적인 여성들의 생각이나 행동 방식을 거의 연구하지 않았다. 반면에 인간, 특히 여성의 약점이나 어리석음에 대한 연구는 지나치게 많았다. 그러나 여걸 원형의 경우, 여성에게 힘을 주는 생각이나 감정에 좀 더 관심을 기울여야만 여걸이 주는 선물을 받을 수 있다. 물론 여성을 약화시키는 정신적·문화적 요인들 역시 제대로 파악해야 할 것이다.

그동안 상처 입은 야성을 제대로 치유하고 여걸과의 관계를 정상화하기 위해서는 무엇보다도 문제의 원인을 정확히 진단해야 한다. 물론 심리분석학에도 객관적인 심리나 '자아-자신 축' 내의 조직을 통해 정신질환을 정의할 수 있는 정신분석학적 도구들이 있고 치료에 필요한 통계자료나 여러 증상들도 있다. 그러나 여성의 입장에서 무엇이 잘못돼 있는지 정확히 진단해주는 행동이나 감정들은 따로 있다.

우리의 내면에 존재하는 야성과 관계가 단절되면 어떤 증상들이 나타날까? 다음과 같은 감정이나 생각, 행동이 나타나면 본능적인 심리와 관계가 단절되어 있다고 파악하면 된다. 이를 여성만의 언어로 표현하자면 이렇다. 극도로 메마르고, 피곤하고, 우울하고, 혼란스럽고, 입에 재갈을 물린 것 같다. 성적으로도 무감각하고, 무섭고, 망설여진다. 기운이 없고 영감이나 신명이 사라진다. 열의가 없고, 허무하고, 부끄럽다. 항상 울화가 치밀고, 걸핏하면 화가 나며, 앞이 꽉 막힌 듯 답답하고, 창의적인 생각이 전혀 떠오르지 않고, 짓눌린 느낌이고, 때론 미칠 것 같기도 하다.

또 이런 증상도 있다. 무력감에 빠지고, 자신감이 없으며, 항상 불안하다. 뭔가가 앞을 가로막고 있어 뚫고 나가지 못할 것만 같다. 자신의 창의력을 남에게 양보하고, 자꾸만 자신에게 해로운 애인이나 친구 혹은 직업을 선택하게 된다. 자신의 리듬에 맞지 않는 생활을 용인하고, 지나치게 몸을 사리게 된다. 패기가 없고, 머뭇거리고, 생활 리듬을 조절하거나 한계를 정하지 못하는 증상이 나타난다. 이는 모두 야성을 잃은 사람들의 모습이다.

이들은 과감히 맞서는 것밖엔 달리 방법이 없는데도 가만히 있고, 새로운 일에 도전하는 것을 두려워한다. 자신의 의견을 밝히는 것이 두렵고 남의 의견에 쉽게 반대하지도 못한다. 세상과 너무 쉽게 타협하는 것이다. 이들에겐 용서도 쉽고 보복도 쉽다. 이들은 종종 속 쓰림이나 울렁증을 호소하고, 몸이 떨리며 쪼개지는 듯한 경험을 한다. 목이 졸리는 느낌도 자주 받는다.

이들은 또한 무엇을 선뜻 포기하거나 실행하지 못한다. 새로운 것을 시작하기가 두렵고, 쉽게 우월감에 빠진다. 마음을 정하지 못해 갈팡질팡하지만 겉으로는 누구 못지않게 유능하고 효율적인 사람으로 보일 수 있다. 이런 모습은 시대나 세기의 병이 아니다. 여성이 억압되고 야성이 갇혀 있을 때는 언제 어디서나 이런 증상들이 흔히 나타난다.

건강한 여성은 늑대와 아주 비슷해서 활력이 있고, 힘과 생기가 넘친다. 자기 영역을 잘 지킬 뿐 아니라 주변 사람들을 북돋우며, 창의적이고 충직하다. 그러나 야성을 잃으면 나약하고 초라하고 파리해진다. 여성이 원래부터 연약한 존재라고 생각하면 이는 오해다. 여성의 삶이 정체되어 권태로 가득 차 있다면 숨어 있는 여걸을 불러내라. 그러면 내면의 생기가 흘러넘칠 것이다.

여걸은 여성의 삶에 어떤 존재일까? 여걸을 동지, 지도자, 모범, 스승으로 둔 여성은 두 눈이 아니라 수많은 눈이 달린 직관이 생길 것이다. 직관을 지닌 여성은 별이 가득 찬 밤하늘처럼 수천 개의 눈을 갖게 된다. 여걸은 치유력이면서 동시에 여성이 생활하고 생각하는 데 필요한 모든 것을 지니고 있다. 모든 문제를 풀 수 있는 실마리이며 이야기이다. 꿈, 언어, 노래, 기호, 상징을 지닌 운송수단이자 최종 목적지이기도 하다.

야성을 회복한다고 해서 지금까지 쌓아온 모든 것을 없애고, 앞뒤 좌우, 흑백을 뒤바꾸는 것은 결코 아니다. 미쳐 날뛰며 정신없는 행동을 하거나, 사회 규범을 포기하고 인간성을 잃게 되는 것 또한 결코 아니다. 야성은 오히려 정반대로 무한히 현명한 존재다.

야성을 회복한 여성은 자신의 뿌리를 알게 된다. 자기 영역을 확보하고 자기가 속한 무리를 찾게 된다. 자기 몸의 장단점에 관계없이 자신감과 긍지를 느낄 뿐더러, 스스로를 위해 말할 줄 알고 민첩하게 행동하며 매사에 주의 깊고, 위엄을 지킬 줄도 안다. 또한 여성 본연의 능력인 직관과 예민함을 활용하고, 본연의 주기에 따라 생활하는 것은 물론, 가능한 한 많은 것을 의식하려 애쓴다.

사색가, 창조자들을 위한 수호신

여걸 원형 및 그 이면에 깃든 모든 존재는 화가, 작가, 조각가 혹은 무용가나 사상가 등 사색하고 창조하는 이들의 수호신이다. 모든 예술이 그렇듯 여걸은 인간의 머리가 아니라 마음에서 뭔가를 찾아 헤매고 부르고 거부한다.

그렇다면 여걸은 무엇인가? 설화 전통과 원형 심리학적으로 볼 때 여걸은 여성의 영혼으로 볼 수도 있지만, 실은 그 이상의 존재다. 즉 모든 여성적인 것의 원천이라 할 수 있다. 여걸은 본능과 현실, 형이상학적 세계, 그리고 이 모든 것의 근본이다. 우리 개개인은 여걸에게서 삶에 필요한 본능과 지혜를 담은 빛나는 세포를 하나씩 받아 가진다.

여걸은 삶이자 죽음이며 생명력이고 배양자이다. 직관이고 통찰력이며 또한 경청자이다. 여걸은 언어에 능통하게 하는 능력이다. 우리의 꿈에 나타나 속삭이며, 영혼의 들판에 거친 털과 흙, 발자국을 남겨 여성이 자신을 찾아 풀어주고 사랑하고 싶은 열망에 빠지게 한다. 여걸은 갖가지 생각이자 감정이며 충동이고 기억으로, 아주 오랫동안 실종된 채 거의 잊힌 존재였다. 그것은 근원이고 빛이며, 밤이고 암흑이며 새벽이다. 좋은 토양과 여우 뒷다리의 향기이며, 우리에게 비밀을 알려주는 새들의 주인이고, 우리를 이끄는 목소리이다.

여걸은 불의를 꾸짖는 천둥소리이고, 거대한 바퀴처럼 돌면서 주기를 만든다. 우리는 여걸을 찾으러 집을 떠났다가 다시 여걸이 되어 돌아온다. 여걸은 모든 여성의 튼실한 뿌리이다. 우리가 기진해 있을 때 힘을 주고, 작고 거친 생각과 계획들을 키워준다. 여걸은 우리를 생각하는 정신이고, 우리는 여걸이 하는 생각들이다.

여걸은 어디 있는가? 어디에 가야 여걸을 느끼고 발견할 수 있을까? 여걸은 사막, 숲, 바다, 도시, 스페인 부락, 성 안에 있고, 여왕들이나 남미의 농장 노동자들과 어울려 산다. 회의실, 공장, 감옥, 쓸쓸한 산정, 빈민가, 대학, 거리에 살고 있으며, 우리가 발을 대보도록 자기 발자국을 남긴다. 풍요한 영혼을 지닌 여성이 있는 곳엔 어디나 자신의 발자국을 남긴다.

여걸은 우물 바닥, 강의 상류, 시간이 생기기 전의 공기 속, 눈물, 바다, 나무가 자랄 때 핑 소리를 내는 나무 고갱이 속에 살고 있다. 미래에서 왔을 뿐더러, 태초부터 존재했고, 과거 속에 살지만 우리가 부르면 언제든 나타난다. 현재에 살면서 우리의 식탁에 자리를 잡고, 우리가 줄을 서면 바로 뒤에 서고, 도로에서는 바로 우리 앞을 달려간다. 미래에 살면서 우리를 만나기 위해 시간을 거슬러 온다.

여걸이 사는 곳은 눈을 뚫고 나오는 푸른 싹이며, 버스럭거리는 메마른 가을 옥수숫대 사이이다. 죽은 자가 입맞춤을 받으러 오는 곳이며, 살아 있는 이들이 기도하는 곳이다. 여걸은 언어가 태어나는 곳에 살고, 시와 타악기, 노래, 사분음표, 장식음을 먹고 산다. 칸타타, 세스티나, 블루스 속에서 산다. 여걸은 또한 우리에게 영감이 떠오르기 직전의 순간이기도 하다.

여걸의 존재를 입증해보라고 할 사람도 있으리라. 하지만 그것은 정신적 존재이고, 우리가 바로 정신이므로 우리가 여걸의 증거라 할 수 있다. 우리는 각자 여걸의 존재를 증명할 뿐 아니라 전체로서 여걸의 처지를 반영하고 있다. 바로 우리가 이 형언할 수 없는 존재의 실존을 증명하며, 우리는 여걸과 평행의 삶을 살고 있다.

우리의 정신적·육체적 경험 또한 여걸의 존재를 입증한다. 밤에 꾸는 꿈과 낮에 품는 생각들, 그리고 소망과 영감 등을 통해 우리는 마음속에서 수천수만 번씩 여걸을 만난다. 여걸이 없는 곳에서는 상실감에 빠지고, 여걸과 떨어져 있을 때면 그리워한다.

사람들은 내게 어떤 방법으로 여성의 야성을 되찾아주느냐고 묻곤 한다. 내가 중점을 두는 분야는 임상 심리학과 발달 심리학이고, 가장 간단하고 흔한 치료법으로 주로 이야기를 사용한다. 여러 가지 이야기가 담긴 꿈, 육체적 증상이나 기억 역시 의식을 표현하고 읽어내는 이야기에 포함된다.

듣고만 있어도 치유가 되는 이야기의 매력

이 책에서 소개되는 이야기들은 여걸과의 관계를 이해하는 데 도움을 준다. 각 이야기는 내 강연과 워크숍에서 그대로 옮겨 적은 것이고, 각 이야기의 세부와 원형 역시 충실히 보전되어 있다. 이야기는 일종의 약이다. 나는 맨 처음 이야기를 들었을 때부터 이야기에 완전히 반해버렸다. 이야기는 엄청난 힘을 갖고 있어서, 그저 듣고만 있으면 될 뿐 다른 아무런 보조 수단이 필요 없다. 이야기에는 잃어버린 심리적 경향을 보수하거나 되찾는 데 필요한 힘이 있다. 즉각적으로 여걸을 의식의 표면으로 떠오르게 하는 흥분, 슬픔, 그리움, 이해를 유도한다.

특정한 문화의 영향으로 이야기의 근본 구조가 왜곡된 경우도 있다. 예컨대 그림 형제의 경우, 이야기꾼들이 독실한 그 형제들의 취향에 맞게 이야기를 순화해서 들려주었으리라는 추측이 가능하다. 그림 형제는 옛 이교도의 상징들을 기독교의 상징으로 대체했을 가능성이 높다. 그래서 늙은 의사를 사악한 마녀로, 정령을 천사로, 성인식에 쓰인 베일이나 망막을 손수건으로, '예쁜이'(하지나 동지 축제 때 태어난 아이에게 으레 붙여 주던 이름)는 '슬픔'으로 바뀌었다. 성적 요소는 삭제되었으며, 주인공을 돕는 동식물들은 악마나 귀신으로 바뀌기도 했다.

성, 사랑, 돈, 결혼, 분만, 죽음 등에 대한 여성들의 교훈적 이야기들이 없어진 것 역시 바로 그런 이유에서였다. 고대 여성들이 행하던 이교 의식들은 왜곡되어 표현됐다. 오늘날 전해지는 옛 동화나 신화들을 보면 배설물과 성, 혹은 변태, 기독교 이전의 이교도, 여성, 여신, 성인식, 갖가지 정신병에 대한 치료법, 삼매경에 드는 방법 등에 대한 부분들은 말끔히 삭제되어 있다.

하지만 그런 요소들이 아주 없어진 것은 아니다. 남아 있는 단편들을 보면 그 전체의 윤곽을 짐작할 수 있다. 지금까지 나는 그저 재미로 '동화 수사'니 '원시 신화학'이라고 부르는 일을 해왔다. 이는 같은 이야기의 여러 버전을 비교하고, 그 이야기가 실린 다양한 버전을 수집하는 작업을 가리킨다. 그런 다음, 원형 심리학에서 옛 원형 패턴들을 이용해 그 이야기의 형태들을 비교한다. 보통 이런 작업에 도움이 되는 것은 그 이야기가 실린 책들을 각각 고대의 의식용 도기, 가면, 인형 제작 등 여성 문화에 대한 고고학적 유물과 비교해보는 일이다. 요컨대, 나는 동화 연구를 할 때 그 잔해들을 꼼꼼히 조사하는 편이다.

지난 30년간 원형적 패턴들을 연구하고, 그보다 훨씬 오래 전부터 신화, 동화, 민담 등을 연구해오는 동안 나는 이야기의 골격에 대해 많은 것을 배웠다. 그래서 어떤 이야기의 어느 부분에서 골격이 빠졌는지 금방 알아챌 수 있게 되었다. 한 나라가 다른 나라를 정복하고, 한 종교가 다른 종교를 밀어내면서 전에 존재했던 이야기의 뼈대가 변경된 경우가 많음을 알게 되었다.

그러나 이것이 꼭 부정적인 일만은 아니다. 왜냐하면 이리저리 뒤바뀐 이야기의 여러 버전들을 살펴보면 강력한 하나의 패턴이 살아 빛나고 있기 때문이다. 그 패턴만 있으면 원래 이야기를 재구성할 수 있다. 남아 있는 조각들의 형식과 모양을 살펴보면 상당히 정확하게, 그 이야기에서 없어진 부분들을 찾아 재구성할 수 있다. 많은 경우, 사라진 부분들에서 여성들의 슬픔을 치유해줄 놀라운 하부 구조를 발견할 수도 있다. 이야기를 모으는 것은 끊임없는 고생물학적 과정이다. 한 이야기의 골격을 많이 모을수록 그 이야기를 회복할 가능성도 그만큼 커진다. 우리가 영혼을 풍부하게 하려고 애쓸수록, 여걸 또한 그만큼 더 풍요해질 것이다.

어렸을 때 나는 운 좋게도 유럽과 멕시코 출신들에 둘러싸여 자랐다. 가족, 이웃, 친구들 중 많은 사람이 헝가리, 독일, 루마니아, 불가리아, 유고슬라비아, 폴란드, 체코슬로바키아, 크로아티아, 러시아, 리투아니아, 보헤미아 등지 출신이었고, 멕시코·텍사스·애리조나를 잇는 경계에서 미국으로 이민을 온 첫 세대도 많았다. 이들은 대부분 농장에서 일을 했다. 과일을 수확하고 채소밭을 일구었다. 제철소나 양조장에서 일하는 사람도 있었고 일꾼이나 하인도 있었다. 이들은 대부분 학교 교육은 받지 못했으나 매우 지혜로웠고 입으로 전해 내려온 값진 이야기들을 고스란히 보전하고 있었다.

내 주변의 이야기꾼들은 《천일야화》의 세헤라자데처럼 매일 밤 새로운 이야기를 들려주곤 했다. 집안 땅을 몰수당한 이야기, 이민국 감옥 신세를 진 이야기, 원하지 않았지만 다른 나라에서 살아야 했던 이야기들이다. 죽음에 근접했던 삶을 이야기로 되살릴 수 있음을 그들이 처음 가르쳐주었고, 책에 나오는 동화들이 온갖 변화를 거치면서 생명력을 거의 상실했다는 사실도 그들이 가르쳐주었다. 다행히도, 내가 간 곳이면 어디서나 아이들, 여자들, 청년들, 그리고 영혼의 예술가인 할머니들이 숲, 밀림, 들판, 모래둑에서 이야기를 들려주었고, 나 역시 그들에게 이야기를 들려주었다.

이야기는 여러 가지 방식으로 분석할 수 있다. 학술적으로 볼 때 나는 분석 심리학과 원형 심리학을 원용한 방식으로 이야기들을 다루어 왔다. 그러나 개인적 차원에서 보면 나는 옛이야기를 보존하는 '이야기꾼'에 가깝다. 나무의자에 다리를 벌리고 앉아 치마는 바닥에 늘어뜨린 채 이야기를 하는 늙은 헝가리 여인이나, 육중한 가슴과 엉덩이로 선 채 목동같이 큰소리로 이야기를 하는 늙은 라틴계 여인이 내 전통에 속한다.
　이야기는 심리학보다 훨씬 오래 됐고, 아무리 시간이 흘러도 계속 우위를 유지할 것이다. 이야기 방식 가운데 아주 오래되고 특별히 깊은 흥미를 갖고 있는 것이 있다. 이야기꾼이 완전히 신들린 상태에서 청중을 감지하고 그 청중에게 끌려와 그의 입을 통해 이야기를 읊는 경우다. 이 신들린 이야기꾼은 듣는 이의 얼굴에 영혼을 불어다 주는 '신풍'을 일으킨다. 심령의 문과 구멍들을 열어 돌들보다 더 오래된 그 목소리가 자신의 입을 빌려 이야기할 수 있도록 자신을 수련한다. 이 과정이 끝나면 그는 자유자재로 이야기의 경로를 바꾸거나 뒤집거나, 죽으로 가득 채워 가난한 사람을 실컷 먹인다.
　이 책에서 나는 여걸 원형에 대한 이야기를 모아보았다. 여걸을 도표로 나타내거나 그 정신을 사각형으로 둘러싸는 것은 여걸의 본질에 어긋난다. 여걸을 이해하는 일은 끊임없는 과정이고 필생의 과제이다. 이 책 역시 아직도 진행 중인 필생의 작업이다. 이야기는 내면세계에 활기를 준다. 승강기나 도르래의 윤활유 역할을 하고, 기운을 북돋우며, 나아갈 길을 알려준다. 우리가 어려움에 봉착했을 때는 벽을 헐어 널찍한 문을 내주고 꿈의 나라로 이끌어준다. 또한 진리를 깨달은 여걸로서 참된 삶을 살 수 있도록 도와준다.
　'푸른 수염'은 지금껏 피가 흐르는 여성들의 상처를 아물게 할 치료법을 가르쳐주고, '해골여인'은 마비되었던 감정에 생기를 되찾게 해준다. 늙은 마녀 '바바 야가'는 늙은 어머니의 죽음의 은혜를 보여준다. '총명한 바살리사'는 하늘이 무너져도 솟아날 구멍이 있음을 알려준다. 여기에 나오는 작은 인형은 지금은 사라진 여성적인 기술들을 되살려주기도 한다. 사막에 사는 뼈 여인 '라 로바' 이야기는 심령의 변용력을 보여주고 '손 없는 처녀' 이야기는 고대에 행해지던 오래된 여걸 성인식의 단계들을 보여준다. 이는 여성에게 평생 길잡이가 될 불변의 지혜이다.

여걸과의 만남은 인간 이외의 존재와 이야기를 나누게 한다. 무용실이 아닌 곳에서 춤을 추게 하고 악기로 연주하는 소리에도 귀를 기울이게 한다. 상식적이지 않은 아름다움을 관조하고, 허락되지 않은 감각도 느끼게 한다. 사회적으로 통용되는 것들 이외의 현상에도 마음을 열게 한다. 이 책은 여성들의 이야기다. 이 이야기들을 읽고 관조하는 독자들이 천부적인 자유를 되찾고, 자기 자신은 물론 다른 사람과 세상을 사랑하는 데 적용하기 바란다. 여걸의 세계에 이르는 문은 몇 개 안 되지만 소중하다는 사실을 명심하라. 깊은 상처나 오래된 이야기가 있다면 둘 다 그 문이 될 수 있고, 좀 더 깊고 풍요로운 삶, 건강한 삶을 원한다면 그 역시 문이 될 것이다.

이 책은 자신의 내면세계를 탐구하는 이들과, 사회생활을 하면서 어려움을 겪고 있는 이들을 돕기 위해 쓰였다. 우리는 자신의 영혼이 천성대로 마음껏 깊이 성장하도록 끊임없이 도와야 한다. 어떤 정치적 노선이 좋다고 억지로 그에 따라 생활하려 애쓰거나, 해묵은 사고방식에 적응하려 애쓰면 야성을 억누를 뿐이다. 야성은 솔직한 여성의 마음속에서 가장 잘 자란다.

여걸은 모든 여성의 소유물이다. 내성적이든 외향적이든, 여자를 사랑하든 남자를 좋아하든, 신을 사랑하든 아니든, 소박하건 화려하건, 검소하건 아니건 간에 여걸은 당신의 것이다. 여걸을 찾으려면 본능적 삶, 가장 심오한 지혜를 되찾아야 한다. 자, 이제부터 여걸의 영혼을 되찾아보자. 노래를 부르고 우리 뼈에 여걸의 살을 붙이자. 거짓된 옷을 모두 벗어던지고, 강력한 본능과 지혜의 옷을 입자. 그리고 한때 우리가 소유했던 영혼의 땅으로 스며들어가자. 이제 여걸이 되어 함성을 지르고, 웃자. 그리고 우리의 땅으로 돌아가자.

    우리가 없으면 여걸이 죽고, 여걸 없이는 우리도 살 수 없다. 진정한 삶을 위해서는 우리 둘 다 살아야 한다.

■ 목차 ■

추천의 글 · 4

서 문 · 9

| 제1부 | 여성의 잠재의식이 파괴되었다

chapter 1 태곳적 생명, 여걸이 부활하다

영혼의 귀를 열고 듣는 이야기 · 40 | 여걸은 어떻게 되살아나는가 · 41 | 늑대의 뼈를 모으는 라 로바 이야기 · 43 | 사막에 흩어진 여걸의 유해를 찾다 · 45 | 빛을 발하는 동물, 그 몸을 찾아서 · 48 | 에스겔의 바퀴 환상을 본 네 랍비 · 50 | 위험하고도 매혹적인 무의식이라는 본질 · 50 | 죽은 자아를 소생시키는 의식 · 52 | 내 안에 있는 삶/죽음/삶의 여신을 찾다 · 53 | 메아리 없는 사막에 버려진 여인의 길 · 57

chapter 2 무엇이 여자의 마음을 폐허로 만드는가

내 안에서 파괴를 일삼는 심리의 천적 · 59 | 여자를 밝히는 거인, 푸른 수염 이야기 · 60 | 실패한 마술사, 은둔자 콤플렉스 · 66 | 천적의 제물이 되는 순진한 여성 · 68 | 비밀의 문을 여는 호기심이라는 열쇠 · 72 | 여성의 잔혹한 참상, 야수 신랑의 정체 · 75 | 페르소나를 들춰내는 영혼의 동맥혈 · 77 | 천적의 뒤를 좇는 우회 전략 · 82 | 신부가 애타게 찾

는 심리의 오빠, 아니무스 · 83 | 온갖 죄의 대속자, 푸른 수염의 끔찍한 죽음 · 85 | 여성들의 꿈에 괴한이 나타난다면 · 88 | 창조적인 열정을 보호하는 여성의 야성 · 91

chapter 3 나를 유혹하는 것, 내가 좋아하는 것

진실은 보이는 것과 많이 다르다 · 95 | 야성의 어머니 바바 야가와 바실리사 이야기 · 96 | 어머니가 딸에게 물려주는 여성의 힘 · 103 | 엄마의 품을 떠나 나 홀로 서다 · 104 | 내팽개쳤던 검은 심리의 그림자를 끌어내다 · 107 | 어둠 속에서 여걸의 집을 찾다 · 110 | 숲속의 마녀 바바 야가를 만나다 · 113 | 야성의 더러운 때를 씻기고 먹이다 · 116 | 옥과 티의 미묘한 차이를 분별하다 · 119 | 신비의 세계를 향한 집요한 호기심, 그리고 금기 · 121 | 해골의 빛, 직관의 경지에 이르다 · 125 | 어두운 그림자는 불에 태워버리라 · 127 | 나를 유혹하는 것과 내가 좋아하는 것을 분별하다 · 129

| 제2부 | 여성의 야성, 그 무한한 매력에 빠지다

chapter 4 사랑하는 그녀, 도무지 알 수 없는 두 얼굴

여성을 이해하고 싶은 남성들을 위하여 · 136 | 쌍둥이 자매를 아내로 얻은 마나위 이야기 · 137 | 진실을 밝히는 힘, 개의 본능을 살리다 · 140 | 만고불변의 여성성만을 원하는 남성을 조심하라 · 141 | 여성 본성의 깊은 강에 빠지다 · 143 | 진실의 소리를 듣는 예민한 귀 · 145 | 영혼 탐색을 방해하는 굶주린 훼방꾼 · 146 | 괴한을 이겨낼 만큼 강해지다 · 148 | 자신의 양면성을 떳떳이 밝히다 · 149

chapter 5 　죽음 아가씨의 살생부? – 사랑이 두렵다

강인한 사랑을 이루기 위해 죽음을 받아들이다 · 151 ｜ 억울하게 죽은 해골여인 이야기 · 153 ｜ 해골여인을 직시하고 그 엉킨 뼈를 풀어주라 · 155 ｜ 순진한 이에게 낚인 우연한 보물 · 158 ｜ 사랑은 항상 죽음으로의 하강이다 · 161 ｜ 쫓고 쫓기는 사랑의 숨바꼭질 · 164 ｜ 죽음의 뼈를 풀어야 사랑이 온다 · 166 ｜ 까마귀 – 자아인가, 야성의 영혼인가? · 168 ｜ 죽음의 여신 곁에서 순진한 잠을 자다 · 171 ｜ 남자의 눈물이 해골여인의 영혼을 불러내다 · 173 ｜ 북이 된 심장, 사랑을 노래하다 · 177 ｜ 완전한 사랑은 죽음과 재생의 춤이다 · 180

chapter 6 　난 어느 별에서 왔을까? – 야성을 품고 태어난 소녀

영혼의 뿌리를 찾아서 · 181 ｜ 백조가 된 미운 오리 새끼 · 182 ｜ 야성은 어떤 고난도 이겨내는 힘이다 · 188 ｜ 가족과 친구로부터 버림받다 · 189 ｜ 내면의 어머니와 어머니 콤플렉스 · 191 ｜ 외톨이가 나쁜 친구들과 어울리는 이유 · 199 ｜ 얼어붙은 미운 오리 새끼를 구출하라 · 200 ｜ 유배를 거쳐 더욱 단단해지다 · 202 ｜ 엄마 없이 나 홀로 지혜를 터득하다 · 203 ｜ 절대 포기하지 않는 끈질긴 본능, 야성 · 204 ｜ 힘겨운 방랑 끝에 자기 땅에 닿다 · 206

chapter 7 　환호하는 육체 – 야성의 몸은 다 아름답다

야성을 위협하는 육체적·심리적 기준 · 209 ｜ 타고난 몸매로 심리를 논하는 사회 · 211 ｜ 우리 몸의 황홀한 능력들 · 214 ｜ 아름다운 몸을 만드는 내면의 힘 · 217 ｜ 야성에 대한 갈망, 나비 여인 마리포사 · 218 ｜ 야성의 눈으로 보는 여성의 몸 · 222

| 제3부 | # 자아, 그리고 사회의 편견이 여성을 위태롭게 하다

chapter 8 　**고삐 풀린 욕망? – 본능을 잃은 자를 노리는 덫과 올가미**

　　　　　본능을 잃고 떠돌다가 다시 야생으로 돌아오다 · 228 ｜ 멈추지 않는 춤, 빨간 신 이야기 · 230 ｜ 퇴락한 야성, 그 걷잡을 수 없는 춤사위 · 234 ｜ 손수 만든 빨간 신, 체현된 여걸 · 236 ｜ 창조적 영혼을 감금한 금마차 · 238 ｜ 젊은 영혼이 노인의 노예로 전락하다 · 239 ｜ 잿더미로 변한 빨간 신, 굶주린 영혼 · 241 ｜ 왜 여성은 자신에게 해로운 선택을 하는가? · 243 ｜ 통제 불능의 춤, 집착과 중독 · 246 ｜ 자신이 만든 삶으로 되돌아가라 · 248

chapter 9 　**정체 모를 향수병? – 있어야 할 곳에 있지 못하는 여자의 고독**

　　　　　자연의 계절과 어우러진 심리의 주기 · 251 ｜ 물개 가죽, 영혼의 피부 · 253 ｜ 눈치 없는 여성, 보물을 도둑맞다 · 259 ｜ 가죽을 잃고 영적인 고향을 떠나다 · 260 ｜ 영혼은 불완전한 자아를 받아들일 수 없다 · 264 ｜ 영혼의 집으로 돌아가게 해주는 정신이라는 아이 · 266 ｜ 본연의 가죽을 잃고 불구의 몸이 되다 · 268 ｜ 멋진 양복을 입은 불구자 · 269 ｜ 너무 오래도록 고향을 떠나 살다 · 271 ｜ 관계를 끊고 다시 물속으로 · 274 ｜ 상식과 영혼으로 이루어진 여걸, 그리고 매개자 · 277 ｜ 영혼의 고향을 떠나 뭍으로 올라오다 · 278 ｜ 의도적인 고독, 영혼이 주는 야성의 선물 · 279

chapter 10 　**굶주린 아니무스, 여성의 수줍음으로 은폐하다**

　　　　　심리의 벌판을 흐르는 창의력의 강물 · 282 ｜ 어린이를 노리는 유령 라 로로나 · 285 ｜ 창의력의 강을 오염시키는 검은 손 · 287 ｜ 내면에 쌓인

유독물질을 정화하라 · 289 | 건강하지 못한 심리, 타락한 아니무스 · 291 | 창의력이 흐르는 건강한 강을 회복하다 · 294 | 성냥팔이 소녀 · 297 | 판타지? 창조 아니면 파멸 · 299 | 아침 해가 된 노인, 세 올의 금발 · 303 | 생각의 몇 가닥을 버리면 아니무스가 소생한다 · 304

chapter 11 음담패설, 여성만의 성스러운 수다

여성의 불, 그리고 신성한 외설 · 308 | 복부의 여신 보보 이야기 · 311 | 여성들의 수다, 온몸으로 떠들다 · 313 | 올드레드와 윌로우딘이 들려준 음담패설 · 315 | 욕심꾸러기 코요테 딕 이야기 · 316 | 웃음이 주는 즐거운 흥분 · 317 | 엄마의 잡지를 몰래 읽다 · 318 | 아이젠하워 장군의 르완다 시찰 · 319 | 고난을 견디게 해주는 웃음의 치유력 · 320

제4부 여성의 환상을 거두고 늑대의 본능을 되찾다

chapter 12 분노를 거두고 야성과 마주하다

여걸, 분노를 발산하는 법을 알다 · 324 | 여인을 구한 반달곰 이야기 · 325 | 분노한 자아를 치유하는 길 · 329 | 치유자를 찾아 험한 산을 오르다 · 331 | 강인하면서도 관대한 곰의 심리 · 333 | 모든 희망이 사라질 때 찾아오는 깨달음 · 334 | 정당한 분노라면 화끈하게 풀어라 · 336 | 못된 남자와 오아시스 이야기 · 337 | 적당한 때 화를 발산하는 지혜 · 338 | 수많은 죽음, 그리고 영혼의 휴식 · 339 | 분노로 버티기엔 너무 위험하다 · 341 | 용서, 그 놀라운 치유력 · 342

chapter 13 여자를 비밀로 속박하는 사회? – 그래도 여걸은 죽지 않는다

비밀의 트라우마가 야성을 속박하다 · 345 ｜ 비밀을 지키는 심리의 황무지 · 348 ｜ 무덤을 뚫고 나온 금발 아가씨 · 349 ｜ 여걸은 결코 죽지 않는다 · 350 ｜ 치욕스러운 비밀을 털어놓다 · 352 ｜ 상처족을 위한 탈출 망토 · 353

chapter 14 여자들은 왜 위험한 거래에 빠지는가?

인내로 들어가는 지하 밀림의 세계 · 355 ｜ 손 없는 아가씨의 파란만장한 모험 · 356 ｜ 엉겁결에 무시무시한 거래가 성사되다 · 363 ｜ 손이 잘린 채 지하 세계로 떠나다 · 366 ｜ 방랑 끝에 과수원을 만나다 · 369 ｜ 지하 세계에서 사랑을 얻다 · 372 ｜ 방랑자를 기다리고 있는 지하 세계 · 375 ｜ 또다시 나락에 빠지다 · 377 ｜ 악마의 그럴싸한 거짓말을 조심하라 · 380 ｜ 숲속의 객사, 여걸의 영역에 이르다 · 383 ｜ 본능의 숲을 되찾은 야성의 신랑과 신부 · 386

chapter 15 여걸의 뒤를 밟는 깊은 영혼의 노래

수천 년간 우리를 미행해온 야성의 그림자 · 390 ｜ 우리는 모두 야성의 향기를 그리워한다 · 391 ｜ 창조 속에 길게 드리워진 여걸의 그림자 · 393

나오는 글 · 396

옮긴이의 글 · 399

이 책에 쏟아진 찬사들 · 404

색인 · 408

우리는 모두 야성을 원하지만
우리 문화의 테두리 안에서 이 갈망을
충족시킬 수 있는 길은 극히 제한되어 있다.
지금껏 우리는 그런 욕망을
수치스럽게 생각하며 긴 머리카락으로
감추고 살아왔다.
그러나 여걸의 그림자는
밤낮으로 우리 뒤를 어슬렁거리고 있다.
우리가 무엇이든,
우리 뒤에 걸어오는 그림자는 분명
네 발 달린 짐승이다.

와이오밍주 샤이엔에서
클라리사 핑콜라 에스테스

Women Who Run ith the Wolves

제1부

여성의
잠재의식이
파괴되었다

◆ *Chapter 1* ◆

태곳적 생명, 여걸이 부활하다

영혼의 귀를 열고 듣는 이야기

여기서 분명히 밝혀둘 것이 있다. 나는 사막으로 걸어 들어갔다가 지혜를 잉태하고 돌아오는 여신 같은 존재는 아니다. 숱한 나날을 모닥불로 밥을 지어 먹었고 잠잘 때가 되면 적당한 곳을 찾아 그물 침대를 폈다. 지혜를 얻기보다는 아메바 성 이질에 걸릴 때가 더 많았고, 다른 말 못할 사연들도 아주 많았다. 그때마다 위장이 약한 중산층 신비주의자의 삶이 이런 것인가라는 생각도 자주 하곤 했다.

나는 이런 방랑의 세월 동안 특이한 장소나 비범한 사람들에게서 전수받은 지혜를 꼭꼭 숨겨두는 습관이 생겼다. 그리스 신화에서 자신의 왕위를 빼앗길까 봐 자식들을 집어삼켜버린 크로노스처럼 나 역시 자식

같은 지혜가 세상에서 빛을 발하기도 전에, 내가 먼저 꿀꺽 삼켜버릴까 봐 두려워서였다. 때로는 과도한 지적 욕망이 여성의 본능을 퇴색시킬 수도 있는 것이다.

우리는 본능과 더욱 긴밀하게 연결되어야 한다. 그 과정에서 본능도 우리를 힘껏 도울 것이다. 단, 여기에 나오는 이야기를 읽을 때 마치 남의 얘기인 양 관망하지 말고, 이야기 속으로 빨려 들어가야 한다. 이야기 속으로 들어가 스스로 내적 치유의 문을 열어야 한다. 입을 통해 나온 이야기는 청각 신경을 자극하고, 두개골을 거쳐 뇌고 바로 아래의 뇌간으로 들어간다. 여기에 들어간 청각 자극은 듣는 사람의 자세에 따라 의식 아니면 영혼으로 들어갈 것이다.

고대 해부학자들은 청각 신경이 뇌 깊숙이 도달하면 최소한 세 갈래 길로 갈라진다고 생각했다. 따라서 귀 역시 세 가지 차원에서 소리를 인식한다고 주장했다. 첫 번째 차원은 속세의 이야기를 듣는 귀이고, 두 번째는 지식과 예술을 포착하는 귀다. 끝으로 세 번째 차원은 영혼의 귀로 속세에서 얻은 지혜와 교훈을 듣는 귀라고 한다.

그럼 이제부터 영혼의 귀로 이 이야기를 듣기 바란다.

여걸은 어떻게 되살아나는가

뼈마디 하나하나, 머리카락 한 올 한 올씩 '여걸'은 되살아난다. 때로는 꿈속에서, 때로는 이해 반 기억 반으로 여걸이 돌아온다. 여걸은 또 이야기를 통해서도 돌아온다.

나의 방랑은 1960년대에 시작되었다. 안개가 자욱한 숲, 향기 그윽한 호수를 찾아다녔고 곰, 여우, 뱀, 독수리, 늑대 등 내가 사랑하는 짐승이 밀집한 곳이면 어디든지 둥지를 틀었다. 당시 오대호 북부 지역은 늑대를 몰살시키는 정책이 시행되고 있던 터라 가는 곳마다 늑대들이 수난을 당하고 있었다. 늑대는 위험한 짐승이라는 여론이 거세게 일었지만, 나는 한 번도 그런 느낌이 들지 않았다. 오히려 숲속에 늑대가 있으면 마음이 놓였다. 당시 미국의 서부와 북부에서는 밤마다 산과 숲이 노래하는 소리를 들을 수 있었다.

그러나 평화롭던 그곳에도 전쟁의 시대가 도래했다. 총알이 빗발처럼 쏟아졌고, 밤중에도 지프차들의 불빛으로 숲이 환했다. 덕분에 대지에는 정적이 감돌기 시작했다. 얼마 지나지 않아 록키산맥에서도 늑대는 자취를 감추었다. 사실 내가 미국과 멕시코 경계에 있는 사막을 여행하게 된 것은 그 때문이었다. 남쪽으로 내려갈수록 좀 더 많은 늑대 이야기를 들을 수 있었던 것이다.

예부터 사막에는 늑대의 영혼과 여성의 영혼이 시간을 초월해 만나는 장소가 있다는 얘기가 전해오고 있었다. 그런 얘기 덕분인지, 텍사스 국경 근처에서 '라 로바'라는 이름의 늑대 여인에 관한 이야기를 처음 들었을 때 내가 뭔가 큰 건을 물었다는 느낌이 들었다. 나중에는 고대 아즈텍 족의 이야기를 들었는데, 그것은 쌍둥이 고아들이 늑대의 젖을 먹고 자란 이야기였다.

한때 이런 이야기도 들었다. 남미에서 온 농부들과 남서부의 푸에블로 인디언들이 들려주었는데, 그것은 죽은 자를 살리는 늙은 골족(bone people)들의 이야기였다. 그들은 짐승은 물론 사람의 생명도 되살릴 수 있다고 한다. 그 뒤 민속학 연구를 계속하던 중 나는 실제로 한 골족의 여인을 만났는데, 살면서 그런 색다른 경험은 처음이었다. 다음은 그때

들었던 놀라운 이야기이다.

늑대의 뼈를 모으는 라 로바 이야기

어떤 외진 곳에 한 늙은 여인이 살고 있다. 우리의 영혼은 그곳을 알지만 지금껏 그곳을 본 사람은 아무도 없다. 동유럽 동화에 흔히 나오는 이야기처럼 그 노파는 길을 잃거나 방랑하는 사람, 혹은 뭔가를 찾아 헤매는 이들을 기다린다.

노파는 신중한 성품에, 대체로 머리숱이 많고 몸은 항상 뚱뚱하다. 그녀는 사람들이 많이 찾아오는 것을 아주 싫어한다. 까마귀처럼 꽥꽥 대기도 하고 암탉처럼 꼬꼬댁 소리도 잘 내는 그녀의 목소리는 인간보다는 동물에 가깝다.

노파가 사는 곳은, 일단 타라후마라 인디언 땅의 초라한 암반 비탈이라고 해두자. 그러나 그녀는 거기에만 있지 않다. 피닉스 시 근교의 한 우물에 묻혀 있기도 하고, 차창이 총알에 깨진 불붙은 자동차를 타고 멕시코 어딘가로 달리고 있을지도 모른다. 어쩌면 엘 파소 부근의 고속도로에 서 있을 수도 있고, 아니면 트럭 조수석을 얻어 타고 멕시코의 모렐리아로 갈 수도 있다. 아니면 요상한 장작더미를 짊어지고 오악사카 윗동네 시장으로 가고 있을지도 모른다. 그녀의 이름도 여러 가지로, 골족이라는 뜻의 '라 후에세라', 수집가라는 뜻의 '라 트라페라', 늑대여인이라는 뜻의 '라 로바' 등으로 불린다.

라 로바의 유일한 일은 뼈를 모으는 것이다. 특히 세상에서 곧 사라질 위기에 처한 것들을 위주로 수집하고 보관한다. 그녀의 동굴에는 사슴, 방울뱀, 까마귀 등 사막에 사는 온갖 동물의 뼈들이 그득하다. 그중에서도 늑대 뼈는 그녀에게 아주 특별한 존재다.

라 로바는 까마귀나 수탉처럼 울며 이 산 저 산을 뛰고 강바닥을 활보하며 늑대 뼈를 찾아다닌다. 다 찾은 늑대 뼈를 한데 모아 아름답고 하얀 늑대의 골격을 재구성한다. 그리곤 모닥불을 지핀 뒤 무슨 노래를 부를까 고민한다.

이윽고 부를 노래가 정해지면 늑대의 유해 옆에 서서 두 팔을 쳐들고 노래를 시작한다. 바로 그 순간 늑대의 갈비뼈와 다리뼈에 살이 붙고 털이 돋기 시작한다. 라 로바가 노래를 계속할수록 늑대도 더욱 강한 생명을 얻어 살아나기 시작한다. 꼬리가 점점 위로 말려 올라가고 털이 풍성해지고 강해진다.

라 로바가 노래를 더 부르면 늑대는 숨을 쉬기 시작한다. 그녀의 노래가 더욱 깊어질수록 사막이 흔들리고, 늑대는 눈을 뜨고 폴짝 뛰어올라 골짜기 아래로 달려간다.

어딘가로 달려가던 늑대는 내달리던 속도 때문인지, 강물에 비친 제 모습 때문인지, 아니면 옆구리를 비치는 달빛 때문인지 몰라도 별안간 여인으로 변해 깔깔 웃으며 지평선을 향해 달아난다.
사막에서 헤매다가 해질 무렵이 되어 길을 잃으면, 분명 피로가 몰려오는 순간이 올 것이다. 그때 운이 좋으면 라 로바의 선택을 받을지 모르고, 어쩌면 영혼에 관한 무언가를 보게 될지도 모른다.

사막에 흩어진 여걸의 유해를 찾다

우리는 모두 처음엔 사막 어딘가에 버려진 한 다발의 뼈이거나, 모래밭에 흩어진 유해였다. 이 뼈들을 맞추는 것이 우리의 일이다. 이는 그림자가 딱 적당할 때 굉장한 집중력을 발휘해야 하는 매우 힘든 작업이다. 우리가 찾아야 할 것, 즉 꺼지지 않는 생명력인 뼈의 위치는 바로 라 로바가 일러준다. 이 이야기는 그저 우리가 노래만 부를 수 있다면, 여걸의 심리적 유산을 불러와 여걸을 되살릴 수 있다고 약속해준다.

라 로바는 뼈를 모아놓고 그 곁에서 노래를 부른다. 노래를 부른다는 것은 영혼의 소리를 냄을 의미한다. 다시 말해, 자신의 진정한 힘과 욕구에서 우러나오는 숨결을 병들거나 죽은 대상 위에 불어넣음을 의미한다. 이를 위해서는 자신의 가장 깊은 사랑과 감정의 끝까지 내려가 야성의 자아와 관계를 되찾고 싶은 욕망이 넘쳐날 때를 기다려, 그런 마음으로 영혼의 소리를 내야 한다. 뼈 옆에서 노래한다는 것은 바로 그런 의미다. 이런 창조의 찬가를 찾아 부르는 것은 심리의 사막에서 여성 혼자 감당해야 하는 고독한 작업이다. 이렇게 크나큰 사랑을 연인에게서 기대하지 말라.

라 로바는 어떤 존재인가? 심리학에서 노파라는 상징은 가장 흔한 원형적 인물에 속한다. 미국 남서부에서는 그녀를 '라 케 사베(La Que Sabe)'라 부르는데, 이는 '모든 것을 아는 자'라는 뜻이다. 나는 뉴멕시코의 상그레 데 그리스도(Sangre de Cristo: 그리스도의 피라는 뜻)라는 산악지대에 사는 동안 라 케 사베 이야기를 처음 들었다. 라 케 사베는 여성에 대해 모든 것을 알고 있을 뿐 아니라, 자신의 발바닥에 있는 주름살로부터 여성을 만들었다고 란초스 출신의 한 늙은 마녀가 말해주었다. 발바닥이란 모든 것을 느끼는 기관인 만큼, 발바닥 주름살로 만들어진 여성은 피조물에 대해 잘 아는 게 당연하다는 것이다. 발바닥에 지각 능력이 있다는 말은 일리가 있다. 나는 키체족 가운데 문명화된 한 여인을 만난 적이 있는데 그녀는 스무 살 때부터 신발을 신었다고 한다. 그런데 걸어갈 때는 종종 신발을 벗어야 하는데 발에 가리개를 달고 싶지 않기 때문이라고 한다.

야성의 본성은 오랜 세월 동안 수많은 이름으로 모든 종족과 모든 민족을 누비며 산다. 과거 야성은 이런 이름들로 불렸다. 물론 더 많은 이름들이 있으나 공통점은 이들이 사는 곳이 깊은 산속이나 아득한 사막이라는 점이다.

- **시간의 어머니**(The Mother of Days): 하늘과 땅과 모든 생명체와 사물을 창조한 조물주 여신
- **어머니 닉스**(Mother Nyx): 진흙과 암흑의 세계를 다스리는 그리스 여신
- **두르가**(Durga): 하늘과 바람을 관장하고 인간의 모든 생각을 다스리는 힌두교의 여신
- **코아틀리쿠에**(Coatlicue): 악랄하고 통제 불가능한 아기 우주를 낳았으나 마치 어미 늑대처럼 아기의 귀를 물어 길들인 아스텍의 여신
- **헤카테**(Hekate): 신의 숨결과 부토의 향기로 자신의 종족을 알아보는 예언자

그 이름이 무엇이든, 라 로바라는 인물로 체현된 그 힘은 그녀가 세대와 시간을 초월하여 살아온 만큼 인간의 모든 과거를 고스란히 기록하고 있다. 그녀는 여성의 생각과 그 전통을 보전하고 있다. 수염으로 미래를 점치고, 노파의 희멀건 눈으로 먼 곳을 내다본다. 과거와 미래를 동

시에 살며, 한쪽을 고치는 동시에 다른 쪽에서는 춤을 춘다.

'모든 것을 아는' 그 늙은 존재는 다름 아닌 우리 안에 있다. 그녀는 여성의 가장 깊은 영혼/심리에서 올라온, 태곳적 생명인 야성적 자아다. 그녀의 집은 여성의 영혼과 늑대의 영혼이 만나는 곳이다. 정신과 본능이 섞이고, 여성의 깊은 생명이 일상적인 삶을 만들어내는 곳이 그녀의 집이다. 그곳은 '나'와 '신'이 입 맞추는 장소이고, 여성이 온 마음으로 늑대와 함께 달리는 공간이다.

이 노파는 이성과 신화의 두 세계 사이에 서서 손가락으로 두 세계를 돌리고 있다. 두 세계 사이에 존재하는 이 영역은 일단 경험하면 실체는 알지만 말로는 설명할 수 없다. 이를 정확히 규정하려 하면 할수록 그 미묘한 의미는 사라지고 모습도 달라진다. 다만 시, 음악, 춤, 그리고 이야기로는 그 영역을 포착할 수 있다.

여기서 이런 추측을 할 수 있다. 우리 몸의 면역체계는 그런 신비스러운 심리적 영역에 기인한다. 신과 신비에 대한 우리의 갈망 같은 원형적 이미지나 충동은 물론, 신성하고 불경스러운 모든 본능들도 마찬가지다. 혹자는 이렇게 말할지 모른다. 인류의 모든 증언, 그리고 빛의 근원과 암흑의 근거지도 바로 그 영역이라고 말이다. 그러나 그곳은 백지 같은 공백이라기보다는 모든 것이 존재하면서도 아직 완전히 형성되지 않은 곳, 그림자의 실체는 있으나 그 실체가 투명한 곳이다.

하나 확실한 것이 있다면 그 영역은 바다보다 더 오래 됐다는 사실이다. 그 영역은 나이를 먹지 않는다. 여걸 원형은 본능적 심리가 발현되는 어떤 층을 마련해준다. 여걸은 수많은 모습으로 바뀌어 우리의 꿈이나 창조적인 세계에 나타날 수는 있지만, 어머니나 처녀, 혹은 매파라 할 수 없다. 여걸은 내면의 아이도 아니다. 여왕이나 아마존도 아니고, 연인이나 예언자도 아니다. 어떤 이름으로도 그녀를 부를 수는 있지만 그녀는 그냥 그녀일 뿐이다.

빛을 발하는 동물, 그 몸을 찾아서

원형으로서의 여걸은 인간에 대한 무수한 개념과 이미지와 특징을 말해주는, 아무나 흉내 내지 못할 엄청난 힘이다. 원형은 어디나 존재하지만 상식의 눈에는 보이지 않는다. 어둠 속에서 보인다고 해서 반드시 빛에서도 보이란 법은 없다.

우리는 이야기나 시 혹은 문학, 그림, 종교에 등장하는 상징들을 보며 원형의 여운을 발견할 수 있다. 그 광채와 음성, 그리고 향기는 뒤꽁무니에 묻은 똥이나 주시하던 우리의 눈을 들어 별과 함께 여행하도록 해준다.

라 로바가 있는 곳에서 우리의 몸은 시인 토니 모핏(Tony Moffeit)의 시집 제목처럼, "빛을 발하는 동물"이다. 입증된 바는 아니나, 몸의 면역체계는 생각에 따라 강해지기도 하고 약해지기도 하는 것 같다. 라 로바가 있는 곳에서 우리의 정신은 인성으로 나타나고, 깊은 심리의 신화적 목소리가 시인처럼, 혹은 신탁처럼 말한다. 심리적인 것은 죽어도 다시 소생한다. 그리고 세상에 존재하는 모든 이야기의 재료는 불가사의한 심리적 영역에 있는 누군가의 경험에서 시작되었고, 그 영역에서 일어난 일들을 이야기하려는 시도에서 비롯되었다.

두 세계 사이에 존재하는 그 영역은 여러 가지 이름으로 불린다. 융은 이를 '집단 무의식', '객관적 정신', '사이코이드 무의식' 등으로 불렀다. 융은 사이코이드 무의식이란 육체 세계와 정신 세계의 공통된 근거지로, 육체와 심리가 한데 섞이고 서로 영향을 주는 곳이라 생각했다. 역사적으로 이 영역은 노드(Nod), 즉 대지라 불리기도 했고, 안개들의 집이라 불리기도 했으며 세상의 갈라진 틈이라 일컫기도 했다. 어쨌거나 이 영역은 기적이 일어나는 곳이고 상상과 영감의 창고이며 모든 자연이 치유되는 곳이다.

이 영역은 엄청난 초자연적 능력을 보유하고 있지만 그 매력에 빠져 헤어나지 못할 가능성이 있으므로 만반의 준비를 갖추고 접근해야 한다. 이런 의미에서 이 영역은 사람들을 어지러운 생각과 헛된 예감으로 흥분하게 만드는 함정이 될 수도 있다. 일단 거기 들어갔으면 생기와 지혜의 강에 빠진 뒤 말끔히 씻고 돌아와야 한다. 우리 몸에 신성한 향기가 밸 때가지 말이다.

여성은 누구나 이런 '강 밑의 강'에 접근할 잠재력이 있다. 그곳에 이르는 길은 깊은 명상, 춤, 글, 그림, 노래 등 극심한 의식의 전환을 요하는 활동이면 무엇이든 될 수 있다. 시선의 사각지대에 있는 것을 보려는 갈망과 노력이 있다면 그런 두 세계 사이의 세상에 이를 수 있다. 몰입된 창조 행위나 의도적인 고독, 혹은 예술 행위도 도움이 될 수 있다. 그러나 이 형언하기 어려운 영역에서는 물리적 법칙이나 이성적 논리가 통하지 않으므로 아무리 철저한 준비를 갖추고 접근해도 그 결과는 예측하기 어렵다.

심리적 영역이 얼마나 조심스럽게 접근해야 하는 곳인지, 다음의 짧지만 강렬한 이야기를 보면 알 수 있다. 다음은 구약시대의 예언자 에스겔의 환상속에 등장한 네 바퀴를 본 네 명의 랍비 이야기다.

에스겔의 바퀴 환상을 본 네 랍비

어느 날 밤 네 명의 랍비가 잠을 자고 있었는데, 한 천사가 나타나 그들을 깨운 뒤 제7천당의 제7궁륭으로 데리고 갔다. 그들은 거기서 에스겔의 바퀴를 보았다.

천당에서 땅으로 내려오는 동안 한 랍비는 아까 본 놀라운 광경에 넋을 잃고는 죽는 날까지 입에 거품을 물고 방랑했다. 두 번째 랍비는 극도로 냉소적인 반응을 보였다. "아, 나는 방금 에스겔의 바퀴 꿈을 꿨어. 그건 꿈일 뿐이야."라는 말만 되뇌었다. 세 번째 랍비는 자기가 본 것을 계속 곱씹다가 완전히 집착하는 수준에 이르렀다. 그것이 어떤 구조였고 무엇을 의미하는지 쉼 없이 강연하고 설교를 했다. 그러다 결국 이단에 빠져 원래의 믿음을 저버렸다. 네 번째 랍비는 시인이었는데 종이와 갈대펜을 들고 창가에 앉아 줄곧 시를 지었다. 저녁 비둘기와 요람에 누워 있는 딸아이, 그리고 밤하늘의 별들에 대해 노래를 짓고 찬양을 했다. 그의 삶은 전보다 나아졌다.

위험하고도 매혹적인 무의식이라는 본질

누가 제7천당의 제7궁륭에서 무엇을 보았는지는 알 길이 없다. 그러나 '본질'의 세계를 접하게 되면 인간의 한계를 뛰어넘는 지식이 생기고, 무언가 확연하게 넓어지고 고양되는 느낌으로 가득 차는 것만큼은 확실하다. 진정한 본질인 존재와 접하게 되면 자신의 가장 깊은 본성에서 우러나온 반응을 하게 된다.

앞의 이야기는 깊은 무의식에 닿은 사람에게 추천할 만한 태도를 보여준다. 매료되는 정도는 너무 많아도 안 되고 너무 적어도 안 된다. 경외감이 너무 커도 안 되고 너무 냉소적이서도 안 된다. 용감하되 무모해서는 안 된다.

융은 〈초월적 기능〉이라는 논문에서, 자아를 추구할 때 신 또는 자아를 너무 미화하는 사람들이 있고, 반대로 너무 과소평가하는 이들이 있다고 했다. 준비가 부족한 사람은 상처를 입을 수도 있다는 말을 덧붙였다. 그러나 옳은 길을 가는 사람도 있다. 야성적 자아를 향한 하강 또는 상승에서 배운 교훈을 잘 실행하고 표현한, 이른바 "정신적 의무"를 다한 이들을 가리킨다.

융이 말하는 정신적 의무란 심리적 낙원이라고 인지한 바로 그곳에 사는 것을 의미한다. 그곳은 죽은 자들의 섬이 될 수도 있고, 심리의 뼈 사막이 될 수도 있다. 산이든, 바위섬이든, 초목이 우거진 지하 세계든 간에 라 케 사베가 우리에게 숨결을 불어넣고 우리를 변화시킨 곳이면 어디든 그곳이 될 수 있다. 우리가 할 일은 우리가 받은 그 숨결을 보여주는 것이다. 뿐만 아니라, 그 숨결을 세상에 선물하고 찬양해야 한다. 꿈이나 여행을 통해 몸으로 얻은 일시적인 지혜를 이용해 저 높은 세상의 삶을 살아내라는 것이다.

죽은 자아를 소생시키는 의식

《라 로바》이야기는 죽은 자가 소생한다는 세계의 신화들과 비슷하다. 이집트 신화의 이시스 여신은 '셋'이라는 사악한 오빠가 사지를 발기발기 찢어 죽인 오빠 '오시리스'를 매일 밤 조금씩 되살려낸다. 매일 밤 해질 무렵부터 해 뜨기 전까지 오빠의 몸을 다시 맞추어야만 다음날 해가 떴다. 예수는 죽은 지 오래 되어 악취까지 풍긴 나사로를 되살려냈다. 데메테르 여신 역시 일 년에 한 번씩 죽음의 땅에서 파리한 딸 페르세포네를 불러낸다. 라 로바는 뼈 곁에서 노래를 부른다.

우리 여성들이 명상하는 것 역시 죽거나 사지가 찢겨 나간 자아들을 불러 모으는 작업에 해당한다. 죽은 것을 되살리는 이는 모두 양면성을 지닌 원형이다. 조물주 어머니는 죽음의 여신이기도 하고 삶의 여신이기도 하다. 이런 양면성 때문에 우리에게도 중대한 과제가 주어진다. 그 것은 바로 우리 주변이나 내면에서 무엇을 버리고 무엇을 취해야 할지 이해하는 일이고, 더불어 그 시기 또한 정확히 파악하는 것이다.

여성에게 강 밑의 강, 뼈 여인이 존재하는 곳은 온 세상의 씨앗과 뿌리 등 파종에 관한 지식이 담겨 있는 곳이다. 멕시코에서 여성은 생명의 빛을 품은 존재로 여겨진다. 이 빛은 여성의 가슴이나 눈에 있지 않고, 그녀가 태어나기 전부터 모든 씨앗이 담겨진 자궁에 있다. (남성에게서 생식과 씨앗의 본질을 탐구한다면 그 이미지는 털주머니, 즉 음낭에 해당한다.)

이는 여걸을 가까이 함으로써 얻어지는 지혜다. 라 로바의 노래는 몸과 정신과 영혼의 깊은 곳을 인식하는 데서 나온다. 씨앗과 뼈가 상징하는 바는 서로 아주 비슷하다. 우리에게 뿌리, 씨앗 등 근본적인 부분이 있으면 어떤 재난도 극복하고 어떤 황폐함도 복구할 수 있다.

씨가 있으면 생명의 열쇠를 쥐고 있는 것과 같다. 씨의 주기를 따르는 것은 삶과 함께, 또 죽음과 함께 춤추는 것이고, 다시 한 번 삶으로 춤추며 들어오는 것이다. 이는 태곳적의 근원적인 형태를 띤, 삶과 죽음의 여신이 구현된 것이다. 끊임없이 그 주기를 되풀이하는 이것을 나는 이른바 '삶/죽음/삶'의 여신이라 부르고자 한다.

내 안에 있는 삶/죽음/삶의 여신을 찾다

무언가 상실감에 빠졌을 때 우리가 호소하고 상의하고 귀를 기울여야 할 대상은 바로 삶/죽음/삶의 여신이다. 그녀의 초자연적 충고는 때로는 너무 가혹해 따르기 힘들 수도 있지만, 그 변화와 복구의 능력은 결코 의심할 여지가 없다. 잃어버린 무언가를 찾고 싶다면 저 외딴 엉덩이뼈에 사는 노파를 찾아가라. 생식기 바로 옆에 있고 창조의 불꽃이 넘나드는 그곳은 생명의 씨앗을 지닌 여성에게 가장 살기 좋은 장소. 그곳에서는 크고 작은 생각들이 우리의 생각과 행동을 통해 표현될 날을 기다리고 있다.

이백만 년의 역사를 지닌 그 여인의 진수를 상상해보라. 그녀는 지금 땅 끝에 살며 아직 저 높은 곳에 떠오르지 않은 본원적인 여걸이다. 우리 안에 살며, 또 우리를 통해 살고 있는 그 존재가 지금 우리를 둘러싸고 있다.

나는 여성들이 땅을 일구기를 좋아한다는 사실을 늘 주목해왔다. 그들은 다가오는 봄을 위해 알뿌리를 심고, 손이 까매지도록 땅을 파고, 알싸한 향이 나는 토마토 모종을 옮겨 심는다. 그들은 어쩌면 이백만 살

된 그 여인을 찾고 있는지도 모른다. 그녀의 손가락과 발을 찾으며 땅을 판다. 그들에겐 그녀 자체가 선물이다. 그녀는 여성들에게 몸의 일부처럼 느껴지고, 그녀와 함께라면 항상 평안함을 느끼기 때문이다.

여성에게 여걸이 없으면 평화도 없다. 나는 오랜 세월 수많은 여성들을 상담해왔다. 그들은 첫 만남에서 대개 이런 식의 말을 꺼낸다. "글쎄요, 기분이 나쁜 것도 아니고 좋은 것도 아니에요." 이런 상황이 그다지 이상한 것은 아니다. 에너지가 바닥 난 것일 뿐이다. 치유 방법은 바로 라 로바에게 있다. 이백만 살 된 그 여인을 찾아야 한다. 라 로바는 죽은 자를 치료할 뿐만 아니라 죽어가는 여성성을 되살릴 수 있다. 이승과 저승의 교차로이기도 한 그녀는 뼈 곁에서 창조의 찬가를 부를 것이다.

그 노파는 여걸이다. 그녀는 우리의 과거를 알고 그 기록을 이야기로 들려주는 신화의 목소리로, 때로는 우리의 꿈속에 알쏭달쏭하지만 아름다운 목소리로 등장한다.

처녀 할머니인 그녀는 시들지 않고 늙은 존재의 진수를 보여준다. 우리는 아기 때부터 본능적으로 늙음을 타고난다. 또한 뼛속 깊이 무엇이 옳고 그른지를 판단하는 능력이 있다. 그것은 천부적인 성질이다. 만일 여성이 늙으면서도 젊음을 유지하고 또한 젊으면서도 늙음을 유지하는 능력을 계속 붙든다면, 그녀는 예지력 또한 영원히 놓치지 않을 것이다. 그리고 만약 그런 능력을 잃어버렸다면 몇 가지 심리적인 노력으로 바로 회복할 수 있다.

사막의 노파, 라 로바는 뼈 수집가다. 원형 상징학에서 뼈는 불멸의 힘을 상징한다. 쉽사리 없어지지 않고 구조상 잘 타지 않으며 부수기도 힘들다. 신화에서 뼈는 불멸의 영혼을 상징한다. 영혼은 다치거나 불구가 될 수는 있어도 죽는 일은 거의 없다. 왜냐하면 영혼은 지하 세계에서 라 로바의 보호를 받기 때문이다.

뼈는 무겁고 날카로워 사람을 해칠 수 있지만, 오래된 뼈를 줄에 매면 유리 같이 쨍그랑댄다. 살아 있는 이의 뼈는 생명력이 있고 끊임없이 새로워진다. 부드러운 피부로 싸여 있어서 다쳐도 머지않아 되살아난다. 심지어 죽은 뼈조차 미생물의 안식처로 쓰인다. 이 이야기에서 늑대의 뼈는 없어지지 않는 야성적 자아, 또는 본능을 나타낸다. 이는 자유를 위한 존재이자 훼손되지 않은 존재로 문명의 지나친 요구와 엄격함은 완강히 거부한다.

여기 나오는 비유들은 여성이 자기 본능의 야성적 감각을 완전히 되찾는 과정을 나타낸다. 우리의 내면에는 뼈를 모으는 노파가 있다. 또한 야성적 자아의 영혼이자 뼈가 있고, 본모습을 되찾을 수 있는 잠재력이 있다. 우리 안에는 자신과 세상을 변화시킬 뼈가 있고 숨결이 있고 진실이 있으며 그리움이 있다. 이 모든 것이 하나가 되어 노래가 된다. 지금껏 갈망했던 창조의 찬가가 된다.

그렇다고 해서 머리카락을 산발한 채 얼굴을 뒤덮고 손톱 대신 까만 발톱을 달고 다니라는 뜻은 아니다. 여전히 인간의 모습이어야 하지만, 다만 여성의 내면에 동물적인 본능적 자아를 갖출 뿐이다. 이 자아를 낭만적인 만화 캐릭터로 상상하지 말라. 그것은 진짜 이빨을 드러내며 으르렁거리고, 바다같이 넓은 포용력과 월등한 청각을 지녔으며, 날카로운 발톱과 털이 무성한 넉넉한 가슴을 지녔다. 이 자아는 자유롭게 움직이고, 얘기하고, 화를 내고, 창조할 수 있어야 한다. 이 자아는 끈질기고, 회복력이 뛰어나며, 날카로운 직관력이 있다. 또한 죽음과 탄생에 관한 영적인 일을 잘 알고 있다.

지금 독자의 내면에도 뼈를 모으는 라 로바 같은 노파가 있다. 그녀가 부활시키고 있는 것은 무엇일까? 영적인 자아이자, 영혼의 거처를 세우는 존재인 그녀는 직접 영혼을 만들고 고치고 있다. 대체 왜 그런 일을 하는 것일까?

아무리 좋은 세상이라 해도 영혼은 가끔 보수를 요한다. 라 로바는 영혼을 보전하는 일을 한다. 그녀가 없으면 우리는 본모습을 잃을 것이고, 그녀의 지속적인 지원이 없으면 저주받은 존재로 전락할 것이다. 그녀는 영혼의 집을 짓고, 늑대를 기르고, 야성적인 것들을 보호한다.

비유적으로 말하자면 우리는 본질적으로 본능적인 존재이다. 이 중에는 기쁨에 겨워 집안을 뛰어다니거나 반가운 이를 끌어안는 것을 별로 좋아하지 않는 사람이 있을지 모르지만, 어쨌거나 한번 시도해보라. 어쩌면 그런 행위에 혐오감이나 두려움을 느낄 사람도 있겠지만, 사랑하는 사람이라면 이런 새로운 면도 사랑할 것이다. 눈에 띄는 것마다 정체를 알기 위해 냄새를 맡으려고 킁킁 댄다면 물론 싫어할 사람도 있을 것이다. 그렇다고 해서 속상해할 필요는 없다. 그렇다고 나쁜 여자, 나쁜 늑대, 나쁜 개가 되는 것은 아니기 때문이다. 계속해서 자신을 즐기라.

사람들이 명상을 하는 것은 심리적 안정을 찾고 싶기 때문이다. 심리치료나 심리분석을 하는 이유도 마찬가지다. 꿈 해몽을 한다든가, 예술을 하는 이유도 그렇고, 타로점을 치는 이유도 마찬가지다. 춤을 추고, 드럼을 치고, 연극을 하고, 시를 분석하고, 기도를 하는 것 모두 목적은 심리적인 안정이다. 우리가 하는 모든 일이 사실 그렇다. 이 일은 뼈를 한데 모으는 작업에 해당한다. 모은 뼈를 불 옆에 늘어놓고 무슨 노래를 부를지, 어떤 부활의 찬가를 부를지 생각하는 작업이다. 그리고 우리는 진실을 노래할 것이다.

진실을 노래하기 전에 생각해볼 것이 몇 가지 있다. 내 영혼의 목소리는 어떤 상태인가? 내 삶에서 매장된 뼈는 무엇인가? 나와 야성적 자아의 관계는 어떠한가? 내가 자유롭게 달렸던 기억은 언제였던가? 어떻게 하면 내 삶을 되살릴 수 있을까? 라 로바는 어디로 갔나?

노파가 뼈 곁에서 노래를 부르면 살이 돋아나듯 우리도 뼈를 찾고 그 위에 영혼을 쏟아 부으면 새로운 자아를 찾게 될 것이다. 희망의 뼈 위에 그리움과 아픔을 쏟아 부으면 네 발로 서게 될 것이고, 다시 생기를 얻어 연약하고 희미한 존재를 벗어나게 될 것이다. 그리고 변형의 단계에 들어설 것이다.

메아리 없는 사막에 버려진 여인의 길

사막은 삶이 완전히 응축된 장소이다. 사막에 간 사람들은 박탈감과 소외감을 느끼며 심지어는 선인장에게까지 거리감을 느낀다. 옛사람들은 사막을 신의 계시의 장소라고 생각했다. 하지만 여성에게는 그보다 훨씬 큰 의미가 있다. 사막은 숲이나 밀림과 달리 울창하지는 않지만 극한의 혹독함이 있는 신비스러운 생명체다. 많은 여성들이 사막과 같은 삶을 산다. 겉보기에는 아주 작지만 속은 엄청나게 광활하다. 라 로바는 그런 심리 구조가 지닌 귀한 보물들을 보여준다.

여성의 심리는 메아리 없는 사막에서 길을 찾았을지 모른다. 어쩌면 과거의 혹독한 기억 때문에, 또는 지하에 숨어 더 큰 삶을 허용하지 않았기 때문에 그랬을 수도 있다. 여성은 자신이 사막처럼 아무도 없는 공간에 살고 있다고 느낄 것이다. 거기에는 한 송이 빨간 꽃이 핀 선인장 한 그루가 있을 뿐이다. 또 주변 천 킬로 내에는 아무도 살지 않는다. 그러나 거기서 한 걸음만 내딛으면 뭔가 다른 것이 있다. 작지만 멋진 집, 그리고 그녀를 기다리는 노파가 있다.

심리적 사막을 원하지 않는 여성들도 있다. 그들은 나약함과 결핍이 싫어서 여전히 고물차를 타고 환상적으로 빛나는 심리의 도시를 찾아 달리고 있다. 그러나 그들은 곧 실망하게 될 것이다. 울창한 야성의 숲을 찾지 못할 것이기 때문이다. 그곳은 영적인 세계다. 두 세상 사이의 세상이며, 강 밑의 강이다.

이제 방황을 멈추고 빨간 꽃이 핀 선인장으로 돌아가라. 그리고 사막 끝에서 한 걸음만 밖으로 나가라. 낡은 문을 두드리고, 동굴 위를 기어가 꿈의 창문을 넘으라. 이제 사막을 넘으면 원하는 것이 보일 것이다. 우리가 해야 할 일은 단 하나 뼈를 모으는 일뿐이다.

◆ Chapter 2 ◆

무엇이 여자의 마음을 폐허로 만드는가

내 안에서 파괴를 일삼는 심리의 천적

　우리의 마음속에는 나름의 가치 체계와 동기 및 수단을 지닌 여러 존재들이 공존하고 있다. 한 심리학 이론에 따르면, 우리는 이런 존재들을 포착해 몇이나 되는지 세어본 다음 이름을 붙이고 이들이 참패한 노예처럼 물러갈 때까지 꽁꽁 묶어둔다고 한다. 그러나 이런 행위는 여성의 눈속에서 춤추는 야성적 불을 꺼뜨리고 말 것이다. 그녀의 뜨거운 불길과 모든 불꽃도 꺼져버릴 것이다. 우리는 여성 본래의 아름다움을 타락시켜서는 안 된다. 대신 이 모든 존재들을 위해 야성의 지대를 마련한 뒤 예술이 필요하다면 예술을, 사랑이 필요하다면 사랑을, 치유가 필요하다면 치유를 받도록 해주어야 한다.

내면의 존재들이 이성을 잃고 생각 없이 파괴를 일삼으면 어떻게 해야 할까? 그런 존재들도 거처를 주어 한 곳에 머무르게 해야 한다. 특히 심리에서 가장 기만적이고 가장 강력한 도주자 그룹은 우리의 의식을 자극하고 봉쇄하기를 원하는데, 이것은 바로 본능의 천적이다.

인간의 불행은 대체로 부주의한 양육에서 비롯되는 경우가 많다. 한편, 심리 안에도 본래부터 본능을 거스르는 힘이 존재한다. 본능에 반하는 그 힘은 긍정적인 것과 대립하고 발달, 조화, 야성에 반대된다. 그 내면의 힘이 우리를 비웃고 억누른다. 아무리 최고의 양육으로 보살핀다 해도 소용 없다. 그 침입자의 유일한 목적은 모든 교차로를 막다른 길로 바꿔 놓는 것이기 때문이다.

이 약탈자는 여성의 꿈에 자주 나타난다. 그리하여 그들이 가장 정성을 기울이고 사랑하는 일을 방해하고 그들의 직관을 흐려놓으며 끝내는 기운을 잃어 더는 살아갈 수 없게 만든다. 그들의 생각과 꿈을 구기고 발치에 던져버린다. 다음의 《푸른 수염》 이야기는 그런 내용을 담고 있다. 북미에는 프랑스와 독일 이야기가 널리 알려져 있는데, 나는 프랑스와 슬라브 이야기가 뒤섞인 다음 이야기를 특히 좋아한다. 이야기는 푸른 수염의 끔찍한 범죄 행각을 목격한 사람들의 일화에서 시작된다.

여자를 밝히는 거인, 푸른 수염 이야기

저 먼 산중의 어떤 수녀원에 한 다발의 수염이 보관되어 있다. 그것이 어떻게 이 수녀원에 오게 됐는지는 아무도 모르지만, 다만 그 시신을 수습한 이들이 바로 수녀들이라고 한다. 수녀들이 왜 그런 물건을 보관했는지 알 수는 없지만, 그건 사실이다. 내 친구의 친구가 두 눈으로 직접 보았으니까 말이다. 목격자의 말에 따르면 그 수염은 쪽빛에 가까운 푸른색이라고 한다. 말하자면 호수에 언 얼음, 밤에 보이는 구덩이의 그림자 색이라고 할까. 수염의 주인은 한때 실패한 마술사라 불리기도 했는데, 여자를 밝히는 거인으로 '푸른 수염'이라는 자였다고 한다.

일설에 의하면 그는 세 자매를 동시에 쫓아다녔다고 한다. 그러나 그 이상야릇한 수염 때문에 겁에 질린 자매들은 그가 부를 때면 늘 몸을 숨기곤 했다. 하루는 그가 친절하게 보이려고 자매들을 숲에 초대했다. 방울과 빨간 리본으로 한껏 치장한 말들을 몰고 말이다. 그는 세 자매와 그들의 어머니를 말에 태우고 숲속을 달리게 해주었다. 그날은 개들도 함께 뛰어다닌 정말 멋진 하루였다. 그들이 잠시 쉬려고 큰 나무 아래 앉자, 푸른 수염은 재미있는 이야기와 맛난 음식으로 그들을 극진히 대접했다. 자매들은 어쩌면 그가 좋은 사람일지도 모른다고 생각했다.

집으로 돌아오는 길에 자매들은 참 즐거웠다고 서로 재잘거렸다. 그러나 두 언니의 의심과 경계는 아직 풀리지 않았고, 다시는 푸른 수염을 만나지 않으리라 굳게 다짐했다. 그러나 막내의 생각은 전혀 달랐다. 그렇게 상냥한 사람이 설마 나쁜 짓을 저지를 리 없다고 생각했다. 그런 생각을 하면 할수록 푸른 수염이 예전만큼 무섭지가 않았다.

마침내 막내는 푸른 수염의 청혼을 받아들였다. 곰곰이 생각해보니 그처럼 멋진 남자와 결혼하는 것이 백번 옳았다. 그들은 결혼 후 숲속에 있는 그의 성으로 들어가 살게 되었다. 그러던 어느 날 푸른 수염이 이런 말을 했다.

"며칠 어디 좀 다녀오겠소. 친정 식구들을 불러 맛있는 것도 해먹고, 말도 타고, 재미있게 지내시오. 열쇠 꾸러미를 맡기고 갈 테니 성 안의 창고, 금고 할 것 없이 모두 마음대로 쓰시오. 하지만 이 덩굴무늬가 있는 작은 열쇠는 절대로 쓰면 안 되오."

"그래요, 여보. 아무 걱정 마시고 빨리 다녀오세요."라고 아내가 대답했다.

집에 놀러온 언니들은 푸른 수염이 뭐라고 말하고 떠났는지 굉장히 궁금해 했다. 막내는 명랑한 얼굴로 대답했다.

"뭐든 맘대로 다 하고 아무 데나 들어가도 된다고 했어요. 하지만 딱 한 방은 들어가지 말라고 했는데, 그게 어딘지는 저도 몰라요. 열쇠는 있지만 맞는 문은 몰라요."

그들은 어느 열쇠가 어느 방에 맞는지 실험해보기로 했다. 3층으로 된 그 성은 층마다 백 개의 문이 있었는데 자매들은 모든 층을 오르내리며 방들을 열어보면서 즐거운 시간을 보냈다. 어떤 문을 열었더니 음식 창고가 나왔고, 금고가 있는 문도 있었다. 문 뒤에 있는 모든 것이 황홀했다. 이 놀라운 방을 다 본 그들은 결국 지하실에 내려갔다. 복도 끝에는 막다른 벽이 나왔다.

자매들은 마지막 열쇠를 들고 골똘히 생각에 잠겼다. "이 열쇠에 맞는 문은 없는 것 같아."라고 말한 그 순간 어디선가 "우~"하는 이상한 소리가 들렸다. 구석을 둘러보았더니, 자그마한 문이 막 닫히고 있었다. 얼른 달려가 손잡이를 당겼지만 문은 이미 잠긴 뒤였다. 한 명이 소리쳤다.

"언니, 열쇠 좀 가져와 봐. 그 이상한 열쇠는 이 문에 맞는 게 틀림

없어."

그들은 별 생각 없이 열쇠를 구멍에 넣고 돌렸다. 문이 열렸으나 안이 너무 어두워 아무것도 보이지 않았다. 한 명이 서둘러 초를 찾아와 불을 붙이고 안을 들여다보았는데 세 자매가 동시에 비명을 질렀다. 방안에는 피와 새까만 뼈가 가득 널려 있었고, 구석엔 해골들이 사과 더미처럼 쌓여 있었던 것이다.

셋은 재빨리 문을 닫고 열쇠를 뺀 다음 서로를 붙들고 벌벌 떨었다. 막내는 열쇠에 피가 묻은 것을 보고 깜짝 놀라 옷에 문질러 보았지만 아무 소용이 없었다. 언니들이 닦아 봐도 결과는 마찬가지였다. 막내는 그 열쇠를 호주머니에 넣고 부엌으로 달려갔다. 그런데 열쇠에서 스며 나온 피 때문에 치마에도 긴 붉은 줄이 생기고 말았다. 요리사에게서 말총을 빌려 박박 문질러도 보았지만 피는 멈추지 않았다.

그녀는 열쇠를 들고 밖으로 나가 재로 문질러도 보고, 불에 넣어 보기도 하고, 거미줄로 막아 보고, 별별 수를 다 써 보았지만 피는 계속 흘러 나왔다.

"아, 이 일을 어쩌면 좋지? 그래, 옷장에 감추자. 이건 악몽일 뿐이야. 아무 일도 없을 거야."라며 마음을 달랬다.

다음날 아침, 남편이 돌아와 그녀를 불렀다.

"나 없는 동안 아무 일 없었지?"

"네, 아무 일 없었어요."

"창고도 괜찮고?"

그가 물었다.

"네."

"금고는 어때?"

"금고도 아무 이상 없었어요."

"그래, 그럼 열쇠를 돌려줘."

열쇠 꾸러미를 받아든 그는 작은 열쇠가 없어진 걸 금세 알아챘다.

"가장 작은 열쇠는 어디 있지?"

"저……잃어버렸어요. 말 타는 도중에 열쇠 꾸러미가 떨어졌는데 그때 없어졌나 봐요."

"그걸 어쨌지?"

"저……모르겠어요."

"거짓말 마! 그 열쇠를 어쨌는지 말해 봐!"

그는 뺨을 어루만질 듯 아내의 얼굴에 손을 대더니 머리카락을 움켜잡았다.

"나쁜 년!"

그는 그녀를 방바닥에 쓰러뜨렸다.

"그 방에 들어갔었지?"

푸른 수염이 아내의 옷장을 열자 맨 위 칸에 있던 열쇠에서 피가 줄줄 흘러 안에 걸린 아름다운 옷들이 모두 붉게 물들어 있었다.

"자, 이제 네 차례야."

그는 아내를 지하실에 있는 무서운 문 앞으로 끌고 갔다. 그가 노려보자 문이 저절로 열렸고 안에는 전 부인들의 뼈가 가득 쌓여 있었다.

그녀는 문틀을 붙들고 살려 달라고 애원했다.

"제발 부탁이에요. 제 일생을 정리할 시간을 조금만 주세요. 15분만 시간을 주시면 하느님께 죄를 빌고 죽음을 맞이할 준비를 하겠어요."

"좋아. 그렇다면 딱 15분을 주지."

그녀는 계단을 뛰어올라 자기 방에 들어간 다음 언니들에게 창가에서 있게 했다. 그러고는 무릎을 꿇고 기도하며 물었다.

"언니들, 오빠들이 보여요?"

"아무것도 안 보인다. 빈 들판뿐이야."

막내는 몇 분마다 한 번씩, "언니들, 오빠들이 보여요?"라고 물었다.

"회오리바람만 보인다."

지하실에 있는 푸른 수염은 그녀의 목을 베려고 빨리 내려오라고 야단이었다.

그녀는 다시 한 번 물었다.

"언니, 오빠들이 오는 게 보여요?"

푸른 수염은 다시 한 번 그녀를 부르더니 곧바로 계단을 올라오기 시작했다. 이때 언니들이 소리쳤다.

"그래, 보인다! 오빠들이 막 성으로 들어오고 있어."

"이제 넌 죽었어."

푸른 수염은 복도를 달려왔다. 그의 발소리가 어찌나 크던지 벽에 박힌 돌들이 튀어나오고 회벽의 모래가 바닥으로 쏟아졌다. 그가 막 방으로 들어와 손을 내민 순간, 그녀의 오빠들이 방으로 들어왔다. 그러고는 푸른 수염을 성 난간으로 끌고 나가 칼로 찌르고 목을 벤 다음 그 시체를 까마귀들에게 던져주었다.

실패한 마술사, 은둔자 콤플렉스

여성이 독립적인 존재가 되려면 야성과 관계를 발전시켜야 하고, 이를 위해서는 우선 암흑으로 들어가야 한다. 다만 그 덫에 걸리거나 붙잡히지 않고 산 채로 빠져나와야 한다.

《푸른 수염》 이야기는 모든 여성의 심리 안에 있는 포획자, 즉 천적을 주제로 하고 있다. 여성은 이 힘을 기억하고 통제해야 하는데, 이를 위해서는 직관과 인내심, 사랑과 예민함 등 타고난 능력을 모두 보전하고 있어야 한다. 또한 뼈 곁에서 노래를 부르고, 직관적으로 상처를 치료하며, 자신의 창의력을 키워야 한다.

이야기를 심리학적으로 해석할 때는 이야기의 모든 양상을 통해 여성의 심리 안에서 벌어지는 드라마를 표현한다. 푸른 수염은 여성들의 삶의 언저리에서 호시탐탐 그들을 방해할 기회를 노리는 극히 은둔자적인 콤플렉스를 나타낸다. 이 경향은 남성의 경우 다른 상징으로 표현될 수는 있지만, 그 피해는 예부터 남녀 모두에게 동일하게 돌아갔다.

푸른 수염의 힘을 완전히 이해하기는 어렵다. 왜냐하면 그 힘은 모든 사람에게 천부적으로 내재하는 것이며 의식적으로 시작된 것이 아니기 때문이다. 다만 푸른 수염이 실패한 마술사라고 불렸던 만큼 그 힘은 인간의 전의식에서 발달한 것임을 어렴풋이 짐작할 수 있다. 다른 이야기에서도 마술사라는 직업은 대부분 심리의 악랄한 천적으로 묘사된다.

이 점을 원형적 길잡이로 삼아 이 이야기를 신화 또는 역사에 나오는 실패한 마술 혹은 정신력의 예와 비교해 보자. 그리스 신화의 이카루스는 태양에 너무 가까이 날아가다가 밀랍으로 만든 날개가 녹아 떨어져 죽었다. 주니 족의 《소년과 독수리》 이야기에 나오는 주인공은 죽음의 법칙을 깨뜨릴 수 있다고 자만하는 바람에 독수리 왕국에 들어가지 못한다. 그는 독수리 옷을 빌려 입고 하늘을 날다가 그 옷이 벗겨지는 바람에 떨어져 죽는다. 기독교 신화의 루시퍼는 여호와와 맞서다가 지하 세계로 쫓겨난다. 그 밖에도 마법에 도전하는 자들이 자기 힘을 과신하거나 자연에 도전하다가 벌을 받는 이야기는 세계 곳곳의 민담에서 발견된다.

그런 반복되는 주제들을 보면 천적들은 다른 사람 위에 군림하고자 하는 본능이 있음을 알 수 있다. 자만심에 눈이 멀어 삶과 죽음은 물론, 인간과 자연의 불가사의한 힘을 분배하고 다스리는 절대자보다 더 높고 강한 존재가 되길 원한다. 신화 혹은 이야기를 볼 때 대자연의 섭리를 어기거나 왜곡하려는 이들은 정화의 과정을 겪는 모습을 볼 수 있다. 즉 신비롭고 마술적인 능력을 상실하거나, 신들의 땅에서 홀로 쫓겨난다. 크나 큰 실수를 저질러 불구가 되거나, 신의 총애나 힘을 잃게 되어 죽음에 이른다.

《푸른 수염》이 버림받은 자의 내적 표상임을 이해한다면 우리는 그의 깊은 고독감을 이해할 수도 있을 것이다. 구원받지 못하고 끊임없이 추방당하는 그의 모습은 때로는 우리의 모습이기도 하다.

이 이야기에서 제기된 심리적 이슈는 젊은 여성성의 빛을 발하게 하는 대신 이를 증오하고 죽이려 한다는 점이다. 이런 악의적인 심리 상태에서는 탁월한 빛을 소망하다가 그로 인해 덫에 걸려 신에게서 버림받은 존재가 되기 십상이다. 그러므로 유배된 자일수록 남들이 소유한 빛을 무자비하게 뒤쫓는다. 남들의 영혼을 많이 모으면 눈부신 빛을 발하게 되어 자기 속의 어둠을 헤치고 외로움을 극복하게 될 거라고 생각하는 것이다.

이 이야기는 시작부터 구원받지 못한 엄청난 강적이 등장한다. 인간의 정신과 육체에는 이처럼 늘 본능적인 자아에 맞서려는 힘이 존재한다. 물론 그런 힘을 동정의 시선으로 볼 수도 있지만, 무엇보다 그 힘의 실체를 인식하는 것이 중요하다. 또한 자기 자신을 그 힘으로부터 보호하고, 궁극적으로는 그 파괴적인 힘을 없애야 한다. 우리는 모두 천적의 존재를 인식해야 한다. 자칫 그의 먹이가 될 위험이 있기 때문이다.

교활한 푸른 수염은 막내가 자신에게 매력을 느끼고 있음을 눈치 챘다. 자신의 먹이가 될 가능성을 본 것이다. 그의 청혼을 받은 여인은 순간적으로 어리석음, 환희, 행복, 성적 매혹이 뒤섞인 청춘의 열기에 휩싸여 푸른 수염의 제안을 받아들인다. 여성이라면 모두 이 순간을 이해할 것이다.

천적의 제물이 되는 순진한 여성

《푸른 수염》 이야기에서 막내는 순진한 여성을 상징한다. 그녀는 잠시 동안 자기 내면의 적에게 붙잡히지만, 결국에는 좀 더 현명해지고 강해져 자기 심리의 천적을 통찰하게 된다. 또 나이는 들었지만 내면의 천적을 완전히 이해하지 못한 여성들도 이 이야기에 해당된다. 이들은 몇 번이나 천적을 이해하려고 노력했으나 지지해주고 도와주는 힘이 없어 번번이 실패했던 것이다.

이 이야기에서 막내는 우리 내면에 있는 창조적인 잠재력을 나타낸다. 이는 풍요롭고 다채로운 삶을 살고자 하는 충동을 말한다. 그러나 그녀는 악한 남자의 제물이 되는 왜곡된 선택을 하고 만다. 사람을 알아채는 본능과 지혜가 손상되었기 때문이다. 심리적인 면에서 어린 소년과 소녀들은 자신이 누군가의 제물이 된다는 사실에 전혀 무감각하다. 모든 사람이 태어날 때부터 완전히 깨어 있다면 좋겠지만 유감스럽게도 현실은 그렇지 않다.

《푸른 수염》은 잠재력이 깨어나 점점 발달하는 과정을 보여준다. 막내딸은 자기 눈에 근사해 보이는 사람과 결혼하는데, 이런 결혼 이야기는 새로운 단계, 즉 막 피어나는 심리의 새로운 층을 의미한다. 어쨌거나 막내는 바보 같은 선택을 했다. 처음에는 푸른 수염을 의심하고 경계했지만 숲으로 소풍을 다녀온 뒤로는 자신의 직관을 무시하는 실수를 범한다. 여성이라면 이런 경험을 한 번쯤 해봤을 것이다. 푸른 수염이 위험한 것이 아니라 독특하고 기이하다고 생각하게 된 막내는 자신이 괜히 겁을 냈다고 믿는다. 그녀의 야성이 이미 그의 진면목을 눈치 챘지만 순진함이 그 지혜를 소용없게 만든 것이다.

이런 판단 실수는 경고 시스템이 아직 덜 발달된 어린 여성에게 흔히 나타나는 현상이다. 그녀는 어둠 뒤에서 다가오는 어마어마한 크기의 사자를 경계하지 않고 공터에서 마구 뛰노는 어린 늑대와 같다. 또 나이 든 여성이라 할지라도 야성과 너무 오래 떨어져 있어서 내면의 소리를 듣지 못한다면 역시 같은 실수를 범할 것이다.

이런 실수를 피할 길은 없을까? 짐승의 세계가 그러하듯 여성도 부모의 가르침을 통해 천적을 이해하게 된다. 부모의 지혜로운 가르침 없이 자란 여성은 일찌감치 천적의 제물이 된다. 속으로는 자꾸만 의심이 드는데도, 이를 무시하고 멋진 겉모습에 속아 넘어가는 것이다. 그러나 부모의 지도만으로는 충분하지 않다. 여자가 열두 살쯤 되면 친구들이나 사회의 영향 등 심리적 압박 때문에 자신의 직관을 무시하고 위험한 탐색의 길에 들어서는 경우가 많다. 그처럼 겁 없이 굴다가 천적의 공격을 한두 번 받고서야 소스라쳐 깨어나는 소녀들을 보면 안타깝기 그지없다.

늑대의 경우, 새끼들은 사냥하러 나가는 어미 늑대들을 따라 굴 밖으로 나서려 한다. 그러면 어미는 으르렁거리고 겁을 주며 새끼들을 굴 안으로 돌려보낸다. 새끼들이 아직 다른 짐승들의 힘에 대해 제대로 모른다는 사실을 잘 알고 있기 때문이다. 새끼들은 아직은 누가 천적인지 모르지만 어미 늑대의 엄격한 가르침을 받으며 점점 알아갈 것이다.

늑대와 마찬가지로 여성도 내면세계는 물론 사회가 항상 즐거운 곳만은 아니라는 것을 배울 필요가 있다. 천적에 대해 새끼 늑대들이 배우는 기본적인 것조차 모르는 여성들이 많다. "적이 위험해 보이고 너보다 크거든 도망쳐라. 너보다 약하면 그것을 어떻게 할지 생각해 보라. 적이 병들었거든 내버려두고, 뻣뻣한 가시털이나 독, 어금니, 날카로운 발톱이 있거든 물러나 달아나라. 냄새는 좋지만 입이 무섭게 생겼으면 그냥 지나가라."

이 이야기에 나오는 막내딸은 자신의 감정이나 천적의 위험성에 대해 전혀 모를 뿐 아니라, 세속적인 즐거움에 미혹된다. 그건 어쩌면 당연한 일인지도 모른다. 방울 달린 말을 타고 끝없이 넓고 푸른 숲으로 달려가고 싶지 않은 여성이 어디 있겠는가? 그런데 문제는 즐기는 것도 좋지만, 지혜 없이 즐거움만 찾다간 욕망을 충족하기는커녕 천적의 제물이 될 가능성이 크다는 것이다.

괴물 같은 존재에 빠져 드는 성향은 여성들이 아주 어렸을 때, 즉 다섯 살 이전부터 갖가지 경로로 주입된다. 그들은 아무리 흉측한 것이라도 진짜 모습을 보지 말고 미화하라는 교육을 받는다. 이야기의 막내딸이 "흠, 그의 수염이 뭐가 그렇게 이상하다고 그래."하는 것도 바로 그런 훈련의 결과이다. 어렸을 때부터 상냥해야 한다는 가르침을 받은 여성들은 직관을 억누르게 되고, 천적에게 먹힐 수밖에 없도록 훈련된다. 그러나 새끼에게 성난 담비나 방울뱀에게 상냥하게 대하라고 가르치는 어미 늑대는 없을 것이다. 이 이야기에선 어머니도 푸른 수염의 공모자라 할 수 있다. 그녀 역시 딸들과 함께 푸른 수염의 소풍에 따라가고, 어느 딸에게도 조심하라는 말을 하지 않는다. 이 이야기에선 친어머니와 내면의 어머니가 모두 잠든 상태이거나 너무 순진한 경우라 할 수 있다.

두 언니는 소풍에서 아주 즐거운 시간을 보내고도 푸른 수염을 좋아하지 않았다는 점을 주목하자. 푸른 수염이 온갖 낭만적인 태도를 보이고 화려한 음식을 대접해도 두 자매는 그를 좋아하지 않는다고 확신하며 말한다. 이들은 심리적으로 좀 더 발달된 통찰력을 나타낸다. 통찰력에 다가선 여성들은 심리에서 들리는 두 언니의 목소리에 귀를 기울이는 반면 그렇지 못한 여성들은 그 소리를 간과한다.

예컨대 번번이 자신과 어울리지 않는 남자를 고르는 순진한 여성의 경우, 어쩌면 이것은 아니라는 사실을 알고 그 결과를 피할 방법을 알지도 모른다. 그러나 푸른 수염 같은 힘이 그녀를 꼼짝 못하게 묶고 있어 변화를 막는 것이다. 이런 여성들은 대체로 지금 같은 상태로 조금만 더 버티면 좋은 일이 일어날 거라고 믿으며 자신을 속인다. 마약에 중독된 여성의 경우도 마찬가지다. 마음 한구석엔 마약에서 벗어나라고 재촉하는 심리가 있지만, 행복을 누리고 싶은 마음에 푸른 수염, 즉 마약 밀매자의 손아귀를 벗어나지 못한다.

여성들이 어떤 곤란한 처지에 빠지든 간에 그들의 마음속에는 항상 이 언니들 같은 지혜가 있어 좀 더 현명한 선택을 하도록 종용한다. 이런 지혜는 낙원을 찾았다고 느끼는 순진한 여성들의 환상을 깨고 그들이 억누르려고 애쓰는 마음속의 목소리를 나타낸다.

결국 어리숙한 여성과 무서운 어둠의 힘이 운명적으로 맺어진다. 푸른 수염은 아내에게 단 한 가지만 빼고 모든 것을 허용한다. 아내의 삶은 풍부해지는 것이 아니라 매우 제한적이 된다. 푸른 수염 이야기 같은 삶을 사는 여성들은 아주 많다. 그들은 천적에 대해 거의 무지한 상태에서 자기의 삶을 파괴하는 남자와 결혼을 하고, 상대방을 자신의 사랑으로 치유하겠다는 소꿉놀이 같은 생각을 한다.

이런 결혼 생활을 하는 여성은 아이들과 함께 행복한 삶을 살 가능성이 점점 줄어든다는 걸 스스로 느낄 것이다. 그러나 마침내 이들이 자기 삶에 있는 모든 파괴의 문을 연다면 희망은 있다. 실제로 남편이 여성을 무시하고 여성의 인생을 무너뜨리는 동안, 여성 내면에 있는 심리의 천적도 이에 동조하는 경우가 있기 때문이다. 본인이 아무 힘이 없다고 믿거나 자신의 직관을 무시하도록 훈련받은 여성은 심리적인 충동과 재능이 모두 사장될 것이다.

어린 영혼이 천적과 결혼을 하면 한동안 포로처럼 제한된 인생을 살게 된다. 자유로운 인생이 아닌 가식적인 삶을 산다. 언젠가 여자를 여왕으로 만들어주겠다는 천적의 거짓된 속삭임은 사실은 그녀를 죽이겠다는 계획에 다름 아니다. 이 모든 것에서 벗어나는 방법은 단 하나, 그 비밀의 방의 열쇠를 쥐어야 한다.

비밀의 문을 여는 호기심이라는 열쇠

이 작은 열쇠는 모든 여성이 알면서도 무시하고 있는 진실의 문을 열어 준다. 가장 깊고 어두운 심리의 비밀, 즉 여성의 잠재력을 함부로 깎아내리고 파괴하는 존재를 아는 열쇠다. 푸른 수염은 자신의 흉계를 실현하기 위해 "당신 마음대로 하시오."라고 하면서 아내로 하여금 심리적으로 느슨해지도록 유도한다. 아내가 거짓된 해방감을 느끼게끔 먹고 싶은 만큼 먹고, 적어도 자신의 성 안에서는 아무데나 돌아다니라고 한다. 그러나 사실 신부는 자유롭지 못하다. 심리 깊은 곳에선 이미 천적의 비밀을 알고 있지만 그 불길한 정보를 억지로 잊어버리도록 강요받고 있기 때문이다.

이 순진한 여성은 계속해서 왜곡된 진실에 동의한다. 남의 말에 잘 속는 여성, 혹은 본능을 다친 여성은 마치 꽃들처럼 항상 해가 떠 있는 쪽으로 돌아선다. 자기 가족이나 동료로부터 부러움을 받는 생활, 좀 더 안정된 생활, 영원한 사랑, 멋진 성 생활 등 편하고 안락한 생활을 약속하는 이가 있으면 겁 없이 그쪽으로 기운다.

푸른 수염은 아내에게 진실을 깨닫는 데 필요한 열쇠만 못 쓰게 막는다. 이는 그녀의 여걸, 즉 일의 진상을 알고자 하는 여성의 본능을 없애는 행위다. 야성적 직관을 잃은 여성은 심각한 위험에 빠진다. 푸른 수염의 이 말에 복종하는 것은 정신적인 자살 행위와 같다. 그 무서운 비밀의 문을 열어야 비로소 자신의 삶을 선택하게 된다.

신부의 집에 놀러 온 언니들은 호기심으로 가득 차 있다. 막내는 명랑한 어조로, "한 가지만 빼고는 뭐든지 해도 좋다고 했어요."라고 얘기한다. 언니들은 그 작은 열쇠에 맞는 문을 찾는 게임을 하기로 하는데 이는 의식을 향한 바람직한 충동을 나타낸다.

프로이트나 베텔하임 같은 심리학자들은 《푸른 수염》류의 이야기는 여성의 성적 호기심에 가하는 심리적 처벌이라고 생각해 왔다. 정통 심리학에서 남성의 성적 호기심은 연구할 만한 것으로 받아들여졌으나 여성의 경우는 대체로 부정적이었다. 여성은 시끄러운 존재인 한편 남성은 호기심 많은 존재였다. 여성의 호기심은 하찮고 짜증나는 기웃거림일 뿐이라 생각하며 여성의 직관, 지혜 및 감각을 부인했다. 이는 곧 여성의 가장 본질적인 능력인 분별력과 결정력을 공격하는 결과로 이어졌다.

아직 그 무서운 문을 열지 않은 여성은 푸른 수염의 품 안에 뛰어든 여성과 비슷한 상황이라고 볼 때 다행인 것은 언니들이 아직 야성적 호기심의 본능을 잃지 않았다는 사실이다. 언니들은 여성의 마음 한구석에 남아 있는 지혜의 상징으로, 무엇이 중요한지 제대로 판단할 수 있게 인도해준다. 천적의 지시를 어기고 비밀의 문을 발견하는 것, 그 방이 왜 중요한지 알아내는 것은 매우 중요한 일이다.

이 이야기에서 문은 일종의 심리적 장애물, 비밀을 지키는 파수꾼 같은 존재로 묘사되어 있다. 이는 천적이 마술적인 힘을 갖고 있다는 사실을 상기시키고, 천적이 그 힘으로 우리를 뒤틀고 혼란에 빠트림으로써 진실을 알지 못하게 막는다는 사실을 상기시킨다. 무서운 결과가 두려워 너무 깊게 생각하거나 행동하는 것을 피하는 여성은 바로 이 심리적 장애물을 강화하고 있는 셈이다. 이 장애물을 없애려면 열쇠를 이용해 마술을 풀어야 한다.

동화, 심리 분석, 정신적 독립 등 심리 치료에서 가장 중요한 것은 올바른 질문을 제기하는 것이다. 제대로 된 질문이 의식을 싹트게 하는데, 그런 질문은 사물의 이면에 숨어 있는 진실을 알고자 하는 호기심에서 나온다. 그리고 그런 질문이 영혼의 비밀을 푸는 열쇠다. 신부의 언니들은 그 문 뒤에 무엇이 있는지 모르지만, 심리적으로 정확한 질문을 제기한다.

"그 문은 어디에 있고, 그 뒤에는 무엇이 있는 걸까?"

"눈에 보이는 사물 뒤에는 무엇이 숨어 있을까? 저 벽에 비친 그림자의 실체는 무엇일까?"라고 묻기 시작하는 건 순진한 심리가 성숙해지는 바로 그때부터다. 어리고 순진한 본성이 뭔가 가려지고, 비밀스럽고, 금지된 것을 보면 그 내막을 캐야 한다는 사실을 점차 깨닫게 된다. 의식을 발달시키고자 하는 사람은 보이는 것들 뒤에 숨어 있는 사물의 참모습을 쉽게 알아내야 한다. 자신의 본성을 되찾고자 하는 여성은 진실을 감당할 수 있어야 하고 깨달은 모든 진실을 사고·감정·행동에 반영해야 한다.

여성의 잔혹한 참상, 야수 신랑의 정체

설사 신부가 천적의 명령을 받들어 지하실의 비밀을 무시하기로 했어도 영원히 그럴 수는 없을 것이다. 그녀는 머지않아 진실을 향한 질문으로 지하실 문을 열고 자기 내면 한구석에 숨어 있는 잔혹한 참상을 발견하게 될 것이다. 그리고 그녀의 삶을 상징하는 그 작은 열쇠는 그때부터 갑자기 피를 흘리며 뭔가 잘못됐음을 알려준다. 어쩌면 자신의 비참한 현실을 감추고픈 여성도 있겠지만, 그들이 천적의 실상과 임무를 제대로 이해할 때까지 열쇠는 계속해서 피를 흘릴 것이다. 삶의 원동력이 계속 낭비되는 것이다.

자신의 인생의 문을 열고 그 한구석에 자리 잡고 있는 참상을 발견한 여성은 누군가가 자신의 가장 중요한 꿈, 목표, 희망을 박살내도록 방치해 왔음을 깨달을 것이다. 그리고 자신에게 소중하고 귀했던 감정이나 소망이 모두 죽어버렸음을 알게 될 것이다. 이는 인간관계에 관한 것일 수도 있고 성공, 일, 예술작품에 관한 것일 수도 있다. 심리에서 이런 섬뜩한 일이 벌어졌다면, 이는 분명 천적의 짓이다. 종종 여성의 꿈에 야수 신랑으로 등장하기도 하는 이 존재는 여성의 가장 소중한 욕망과 관심사 혹은 열정을 체계적으로 파괴한다.

보통 이야기에서, 야수 신랑의 캐릭터는 대체로 자비로운 모습으로 위장한 악랄한 존재로 등장한다. 여성들이 순진한 생각에 빠질 때면 늘 이런 캐릭터가 그녀 앞에 나타난다. 여성들이 자신의 참담한 현실을 무시하려 할 때 이를 경고하고 훈계하는 꿈을 꾸게 된다.

지난 수년 동안 나는 여성들로부터 야수 신랑 또는 겉과 속이 다른 존재들에 대한 꿈 이야기를 많이 들어 왔다. 그중 한 여성은 꿈에 아름답고 매력적인 남자를 만났는데, 얼핏 내려다 보니 그의 소매에서 무서운 철조망이 풀려 나왔다고 한다. 한 여성은 길에서 어떤 노인을 만나 길을 알려주고 있는데 그 노인이 자기 팔에 기대더니 악마 같은 미소를 지으며 녹아내리는 바람에 심한 화상을 입은 꿈을 꾸었다. 또 다른 여성은 알지 못하는 한 친구와 밥을 먹다가 식탁 너머에서 그의 포크가 날아와 자신을 찔러 죽이는 꿈을 꾸었다고 한다.

자기 내면의 욕망을 보지도, 이해하지도, 인지하지도 못하는 것은 외적인 행동의 산물이 아니다. 그것은 야수 신랑이 남긴 자취이다. 자신이 사랑하는 것을 파괴하는 존재와 좋은 관계를 유지하고 싶어 하는 여성, 언제까지 무슨 일을 하겠다고 목표를 정했지만 시작조차 하지 않는 여성의 심리에도 그런 모습이 있다. 이 외에도 자기혐오를 유발하는 모든 미루는 행위, 자신을 내동댕이치고 곪아 터지게 하는 모든 수치심, 간절한 욕구로 시작했지만 마무리 되지 않은 일 등이 다 같은 심리에 해당한다. 천적이 어딘가 잠복해 있으면 삶의 모든 일이 삐걱거리고 붕괴되며 처참해진다.

천적은 여성의 심리에 매우 일반적인 원형이다. 여성은 처음에는 심리의 천적과 결혼하기로 동의하고 심리적으로 길을 잃지만, 충분한 통찰력이 있기 때문에 결국은 거기서 빠져나온다. 여성은 진실을 보는 눈이 있고 의식을 붙들어 문제해결에 나설 수 있는 존재인 것이다. 그리고 다음에는 힘들겠지만 자아를 파괴하고 죽이는 주범을 정면으로 주시할 때이다.

페르소나를 들춰내는 영혼의 동맥혈

지하실의 방안을 들여다본 언니들은 기겁하여 문을 쾅 닫아 버린다. 신부는 피 묻은 열쇠를 보며, "이 피를 말끔히 닦지 않으면 그 사람이 눈치 챌 거야!"라며 울먹인다. 순진한 자아가 이제 심리 안에서 날뛰고 있는 살인적인 힘을 의식하게 된 것이다. 열쇠에 묻은 피는 여성들이 흘린 것이다. 어설픈 망상을 버리는 과정에서 나온 피라면 기껏해야 핏자국 정도였겠지만 실상은 훨씬 많은 피가 쏟아졌다. 한 사람의 창조성을 가장 깊이, 가장 진하게 담고 있는 피였기에 그렇다.

창조 에너지를 잃은 여성이 바로 그런 상태에 놓여 있다. 이때 창조 에너지는 학업이나 가족, 혹은 친구 관계 같은 일상적인 문제들을 처리하는 능력일 수도 있고, 자기계발이나 예술 등 좀 더 정신적인 문제에 관련된 에너지일 수도 있다. 이는 단순히 한두 가지 일을 미루는 정도가 아니라, 몇 주고 몇 달이고 생각은 많아도 기운이 없어서 아무 일도 못 하는 상태를 의미한다.

이 이야기에 나오는 피는 생리혈이 아니라 영혼에서 흘러나온 동맥혈을 가리킨다. 이 피는 열쇠를 붉게 물들이는 데서 그치지 않고, 신부의 존재 전체에 영향을 미쳐 옷장에 걸린 옷들까지 모조리 빨갛게 물들인다. 옷은 원형 심리학에서 인간의 외양을 나타낸다. 세상에 내보이는 자아상이자, 많은 것을 가리고 있는 페르소나에 해당한다. 남자든 여자든 이런저런 심리적 가면을 쓰고 거의 완벽에 가까운 페르소나 혹은 외양을 갖춘다.

그러나 열쇠에서 피가 흘러나오면, 다시 말해 급박한 인생 문제가 우리의 외양을 붉게 물들이면 더 이상 진실을 감출 수 없게 된다. 아무리 번지르르한 말을 하고 미소를 지어도, 시체실에 숨어 있는 무서운 진실을 보고 나면 더는 그걸 무시할 수 없기 때문이다. 또한 진실을 알면 더 많은 피의 에너지를 유출하게 된다. 그것은 고통스러운 일이고, 동맥을 자르는 행위다. 이런 참담한 상황을 즉시 바꾸지 않으면 안 된다.

이 이야기에서 열쇠는 일종의 저장의 역할을 한다. 보고 깨달은 기억인 피를 담아내는 것이다. 여성에게 열쇠는 항상 미지의 세계나 지식에 입문하는 출입문을 상징한다. 가령《알리바바와 40인의 도둑》에서 알리바바가 험한 산을 뚫기 위해 외우는 '열려라 참깨' 같은 주문처럼 말이다.《신데렐라》에서는 주인공의 요정 대모가, '비비티-바비티-부'라는 주문을 외워 호박을 마차로, 쥐를 마부로 둔갑시킨다.

《푸른 수염》의 신부처럼 다급한 상황에서 가장 필요한 말은 이런 것이다. "대체 무슨 일을 감추고 있는가? 드러나지 않은 일은 무엇인가? 알고 싶진 않지만 내 깊은 곳에서 이미 알고 있는 진실은 무엇인가? 내

자아에서 이미 죽었거나 죽어가는 부분은 무엇인가?"

이는 모두 열쇠라 할 수 있는 질문들이다. 그 대답은 또한 피로 얼룩진 모습들로 나올 것이다. 우리의 심리를 죽이는 존재는 의식이 살아나지 못하게 막을 뿐 아니라 전혀 성장하지 못하도록 잘라버린다. 그것이 심리의 천적의 소명이고 본성이다. 피의 역할은 영혼이 깨달은 진실을 잃지 않도록 촉구하는 것이다. 우리의 심리는 원래 살아가면서 겪는 부정적이고 괴로운 모든 일을 잊으려 하는 경향이 있어서, 시체와 피로 가득한 방을 보면 분명 그 사실을 잊어버리려 할 것이다. 푸른 수염의 아내가 말총으로 열쇠의 피를 닦아내려 한 것도 그 때문이다. 그뿐 아니라, 그녀는 여성들이 다친 데 바르는 각종 약재들을 다 써보았지만 소용이 없었다. 거미줄이나 재 같은 재료는 삶과 죽음의 베를 짜는 운명의 여신과 관련이 있다. 그러나 흥미로운 사실은, 어떤 방법으로도 그녀의 옛 삶을 되돌릴 수 없으며 자신이 피를 흘리고 있음을 깨달은 그 순간이 곧 새로운 삶의 출발점이라는 사실이다.

순진한 신부는 이제 진실을 직면해야 한다. 푸른 수염이 죽인 '호기심 많은' 부인들은 여성의 창의력을 상징한다. 이는 새롭고 흥미로운 측면들을 끊임없이 개발하는 여성의 잠재력을 가리킨다. 천적은 여성의 야성을 공격할 때 특히 포악해진다. 그리고 자신의 직관이나 영감을 의식하고 이에 맞춰 행동하려고 하면 이를 비웃고, 그런 힘과의 연관을 끊어 버리려 한다.

고통으로 가득 찬 빈약한 삶을 견디는 데는 한계가 있다. 여성은 진솔하게 자신을 표현하고자 하는 강한 욕구가 있기 때문에 자신에게도 어울리고 남에게도 해를 끼치지 않는 방식으로 자신을 계발하고 꽃을 피워야 한다. 피 묻은 열쇠는 어쩌면 이전에 살다 간 여성들의 혈통이라

할 수도 있다. 자신에게 이로운 것을 선택할 본능을 잃고, 초라하고 보잘 것없는 삶을 살다 간 여성들이 얼마나 많은가.

발달심리학이 간과해온 문제 중 하나는, 우리가 스스로의 내면을 명확히 이해하려고 애쓸수록 그것이 점점 더 어려워진다는 사실이다. 심리의 한 부분을 이해하면 그 어두운 측면이 더 강조되어 보이는 법이다. 이 어둠을 그대로 두어서는 안 된다. 열쇠를 잊지 말아야 한다. 질문을 감추지 말고 묻고 대답해야 한다. 용기 있고 현명한 여성은 심리의 가장 거친 땅을 일굴 것이다. 좋은 땅에만 씨를 뿌린다면 자신의 잠재력을 전혀 활용할 수 없기 때문이다. 최악의 문제들에 천착하라. 그런 작업이야말로 우리의 정신력을 길러준다.

여걸은 바로 이런 탐색 과정에서 그 진가를 발휘한다. 그녀는 아무리 어두운 곳도 무서워하지 않을 뿐 아니라, 오히려 어두운 데서 앞을 더 잘 본다. 쓰레기, 찌꺼기, 부패물, 악취, 피, 차가운 뼈다귀, 빈사의 소녀들, 그리고 사람을 해치는 남편 등을 조금도 두려워하지 않고, 오히려 그런 것들을 잡아내고, 처리하고, 없앤다. 《푸른 수염》에 나오는 막내딸은 바로 이 사실을 배우고 있는 것이다.

《푸른 수염》의 지하 방안에 있는 해골들은 긍정적인 시각으로 보면 결코 없어지지 않는 여성의 힘을 나타낸다고 할 수 있다. 원형론적으로 볼 때 뼈는 파괴되지 않는 것들을 나타내고, 뼈에 대한 이야기들은 근본적으로 심리 안에 있는 강한 힘을 상징한다. 우리가 가진 것 중 파괴하기 어려운 것은 바로 영혼이다. 여성의 본질에 대한 논의는 결국 여성의 영혼을 주제로 한다. 지하실에 널려 있는 뼈는 정신력이 상처를 입고 그 생명력이 파괴되었음을 나타내지만 아직 완전히 죽지는 않았기 때문에 다시 살려낼 수 있음을 시사한다. 막내와 두 언니는 그때까지 계속되어 온 무지의 틀을 깨고 무서운 광경을 보고도 눈길을 돌리지 않으며 그 현실을 직시함으로써, 즉 진실을 이해하고 수용함으로써 약해진 영혼을 되살리고 있다.

지하방은 라 로바, 즉 원형적 뼈 여인의 동굴이라 할 수 있다. 그 방에는 한때 살아 있던 여성들의 잔해가 널려 있다. 그런데 주기적으로 노쇠한 생명체를 죽여 보전하고 있다가 다시 살려내는 여걸 원형의 주기적 생사 과정과 달리 푸른 수염은 여성을 죽이고 혹은, 뼈만 남을 때까지 학대한다. 그는 여성의 아름다움, 사랑, 자아를 박탈함으로써 자신을 위해 살아갈 능력을 없애 버린다. 우리는 이 살인적인 존재와 그 무서운 해악을 인식해야 한다.

지하실, 감방, 동굴 등은 모두 옛날 여성들이 성인식을 치른 곳이라는 공통점이 있다. 여성들은 금기를 깨고 거기에 내려가 살해된 것들을 찾아낸 다음, 기지와 노력으로 심리의 살인자를 쫓아낸다. 《푸른 수염》 이야기는 우리 여성들의 과제를 명확히 제시한다. 즉 시체들을 찾아내고, 자신의 직관을 믿고, 진실을 발견하고, 정신력을 발휘해 파괴적 에너지를 없애는 것이다.

자신의 죽음 혹은 파멸이라는 주제를 깊이 생각해보지 않은 여성은 천적의 지시에 고분고분 복종하는 생활을 계속한다. 그러나 자신의 유해가 담긴 방문을 열고, 자기 자신과 여성적 본능이 어떻게 살해되었는지를 두 눈으로 똑똑히 본다면, 또 그 죽음이 부(富)라는 가면으로 은폐되어 있음을 보고 자신이 천적의 포로가 되어 심리가 피살될 위기에 처해 있음을 알면 이 사태를 극복할 힘이 생길 것이다.

천적의 뒤를 좇는 우회 전략

동물은 천적을 만나면 몸을 피하기 위해 땅 밑으로 숨어 들어가지만 곧 튀어나와 천적의 뒤를 좇는다. 이를 우회라고 한다. 푸른 수염의 신부도 자기 삶의 존엄성을 되찾기 위해 그런 심리적 전략을 쓴다.

푸른 수염은 아내가 자신을 속였음을 깨닫자 그녀의 머리채를 휘어잡고, "이제 네 차례야!"라고 고래고래 소리치며 그녀를 지하로 끌고 내려간다. 잠재의식 속에 있던 파괴적 특성이 솟아올라 의식이라는 여성을 위협하고 있는 것이다. 정신분석, 꿈의 해석, 자기 성찰, 탐색 등은 모두 우회의 방법에 해당한다. 이는 모두 의식의 밑으로 내려갔다가 어떤 문제의 뒤로 솟아올라 또 다른 관점에서 이해하는 방식이다. 사물을 볼 수 있는 능력, 진정으로 이해할 수 있는 능력이 없으면 지금까지 깨달은 자신 및 자아의 본질을 다시 망각할 수밖에 없다.

푸른 수염의 신부는 죽음을 피하려 애쓴다. 순진했던 과거의 모습에서 벗어나 꾀를 내어 죽기 전에 마음을 가라앉힐 시간을 달라고 애원한다. 마지막 대결을 위해 힘을 기를 시간을 요청한 것이다. 파괴적인 생활 방식이나 해로운 애인 또는 직업에서 벗어나려고 발버둥치는 여성도 이와 같다. 이들은 자신의 생각을 행동으로 옮기기 전에, 한참 동안 전략을 짜고 기력을 모은다. 때로는 천적의 엄청난 위협을 받고서야 그의 손아귀에서 벗어나 독립적이고 영리한 여성이 되기도 한다.

그런 상황에 이르면 심리의 두 측면, 즉 천적의 힘과 잠재력 모두 절정에 달한다. 자신이 내적·외적으로 누군가의 제물이 되어 있음을 깨달은 여성은 자기 본능이 위험에 처해 있음을 알고, 당연히 그 천적을 없앨 궁리를 한다. 신부가 비밀의 문을 열었음을 알고 화가 난 천적은 이리저리 뛰어다니며 그녀가 빠져 나갈 길을 모두 막으려 한다. 파괴적인 힘이 살의에 넘쳐 날뛸 뿐 아니라, 명령을 어긴 여자는 죽어야 한다고 소리친다.

잠재력이 절정에 달한 한편 천적의 힘 또한 최고조인 상황에서 여성은 양 갈래로 분열된 정신이 서로 반대편에서 잡아당기기 때문에 극도로 피곤해진다. 그러나 아무리 힘들어도 빠져 나갈 궁리를 해야 한다. 이 결정적 시기는 밤낮으로 영하의 날씨가 계속되는 겨울철과 같아서, 살아남으려면 아무리 피곤해도 깨어 있어야 한다.

천적을 찾고 쫓아내는 이 시기는 여성의 삶에서 아주 중요하다. 이는 타고난 본능을 발휘해 천적에게 잡혀 있는 제물의 처지에서 벗어나 예리한 눈과 귀를 가진 존재로 변신하는 시점이다. 극도로 피곤한 심리로써 마지막 대결을 성공으로 이끌려면 거의 초인적인 힘이 필요하다. 계속 피를 흘린 열쇠처럼 몇 가지 질문도 이 과정에 도움이 된다. '비밀을 알아내면 넌 죽게 돼'라고 위협하는 심리도 있지만 한편으론 이리저리 날뛰는 천적을 죽일 궁리를 한다. 그러나 겉으로는 그의 분부대로 죽을 준비를 하는 척한다.

신부가 애타게 찾는 심리의 오빠, 아니무스

푸른 수염이 빨리 오라고 야단치는 동안 신부는 시간을 끌며 그를 없앨 궁리를 한다. 파괴적인 종교, 남편, 가족, 문화, 또는 해로운 감정에서 벗어나려고 하는 여성들에게도 이러한 전략이 필요하다. 신부가 애타게 찾는 대상은 심리의 오빠들이다. 이는 여성 심리의 좀 더 튼튼하고 공격적인 추진력으로, 때가 되면 악한 충동을 죽일 수 있는 여성 내의 힘을 상징한다. 여기에서는 남성성으로 나타나지만 여성성일 수도 있고, 침입자 위로 무너져 내리는 산이나 천적을 일순간 까맣게 태워 버리는 태양 같은 무성의 힘일 수도 있다.

신부가 층계를 뛰어올라 언니들에게, "오빠들이 오는 게 보여요?"라고 거듭 소리친다. 언니들은 오빠는 보이지 않고, 회오리바람만 보인다고 대답한다. 여기서 신부의 언니들은 무대의 중심에서 신부의 눈이 되어준다. 신부가 애타게 오빠를 찾는 외침은 필요하면 죽을 때까지 싸우도록 훈련받은 심리의 측면이 사는 먼 곳까지 메아리친다. 그러나 처음에 이런 힘은 먼 곳에 존재한다. 민첩하고 씩씩한 심리가 의식의 표면에 가까이 있어 필요할 때 도움을 주는 경우는 그리 흔치 않다.

여성들은 자기 안에 있는 전투적인 회오리바람을 불러들이는 연습을 종종 해야 한다. 회오리바람은 여성에게 엄청난 힘을 주는 의지력을 상징한다. 이런 강단이 있는 여성은 쉽사리 의식을 잃거나 죽지 않는다. 또한 자기 내면에 자리 잡은 파괴적인 힘, 곧 자신의 본능과 삶의 의욕을 박탈하는 존재를 단호히 척결한다. 신부가 실마리가 되는 질문들로써 해방의 문을 연다 해도 언니들의 눈과 오빠들의 칼이 없으면 살아남을 수 없을 것이다.

푸른 수염이 그녀를 부르며 뛰어올라오자 신부는 "이제 오빠들이 보여요?"라고 묻는다. 언니들은 "그래, 이제 보인다. 이제 거의 다 왔어."라고 대답한다. 이윽고 달려온 오빠들이 푸른 수염을 난간으로 끌어낸 다음, 칼로 살해하고 그 시체를 까마귀들에게 내준다. 순진함에서 벗어난 여성이 미처 의식하지 못했던 힘을 발휘한 것이다. 그 여성은 자기 내면에 있는 남성적 에너지의 도움을 받고 있다. 융 심리학에서는 이런 측면을 아니무스(Animus)라고 하는데, 호전성 등 전통적으로 여성에게서 배제된 특징들을 담고 있다.

이 남성적 힘은 《푸른 수염》의 오빠들처럼 주체적인 인생을 사는 여성들을 사랑하여 그들이 이루고자 하는 바를 도와주는 심리적 에너지다. 그는 진실을 추구하는 여성들, 내면의 생활과 감정을 외부세계와 연결하려고 애쓰는 이들을 돕는다. 아니무스는 일종의 다리와 같다. 아니무스가 강하고 큰 여성일수록 더 쉽고 능률적으로, 또 멋지게 자기 생각을 실현하고 창조적인 일을 해낸다. 반면에 아니무스가 미숙한 여성은 생각은 많지만 조직력이나 실천력이 부족하여 세상에서 힘을 발휘하지 못한다.

신부의 오빠들은 힘과 결단력을 상징한다. 결단력이 있어야 여성의 심리 안에 있는 천적의 엄청나고 파괴적인 힘을 제압할 수 있다. 또 필요할 때마다 전사들을 불러내어 함께 싸울 수 있는 현명한 사람으로 변모할 수 있다.

온갖 죄의 대속자, 푸른 수염의 끔찍한 죽음

푸른 수염은 단절과 융합을 주제로 한 '절단'의 고통을 담은 이야기다. 결국 푸른 수염의 시체는 산산조각으로 절단된 뒤 독수리와 까마귀 등 새들의 차지가 된다. 정말 기이하고도 상징적인 결말이다. 옛날에는 '대속자'라 불리는 이들이 있었다. 혼령, 새, 동물, 사람 등 희생양이 되어 사회의 죄와 폐기물을 먹음으로써 다른 이들을 정화하고 구제해주는 존재 말이다.

앞에 나온 라 로바 여걸은 해골이나 죽은 자를 찾아 뼈 곁에서 노래를 불러 되살리는 존재였다. 여기서 삶/죽음/삶 식의 주기는 여성의 야성적·본능적 천성을 주된 특징으로 한다. 북유럽 신화에는 죽은 사람을 먹어 뱃속에 간직했다가 죽음의 나라의 왕인 헬에게 데려다주는 대속의 새들이 있다. 여기서 헬은 특정한 장소가 아닌 삶과 죽음의 여신을 말하며, 죽은 자에게 사는 법을 가르쳐주는 존재다. 이들은 점점 젊어지다가 아기가 되어 다시 세상에 태어난다.

죄나 죄진 자를 먹어 간직했다가 다시 살려내는 이 과정은 심리의 가장 근본적인 기능이다. 따라서 심리 안에 있는 천적을 처치해 그 에너지를 이용한다는 것은 당위에 해당한다. 이렇게 처치된 천적들은 자비로운 삶/죽음/삶의 어머니에게 돌아가 변형된 다음 덜 해로운 형태로 되살아날 것이다.

이 이야기를 연구한 많은 학자들은, 푸른 수염은 구제받지 못할 어떤 힘을 나타낸다고 본다. 내가 보기에도 그 연쇄 살인범은 갑자기 자상한 아버지로 바뀌지는 않겠지만 심리의 뒷골목에서 고문당하고 멸시 받아야 할 존재라고 보지는 않는다. 오히려 나무와 하늘이 보이고, 좋은 음식과 마음을 달래주는 음악이 있는 정신병원에 있어야 할 존재다. 그렇다고 해서 구제할 수 없는 명확한 악이 존재한다는 사실을 부정하는 것은 아니다. 그런 악도 분명히 존재한다. 예로부터 한 사람이 도를 깨치면, 집단 무의식의 어둠이 약해진다는 설이 있다. 융은 인간이 현명해지면 신 역시 그만큼 현명해진다고 말한 바 있다. 인간의 마음속에 있는 어둠을 몰아내면 신의 어둠에 빛이 비친다는 것이다.

어떻게 해서 그런 일이 일어나는지는 확실히 알 수가 없다. 그러나 원형 심리학적으로 보면 이런 논리가 가능하다. 심리의 천적을 멸시하거나 그로부터 도피하지 않고, 자신의 정신적 삶과 가치를 분리해서 생각하지 않고, 해로운 생각이 너무 커지기 전에 이를 억누름으로써 천적을 제압할 수 있다는 말이다. 천적의 악랄한 속삭임에는 너그러운 생각으로 맞서야 한다. 천적이 "너는 끝맺는 일이 하나도 없어."라고 하면, "끝낸 일도 많아."라고 대답하라. 천적이 하는 말 중 맞는 것만 받아들이고 나머지를 버린다면 그의 공격을 이겨낼 수 있다.

스스로의 직관과 본능을 믿고 천적의 유혹을 물리치는 것도 중요하다. 지금까지 살아오는 동안 겪었던 상실, 실망, 좌절, 두려움을 다 더해 보면 그런 게 바로 우리 심리의 빈틈임을 알게 될 것이다. 천적은 바로 우리의 이런 욕망과 결핍을 이용해 우리를 지하실로 끌어내려 피를 빨아먹는 존재이다.

까마귀들이 푸른 수염의 뼈와 내장을 먹는 것으로 끝나는 이 이야기의 결말은 천적의 변형에 대해 많은 점을 시사한다.《푸른 수염》의 어린 신부와 같은 역정을 지나온 여성들이 마지막으로 할 일은 삶/죽음/삶의 여신과 같은 천성을 발휘해, 천적을 조각내어 간직하고 있다가 다시 태어나게 해주는 것이다. 천적은 우리 도움 없이는 힘이 빠져 아무것도 하지 못한다. 천적을 창조 이전의 상태에 있는 심리의 차원으로 내려 보내라. 그런 다음 더 좋은 형태로 다시 태어날 때까지 보전하라. 이는 천적을 변형시켜 새것으로 만들어내는 창조의 작업에 동참하는 것이다. 천적을 물리치고, 쓸 만한 것만 골라낸 뒤 버리는 여성은 천적에게 빼앗겼던 것, 즉 생기와 생명력으로 도로 가득 찬다. 그리하여 천적의 성난 울부짖음을 크나큰 열정으로 바꿀 수 있고, 천적의 간사함을 지혜로, 천적의 잔인함을 자신의 삶에서 사라져야 할 것들을 처치하는 도구로 변형시킬 수 있다.

이야기의 가장 중요한 기능은 심리적 열쇠에 있다. 그것은 자기 자신과 가족, 그리고 일과 삶 전반에 대해 다양한 질문을 제기할 수 있는 능력을 준다. 그런 질문을 던진 여성은 킁킁거리며 냄새를 맡고 이리저리 둘러보며 진짜 정체를 알아내는 늑대처럼 가장 깊고 어두운 문제들을 해결할 수 있게 된다. 자신을 괴롭혀온 힘을 반대로 자신을 위해 쓸 수 있는 것이다. 그런 여성이 바로 여걸이다.

여성들의 꿈에 괴한이 나타난다면

심리의 천적은 이야기뿐 아니라 꿈에도 나타난다. 그런 꿈을 꾸지 않고 스물다섯이 됐다면 이상할 정도로, 거의 모든 여성이 공통적으로 꾸는 꿈이 있다. 꿈은 대개 이런 식으로 진행된다. 여성이 혼자 집에 있는데 밖에 강도가 어슬렁거린다. 겁에 질린 그녀가 긴급 전화를 걸고 있는데 어느새 그 강도가 집 안에 들어온다. 강도는 그녀의 숨결을 느낄 정도로 가까이 온 다음 그녀에게 손을 뻗는다. 겁에 질린 그녀는 전화 다이얼을 돌리지만 번번이 실패한다. 그 순간 꿈에서 깨어난 여성은 정신을 차린 뒤 가쁜 숨을 몰아쉬고 가슴이 두방망이질하는 자신을 발견한다.

괴한 꿈을 꾸는 여성은 대개 진땀을 흘리며 숨을 거칠게 몰아쉰다. 때로는 심장 박동이 급해지고 외마디 비명을 지르기도 한다. 이를테면 은근한 경고를 발하던 잠재의식이 신경계와 자율 신경을 자극하는 영상을 내보냄으로써 사태의 급박함을 전달한 것이다. 이런 괴한 꿈에 등장하는 남자들은 대체 누굴까? 이런 꿈을 꾼 여성들의 말을 빌리면 테러리스트나 강간범일 수 있고, 살인자나 강도 등 꿈꾸는 이의 상황이나 정신 상태에 따라 달라질 수 있다. 예컨대, 어린 소녀의 경우 이런 꿈은 이제 막 심리적 천적의 존재를 의식하게 되었음을 시사한다. 어떤 경우에는 심리 안에서 잊히거나 사로잡혀 있는 기능을 새로이 발견하고 해방시킬 것을 예고하는 연락병 역할을 하기도 한다. 때로는 꿈을 꾼 당사자가 맞서 싸워야 할 사회 전체의 견디기 어려운 상황이 이런 꿈을 초래하기도 한다.

괴한 꿈은 여성이 겪고 있는 고난을, 괴한은 여성에게 주어진 가혹한 상황을 나타낸다. 만일 이 여성이 푸른 수염의 신부처럼 핵심적인 질문을 제기하고 진솔한 해답을 찾으려고 애쓴다면 해방의 가능성은 높아진다. 그녀의 마음속 강도나 강간범, 혹은 천적들도 힘을 잃고 잠재의식의 저변으로 물러난다. 이때 그녀는 인생의 위기를 극복하고 차분히 문제를 해결할 수 있다.

여성은 언제 이런 꿈을 꿀까? 깨달음에 이르기 직전, 즉 의식이나 행동이 성숙해지고 강력해질 때다. 아무리 나이 많은 여성이라도 더 많은 '첫 경험'을 할 수 있다. 지금까지의 생활이 새로운 생각과 행동으로 이어지는 계기, 그것이 바로 깨달음의 본질이다. 여성의 삶에서 꿈은 문지방이고 입구이며 준비이다. 또한 성장 과정에서 새로운 단계를 위한 연습이기도 하다. 생활이 너무 침체되어 있거나 해이해진 여성이 그런 꿈을 꾸는 이유이다. 그런 경우 꿈은, 말하자면 의식에 일대 돌풍을 일으켜 더욱 활기찬 생활을 하게 해준다. 생활에 변화가 필요한 여성, 어려운 선택의 갈림길에 서서 어쩔 줄 모르는 여성, 충분히 활동하고 노력하지 못하는 여성들도 이런 꿈을 꾼다.

개인이나 사회에 뭔가 심각한 잘못이 있는 경우, 괴한 꿈은 일종의 경종의 역할을 하기도 한다. 종래의 심리학은 바깥세상 역시 우리의 내면만큼 초현실적이고 상징적이며 우리의 삶에 갖가지 충격과 영향을 준다는 사실을 무시했다. 그리하여 사회에 팽배해 있는 불만과 불안, 또는 정치 및 정책과 무관하게 인간의 심리를 연구했다. 그러나 외부 세계가 한 개인 또는 여러 사람의 내면에 심각한 영향을 끼칠 때는 괴한 꿈을 꾸는 이가 더욱 늘어난다. 예를 들어, 정치의식이 높고 사회운동에 적극 참여하는 여성들이나 여권 운동가들은 괴한 꿈을 많이 꾼다고 한다.

이런 꿈은 대체로 순진한 여성들에게는 경각심을 불러일으키고, 사회 운동에 참여하는 의식 있는 여성에게는 당면한 과제를 더욱 강하고 기민하게 추진하도록 촉진제 역할을 하는 경향이 있다. 여성들이 꾸는 천적의 꿈은 내면의 삶을 반영할 뿐 아니라, 일터나 집안의 위협적인 분위기, 이웃이나 문화 전반에 대한 내용이 될 수도 있다.

대부분의 심리학 이론은 불행의 원천을 대개 가족이라고 본다. 그러나 문화야말로 가족 그 자체이므로, 문화가 병들어 있으면 거기에 속한 모든 사람이 같은 병을 앓는다. '문화가 의사'라는 말이 있다. 그런 문화라면 가족은 어떻게 해야 불행의 원인을 제거할지 알 수 있고 고생을 덜 뿐 아니라, 훨씬 더 선하고 온유해질 것이다. 반면에 천적이 판치는 문화에서는 새로 태어나거나 죽어 없어져야 할 요소들이 고착되기 때문에 두려움과 정신적 기아에 시달리는 사람이 훨씬 많아진다.

괴한 꿈에 나타나는 이 침입자가 왜 우리의 본능과 야성적 지혜를 파괴하려 하는지는 아무도 모른다. 어쩌면 인간의 본성이 그런 건지도 모르겠다. 본능과 진솔함에 대한 파괴적인 태도를 드러내고 자랑하거나 북돋우는 사회에서는 천적의 힘이 더욱 강해지는 경향이 있다. 압제적인 문화에서도 누군가는 "우리 사회가 금지하는 이것의 본질은 무엇일까? 개인, 사회, 지구 그리고 인간성 자체에서 파괴된 요소들은 무엇인가?" 등등 개인과 문화에 도움이 될 만한 질문을 제기할 것이다. 일단 이런 문제들이 제기되면 여성은 각자의 능력과 재능에 따라 그것들을 처리할 수 있게 된다. 이처럼 사회의 문제를 자기 일로 받아들여 진솔하고 열정적으로 처리하는 태도가 바로 야성의 기능이다.

창조적인 열정을 보호하는 여성의 야성

여성의 야성은 보호되어야 한다. 또한 갑자기 유괴되거나 구금되지 않도록 철저한 경계가 필요하다. 야성적 본능과 연결된 여성은 아무리 압제적인 문화 또는 심리상태에 둘러싸여 있다 해도, 다른 이들보다 그 마비의 정도가 덜하다. 때로 본능이 상처를 입을 때도 있겠지만 그런 상황에서도 천적을 물리치고 도망칠 에너지, 혹은 천적을 산산조각 내어 이용할 수 있는 에너지는 남아 있을 것이다.

여성이 괴한 꿈을 꿀 가능성이 특히 높은 때가 있다. 창조적 열기가 바닥났거나, 아무리 노력해도 그 결과가 신통치 않은 때가 그렇다. 이런 상황은 이제 막 활동을 시작한 여성에게는 물론, 매우 숙련된 이들에게도 일어날 수 있다. 어떤 경우든 자신이 진정으로 원하는 일을 할 힘이 전혀 없는 때에 괴한 꿈을 꾼다. 이때 꿈은 비록 무섭긴 하지만 악몽은 아니다. 오히려 우리의 창의력을 앗아가는 파괴적인 움직임과 창조 행위에 필요한 여건을 빼앗는 존재를 인식하고 대비하라는 유익한 경고에 가깝다.

천적이 우리의 자존심을 없애버리면 창조적인 작업이 지연되거나 중단된다. 이런 경우는 나 자신의 생각과 예술을 전보다 훨씬 더 심각하게 고려해볼 필요가 있다. 그동안 모계적 전통이 너무도 오래 무시된 까닭에 여성의 창조적인 생활을 제대로 평가하기가 아주 어려웠다. 야성에서 우러나오는 아름답고 예술적인 생각들이 무시돼 왔다. 괴한 꿈은 무섭긴 하지만 대개의 경우 유익한 결과를 낳는다. 자신의 재능을 허비하면 어떤 일이 일어날지 보여줌으로써 더 노력하게 만드는 꿈이기 때문이다.

괴한은 자기가 지닌 재능을 살리지 않으면 얼마 안 가 그걸 잃게 된다는 경종을 울려준다. 괴한 꿈을 연거푸 꾸는 여성이 있다면 그건 바로 자신의 재능을 재점검할 깨달음의 큰 장이 열림을 의미한다. 그런 여성은 그때까지 재능을 파괴하거나 앗아간 존재를 인식하고 그것을 없앨 방법을 강구하게 될 것이다.

여성이 자신의 심리 안에 자리 잡고 있는 천적을 발견하고 이를 없애려고 노력하면 그는 심리의 한구석으로 도망가 꼼짝 않고 숨어 있지만, 내버려두면 점점 더 미움과 질투가 심해져 그녀를 영원히 입 다물게 만들 것이다. 괴한이나 푸른 수염에 대한 꿈은 여성이 내면에 있는 부정적인 요소를 가능한 한 많이 제거할 수 있게 해준다. 여성의 영적 생활에 무심한 이들에 둘러싸여 살다 보면 천적의 힘이 점점 강해져 우리를 공격할 수 있다. 따라서 때로는 사귀는 사람의 수를 제한하는 것이 좋을 수도 있다.

여성들은 대개 침입자에 대해 아주 모호한 태도를 취한다. 아무리 애써도 소용없는 경우가 많기 때문이다. 즉, 괴한의 손아귀에서 빠져 나오지 않는 한 계속 그의 노예로 남을 것이고, 빠져 나와도 그의 소유물처럼 줄곧 그의 추격을 받으리라고 생각한다. 천적의 위협을 이기지 못해 자신의 창의력과 진솔함, 혹은 야성을 포기하는 여성도 많다. 푸른 수염의 지하실에 그렇게 많은 해골이 쌓인 것도 그래서였다. 덫이 있음을 적시에 깨달아야만 지하실에서 고문당할 위협을 피하고, 자신의 능력을 최대한 발휘할 수 있다.

《푸른 수염》은 천적의 유혹에 넘어갔다가 빠져나와 전보다 더 현명해진 여성의 이야기이도 하다. 특히 여성들에게 강요되는 네 가지 금기를 다루고 있는데, 그것은 꿈을 버리고, 직관을 무시하고, 목소리를 억누르고, 행동을 포기하라는 압력을 변환시키는 과정이다. 천적을 몰아내려면 이런 금기들을 거부해야 한다. 진실을 받아들일 수 있는 직관과 능력을 발휘하고, 사실을 말하고, 그 상황에 맞는 대책을 세워 실행해야 한다.

본능이 강한 여성은 자기 내면에 숨어 있는 천적의 냄새와 소리, 혹은 모습을 직관적으로 알아챈다. 그리고 천적의 접근을 예상하고 있다가 도착하는 즉시 쫓아 버린다. 반면에 본능의 힘이 손상된 여성은 천적의 접근을 알아차리거나 다가오는 소리를 듣기도 전에 그의 공격을 받는다. 왜 이런 현상이 생기는 것일까? 여자는 상냥해야 한다든가, 예의를 갖춰야 한다든가, 남이 부당하게 취급해도 참아야 한다는 등의 내면의 목소리 때문이다.

아직 어리고 어리숙하여 깨달음에 이르지 못한 여성과 본능을 손상당한 여성은 심리적으로 볼 때 아주 비슷하다. 이들은 천적에 대해 잘 모른다. 다행히 여성의 내면에 있는 천적이 발동하기 시작하면 그녀의 꿈에 반드시 그 징조가 나타난다. 그럼 이 징조들을 이용해 천적을 찾아내어 제압하면 된다. 순진한 여성과 본능을 손상당한 여성은 둘 다 같은 방법으로 치유할 수 있다. 자신의 직관에 귀를 기울이고, 천적의 냄새나 소리에 유의한다. 또 호기심을 갖고 자주 질문을 제기하며 진실을 보고 듣고 그에 따라 행동해야 한다. 여성들은 천부적으로 이런 직관적 능력이 있었다. 그러나 오랜 세월 동안 재와 오물에 묻혀 있다 보니 그 흔적이 없어진 것이다.

    괴한 꿈을 꿀 때는 거기에 대항할 세력이 항상 우리를 도울 태세를 갖추고 있다는 사실을 명심하라. 우리가 천적에 대항하기 위해 야성의 에너지를 모으려 하면 여걸 역시 천적이 세워 놓은 울타리나 장애물을 뛰어넘어 우리에게 달려온다. 여걸은 성화처럼 벽에 거는 우상이 아니다. 상황과 장소를 불문하고 우리를 도우러 오는 살아 있는 힘이다. 그것은 아주 오랜 세월, 꿈이나 이야기, 혹은 여성의 삶을 통해 천적과 싸워 왔다. 여걸은 천적에 대항하는 힘으로서 천적이 있는 곳이면 어디나 나타난다.

    여걸은 정신적 삶이 위기에 처한 여성들에게 금기를 깨고 거기 맞서 싸우라고 가르친다. 천적의 위협을 받았을 때 대항해서 싸우는 것은 괜찮은 정도가 아니라 반드시 필요한 일이다. 그런 여성은 천적의 접근을 금세 알아채고 제압하기 때문에 곧 정상적인 생활을 되찾을 수 있다. 그녀는 이제 어리숙한 표적이나 희생양이 아니다.

◆ *Chapter 3* ◆

나를 유혹하는 것,
내가 좋아하는 것

진실은 보이는 것과 많이 다르다

　직관은 여성 심리의 보배이다. 일종의 미래를 점치는 도구이고 내면의 흐릿한 시야를 밝혀주는 깨끗한 거울이다. 마치 지혜로운 할머니처럼 언제나 우리 곁에 머물며 진실을 말해주고 갈 길을 일러준다. 직관은 종종 라 케 사베, 여걸 등 '모든 것을 아는 존재'로 구현된다.
　열정적인 이야기꾼들은 언제나 수많은 이야기를 뒤적거리며 그동안 쌓인 문화와 정복의 먼지를 걷어내고 진실을 밝히려 애쓴다. 그중에는 전체가 산산조각 난 이야기도 있고, 그 일부나 세부들이 빠지거나 소실된 경우도 있다. 대개 형체는 온전하지만 그 색채가 변한 경우가 많다. 그러나 계속 연구하다 보면 형태와 세부, 둘 다 완벽하게 보전된 이야기를 발견할 때도 있는데, 다음《바살리사》이야기가 그렇다.

《바살리사》는 옛날 러시아에서 여성을 위한 이야기로 전해오는데 핵심 골격이 거의 온전히 보전되어 있다. 이야기의 주제는 진실은 보이는 것과는 많이 다르다는 것이다. 여성들은 대부분 직관과 본능으로 사물의 참모습을 파악한다. 어떤 일의 진상을 이해하고, 자신의 생각 가운데 핵심만을 추려내는 감각이 있다. 보아야 할 것을 보고, 알아야 할 것을 안다. 또한 자신의 창조적 열정을 지키고 모든 만물의 삶/죽음/삶의 주기에 대해 깊이 인식한다.

바살리사 이야기는 러시아, 루마니아, 유고슬라비아, 폴란드 등 발트해 전역에 알려져 있다. 그 원형적 기원은 최소한 그리스 고전 문명 이전에 존재했던 말(馬)의 여신으로 거슬러 올라간다. 이 이야기는 오래된 심리를 찾아서 야성적 여신의 지하세계로 들어가는 과정을 담고 있다. 이는 현실을 사는 여성들에게 여걸의 원초적이고 본능적인 힘, 즉 직관을 불어넣어 주는 과정이기도 하다. 결국 이 이야기는 보이는 것과 진실은 같지 않음을 일깨워준다.

야성의 어머니 바바 야가와 바살리사 이야기

옛날 옛적에 마치 교회 성물실에 있는 하얀 밀랍 장미처럼 창백한 얼굴로 임종을 기다리며 누워 있는 한 젊은 엄마가 있었다. 어린 딸과 남편은 오래된 나무 침대 머리맡에 앉아 그녀가 무사히 저승에 이르기를 기도했다.

엄마는 빨간 장화와 하얀 앞치마 차림을 한 어린 딸 바살리사를 불렀다. "이 인형을 가지렴." 엄마는 이불 속에서 작은 인형을 꺼내 딸에게 건넸다. 바살리사처럼 빨간 장화와 흰 앞치마 차림에, 까만 치마와 오색 수가 가득 놓인 조끼를 입은 인형이었다.

"자, 엄마 말 명심해. 네가 길을 잃거나 도움이 필요할 때 이 인형에게 물으면 도와줄 거야. 항상 몸에 지니고 다니고, 이 인형에 대해 아무에게도 얘기하지 마라. 그리고 인형이 배고파하면 밥을 주어라. 사랑하는 딸아, 이것이 엄마가 네게 주는 마지막 약속이며 축복이란다."

엄마는 곧 숨을 거두었다. 딸과 아빠는 오랫동안 그녀의 죽음을 슬퍼했다. 그러나 전쟁에 폐허가 되었던 땅이 되살아나듯 아빠의 삶도 생기를 되찾았고, 두 딸이 있는 과부와 재혼하게 되었다. 계모와 두 딸은 항상 상냥했고 귀부인 같은 미소를 머금고 있었으나, 그 미소 뒤에는 아빠가 보지 못하는 쥐같이 얍삽한 구석이 있었다.

아니나 다를까, 아빠가 여행을 떠나자마자 세 사람은 바살리사를 괴롭혔다. 자기들의 시중을 들게 하고, 땔감나무를 해오라고 윽박질렀다. 바살리사의 고운 살결은 금세 상처로 얼룩졌다. 계모와 언니들은 바살리사의 뛰어난 미모와 착한 심성을 미워했다. 그들의 가슴은 못된 심성 때문인지 졸아들어 납작했고, 반면 바살리사의 가슴은 봉긋이 솟아올랐다. 또한 그들은 한밤중에도 뒷간에서 싸우는 쥐들처럼 시끌벅적한 반면 바살리사는 상냥하고 온순했다.

어느 날 세 사람은 바살리사의 꼴을 더는 보기 싫어서 숲속의 마녀인 바바 야가에게 보내어 죽이려는 계획을 세웠다.

"일부러 불씨를 꺼뜨린 다음 바바 야가에게 가서 불씨를 얻어 오라고 하면 되겠네." 그들은 어둠 속의 짐승들처럼 은밀하게 찍찍거렸고 신바람이 났는지 박수까지 치며 깔깔댔다. 그날 저녁 나무를 한 뒤 집에 돌아온 바살리사는 온 집안이 깜깜한 것을 보고 걱정스런 얼굴로 계모에게 물었다.

"어찌된 일이죠? 불이 없으면 밥도 못하고 불도 못 켜잖아요."

계모는 타이르듯 얘기했다.

"멍청하긴……불씨가 꺼졌는데 어쩌란 말이냐? 난 늙었고 네 언니들은 겁이 많아서 나갈 수가 없으니 네가 숲속의 바바 야가에게 가서 불씨 좀 얻어 와야겠다."

바살리사는 천진한 표정으로 대답했다.

"그래요, 그럼 가서 불씨를 얻어 올게요."

바살리사는 곧 길을 떠났다. 숲은 점점 더 어두워졌고 발밑에선 나뭇가지들이 음산한 소리를 내며 부러졌다. 그녀는 주머니 안에 든 인형을 어루만지며 무서움을 달랬다.

"그래, 이 인형만 만져도 무서움이 가시는구나."

걷다가 갈림길이 나오면 호주머니에 손을 넣고 인형에게 물었다, "오른쪽이니, 왼쪽이니?" 그러면 인형은 "예, 아니오, 이쪽이에요, 저쪽이에요" 하며 길을 알려주었다. 바살리사는 인형에게 빵을 먹이며 인형이 알려주는 대로 걸어갔다.

얼마 후 흰옷차림에 흰말을 탄 사람이 지나가더니 별안간 날이 밝았다. 또 얼마 후 빨간 옷차림에 빨간 말을 탄 사람이 지나가더니 태양이 떠올랐다. 이윽고 바살리사가 바바 야가의 집으로 들어가려는 찰나 검은 옷차림에 검은 말을 탄 사람이 들어왔다. 그러더니 금세 밤이 되었다. 바바 야가의 집에는 뼈와 해골로 된 울타리가 있었는데 그 울타리가 갑자기 환하게 빛나면서 앞에 있는 공터를 이상한 빛으로 가득 채웠다.

바바 야가는 아주 무섭게 생긴 할멈이었다. 그녀는 절구 모양의 솥을 타고 다녔는데, 솥이 저절로 움직였다. 할멈은 공이같이 생긴 노로 그 솥을 저었고 죽은 사람들의 머리칼로 만든 빗자루로 그 자취를 쓸어 버렸다. 솥이 하늘을 날 때면 바바 야가의 기름 낀 머리가 바람에 휘날렸다. 그녀의 코는 처지고 턱은 위로 치켜붙어 얼굴 가운데서 코와 턱이 만났다. 작고 하얀 수염이 나 있었고, 두꺼비를 자주 만졌는지 살결은 사마귀로 뒤덮여 있었다. 누렇게 변색한 손톱은 지붕처럼 두꺼웠고 깊은 골이 져 있었다. 손톱이 어찌나 구부러졌는지 주먹이 쥐어지지 않았다.

바바 야가의 집은 더욱 괴상야릇했다. 집에는 닭발처럼 노랗고 비늘이 잔뜩 덮인 큰 다리가 달려 있었는데, 어떤 때는 저절로 이리저리 돌아다니고 빙빙 돌며 미친 듯이 춤을 추기도 했다. 문에 달린 빗장과 덧문은 사람의 손가락과 발가락뼈로 되어 있었고, 대문에는 수많은 송곳니가 박힌 짐승의 주둥이가 달려 있었다.

바살리사가 인형에게, "이 집이야?"라고 물었다. 인형은 "네, 이 집이 맞아요."라고 대답했다. 바살리사가 한 발짝 떼기도 전에 바바 야가가 솥을 타고 내려와 이렇게 소리쳤다. "여긴 왜 왔니?"

바살리사는 덜덜 떨며, "할머니, 저는 불씨를 얻으러 왔어요. 집이 춥고……식구들이 얼어 죽을 거예요……불이 필요해요."

바바 야가는 냉정한 목소리로, "아 그래, 어련하겠니. 쓸모없는 아이 같으니라고. 네가 불을 꺼뜨렸지? 멍청한 것. 그런데 왜 내가 불을 줘야 하지?"

바살리사는 인형과 상의한 끝에, "제가 달라고 하니까요"라는 대답을 내놓았다. 바바 야가는 "네가 운이 좋구나, 그게 바로 정답이다."라고 말했다. 바살리사는 그제야 안도의 한숨을 내쉬었다. 그런데 바바 야가가 다시 이렇게 말했다.

"하지만 내가 시키는 일을 해내지 못하면 불을 줄 수 없다. 그 일을 못하면 각오하거라."

순간 바살리사는 바바 야가의 눈이 핏빛으로 변하는 것을 보았다.

"못하면 죽을 줄 알아라."

바바 야가는 안으로 들어가 침대에 눕더니 부엌에서 끓고 있는 음식을 가져 오라고 시켰다. 그러고는 십 인분이나 되는 음식을 거의 다 먹어 치웠다.

"빨래하고, 마당 쓸고, 밥도 해 놓고, 썩은 밀과 성한 밀을 가려 놓은 다음, 또 할 일이 있나 살펴보도록 해. 나중에 와서 볼 테니 그때까지 해놓지 않으면 잡아먹어 버리겠다."

말을 마친 바바 야가는 솥을 타고 코와 머리카락으로 방향을 잡으며 길을 떠났다. 곧 밤이 되었다. 바살리사는 바바 야가가 나가자마자 인형에게 물었다.

"어떡하지? 제 시간에 이 일을 다 할 수 있을까?"

인형은 할 수 있다면서 어서 밥 먹고 자라고 했다. 바살리사는 인형에게도 밥을 준 뒤 잠자리에 들었다. 인형은 밤새 그 일들을 다 해놓았고, 밥 지을 일만 남겨 두었다. 저녁에 돌아온 바바 야가는 한편으로는 흐뭇하면서도 흠 잡을 게 없어서 기분이 나쁜지, "넌 재수가 좋구나."라며 빈정거렸다. 그러고는 자기 충복들을 불러 밀을 빻으라고 했다. 그러자 공중에서 세 쌍의 손이 나타나 밀을 갈기 시작했고 얼마 안 가 밀겨가 금빛 눈가루처럼 쏟아져 내렸다. 그 일이 끝나자 바바 야가는 한참 동안 밥을 먹으며 바살리사에게 내일도 집안을 청소하고, 마당을 쓸고, 빨래를 하라고 일렀다.

바바 야가는 마당에 있는 거름더미를 가리키며, "저 안에는 양귀비씨가 많이 들어 있다. 날이 새면 양귀비씨는 양귀비씨대로, 거름은 거름대로 골라 놓아라, 알았어?"라고 말했다. 바살리사는 기절할 듯 놀랐다.

"이 일을 어쩌면 좋지?"

"걱정 마세요, 제가 알아서 할게요."라고 인형이 말했다. 그날 밤 바바 야가가 코를 골며 자는 동안 바살리사는 거름더미에서 양귀비씨를 고르고 있었다. 잠시 뒤 인형은 "이제 자러 가세요. 모든 게 잘될 거예요."라고 말했다.

이 일 또한 인형이 다 해주었다. 저녁에 돌아온 바바 야가는, "어이구, 넌 운이 좋구나. 이 일들을 다 하다니."라며 빈정거렸다. 그녀가 하인들에게 양귀비씨 기름을 짜라고 하자 또다시 세 쌍의 손이 나타나 일을 끝냈다. 밥을 먹는 바바 야가를 지켜보던 바살리사는 이렇게 물었다.

"할머니 몇 가지 여쭤 봐도 돼요?"

"물어 봐라. 하지만 호기심이 너무 많으면 빨리 늙는다는 거 알지?"

바살리사는 흰옷을 입고 흰말을 탄 이가 누구냐고 물었다.

"아, 그건 내 '낮'이야."

"빨간 옷을 입고 빨간 말을 탄 사람은요?"

"그건 '떠오르는 태양'이란다."

"까만 옷을 입고 까만 말을 탄 사람은요?"

"그건 '밤'이지."

"네, 그랬군요."

"자, 자, 더 물어 볼 거 없냐?"

바바 야가가 꼬드기는 바람에 바살리사는 세 쌍의 손에 대해 물어보려 했다. 그러나 주머니 속의 인형이 팔딱팔딱 뛰었다.

"아녜요, 할머니. 할머니 말씀대로 너무 호기심이 강하면 빨리 늙을 거 아녜요."

바바 야가는 새처럼 머리를 쳐들더니, "넌 어리지만 영리하구나. 어디서 그런 걸 배웠지?"라고 물었다. 바살리사는 미소를 지으며, "어머니의 축복 덕분이에요."라고 대답했다. 이에 바바 야가는 깜짝 놀랐다. 그리곤 바살리사를 집 밖으로 밀어냈다

"축복이라고? 우리 집에는 축복이 있을 수 없어. 빨리 길을 떠나거라."

"잠깐만 있어 봐, 자, 이걸 받거라!"

바바 야가는 울타리에서 불타는 눈이 달린 해골을 뽑아 막대기에 꽂아 주었다.

"자, 이 해골과 막대기를 갖고 가거라. 불은 여기 있으니, 아무 말 말고 빨리 떠나라."

바살리사가 고맙다고 말하려는데 인형이 또 팔딱팔딱 뛰기 시작했다. 바살리사는 불을 받아들고 재빨리 그 집을 나와 인형이 가르쳐주는 대로 걸어갔다. 밝은 밤이었지만 해골의 눈, 코, 귀, 입에서 새어 나온 불빛이 숲을 환히 밝혀주었다. 길을 걷다가 갑자기 겁이 난 바살리사가 해골을 내버리려 했다. 그러나 해골이 걱정 말고 빨리 집으로 돌아가라고 그녀를 안심시켰다.

바살리사가 길을 걷는 동안 집에선 계모와 두 딸이 이상한 빛이 숲

을 가로질러 오는 모습을 보았다. 불빛이 점점 다가오자 그들의 궁금증도 더욱 커졌다. 바살리사가 오랫동안 돌아오지 않자 세 사람은 소녀가 죽어서 짐승들이 뼈를 물어갔을 거라 생각하며 기뻐하던 참이었다.

불빛이 점점 가까워졌다. 이윽고 바살리사를 본 계모와 두 딸은 그녀가 떠난 이후 지금까지 불 없이 살았다며 아무리 애써도 불이 안 피워지더라고 말했다. 바살리사는 무시무시한 여행을 무사히 마치고 집에 불을 가져와 다행이라고 생각했다. 그런데 막대기에 꽂힌 해골이 계모와 두 딸의 행동을 계속 지켜보더니 아침이 되자 그들을 잿더미로 만들어 버렸다.

어머니가 딸에게 물려주는 여성의 힘

바살리사는 어머니가 딸에게, 이 세대가 다음 세대에게 물려주는 여성의 직관의 힘을 축복하는 과정을 담고 있다. 직관이라는 이 위대한 힘은 번개같이 빠른 통찰력이고, 감각이며, 지혜다.

직관의 힘은 여러 세대를 거치는 동안 여성의 내면에 사장된 채 버려졌다. 사용되지 않아 폐기되기도 했고, 때로는 근거 없는 오명 때문에 감춰지기도 했다. 그러나 심리 안에서는 아무것도 없어지지 않는다는 융의 말은 타당하다고 생각한다. 심리 안에서 아무리 길을 잃었다 해도 여전히 그 안에 존재한다는 사실만큼은 변치 않는다. 마찬가지로 여성의 본능적 직관은 결코 사라진 적이 없다. 그동안 그것이 무엇으로 포장되었든 간에 언제든 다시 되돌릴 수 있다.

이 이야기의 모든 요소는 한 여성의 심리적 특성을 나타낸다. 이 이야기는 모든 면이 심리적으로 깨달음을 얻어가는 한 여성을 조명하고 있다. 깨달음은 몇 가지 과제를 완수함으로써 얻어진다. 바살리사는 아홉 가지 심리적 과제를 완수했는데, 그 핵심은 '야성적인 어머니'로부터 비법을 전수받는 데 있다. 과제들을 완수함으로써 여성의 직관은 심리 안에서 재편성된다. 이는 궁극적으로 여걸 원형의 핵심인 '모든 것을 다 아는 여신'의 존재와 사랑과 믿음의 관계를 회복함을 목표로 한다. 이제 야성적인 어머니, 바바 야가의 의식이 주는 심리적 과제들을 살펴보자.

엄마의 품을 떠나 나 홀로 서다

이야기의 서두에서 엄마는 죽기 전 딸에게 중요한 유산을 남긴다. 이때 딸에게 주어진 심리적 과제는 다음과 같은 내용을 포함한다. 첫째, 늘 내 주변을 맴돌며 나를 지켜주고 보호하는 심리의 어머니는 스스로의 본능으로 미래를 개척해야 하는 삶의 길잡이로는 적합하지 않다. 둘째, 위험과 음모, 사람들 사이의 역학 관계를 예리하게 의식하면서 홀로 서야 한다. 자기 자신을 위해 스스로 깨어 있어야 한다. 셋째, 죽어가는 것은 죽도록 놔두어야 한다. 너무나 친절한 엄마가 죽어야만 새로운 여성이 태어나는 것이다.

너무나 소중하고 친절한 엄마의 죽음으로 비로소 깨달음의 과정은 시작되었다. 바살리사의 머리를 쓰다듬어줄 엄마는 이제 없다. 딸의 입장에서 지나치게 친절한 어머니가 심리적으로 좋은 어머니로 변질되는 경우가 종종 있다. 그러나 자식을 과잉보호하는 것을 미덕으로 여기는 어머니는 딸이 새로운 도전을 하지 못하게 막고 결국 딸의 발전에도 걸림돌이 된다.

자연스러운 성숙을 위해서는 지나치게 친절한 어머니가 점점 약해지고 줄어들어 우리 스스로 자신을 돌볼 수 있어야 한다. 물론 엄마의 따뜻함은 항상 마음속에 남아 있겠지만, 이는 자연스런 심리적 전이를 통해 모성적이지 않은 측면으로 우리 안에 남는 것이다.

바살리사의 어머니는 여걸 같은 면이 있다. 그러나 지나치게 친절한 엄마의 모습으로는 그 본색을 완전히 드러낼 수 없었다. 사랑이라는 심리적 세계에 발을 들여놓기 위해 모든 아기가 필요로 하는 젖니 같은 엄마, 축복의 존재가 되어야 했기 때문이다. 이 지나치게 친절한 엄마는 딸의 인생을 살아줄 수 없고 한계를 넘어서지도 못하지만 자식을 통해 할 일을 한다. 인형으로 바살리사를 축복한 일은 과연 위대한 축복이었다.

소녀의 내면에 지나치게 친절한 엄마 심리가 대폭 줄어드는 일은 유아기에서 사춘기로 넘어갈 때 처음 일어난다. 그러나 일부 소녀들에겐 좀 더 새롭고 신중한 내면의 어머니, 이른바 직관이라는 어머니가 절반밖에 형성되지 않을 수도 있기 때문에, 이런 여성들은 깨달음을 간절히 원하지만 몇 년씩이나 혹독한 시련을 겪으며 최대한 자기 자신을 담금질하게 된다. 심리적 성숙이 지연되는 데는 여러 원인이 있다. 예컨대 아주 어린 나이에 심리적으로 굉장히 큰 어려움을 겪었다든가, 좋은 어머니가 없었다든가 할 때 그런 일이 일어날 수 있다.

심리적 긴장이 너무 이완돼 있을 때도 결과는 비슷하다. 다시 말해, 지나치게 친절한 엄마가 잡초처럼 왕성해서 "지금 바로 퇴장"이라는 신호가 주어져도 계속해서 딸을 보호하고 있는 경우, 심리적 성숙이 지연될 수 있다. 이런 상황에서는 딸이 너무 소심해져 숲에 들어가지 못하고 끝까지 미적거리는 결과를 낳는다. 미성숙한 여성, 또는 현실이 너무 힘들어 직관적인 삶과 멀어진 여성은 우선 버릴 것부터 버려야 한다. 자신에게 도움이 되지 않는 심리적 가치나 태도를 버리고, 특히 자신을 지나치게 감싸고 보호해주는, 소심한 삶을 살게 만드는 측면들을 없애야 한다.

유년기의 지나치게 친절한 어머니가 죽어야 많은 것을 배울 수 있다. 물론 우리를 보호하는 어머니가 가까이 있어야 할 때도 있다. 예컨대, 아주 어릴 때, 심리적 또는 영적 위기에 빠져 있을 때, 위험한 지경에 처해 있을 때가 그렇다. 그러나 살다 보면 언젠가는 상냥한 어머니를 바꿔야 할 때가 온다. 심리 안에 지나치게 상냥한 어머니를 너무 오래 간직하고 있으면 발전할 수가 없기 때문이다. 일부러 힘들고 어려운 상황에 뛰어들 필요는 없지만, 직관적 능력은 뭔가 새로운 목표를 세우고 모험을 해야만 길러진다.

늑대의 경우, 새끼들이 어릴 때는 위험한 바깥세상과 떨어진 곳에서 안전하게 뒹굴며 보내는 시간이 많다. 그러나 사냥을 배울 때가 되면 어미는 으르렁거리며 혹독하게 훈련을 시키고, 잘 따라하지 않으면 한쪽으로 밀어내버린다. 우리도 마찬가지다. 어렸을 때 우리를 마냥 감싸주던 친절한 어머니는 언젠가 버리고, 심리의 황무지에서 우리를 가르치고 이끌어줄 새 어머니를 맞이한다. 새 어머니도 우리를 사랑하지만 상냥한 어머니와는 달리 매우 엄격하다.

대부분의 여성은 때가 되어도 마음속의 친절한 어머니를 버리지 않는다. 또 어떤 이들은 다른 사람의 상냥한 어머니 노릇을 하느라고 많은 시간을 보내기도 한다. 그러나 여성이면 누구나 본능적으로 이런 단계를 벗어날 시점을 안다. 우리는 우선, 친절한 어머니라는 빛나는 표상을 버리고 여걸의 가르침을 받기 위해 길을 떠나야 한다. 그 다음에는 어머니가 남겨 놓은 인형을 고이 간직하며 그 사용법을 익혀야 한다.

내팽개쳤던 검은 심리의 그림자를 끌어내다

악랄하고 파렴치한 계모와 두 딸은 바살리사의 세계에 침입해 그녀의 삶을 비참하게 만든다. 이때 주어진 심리적 과업은 다음과 같다. 첫째, 과잉보호했던 어머니를 떠나보내는 데 더욱 힘쓴다. 착하고 상냥하고 친절한 것이 결코 삶을 신나게 만들어주지 않는다. 바살리사는 노예가 되었지만 그녀의 삶은 결코 나아지지 않았다. 둘째, 자기 내면의 어두운 본성을 직시하고 인정할 필요가 있다. 특히 자신 안에 계모나 두 딸처럼 남을 억압하고 질투하고 이용하는 나쁜 면이 있음을 인정하고, 이런 면과 친숙해져야 한다. 셋째, 자신에게 강요된 모습과 실제 본 모습 사이의 괴리를 부각시켜, 낡은 자아를 죽이고, 새로운 직관적 자아가 탄생하도록 노력해야 한다.

계모와 두 딸은 심리의 부정적인 측면을 나타낸다. 그것은 못나고 쓸모없어서 한구석으로 몰아둔 어두운 측면이다. 그러나 여성의 경우 아주 바람직한 측면도 묻힐 가능성이 있다. 바살리사 같은 상황에 처한 여성은 대개 남의 뜻에 고분고분 따르려는 충동을 느낀다. 자기 뜻대로 하면 많은 사람으로부터 버림받을 것이 확실하고, 남의 뜻에 따르면 자신에게서 버림받을 것이다.

바실리사는 자신을 조금도 아껴주지 않는 계모와 두 언니를 만난 뒤 모든 것을 잃는다. 계모 가족에게 그녀는 불필요한 존재였기에, 괜한 미움을 사고 이방인 취급까지 받는다. 그러나 동화들을 보면 주로 소외당하는 사람이 더 빨리 깨달음에 이르는 경우가 많다. 계모와 두 딸은 우리 심리 안에 있는 문화의 영향력을 나타낸다. 이들은 일종의 초자아(superego)로 건강하든 건강하지 않든 한 사회가 여성들에게 갖는 기대의 산물을 상징한다. 문화적 기대라고도 할 수 있는 초자아는 여성에게는 자기 내면이 아니라 외부에서 오는 영향력일 수 있다. 이것은 경우에 따라 이롭기도 하고 해롭기도 하다.

계모와 두 딸은 바실리사를 자극해 생명력을 고양시키는 심리 속 신경절이라 할 수 있다. 그들은 마귀할멈처럼 소리친다.

"넌 부족한 사람이야. 정말 형편없어. 용기도 없고 멍청해. 무기력하고, 속은 텅 비어 있어. 게다가 시간도 없고, 단순한 일밖에 못해. 네 능력으로는 이 정도밖에 할 수 없어. 앞서 있을 때 빨리 그만둬."

바실리사는 아직 자신의 잠재력을 모르기 때문에 세 사람의 영향을 고스란히 받는다. 그녀가 자기 삶을 되찾기 위해서는 뭔가 새롭고 긍정적인 자극이 필요하다. 바실리사 부녀는 계모와 두 딸의 사악함을 잘 모르고 있다. 그녀의 아버지는 너무 착한 나머지 자신의 직관적 잠재력을 계발하지 못했다. 순진한 아버지를 둔 딸들이 깨달음을 얻는 데 더 오랜 시간이 걸린다는 것은 아주 흥미로운 사실이다.

심리 안에 있는 의붓 가족들이 우리에게 스스로의 단점에만 집중하게 하고 우리를 둘러싼 잔혹한 심리적, 사회적 현실을 보지 못하게 만들 때도 우리는 버림을 받는 것이다. 통찰력을 얻기 위해서는 직관이 요구되며 보이는 것대로 행동할 수 있는 의지력이 필요하다. 우리도 바실리사처럼 지혜가 요구될 때 오히려 착한 소녀가 되려고 애쓰는 경향이 있다. 예리한 통찰력을 버리고 남들과 잘 어울리는 것이 미덕이라 배운다. 그러나 억압적인 환경에서 그저 착하게만 행동하면 돌아오는 것은 더 많은 학대와 부당함뿐이다. 만일 자신이 다른 사람들과 멀어지고 있다고 느끼는 여성이 있다면 그건 단지 영혼을 위해 변화를 창출하고자 하는 심리적인 긴장감일 뿐임을 잊지 말자.

계모와 두 딸은 바살리사를 내보낼 계획을 세운다. 그들의 속마음은 이렇다. "바살리사, 네가 숲속에 사는 바바 야가에게 갔다가, (그럴 리가 없겠지만) 살아 나오면 널 받아들이마." 우리 내면에는 "죽어! 저런! 그만 포기하지 그래?"라고 속삭이는 심리의 천적이 있다. 우리 주변의 문화나 가족은 심리의 이런 측면을 더욱 악화시킨다. 예컨대 딸의 재능을 인정하지 않는 집안에서 자란 여성은 별 이유 없이 자꾸만 엄청난 일을 시도한다. 박사학위를 따거나, 에베레스트 산에서 거꾸로 매달리는 등 위험하고 시간과 돈이 많이 드는 일을 해내야만 가족들이 자신의 가치를 인정해줄 거라고 생각하는 경향이 있다. "이제 됐어요? 아직 아니라고요? 그렇다면 이번엔 이걸 보세요." 그러나 시기심 많은 마귀할멈들을 위해 자신의 가치를 증명하려 애쓰는 것은 오히려 깨달음의 과정에 방해가 될 뿐이다.

바살리사는 묵묵히 집안일을 계속한다. 이런 태도는 얼핏 보면 대견스러울 수 있지만, 지나치게 친절한 성향과 지나치게 까다로운 성향 사이의 압박과 갈등을 더욱 심화시킬 뿐이다. 그러나 이런 압박도 결국 선한 결말로 이어질 것이다. 이런 갈등으로 힘든 나날을 보내고 있다면 잘 되고 있는 것이다. 다만 여기 머물지 말고 반드시 다음 단계로 넘어가야 한다.

바살리사의 계모와 언니들은 교묘한 술책으로 팽창하는 심리를 억눌러 결국 불씨를 꺼뜨려버린다. 이런 지경에 이른 여성은 심리적인 인내심을 잃기 시작한다. 그러나 지나치게 친절한 여성에게 이런 상황은 자신만의 힘을 찾는 데 필요한 충격이 되기도 한다. 바살리사가 위대한 야성의 할멈을 만나러 가는 것 역시 그런 상처가 필요하기 때문일 수 있다. 우리는 비난의 소리를 뒤로 하고 숲속으로 뛰어들어야 한다. 가만히 있어서는 아무런 방법이 없다.

우리도 바살리사처럼 유익한 것과 해로운 것을 가려줄 길잡이가 필요하다. 남들에게 짓밟히며 살아서는 결코 발전할 수 없다. 자신의 깊은 감정을 감추는 것은 자신을 죽이는 행위나 다름없다. 불이 꺼지고, 이는 고통스러운 무기력함을 나타낸다. 반면 불이 꺼지자 바살리사는 드디어 고집을 꺾는다. 자신의 낡은 삶의 방식을 버리고 전율하며 새로운 인생으로 들어간다. 좀 더 연륜 있고 내면의 지혜가 깔린 새로운 인생이 그녀에게 펼쳐질 것이다.

어둠 속에서 여걸의 집을 찾다

바살리사는 돌아가신 어머니로부터 물려받은 인형의 도움으로 숲속에 있는 바바 야가의 집을 찾아간다. 이 단계의 심리적 과업은 다음과 같다. 첫째, 깊은 깨달음의 장소(숲)로 들어가, 직관적 능력을 소유한 신령한 존재의 위험하고도 아찔한 느낌을 체험하는 것이다. 둘째, 신비로운 잠재의식에 이르는 감수성을 계발하여 오직 내면의 감각에 의존하는 법을 배워야 한다. 셋째, 여걸에게 돌아가는 길을 배우고(인형의 지시에 귀를 기울일 것), 직관을 기르며(인형에게 밥을 줄 것), 나약하고 무지한 소녀를 없애 그 힘을 인형에게, 즉 직관에 옮겨야 한다.

바실리사의 인형은 여걸의 유산으로 본능을 상징하는 보배 같은 존재이며 매우 강인하고 끈질긴 본능의 작은 생명력을 나타낸다. 우리가 아무리 어려운 처지에 있더라도 인형은 우리 안의 숨겨진 생명을 들춰낼 것이다. 오래전부터 인형은 성스러움과 마나(mana: 사람들을 영적으로 변화시키는 강력한 선견지명)를 지닌 존재라는 믿음이 있었다. 인형은 만든 이의 생명력이 주입된 존재라 여겨져 의식이나 제전, 주술에 쓰였고, 사랑의 마법이나 저주를 위해 이용되기도 했다. 나는 파나마 원주민인 쿠나 족이 나무로 작은 모형을 만들어 자신의 힘을 드러내는 권위의 상징으로 쓰는 것을 보았다.

인형은 작은 생명의 상징으로 인간 안에 깃든 신령한 존재를 나타낸다. 인형은 원초적인 자아의 작고 빛나는 복제품이다. 얼핏 보면 그저 초라한 수제품에 불과하지만, 영적 자아의 모든 지혜가 담긴 작은 영혼의 단편을 나타낸다. 그 작은 몸 안에는 라 케 사베, 즉 모든 것을 아는 여신의 목소리가 들어 있다. 인형은 요정이나 도깨비, 혹은 난쟁이 등의 상징과 관련이 있다. 그들은 이야기에서 끊임없이 우리 내면에서 영리하게 일하는 심리 안의 깊은 고동을 나타낸다. 그런 심리적 작업은 우리가 잠들어 있는 동안에도 계속된다. 아무것도 의식하지 못하고 있을 때조차 우리에게 필요한 내면의 발달을 도와준다. 인형은 우리 내면에 깃들어 있는 이성과 지혜와 의식의 소리를 나타내기도 한다. 동화 속 주인공에게 날아와 누가 해치려 하는지, 어떻게 거기에 맞서야 하는지 속삭여주는 작은 새 같다.

엄마가 딸에게 물려줄 수 있는 가장 귀한 유산은 자신의 직관에 대한 믿음이다. 직관은 이성과 무관한 희한한 기벽이 아니라 진정한 영혼의 목소리이고, 가장 이로운 존재다. 직관은 자기 보전을 도울 뿐 아니라, 다른 이의 동기나 본심을 알아차리고, 심리의 분산을 막는 방법을 선택할 수 있는 능력을 가리킨다. 이야기에서도 마찬가지다. 어머니는 바살리사에게 인형을 물려줌으로써 엄청난 축복을 해준다. 직관이 있으면 어떤 일이 있어도 당당하고, "될 대로 되라."던 태도가 "진상을 모두 밝혀보자."로 뒤바뀌게 된다.

이런 야성적 직관은 여성에게 어떤 영향을 미칠까? 직관은 늑대처럼 사물을 분석하고 고정시키는 발톱과, 외양을 꿰뚫어 보는 눈, 그리고 보통 사람이 듣지 못하는 소리까지 다 들을 수 있는 귀를 갖고 있다. 이처럼 엄청난 심리적 능력을 지닌 여성은 동물과 같이 기민하고, 거의 초인적인 예민함과 여성스러움을 지니며, 자신 있게 살아갈 힘을 갖게 된다. 직관은 여성의 내면, 즉 심리적인 공간에 사는 인형 크기만한 마술적 존재이다. 그것은 마치 몸의 근육처럼 자꾸 사용하지 않으면 시들어 버린다.

인형과 바살리사의 관계는 여성이 직관과 맺은 친밀한 관계를 상징한다. 직관과 가까워지고 그 힘을 시험하며 자꾸 육성하는 일이야말로 여성에서 여성으로 전해져야 하는 복된 유산이다. 우리도 바살리사와 마찬가지로 갈림길이 나올 때마다 직관의 목소리에 귀 기울일 필요가 있다. 야성적 직관과의 연계를 상실한 여성은 직관이 완전히 사라졌다고 생각하기 쉽다. 그러나 이때 사라진 것은 직관 자체가 아니라 직관에 대한 모계적 축복일 뿐이다. 즉 저주를 받은 것은 한 여성과 앞서 간 모든 여성들 사이에 흐르는 직관의 긴 강물일 뿐이다. 따라서 직관적 지혜를 포착하는 능력이 약해지는 일은 있겠지만 직관을 사용하면 그것은 다시 돌아와 활짝 피어날 것이다.

인형은 느낄 순 있지만 눈에 보이지 않는 것, 존재하지만 쉽게 눈에 띄지 않는 것들을 상기시키는 부적과 같아서 과거를 일깨우고, 진실을 밝히고, 미래를 예고한다. 여성이라면 누구나 직관을 지녔다. 이때 직관은 무한한 것이고 근본적인 예민함이다. 종래의 심리학이 말하는 것처럼 수동적인 것이 아니다. 직관은 또한 순식간에 우리의 뼛속까지 스며오는 심오한 지혜를 받아들이는 능력이다.

숲속의 마녀 바바 야가를 만나다

드디어 바살리사는 여걸, 바바 야가를 만나게 된다. 이때 주어진 과제는 다음과 같다. 첫째, 무서운 여걸의 얼굴을 담대하게 바라보아야 한다(바바 야가와 마주하기). 사나운 어머니의 모습을 떨지 않고 보아야 한다. 둘째, 신비롭고 기이하고 특이한 야성과 친숙해져야 한다(바바 야가의 집에 한동안 머물기). 셋째, 야성의 자질을 어느 정도 받아들이고 약간은 동화될 필요도 있다(바바 야가의 음식 먹기). 우리는 나뿐 아니라 남이 가진 강력한 힘도 배워야 한다. 그리고 내면의 나약한 아이, 지나치게 상냥한 아이가 죽을 때 그냥 내버려둘 줄도 알아야 한다.

바바 야가의 집은 닭다리 위에 얹혀 있어 내킬 때마다 스스로 이리저리 돌아다닌다. 꿈에서 집은 의식적·무의식적으로 거주하는 심리적 공간을 나타낸다. 너무나 평범하고 진부한 아이인 바살리사는 가끔은 미친 닭처럼 빙글빙글 돌며 춤을 출 필요도 있다. 바살리사는 바바 야가의 집이 지닌 동물적 요소가 필요한 아이다. 바바 야가의 집에는 삶의 환희와 의욕이 넘쳐난다. 집이 춤을 추고, 회벽이 새처럼 날아다니고, 노파가 마술을 부리는 등 여걸의 영역은 이처럼 생명력이 있다.

처음에 바살리사는 너무나도 평범한 소녀였다. 지나친 평범함이 조용히 우리 안에 스며들면 생기 없는 삶을 살 수밖에 없다. 만일 직관을 방치하여 심리의 빛을 잃었다면 숲속에 사는 무서운 마귀할멈을 찾아가라. 그렇지 않으면 어느 날 갑자기 잠재의식이 거리의 하수구 뚜껑처럼 열리면서 우리를 낚아채고 걸레처럼 내동댕이칠 것이다. 지나치게 친절한 어머니가 물려준 인형도 여걸의 시험 없이는 그 효력을 발휘하지 못한다. 바바 야가는 과거의 모든 일을 알고 있는 전형적인 여걸에 해당한다. 바살리사가 도착하자 그녀는 "아 그래, 난 너와 네 가족에 대해 모든 걸 알고 있지."라고 말하는 듯하다.

바바 야가가 무서운 존재인 것은 생명력의 상징이면서 동시에 죽음의 상징이기 때문이다. 그녀의 얼굴에는 자궁, 피 맺힌 눈, 완벽한 신생아, 천사의 날개 등이 모두 담겨 있다. 바살리사는 여걸 있는 그대로 받아들인다. 바바 야가의 가장 특이한 성질은 너무나 위협적이지만 지극히 정당하다는 사실이다. 바살리사가 자기를 존중하는 한 결코 그녀를 해치지 않는다. 수련 과정에서 위대한 힘에 대한 존경심은 매우 중요한 요소다. 그 힘의 일부가 자신에게 스며들 때까지 대담하게 마주해야 한다. 바살리사는 너무 굽실거리지 않았고, 그렇다고 뻐기지도 않았다. 허풍을 떨거나 숨지도 않았다. 자기 모습 그대로 정직하게 바바 야가를 대했다.

많은 여성이 너무나 친절했던 자신의 과거를 극복하려고 애를 쓴다. 자신의 감정이나 상대방의 태도와 무관하게 지나치게 상냥했고, 낮에는 다소곳이 미소를 지으면서도 밤이 되면 짐승처럼 이를 갈았다. 내면에 있는 바바 야가가 표출되지 못하고 억눌려 있었기 때문이다. 바바 야가는 마녀의 모습을 한 여걸이기도 하다. 마녀(witch)란 야성(wild)의 부정적인 의미도 있지만, 원래는 재치(wit)라는 말에서 유래했다. 병을 치료하는 사람에게 마녀라는 칭호가 붙여진 것은 그런 이유 때문이다. 그러나 오래도록 숭배되던 야성적인 여신이 유일신에게 밀려나면서 그 말의 뜻도 변질되었다. 귀신이든, 마녀든, 야성이든 어찌됐건 간에 우리 문화가 여성의 심리에서 없애려고 애쓰는 측면은 여성들이 되찾아 발현시켜야 할 축복들임에 틀림없다.

여성의 힘에 관한 책들을 보면 대개 남성들이 여성의 힘을 두려워한다고 되어 있다. 나는 "자신이 지닌 힘을 무서워하는 여성들이 얼마나 많은데!"라고 외치고 싶다. 여성이 지닌 힘은 정말로 무섭다. 남자들이 여성의 힘을 겁내지 않게 하려면 여성들이 먼저 자신의 힘에 익숙해져야 한다. 남성에게 여성의 야성성을 가르쳐 여성을 이해하게 만들 필요도 있다. 여성들의 꿈은 이 과정에 큰 도움이 된다. 한 여성은 길고 낡은 잠옷을 입은 여인이 아주 즐거운 표정으로 너무나 이상하게 생긴 걸 먹는 꿈을 꾸었다고 한다. 또 사자 다리 같은 것이 달린 욕조 속에서 한 노파가 수도관을 덜컥거리며 벽을 무너뜨려 밖을 볼 수 있게 해주지 않으면 수도관을 터뜨리겠다고 위협하는 꿈을 꾸었다는 여성도 있다. 또 어떤 여성은 꿈에 눈이 먼 세 여성 중 하나가 되었는데 운전면허증이 자꾸 없어지는 바람에 두 사람과 떨어져 그걸 찾으러 가야 했다고 한다. 그 여성은 운명의 세 여신, 즉 삶과 죽음을 인도하는 존재들과 동일시되는 게 싫었던 것이다.

꿈에 보이는 이런 표상들은 꿈을 꾸는 여성에게 자신의 자아를 상기시켜준다. 그것은 곧 삶/죽음/삶의 여신, 즉 바바 야가가 지닌 신비롭고 강렬한 힘이다. 우리는 바바 야가와 같은 유익한 힘을 받아들여야 한다. 근육이 불어나고 관절이 굵어져야만 강해지는 것은 아니다. 진정한 힘은 당당히 자신의 본질을 받아들이고 나름대로 야성을 발현하며 사는 것이다. 이는 또 새로운 것을 배우고, 아는 것을 받아들일 수 있는 용기를 뜻하기도 한다.

야성의 더러운 때를 씻기고 먹이다

바살리사는 바바 야가에게 불씨를 달라고 간청하고, 야가는 그 대가로 집안일을 시킨다. 이때 필요한 심리적 과업은 여신 할머니와 함께 지내며 여성 심리의 위대한 야성적 힘에 익숙해지는 것이다. 또한 자신의 힘과 순수한 정신의 힘을 인식해야 한다. 다음으로, 에너지와 생각에 묻은 더러운 때를 씻어내고, 엉킨 것을 풀며, 영양을 공급하고 힘을 길러야 한다. 빨래를 하고, 밥을 짓고, 집안을 청소하고, 정리하는 모든 것이 이에 해당한다.

원래 여성은 삶과 죽음의 과정에 깊이 개입했었다. 출산의 성스러운 피에서 풍기는 강한 쇠 냄새를 들이마셨고, 죽은 사람의 식어가는 몸을 씻기도 했다. 산업화되고 기계화된 사회에 사는 여성들은 이런 기회를 상실한 채 살아간다. 그러나 현대 여성도 생사의 주기가 지닌 미묘한 측면들을 마음껏 경험할 수 있는 길이 있다. 이런 면에서 야성의 여신 바바 야가는 우리의 스승이며 길잡이로, 우리에게 영혼을 정돈하는 법을 가르쳐준다. 새로운 자아를 심어줌으로써 마술이 가능한 세계를 열어주기도 한다. 그 세계는 기쁨이 충만하고 욕망이 살아 있으며 모든 일이 신나게 완성된다. 바바 야가는 스스로 충실한 삶을 영위하는 여성의 본보기로, 죽음과 재생을 가르쳐준다.

바바 야가는 바살리사에게 야성적인 여성 심리를 관리하는 법을 가르쳐준다. 바바 야가의 옷을 빤다는 것은 상징적인 의미로 영혼을 씻고 정화시키는 의미이기도 하다. 신화에서는 삶/죽음/삶의 여신들이 옷감을 짠다. 운명의 세 여신인 클로토, 라케시스, 이트로포스, 그리고 거미 여인으로부터 직조 기술을 배운 나바호족이 그 예다. 이들은 여성들에게 무엇을 살리고 무엇을 죽일지, 무엇을 버리고 무엇을 짜 넣을지 가려낼 수 있는 통찰력을 길러준다.

씻는다는 것은 예부터 정화 의식을 의미했다. 이는 뭔가를 깨끗하게 할 뿐 아니라 영적 기운과 신비로 몸을 흠뻑 적시는 행위이기도 하다. 바살리사가 가장 먼저 해야 할 일도 빨래였다. 빨래는 늘어진 것을 팽팽하게 만드는 작업이기도 하다. 우리는 빨랫감과 같아서 시간이 흐르면 원래의 생각이나 가치가 느슨해지게 마련이다. 이를 되살리고 새로운 활기를 불어넣기 위해서는 물과 더불어, 진정 귀한 것을 재발견하는 작업이 필요하다.

원형 상징학에서 옷은 우리의 페르소나를 가리는 역할을 한다. 다시 말해, 세상에 보이고 싶은 것만 보이고 나머지는 가리는 수단이 옷인 것이다. 중남미에서 전해 내려오는 이야기들을 보면 페르소나는 단순히 가면만은 아니다. 오히려 평범한 일상의 모습 뒤에 숨은 진정한 실체일 때가 많다. 이런 면에서 페르소나는 우리의 계급, 덕성, 인격, 권위를 나타내기도 한다. 숲속의 마녀, 바바 야가의 권위를 상징하는 옷을 빠는 일은 매우 중요한 깨달음의 과정이다. 그 옷을 빨면서 페르소나의 구조와 형태를 알게 되고, 머지않아 이 옷과 함께 다른 옷들도 소유하게 될 것이기 때문이다. 주인공은 야가의 힘과 권위를 나타내는 옷처럼 튼튼하고 강인해질 것이다. 옷을 빨면서 그의 힘을 이어받게 될 뿐 아니라, 존재의 직물을 추려내고, 고치고, 정화하는 법을 배우게 된다.

바살리사의 다음 과제는 집안을 치우고 마당을 쓰는 것이다. 동유럽 동화를 보면 빗자루는 대개 나뭇가지나 억센 풀뿌리로 만드는데, 바살리사는 풀로 만든 빗자루로 묵은 쓰레기를 쓸어낸다. 현명한 여성은 언제나 맑은 정신으로 일할 자리를 말끔히 정리해 놓고 자신의 생각이나 계획을 실행에 옮김으로써 정신을 둘러싼 환경을 깨끗하게 유지한다. 많은 여성들이 매일 일정 시간을 명상에 바침으로써 정돈된 상태를 유지한다. 때로는 종이와 펜, 혹은 물감 같은 도구를 이용해 자기만의 시간과 공간을 꾸미기도 한다. 또한 심리분석이나 변환을 이용하는 이들도 있다. 각자의 취미나 상황에 따라 방법은 달라질 수 있지만, 어찌됐든 우리는 정기적으로 야성적 삶을 점검해야 한다. 어쩌다 한 번으론 충분치 않다.

야성의 여신인 바바 야가에게는 어떤 요리를 해줘야 할까? 음식을 만들기 위해서는 먼저 불을 지펴야 한다. 불은 열정, 언어, 생각, 자신이 정말 하고 싶은 일을 하고자 하는 욕망을 가리킨다. 그리고 이런 열정(불)이 있어야 자신의 생각을 실행(요리)할 수 있는 것이다. 야가의 음식을 만들고 싶으면 늘 창의적인 생활을 유지해야 한다. 불을 계속 지켜보는 동시에, 야성적인 생명력을 길러줄 요리를 만드는 과정을 좀 더 꼼꼼히 배워야 한다. 많은 여성이 자주 한눈을 파는 바람에 불을 꺼뜨리거나 음식을 눌어붙게 만든다. 그러나 바바 야가를 배고프게 하면 무서운 화를 당할 것이다. 정성스럽게 불을 지켜보고 솥 안에 든 음식을 잘 저어야 한다.

야성을 가꾸기 위해서는 새로운 일을 시작하고 새로운 방향을 모색해야 한다. 자신의 예술이나 일에 전념하는 것이 우리 내면에 깃든 여걸을 살찌우는 자양분이다. 그런 불꽃과 뛰어난 생각, 기발한 발상이나 그리움, 또는 소망이 없으면 모두 빈곤한 삶을 살 것이다. 요리, 빨래, 청소 등의 집안일은 여성의 성숙에서 정신적인 요소를 상징한다. 그 모두가 영적인 생활을 생각하고, 바로잡고, 정화 및 정돈하는 데 도움이 되는 일들이다. 바살리사는 직관의 힘을 빌어 이런 일들을 다 해낸다. 직관의 인형을 이용해 심리의 거처를 정돈하고 이해하고 청소한다.

자기가 시킨 일을 완벽하게 해낸 바살리사를 보고 바바 야가는 야릇한 반응을 보인다. 한편으로는 기뻐하면서도 바살리사를 혼내줄 수 없어 약간 실망한다. "지금까지는 잘해 왔는데 그렇다고 계속 그러리라는 보장은 없다. 만약 시킨 일을 다 못할 때는……각오해."라며 겁을 준다. 바살리사는 인형의 힘을 빌어 또다시 모든 일을 해낸다. 그러자 바바 야가는 마지못해 바살리사가 성취해낸 것을 자랑스럽게 여기고 그녀를 인정한다.

옥과 티의 미묘한 차이를 분별하다

바바 야가는 바살리사에게 매우 어려운 두 가지 일을 시킨다. 썩은 옥수수와 성한 옥수수를 가려내는 일, 그리고 양귀비씨와 거름을 가려내는 일이 그것이다. 이때 주어지는 심리적 과제들은 다음과 같다. 우선, 분별력을 길러 미묘한 차이를 구분하고 정교한 판단력을 배우는 것이다 (성한 옥수수와 썩은 옥수수를 가려내는 일, 양귀비씨와 거름을 가려내는 일). 또한, 자아가

한눈을 팔 때도 잠재의식이 작용한다는 것을 이해해야 한다(공중에서 손이 나타나 일을 하는 장면). 끝으로, 삶(옥수수)과 죽음(양귀비씨)에 대해 좀 더 깨달아야 한다.

바살리사는 인형의 도움을 빌어 이 일을 해낸다. 때로는 우리에게도 의식하지 못하는 순간, 심리의 심층부에서 이런 일이 일어날 수 있다. 진퇴양난에 빠져 있거나 어려운 결정을 내려야 하는데 뜻대로 되지 않을 때는 이런 작업이 필요하다. 아무리 애를 써도 묘안이 없을 때는 한동안 내버려두고 여신의 도움을 기다려야 한다. 그러면 잠재의식 같은 어떤 심리적 존재가 몰래 문제를 해결해주기도 한다. 이처럼 여신의 힘에 의존하는 법을 배우는 것 역시 야성의 일부이다.

고대 그리스의 엘레우시스 제전에서는 밀, 보리, 양귀비, 옥수수 등에서 환각제를 뽑아 사용했다고 한다. 바바 야가가 바살리사에게 시킨 일들은 중남미의 여성 전문병원들이 약초를 채집하는 일과 연관이 있다. 오래전부터 수면제와 진정제로 쓰인 양귀비씨와 거름 또한 습포, 찜질, 목욕, 소화제 등의 치료법 또는 약품과 관련이 있다. 이 이야기에서 가장 아름다운 부분은 바로 이것, 성한 옥수수나 상한 옥수수, 혹은 양귀비씨나 거름이 모두 오래된 치료법의 잔재라는 점이다. 향료와 연고, 혹은 주사약 등을 고정시키는 습포제로 쓰이는 그것들은 마음을 치유하고 평안을 주는 상징이기도 하고, 삶과 죽음의 주기적 측면들이기도 하다. 바바 야가는 바살리사에게 비슷하지만 서로 다른 것들을 구별하는 법과 제대로 된 약을 가르친 셈이다. 예컨대 진정한 사랑과 거짓된 사랑, 보람된 삶과 나태한 삶에 대한 분별력을 가르쳤다.

음식이나 약들은 우리를 인도하는 상징적 의미를 지닌다. 마치 꿈처럼 객관적인 의미와 함께 주관적인 함의도 지닌다. 심리에 약이 되는 요소들이 동시에 심리의 자양분이 되기도 한다는 사실을 깨닫고, 거기에서 진실과 본질을 짜내야 한다. 바살리사는 이런 경험을 통해 삶과 죽음, 그리고 야성의 특징을 배운다. 나는 가끔 고객들에게 정원을 가꿔 보라고 권한다. 정원은 생과 사를 가르쳐준다. 정원의 흙, 거름, 풀에는 모두 심리적 의미가 있다. 정원에서 벌어지는 일들은 사람의 영혼과 심리에도 똑같이 일어날 수 있다. 물이 너무 많을 때가 있고 너무 적을 때가 있다. 벌레가 들끓을 때도 있고, 너무 더울 때도 있다. 폭풍이 몰려올 때도 있고, 홍수가 날 때도 있다. 동물에게 짓밟힐 때도 있고, 또 기적이 일어나서 죽어가는 식물이 되살아날 때도 있다.

정원을 가꾸는 여성은 매일 경과를 기록해야 한다. 정원에 식물을 심거나 뽑아내고, 씨를 말리거나 뿌리고, 거름을 주듯이, 우리는 심리 안에 깃들어 있는 생각과 감정 등을 때로는 없애기도 하고 북돋기도 해야 한다. 마음속의 정원은 명상의 장소이기도 하다. 무엇을 없애고 무엇을 살릴지, 언제 수확할지를 생각하게 하는 것은 물론, 위대한 야성적 자연을 거스르지 않고 그 리듬에 맞춰 사는 법을 일러준다. 그리하여 삶과 죽음이 자연의 섭리임을 배우고, 주기적인 야성을 획득하게 된다.

신비의 세계를 향한 집요한 호기심, 그리고 금기

집안일을 마친 바살리사는 바바 야가에게 몇 가지 질문을 한다. 이 단계에서 필요한 심리적 과업은, 첫째 삶/죽음/삶의 본질과 역할에 대해 묻고 더 많이 알려고 노력해야 한다(말 탄 기수들에 대해 묻는 장면). 둘째, 야성의 모든 요소를 이해하는 존재에 관한 진실을 아는 것이다(너무 많은 것을 알면 빨리 늙는다).

　누구나 한 번쯤, "나는 누구이고, 내 인생의 목적은 무엇인가?"라는 의문을 제기하곤 한다. 바바 야가는 우리 자신이 삶/죽음/삶이고, 그것이 곧 우리 인생의 리듬임을 가르쳐준다. 나는 어린 시절 이모로부터 《물 아가씨》 이야기를 들은 적이 있다. 호숫가에는 어김없이 늙은 손을 가진 젊은 여인이 있는데, 그녀는 유리로 된 아름다운 오리에 생명을 불어넣고, 그 등에 달린 태엽을 감는다. 태엽이 다 풀려 오리들이 못 쓰게 되면 그녀는 유리 오리에서 나온 영혼을 앞치마에 담아 하늘에 날리고, 다시 새 오리들을 만든다.

　이 이야기는 삶/죽음/삶의 여신의 역할을 명확하게 보여준다. 심리학적으로 볼 때 닉스 여신, 바바 야가, 물 아가씨, 라 케 사베, 여걸 등은 모두 같은 여신이다. 우리는 나 자신뿐 아니라 내가 아는 이들에게 생기를 불어넣는 역할을 해야 한다. 우리 영혼에게 본래의 자리를 찾아주고, 빛을 발산해 주위를 밝힐 뿐 아니라, 어둠 속에 빠진 이들에게 갈 길을 밝혀주어야 한다.

　바살리사는 바바 야가의 오두막에 오는 길에 보았던 말을 탄 사람들이 누구냐고 묻는다. 바바 야가는 암말의 힘과 풍요를 상징하는 늙은 말의 여신으로, 농경과 풍요의 여신인 데메테르와 비슷하다. 야가의 오두막에는 다양한 색상의 말과 기수들이 있어서 낮에는 해를 뜨게 하고 밤에는 어둠의 장막을 덮는다. 말과 기수의 검은색, 붉은색, 흰색은 예부터 탄생, 삶, 죽음을 상징하고 하강, 죽음, 재생이라는 개념을 나타내기도 한다. 검은색은 오래된 가치를 버리는 상징이고 붉은색은 과거의 망상들을 버리는 것이다. 흰색은 이 두 경험에서 오는 새 빛, 또는 새로운 지혜를 의미한다.

흑색, 홍색, 백색은 여걸의 길, 즉 삶/죽음/삶의 여신의 역할을 나타내기도 한다. 새벽과 떠오르는 태양, 그리고 신비로운 어둠이라는 상징 또한 여신의 본질을 시사한다. 우리 가슴속에 솟아나는 희망이 없다면, 진실을 밝혀주는 한결같은 빛이 없다면, 만물이 쉬고 새로 태어나는 밤이 없다면 야성마저도 아무 도움이 되지 않을 것이다. 여기에 등장하는 색들은 각기 삶과 죽음의 본성을 상징하는 양면성이 있다. 검은색은 새로운 생각들이 심기는 비옥한 흙의 빛깔인 동시에, 죽음과 어둠을 나타내기도 한다. 검은색은 하강의 색으로 라 로바가 서 있는 공간이며, 세계와 세계 사이의 땅과 연관이 있다. 지금까지 모르던 것을 알게 되리라는 약속을 표상하는 색이기도 하다.

붉은색은 희생, 분노, 살인을 상징하는 동시에 열정과 흥분과 욕망을 나타내기도 한다. 심리적인 나태함에 젖어 있을 때 자극제로도 쓰인다. 세계 신화들을 보면 종종 '붉은 어머니'라는 인물이 나오는데, '검은 어머니'나 성모만큼 유명하진 않지만 '고난을 딛고 일어서는 이들'의 어머니를 가리킨다. 붉은 어머니가 특히 산모에게 자비로운 것은 세상에 태어나거나 죽는 이들이 그녀의 붉은 강을 건너야 하기 때문이다. 무엇인가 태어나리라는 약속이 바로 붉은색이다.

흰색은 새로운 것, 순결하고 순수한 것의 상징이다. 또 육신을 벗어난 영혼, 육체에서 해방된 정신의 상징이며, 기본적인 자양분인 모유의 색이기도 하다. 흰색은 또한 죽음을 가리키기도 한다. 생기와 생명력을 잃은 것들을 가리키는 동시에, 새로운 생명을 위한 양식이 충분함을 의미하기도 한다. 말을 탄 이들뿐 아니라 바살리사와 인형도 빨강, 검정, 흰색이 어우러진 옷을 입고 있다. 삶/죽음/삶의 여신이 되어가는 바살리사가 인형이나 바바 야가를 통해 새 생명을 얻는 반면, 상냥한 어머니와 의붓 식구들은 목숨을 잃는다. 그러나 죽음 역시 그녀가 성숙하는 데 반드시 필요한 요소다.

삶과 죽음을 받아들이는 것은 깨달음의 과정에서 극히 중요하다. 살아 있는 것은 언젠가 죽을 것이고, 죽은 것은 다시 살아난다. "너무 많은 것을 알면 쉽게 늙는다."라는 바바 야가의 말은 그런 의미가 있다. 우리 삶에는 어떤 것을 알기에 적합한 시기가 있다. 옥수수와 양귀비씨에서 기름을 짜는 손들의 의미를 묻는 것은 호기심이 지나친 것이다. 말과 기수에 대해 질문했던 바살리사가 그 손들에 대해 언급하지 않은 것도 그 때문이다.

바바 야가의 집 허공에 나타나는 손들에 대해 묻는 것은 영적인 세계의 신비를 캐는 행위이다. 인형이 그 손들에 대해 묻지 말라고 한 것은 영적인 변화가 한꺼번에 너무 많으면 위험하다는 뜻으로 풀이된다. 가끔 그런 경지에 오르는 것은 좋지만 거기에 빠져 헤어나지 못하면 안 된다는 말이다. 또한 이 이야기에는 여성의 삶의 주기가 나온다. 여성들은 살아가면서 자연스레 창조와 탄생, 고독과 유희, 휴식과 성(性), 사냥의 리듬 등을 배우기 때문에 특별히 노력하지 않아도 그 비밀을 이해하게 될 것이다. 그러나 우리 힘으로는 어쩔 수 없는 경우가 있다. "신이 하실 일이 따로 있다."라는 말도 있지 않은가.

이야기의 끝부분에 이르면 여걸의 유산에 대한 이해가 더욱 깊어진다. 또 심리 차원과 영적 차원에서 흘러나오는 야성을 느낄 수도 있다. 인형과 바바 야가가 둘 다 스승의 역할을 하고 있다.

해골의 빛, 직관의 경지에 이르다

바바 야가는 바실리사가 어머니에게서 축복을 받았다는 이야기를 듣고 깜짝 놀란다. 그리고 막대기에 해골을 꽂아주며 빨리 돌아가라고 재촉한다. 이 장면이 주는 심리적 과제는 다음과 같다. 첫째, 뛰어난 예지력을 받은 뒤 다른 이들에게 영향을 끼쳐야 한다(해골을 받기). 둘째, 자신의 상황을 새로운 빛에 비춰 보아야 한다(계모와 언니들에게 돌아가는 길을 찾기).

바바 야가가 깜짝 놀란 것은 바실리사가 어머니의 축복을 받았기 때문일까, 아니면 축복 자체가 싫어서일까? 사실은 둘 다 아니다. 이 이야기가 기독교 문화를 거치면서 바가 야가는 바실리사가 받은 축복을 두려워하는 모습으로 바뀌었고, 늙은 여걸의 신을 악마처럼 간주한 측면이 있다. 그러나 야가는 축복 자체에 놀란 것이 아니라, 그 축복이 지나치게 친절한 어머니, 즉 멋지고 매력적인 심리에서 나왔다는 사실에 놀란 것이라 해석할 수 있다. 바바 야가는 사실 지나치게 순응적이고 유순한 본능과 그리 가깝지도 멀지도 않은 존재이기 때문이다.

바바 야가는 말할 수 없이 부드럽게 새끼 쥐에게 생명의 숨결을 불어넣지만, 지나치게 친절한 어머니처럼 달콤한 것은 가까이하지 않는다. 그런 것은 여성 각자가 해결할 몫이다. 이런 의미에서 야가는 자신만의 영토를 지키고 있다고 할 수 있다. 지나치게 친절한 어머니가 심리의 표면에 있다면 야가는 그 아래 위치하고 있다. 친절함은 야성을 용인할 수 있지만, 야성은 지나친 달콤함을 감당할 수 없다. 이런 점을 터득한 여성은 모든 것을 액면 그대로 받아들이던 과거의 태도를 버린다. 그리고 무엇이든 주의 깊게 살피고 예리하게 판단하게 된다.

바실리사는 야가의 집안일을 해주면서 전에 없던 능력을 얻게 되는

데, 그것은 곧 할머니 여신의 힘이다. 직관과 본능에 바탕을 둔 심오한 지혜를 얻게 되면 경솔하거나 무심해질까 봐 겁내는 이들도 있다. 그러나 이는 근거 없는 두려움일 뿐 야가의 지혜를 갖춘 여성은 남들의 말과 행동 뒤에 숨은 동기나 생각을 읽는 능력이 생긴다. 본능적 심리가 조심하라는 경고를 보낼 때가 있다. 어떤 일을 하라거나, 방향을 제시하는 깊은 직관이 있으면 계획을 수정할 필요가 있다. 직관은 한 번 보고 잊어버리는 존재가 아니라 항상 우리를 이끌어 주는 길잡이기 때문이다.

불씨를 담고 있는 해골 이야기로 돌아가 보자. 해골은 조상 숭배 전통의 유물이다. 훗날 종교 고고학의 영향을 받은 이야기에서 바바 야가는 자신이 잡아먹은 이들의 유골로 등장하지만, 조상 숭배 전통에서는 혼을 불러들이는 수단에 해당한다. 고대의 조상 숭배 전통에서 뼈는 선조들의 영구불변하는 지혜가 담겨 있다고 여겨졌다. 특히 해골은 떠나간 영혼의 잔재를 많이 담고 있어서 후손들이 원하면 잠시 동안 그 조상을 되살릴 수 있다고 믿었다. 눈을 창으로, 입을 문으로, 귀를 바람으로 삼아 영혼이 둥근 이마에 깃들었다고 생각한 것이다.

바바 야가가 바실리사에게 준 불타는 해골은 옛 여신의 상징 혹은 삶의 길잡이가 될 조상의 음덕이라 할 수 있다. 그것은 심리의 동굴과 협곡에 그대로 남아 번성하고 있는 지혜인 것이다. 바실리사는 막대기에 꽂힌 해골을 들고 어두운 숲속으로 나아간다. 야가의 오두막에 올 때는 이리저리 헤맸지만 돌아갈 때는 자신감이 넘친다. 입문의 단계를 지나 이제 심오한 직관에 도달한 것이다. 직관은 왕관의 정중앙에 박힌 보석과 같다. 직관의 경지에 도달한 여성은 지나치게 친절한 어머니의 보호에서 벗어난다. 그리고 외부 세계에서 경험하는 어려움을 자신 있게 해결할 수 있으며, 자기 내면에 있는 어둡고 억압적인 계모와 두 딸의 해악을 깨닫게도 된다.

바살리사는 대담하게 내면의 목소리에 귀를 기울인다. 심리의 일면인 마귀할멈의 얼굴과 강력한 여걸 여신을 대면함으로써 자기 자신을 포함한 여성의 엄청난 내면의 힘을 이해할 수 있게 된다. 이제 그녀는 아무것도 두려워하지 않는다. 할머니 여신을 받아들인 그녀는 시종일관 침착하게 페르소나를 가다듬고 이제 삶/죽음/삶의 관계를 깨닫는다.

어두운 그림자는 불에 태워버리라

바살리사는 해골을 꽂은 막대기를 들고 집으로 향한다. 그녀는 해골 막대기를 버릴 뻔했지만 해골이 가까스로 그녀를 만류했다. 집에 도착한 해골은 계모와 두 딸을 지켜본 뒤 이들을 까맣게 태워버린다. 그리고 바살리사는 오래오래 행복하게 산다.

이 단계의 심리적 과업은 다음과 같다. 우선, 예리한 통찰력으로 자신 및 다른 사람에게 있는 부정적인 심리의 그늘을 파악하고 이에 대응해야 한다. 또한 새로운 불로 심리의 어두운 그늘을 고쳐야 한다(사악한 의붓 엄마와 언니들을 재로 만들다). 바살리사가 불이 담긴 해골을 들고 숲속을 걷는 동안 인형은 길을 안내한다. 상냥하기만 하던 바살리사가 드디어 자신의 힘을 앞세우고 나아가는 것이다. 해골의 눈, 귀, 코, 입에서는 불같은 빛이 뿜어져 나온다. 이는 판단력을 의미하며, 조상 숭배 및 기억과도 연관이 있다.

해골은 바바 야가나 바살리사에게 해를 끼치지 않는 직관의 상징이며, 나름의 판단력을 갖고 있다. 바살리사에게 지혜의 불꽃과 날카로운 감각이 생겼다는 의미이다. 처음 얼마 동안은 새로 생긴 이 힘을 두려워하지만, 해골의 신비한 힘은 그녀에게 침착하게 앞으로 나아갈 것을 가르친다. 그녀는 그럴 능력이 있다.

직관이나 야성의 힘을 획득한 여성은 종종 그 가치를 깨닫지 못해 버리고 싶은 욕구를 느낄 때가 있다. 해골의 빛은 가차 없이 날카롭다. 이 불에 비춰 보면 노인은 늙게, 미인은 아름답게, 바보는 멍청하게, 기적은 놀랍게 보일 것이다. 해골의 빛은 진실하다. 그래서 전초병처럼 여성들의 앞을 비춰준다. 날카로운 직관을 갖고 있으면 그에 맞는 일을 해야 한다. 그런 빛이 있으면 여성은 먼저 자신의 안팎에 있는 부정적이고 불안정한 힘을 발견하고, 그 다음에는 자신이 본 것을 진작시키거나, 중화시키거나, 아주 없애 버려야 한다. 물론 해골 빛을 항상 들고 다니기란 결코 쉬운 일이 아니다.

이 빛이 있으면 자연과 인간이 지닌 놀랍도록 깊은 아름다움을 알게 된다. 마음씨는 착하나 나쁜 행동을 한 사람을 알게 되고, 미움 때문에 일그러졌지만 원래는 착한 심성 등을 이해하게 된다. 또한 자신과 다른 사람이 지닌 다양한 측면들을 이해하게 된다. 이 빛은 사람들의 인간성과 동기를 이해하게 하고, 의식 및 무의식을 이해하게 해준다. 말하자면 이 빛은 지혜의 요술 막대이자 모든 것을 비추는 거울이며 심오한 야성이다.

때로는 이 빛이 드러내는 광경이 너무 고통스럽고 견디기 어려울 때가 있다. 믿었던 이의 배신, 용감한 척하는 사람들의 망설임, 따스한 미소 속에 숨어 있는 차가운 시기심, 싫어하면서도 좋아하는 척하는 위선 등을 낱낱이 보게 될 것이다. 이는 자기 자신에게도 마찬가지다. 이런 점이 견디기 힘들어 해골 빛을 버리고 싶을지도 모른다. 그러나 이때 "나를 버리지 말고 꼭 갖고 있어요. 두고 보면 알게 될 테니."라는 내면의 소리가 들려올 것이다.

바살리사는 숲속을 걷는 동안 자기를 죽음의 길로 내몬 계모와 두 딸을 생각했을 것이다. 그녀는 눈을 똑바로 뜨고 상황을 직시해야 했다. 바살리사는 상냥했지만 해골은 그렇지 않았다. 바살리사는 해골의 빛이 드러낼 가슴 아픈 사실들이 두려웠다. 바살리사가 돌아오자 계모와 두 딸은 집에 불씨도 없을 뿐더러 아무리 애써도 불이 피워지지 않더라고 말한다. 야성을 찾는 여성들은 종종 이런 일을 겪는다. 여성들이 진실을 찾으러 나간 사이 자신을 억압했던 요소들이 모두 힘을 잃는 것이다. 에너지가 없으면 창조적인 생활을 억압하거나 쓸데없는 일에 시간을 낭비하게 만들었던 악랄한 측면들은 주인 잃은 구두 신세가 된다.

의붓 엄마와 언니들의 죽음은 또 다른 의미를 지닌다. 정신적·육체적으로 파괴적인 이들과 지낸다면 할머니 여신을 만날 수도 없고, 해골의 빛이 주는 교훈을 간직할 수도 없다. 나와 함께 생활하는 사람이 나를 혐오하고 나의 존재 자체를 무시한다면 그들은 나뿐 아니라 그들 자신의 열정에도 찬물을 끼얹는 셈이다.

나를 유혹하는 것과 내가 좋아하는 것을 분별하다

우리의 연인이나 친구 중에도 바살리사의 계모와 두 딸 같은 존재가 있을 수 있다. 연인은 내가 가장 아끼는 삶뿐 아니라, 나의 생각까지도 만들어내고 파괴할 수 있는 존재다. 좋은 연인이라면 부드러운 육체와 섬세하고 강인한 심리를 갖고 있어야 한다. 여걸 같은 여성에게는 그녀의 내면을 들여다볼 수 있는 연인이 좋을 것이다.

우리의 연인은 우리를 자연의 나무나 정원의 식물처럼 살아 있고 성장하는 존재로 봐줄 수 있어야 한다. 연인이나 친구라면 우리를 진정으로 살아 숨 쉬는 존재로 봐주고, 인간적이면서도 신비한 요소로 이루어진 우리를 진정으로 아낄 것이다. 야성과 좋은 관계를 유지하려면 자기 자신이 원하는 바를 분명히 파악해야 한다. 거름에서 씨를 골라내는 일처럼, 우리를 유혹하는 것과 우리가 진정으로 원하는 것을 구분할 줄 알아야 한다.

크림, 연어, 빵, 고기, 과일 샐러드, 푸른 엔칠라다, 카레밥, 요구르트 등 전채 요리가 가득 차려진 상을 예로 들어보자. 거기엔 내가 좋아하는 요리도 여럿 있을 것이다. 그리고 마음속으로, "아, 이것 몇 개는 꼭 먹어야 해. 다음엔 저것도 좀 먹어야 하겠고, 이것도 몇 개 골라야지."라고 생각할 것이다. 평생을 그런 식으로 사는 사람도 있다. 세상은 교묘하게 우리의 삶을 파고들어 끊임없이 우리를 유혹한다. 이런 상황에서는 가까이 있다는 이유만으로 뭔가를 선택할 수 있고, 꼭 필요하지 않은 것이라 해도 오래 보고 있으면 점점 좋아질 수 있다.

반면 여성의 본능과 야성성을 되찾은 사람은 앞에 널려 있는 것들을 보지 않는다. 그리고 "내가 진정 원하는 것이 무엇인가?"를 묻고, 앞에 아무것도 보이지 않아도, "아, 그래! 나는 바로 이것을 원한다."라고 답한다. 그 답은 식탁에 놓인 것일 수도 있고, 아닐 수도 있다. 어쩌면 한참 동안 그것을 찾아 헤매야 할지도 모른다. 그럼 언젠가는 자신이 찾던 것이 나타날 것이다. 그동안 고심하고 기다려온 것이 얼마나 다행인가.

거름에서 양귀비씨를 가려내고, 썩은 밀과 성한 밀을 골라내는 작업은 바살리사의 삶에서 가장 중요한 일이다. 거기에는 영혼, 의지력, 진술

함이 필요하고, 때로는 오랜 기다림이 필요할 때도 있다. 친구나 연인을 고르는 과정도 그렇다. 연인을 고를 때는 전채 요리를 고르듯 순간적인 충동이 개입되어서는 안 된다. 맛있는 것이 눈앞에 있다는 이유만으로 그걸 취한다면 영영 영적 자아의 요구를 충족시킬 수 없을 것이다. 영혼의 길잡이인 직관이 필요한 것은 바로 이 때문이다.

직관과의 연관을 유지하는 또 다른 방법은 아무도 자신의 열정이나 가치관을 억누르지 못하게 하는 것이다. 때로는 좋고 나쁜 것을 떠나 그것이 정말 유용한지를 돌아보아야 한다. 좋지만 파괴적인 것도 있고, 나쁘지만 성장에 도움이 되는 것도 있다. 가을에는 다가오는 봄을 위해 정원을 갈아엎어야 하듯, 누군가 내 삶의 리듬을 조종하려는 것을 방치하지 말라. 자신의 내면에 깃든 리듬에 따라 생활하는 것이 무엇보다 중요하다.

우리 내면의 리듬을 보면 끊임없이 뭔가가 죽고 다시 살아난다. 우리는 바로 그 리듬에 맞춰 살아가야 한다. 리듬은 이미 존재하고 있고, 그것을 배우기만 하면 된다. 직관은 또한 선택의 폭을 넓혀준다. 본능적 자아와 연결된 여성은 언제나 네 가지 선택의 가능성이 있다. 상반되는 두 가지와 그 중간 및 유보가 그것이다. 직관이 없는 여성은 단 한 가지 길밖에 없다고 생각하고 쉽게 고민에 빠진다. 그 길은 게다가 별로 좋지도 않을 때가 많다. 내면의 소리와 감각에 귀 기울이고 그 가르침에 따르라. 다음 일은 저절로 해결될 것이다.

직관을 지닌 이들은 살아 있는 야성의 어머니가 있다. 야성의 어머니를 처음 보는 순간부터, "나는 바로 그녀의 딸이고 자손이다. 그녀는 나의 어머니이자 조상이다."라는 생각이 들 것이다. 또 그런 남자를 보면 나의 할아버지나 오빠, 혹은 나의 친구라는 느낌이 올 것이다. 나의 성장에 도움이 될 사람은 보기만 해도 금방 알아차릴 수 있을 것이다. 재미있는 사실은 그런 이들은 남녀 양성의 특질을 모두 풍부히 지니고 있다는 것이다.

누구에게나 작은 야성의 어머니가 최소한 하나씩은 있을 것이다. 운이 좋다면 일생 동안 여러 명을 만날 수도 있다. 대개는 성인이 된 후, 또는 사춘기 후반에 만난다. 야성의 어머니는 지나치게 친절한 어머니와는 전혀 다르다. 나를 인도해줄 뿐더러, 내가 성취한 일에 엄청난 긍지를 느낄 것이다. 또한 나를 도와 예술성을 북돋우고, 야성과 가까워지도록 돕는다. 본능적 생활의 부활을 돕는 것이다.

바살리사의 발자취를 따르고 싶어 하는 사람이 많을 것이다. 그것은 바로 영혼을 지키는 길이기 때문이다. 여걸은 창조와 파괴의 주체로, 예술을 가능하게 하는 원초적인 정신이며 우리가 신선하고 독창적인 방식으로 살아갈 수 있도록 우리 주위에 숲을 만들어주는 존재다. 바살리사는 이야기의 끝에서 놀라운 경험들을 통해 스스로의 직관을 따르게 된다. 모든 시련을 이겨내고 값진 대가를 받는다. 사실 이런 깨달음에 이르는 것보다 이를 잊지 않고 사는 것이 더 어렵다. 살릴 것은 살리고 죽을 것은 죽게 놔둬야 하는 것이다.

바바 야가는 세계의 어머니이며 삶/죽음/삶의 여신인 닉스와 같다. 삶/죽음/삶의 여신은 또한 창조의 여신으로, 만물을 만들고 생명의 숨길을 불어넣으며, 숨이 다하면 그 영혼을 다시 받아들인다. 우리도 그녀의 창조성을 본받아 태어날 것은 태어나게 해야 한다. 또한 지혜를 얻은 바살리사처럼, 계모와 두 딸이 불에 타 죽는 동안 묵묵히 죽음을 지켜볼 줄도 알아야 한다. 우리는 내면 깊이 무언가를 살리고 죽일 때를 아는 지혜가 있다. 해골의 빛으로 진실을 보기 때문이다.

Women Who Run ith the Wolves

제2부

여성의 야성, 그 무한한 매력에 빠지다

◆ *Chapter 4* ◆

사랑하는 그녀, 도무지 알 수 없는 두 얼굴

여성을 이해하고 싶은 남성들을 위하여

여성이 진정 남성으로부터 이해받기를 바란다면 남성에게도 심오한 지혜를 가르쳐줄 필요가 있다. 이런 노력을 해보지 않은 것은 아니나 더는 너무 지쳐서 못하겠다고 말하는 여성들도 있을 것이다. 그렇다면 아마도 배울 의지가 없는 남성에게 가르치려 시도했을지 모른다. 그러나 대부분의 남성은 여성을 알고 싶고 배우고 싶어 한다. 이 장은 여성을 알고자 하는 남성들을 위한 장이 될 것이다.

신화를 보면 야성의 남성은 자신만의 신부를 찾아 지하 세계를 찾아 헤맨 것으로 보인다. 켈트 신화에서는, 서로 극진히 사랑하는 야성의 남녀 신들이 대개 지하의 동식물을 보호하며 호수 속에 산다. 바빌로니아 신화에서, 목초의 여신인 이난나(Inanna)는 사랑하는 연인인 소(Bull Plow)에게, "당신의 야성으로 나를 덮어 주세요."라고 요구한다. 현대 미국 중서부에도 신의 부모가 봄 언덕을 침대 삼아 천둥소리를 내며 뒹군다는 얘기가 전해오고 있다.

야성의 여성은 자기와 대등한 배우자를 가장 사랑한다. 그러나 그녀의 짝이 될 만한 남성은 자신 있게 자기가 그녀를 제대로 이해했다고 말하지 못했다. 이는 아주 오래전부터 있어온 일이다. 여성이 진정으로 원하는 것은 무엇인가? 이는 모든 여성이 지닌 야성적이고 신비로운 본질에 대한 진솔한 질문이다. 영국 시인 초서의《캔터베리 이야기》가운데 바스의 여장부가 나오는데, 그녀는 여성이 진정 원하는 것은 남의 간섭 없이 자유롭게 사는 것이라고 말한다. 물론 부인할 수 없는 사실이지만 이것이 다는 아니다. 이제 여성의 본질에 대한 의문을 깨끗이 풀어줄 이야기를 들어보자. 야성적인 여성의 배우자로 어떤 남자가 적당한지 이야기해줄 것이다.

쌍둥이 자매를 아내로 얻은 마나위 이야기

옛날에 쌍둥이 자매에게 청혼을 한 마나위라는 남자가 있었다. 자매의 아버지는 "이 아이들의 이름을 맞추지 못하면 결혼시킬 수 없네."라고 말했다. 마나위는 아무리 애를 써도 자매의 이름을 맞출 수 없었고, 그럴 때마다 아버지는 고개를 저으며 그를 돌려보냈다.

그러던 어느 날 마나위는 개를 데리고 쌍둥이 자매를 만나러 갔다. 개가 보기에 한 자매는 얼굴이 예쁘고 다른 자매는 마음씨가 고왔다. 두 자매 모두 자기에게 미소를 지으며 맛있는 먹이를 주는 것이 둘 다 마음에 들었다. 그날도 마나위는 자매들의 이름을 맞추지 못하고 터벅터벅 집으로 돌아갔다. 그런데 개는 다시 두 자매의 집으로 달려가 벽에 귀를 대고 두 자매의 이야기를 엿들었다. 마침 자매는 깔깔거리며 마나위가 얼마나 멋지고 남자다운지 얘기하고 있었다. 이때 마나위의 개는 둘이 서로의 이름을 부르는 것을 듣고 마나위에게 알려주려고 서둘러 집을 향해 달렸다.

그런데 문제가 생겼다. 개가 집으로 달려가던 도중 사자가 떨어뜨린 뼈다귀 냄새를 맡은 것이다. 개는 먹음직스러운 뼈다귀를 물고 덤불 속에 들어가 신나게 먹기 시작했다. 실컷 먹고 난 뒤 집에 돌아가자 아무리 애를 써도 자매의 이름이 떠오르지 않았다. 개는 다시 한 번 자매의 집으로 달려갔다. 이미 날이 저물어서 밤이 되었다. 두 자매는 무슨 즐거운 일이 있는지 깔깔대며 서로의 팔과 다리에 오일을 발라주고 있었다. 그들은 다시 서로의 이름을 불렀고, 개는 기뻐 날뛰며 마나위의 집으로 달려갔다. 그런데 이번에는 육두구라는 향신료 냄새가 물씬 풍겨 오는 것이 아닌가.

향기가 풍기는 덤불로 달려가 보니 먹음직스러운 파이가 나뭇가지 위에 떡 하니 얹혀 있었다. 개는 그 파이를 다 먹은 뒤 집으로 돌아왔다. 그런데 이번에도 자매들의 이름이 전혀 기억이 나질 않았다. 다시 두 자매의 집으로 달려가 보았더니 두 자매는 결혼식 준비를 하고 있었다. 개는 "이 일을 어쩌지? 시간이 없는데"라며 초조하게 기다렸다. 그리고 자매의 이름을 듣자마자 바로 집을 향해 달렸다.

집으로 돌아가던 개는 방금 죽은 듯한 작은 짐승을 보았으나 그냥 지나쳤고, 육두구의 냄새도 개의치 않았다. 그런데 갑자기 덤불에서 정체불명의 괴한이 튀어나오는 것이 아닌가. 괴한은 두 자매의 이름을 말하라고 소리치며 개를 괴롭혔다. 개는 꼬리가 빠질 듯한 고통에 숨이 넘어갈 지경이었지만 으르렁거리며 할퀴고 저항하다가 마침내 그 괴한의 손가락을 꽉 물었다. 그러자 괴한은 물소처럼 요란한 비명을 지르며 숲속으로 도망갔다. 그러나 개는 끝까지 그의 손에 매달렸다.

"나를 좀 놔줘. 그럼 나도 널 놔줄게." 괴한이 이렇게 사정하자 개는 이를 갈며, "다시는 여기 돌아오지 마. 내 말을 어기면 죽여 버릴 거야."라고 위협했다. 괴한은 끙끙거리며 숲속으로 달아났고, 개는 절룩거리며 마나위의 집으로 달려갔다. 털이 피에 흠뻑 젖었고 턱도 아팠지만 개는 반갑게 마나위에게 다가갔다. 마나위가 상처를 치료해주는 동안 개는 그동안 일어났던 일과 두 자매의 이름을 말해주었다. 마나위는 개를 어깨에 얹고 두 자매가 사는 동네로 달려갔다. 개의 두 귀는 말꼬리처럼 바람에 휘날렸다.

마나위는 자매의 아버지에게 딸들의 이름을 정확히 댔다. 그런데 놀랍게도 두 딸은 이미 마나위와 여행할 준비를 마친 상태였다. 둘 다 마나위를 기다리고 있었던 것이다. 마나위는 그 일대에서 가장 아름다운 처녀들을 아내로 맞았다. 두 자매와 마나위, 그리고 개는 그 뒤 오래오래 행복하게 살았다.

진실을 밝히는 힘, 개의 본능을 살리다

마나위 이야기는 여성의 양면성에 대한 아주 오래된 비밀을 다루고 있다. 야성적인 여성의 사랑을 얻기 위해서는 그 양면성을 속속들이 이해해야 한다. 민속학적으로 볼 때 이 이야기에 나오는 두 여성은 그저 일부다처제 사회의 신붓감에 지나지 않는다. 그러나 원형적으로 보면 한 여성 안에 깃든 서로 다른 강력한 여성적 힘과 신비를 나타낸다.

이 이야기는 야성의 여성에 대한 모든 요소를 담고 있다. 마나위는 충실한 애견을 통해 두 자매의 이름을 알아내는데, 이는 곧 여성의 양면성을 가리킨다. 마나위는 두 자매의 이름을 알아내기 위해 자신의 본능적 자아인 견성(犬性)을 이용한다. 야성적인 여성과 함께 있다는 사실은 사실 두 사람과 있는 것이나 다름없다. 실제의 여성과, 눈에 보이지 않는 세계에 사는 정신적 존재가 그것이다. 실제의 여성은 한낮의 빛 속에 살고 쉽게 눈에 띄며 세련되고 지극히 인간적이다. 반면에 정신적인 측면은 아주 먼 곳에서 가끔 표면으로 떠오르며 나타났다 금방 사라진다. 사라질 때는 뭔가 놀랍고, 독창적이고, 지혜로운 뒷맛을 남기곤 한다.

여성의 양면성은 한쪽이 뜨거우면 다른 쪽은 그만큼 식어 버린다는 역설적인 특징이 있다. 대개 한쪽이 즐겁고 팔팔하면 다른 쪽은 뭔가 알 수 없는 대상에 대한 그리움으로 가득 차 있다. 그리고 한쪽이 명랑하면 다른 쪽은 쓸쓸하고 애잔하다. 하나 안에 깃든 두 측면은 서로 다르지만 각각이 수천 가지 방식으로 맺어진다.

만고불변의 여성성만을 원하는 남성을 조심하라

여성의 각 측면은 나름의 기능과 지혜를 지닌 별개의 개체지만, 두 뇌처럼 서로 의사소통하기 때문에 하나의 실체로 작용한다. 그중 한 측면만을 숨기거나 선호하는 여성은 자신이 지닌 힘의 일부만을 사용하는 제한된 삶을 산다. 쌍둥이라는 상징은 두 가지 힘에 대해 시사하는 바가 많다. 쌍둥이는 예로부터 초자연적인 능력을 지녔다는 믿음이 있었다. 어떤 사회는 쌍둥이가 한 영혼을 지닌 존재라 생각하고, 두 사람의 성격을 균형 있게 발달시키기 위한 교육 체계를 발달시켰다. 또 쌍둥이가 죽은 후에 제물을 바치고 기도를 하는 풍습이 있는 사회도 있었다. 아프리카와 남미에서는 쌍둥이들이 신비로운 정신력을 지닌 주술사 같은 존재라 믿었고, 많은 이들의 안녕을 위해 그들을 극진히 돌본다. 아이티 섬의 후두교도들은 쌍둥이에게 똑같은 양의 음식을 주는데 어느 한쪽이 먼저 죽으면 온 사회가 재앙을 입을 것을 두려워한 때문이다.

언젠가 나는 미국 남부의 한 흑인에게서 이런 이야기를 들은 적이 있다. 그는 빈민가의 공터를 돌아다니며 사람들에게 이런 저런 이야기를 하는 사람이다. 마치 풍향을 재듯 한 손가락을 쳐들고 어슬렁어슬렁 걸어 다니는 이런 이야기꾼들을 사람들은 일명 보따리 아저씨라고 한다. 원한다면 누구에게나 이야기를 들려주기 때문이다. 이 보따리 아저씨는 아프리카의 왕 이야기인 '막대기 하나, 막대기 둘'이라는 조상 숭배에 관한 이야기를 들려주었다.

죽음이 임박한 한 노인이 가족들을 모두 불러 모았다. 그리고 짧고 튼튼한 막대기를 하나씩 나눠주고 꺾어보라고 했다. 조금 힘은 들었지만 가족 모두가 자신의 막대기를 꺾었다.

"사람도 마찬가지야. 옆에 아무도 없으면 쉽게 부러지는 법이지."

노인은 다시 각자에게 막대기를 하나씩 주고 이렇게 말했다.

"내가 죽거든 이렇게 살기 바란다. 막대기를 두세 개씩 묶어서 꺾어 보거라."

두세 개씩 막대기를 꺾는 사람은 아무도 없었다. 그러자 노인은 빙그레 웃으며 다음과 같이 얘기했다.

"우리 곁에 누가 있으면 이렇게 강한 법이다. 뭉쳐 있으면 아무도 우리를 꺾을 수 없다."

우리가 지닌 양면성도 의식 속에서 한데 뭉쳐 있으면 엄청난 힘을 갖게 된다. 그것이 바로 여성 심리의 양면성이 지니는 특징이다. 세련된 영혼은 그 자체로도 나무랄 데 없지만 어쩐지 외롭다. 야성 역시 혼자라도 족하지만 다른 쪽을 그리워하기 마련이다. 여성들이 심리적 혹은 영적 힘을 잃는 이유는 자신의 양면성을 분리시킨 채 한쪽만 살아 있다고 생각하기 때문이다.

이 이야기는 여성뿐 아니라 남성의 양면성에도 해당된다. 마나위는 두 측면을 모두 지녔는데, 인간성과 견성이 그러하다. 그의 인간성은 상냥하고 다정하지만 두 자매를 얻기에는 부족하다. 유혹을 이겨내고 야성적인 여성들의 이름을 알아내는 일은 개가 지닌 특성이다. 마나위의 견성은 예리한 청각과 끈기이다.

남성적인 힘에는 '푸른 수염' 같은 에너지도 있어서, 여성의 양면성을 파괴하려 하는 경우도 종종 있다. 이런 남성은 여성의 양면성을 견디지 못한다. 만고불변의 여성적 특징을 갖춘 여성이 완벽하다고 믿고 또 그런 여성을 원한다. 혹시라도 그런 남성이 곁에 있다면 온힘을 다해 도망치라. 양면성의 가치를 아는 마나위 같은 연인이 훨씬 낫다.

마나위는 여성이라면 누구나 지니고 있지만 이해하기 어려운 양면성을 찾아 나섰다. 또 자신도 나름의 야성적 힘이 있었다. 야성적이고 자연스런 그는 야성적인 여성과 공감을 느끼고 그런 여성을 좋아한다. 여성의 내면에 있는 아니무스(융의 심리학에서 여성의 남성적 요소를 일컫는 말) 가운데는 여성의 양면성을 존중하는 마나위적 요소가 있는데 이는 여성의 양면성을 추하거나 나쁘다고 여기지 않는다. 마나위는 여성의 신비로운 양면성을 이해하고자 하는 믿음직한 연인이라 할 수 있다.

여성 본성의 깊은 강에 빠지다

사람이나 사물에 이름을 붙이는 것은 여러 가지 의미가 있다. 이름이 지닌 마술적·운명적 의미를 고려해 아이의 이름을 신중하게 짓는 사회는 결코 적지 않다. 이런 사회에서는 이름만으로도 사람의 운명과 인품을 알 수 있다고 믿는다. 또 자칫 자신의 영적 권위가 완전해질 때까지 남의 비난이나 방해를 피하기 위해서 본명을 숨기는 경우도 있다.

동화나 설화에서 이름은 다양한 의미를 지닌다. 마나위 이야기에서도 마찬가지다. 주인공이 약한 자를 제압하려고 이름을 알아내려는 경우도 있지만, 대개의 경우 어떤 능력자를 불러내기 위해 이름을 찾는다. 마나위는 후자의 경우다. 그가 두 자매의 이름을 알려고 하는 것은 그들의 힘을 소유하고 싶어서라기보다는 자신도 그것에 필적하는 힘을 기르기 위해서다. 두 자매의 이름을 안다는 것은 양면성을 기억한다는 의미이기도 하다.

여성의 심리에 있는 이 두 자매의 이름은 정확히 무엇일까? 양면성의 내용은 사람마다 다르지만, 대부분 서로 대립되는 두 가지 성질을 가리킨다. 심리적 양면성은 얼핏 보면 자연계처럼 너무 방대해서 일정한 형태나 반복되는 양상이 없는 것 같지만, 그러나 자세히 관찰하고 귀를 기울이면 바다와 같은 밀물과 썰물의 변화 아래 일정하게 흐르는 조류가 항상 존재함을 알 수 있다.

누군가의 이름을 부르는 것은 어떤 소망이나 축복을 표현하는 행위이다. 마찬가지로 우리 내면에 있는 양면성과 결합하기 위해서도 우선 그 이름을 알아야 한다. 이름을 알아내는 과정에서 여성 본성의 숨은 뜻과 야성적인 아름다움을 발견하게 된다. 이 과정을 흔히 자기애라 하고, 이런 일이 두 사람 사이에서 일어나는 것을 사랑이라 한다.

마나위는 보통의 지혜로는 두 자매의 이름을 알 수 없었다. 그래서 견성의 도움을 받았다. 여성에게는 이런 끈기와 재기를 지니고 있으면서 상대의 내면을 이해하려고 애쓰는 남성이 필요하다. 이야기에서 두 딸의 보호자 역할을 하는 아버지는 서로 다른 여러 요소가 분산되지 않고 합치하도록 애쓰는 심리 작용을 상징한다. 여성에게는 구혼자가 적합한지 시험하는 이런 보호자가 필요하다. 건강한 심리는 그 안에 들어오려는 새로운 요소를 시험한다. 그래서 파고드는 생각 등 외부 자극을 섣불리 받아들이지 않고, 바람직한 것을 분별할 줄 안다.

"기다리게. 자네가 내 딸들의 진짜 이름을 알 때까지는 결혼을 허락할 수 없네."라는 아버지의 말을 기억하라.

진실의 소리를 듣는 예민한 귀

이 이야기에 나오는 개는 심리의 끈기를 보여주고 있다. 개는 마치 마술사처럼 울적한 사람에게 미소를 주고, 슬픈 사람을 위로하며, 인간관계를 촉진시키는 역할을 한다. 옛 바빌로니아의 《길가메시 서사시》에서 반인반수의 왕 길가메시를 보조한 괴물 엔키두도 이와 비슷한 존재다. 양면성의 한 측면이기도 한 개는 진실을 캐내는 야성적 성향을 가리킨다.

개는 자기에게 먹이를 주고 귀여워해준 두 자매를 좋아하고 따른다. 여성의 신비는 개의 본능적 힘을 쉽게 알아본다. 개는 한번 누군가를 좋아하면 끝까지 그를 따르고 쉽게 용서하며 필요하면 죽을 때까지 싸우는 경향이 있다. 야성적인 여성을 얻고 싶다면 이런 견성을 배우라.

마나위는 쌍둥이 자매의 이름을 맞히지 못하자 터벅터벅 집으로 돌아오지만, 개는 다시 돌아가 이름을 알아낼 때까지 귀를 기울인다. 원형적으로 보자면 개는 의식과 무의식을 연결시키는 존재다. 배우자의 양면성을 이해하기 위해서는 무의식의 세계 또한 이해해야 한다. 개는 늑대보다 좀 더 길들여져 있지만 둘은 비슷한 측면이 많다. 심리의 본능적 측면인 개는 인간과는 다른 것을 보고 듣는다. 자아가 듣지 못하는 지시를 듣고 따를 수 있는 것이다.

언젠가 샌프란시스코의 한 박물관에서 개의 청각을 재현한 방에 들어간 적이 있다. 바람에 흔들리는 야자수 소리는 엄청나게 요란한 소리로 들렸고, 사람의 발자국 소리는 수백만 자루의 팝콘을 쏟아 붓는 소리처럼 시끄러웠다. 개의 세계는 우리가 듣지 못하는 엄청난 소음들로 가득 찬 듯했다. 개는 인간이 듣지 못하는 소리를 듣는다. 그리고 여성 심리의 깊숙한 곳에 있는 음악이나 야성을 직관적으로 파악한다.

영혼 탐색을 방해하는 굶주린 훼방꾼

우리가 야성을 찾는 과정에서 끊임없이 한눈을 파는 것도 무리는 아니다. 우리는 즐거운 유혹에 사로잡히기 쉬울 뿐 아니라, 끝내 유혹에 빠져 헤어 나오지 못하는 이들도 종종 있다. 마나위의 개도 처음에는 먹는 것에 정신이 팔린다. 그런 음식들은 시간과 에너지를 소모하게 하는 도둑들이다. 융도 이런 유혹을 이겨내지 않으면 끊임없이 한눈을 팔게 될 거라고 경고한 바 있다. 양면성의 이름을 알아내려는 구혼자는 마나위의 개처럼 한눈을 팔기 쉽다. 특히 잔인하거나 굶주린 이라면 더욱 그렇다. 그들은 무의식에 있는 어떤 힘 때문에 본래의 목적을 잊고 여성을 이용한다. 사냥꾼의 공허함을 잊기 위해, 또는 쾌락을 위해 여성을 유혹하기 쉽다.

개는 집으로 돌아가는 길에 맛있는 뼈다귀에 정신이 팔려 두 자매의 이름을 잊어버린다. 이는 영적인 목표를 추구하는 과정에서 이런저런 유혹 때문에 본연의 임무를 중단하는 경우를 나타낸다. 나 역시 심리 치료를 받으러 오는 이들에게서 이런 말을 종종 듣는다. 정원을 손질하느라, 혹은 일이 너무 바빠서 영혼을 위해 노력할 여유가 없다고들 한다. 영혼을 위한 노력은 성적 흥분과 아주 흡사해서 바닥에서 시작했다가 어떤 수준에 오르면 강렬한 상태가 쭉 이어진다. 그러나 강렬한 상태에서 무슨 일이 생기면, 예컨대 큰 소음이 들려오거나 하면 처음부터 다시 시작해야 한다. 심리의 원형을 계발하는 일도 이와 같다. 한번 고조되었던 긴장이 풀어지면 처음부터 다시 시작해야 하는 것이다.

코란에는, "저승에 가면 이승에서 그대가 누리지 않은 즐거움들에 대해 모두 대가를 치러야 한다."는 말이 있다. 엉뚱한 즐거움을 너무 많이 누리면 영적인 지혜를 그만큼 상실하게 된다는 뜻이기도 하다. 엉뚱한 길에서 본래의 자리로 돌아오려면 몇 주, 아니 몇 달이 걸릴지 모른다. 이 이야기에서 개는 두 자매의 집으로 돌아가 그들의 이름을 알아낸 뒤 다시 주인에게 달려간다. 자기가 할 일을 제대로 알고 있는 것이다. 그러나 향긋한 냄새를 풍기는 파이를 보고는 외웠던 이름을 잊어버린다. 배는 채웠지만 영적인 갈증은 아직 풀지 못한 것이다.

유혹을 이겨내고 마음의 고요한 상태를 변함없이 유지하는 일이 얼마나 어려운가? 개는 물론 최선을 다했지만 원형적 무의식을 의식의 표면으로 끌어내리려면 더 많은 노력이 필요했다. 길에 널린 유혹으로부터 지금까지 얻었던 지혜를 지키기란 정말 어려운 일이다. 향긋한 파이나 뼈다귀는 여러 가지 유혹을 나타낸다. 우리의 심리에는 교활하고 약삭빠르며 달콤한 요소가 숨어 있어서 모든 것을 매혹적으로 유지하려는 경향이 있다. 그래서 우리가 원하는 것은 빛이라는 사실조차 종종 잊곤 한다.

개는 빛을 가져오는 존재다. 그러나 길에 뼈다귀를 던지고 나무 위에 파이를 갖다 놓는 미지의 존재가 이를 주기적으로 방해한다. 그 미지의 존재는 분명 우리의 깨달음을 방해하는 음흉한 괴한이자 심리의 천적일 것이다. 이런 훼방꾼은 누구의 심리에나 존재하기 때문에 건강한 심리를 지닌 이들이라 할지라도 때로는 본연의 목표를 잊을 수 있는 것이다.

괴한을 이겨낼 만큼 강해지다

마침내 개는 덤불에 놓여 있는 뼈다귀나 숲에서 풍겨오는 향긋한 냄새에도 아랑곳하지 않고 집으로 달려간다. 심리 내의 의식이 강해졌고, 자제력과 집중력, 그리고 판단력이 생긴 것이다. 개는 더 이상 한눈팔지 않고 열심히 집으로 달려간다. 그런데 갑자기 괴한이 뛰쳐나와 개를 위협하며 두 자매의 이름을 말하라고 윽박지른다.

괴한은 여성의 양면성에는 관심이 없고 그녀를 자기 것으로 만드는 데만 관심이 있다. 여자를 자신의 소유물로 간주하는 사람도 이와 같을 것이다. 괴한은 실재하는 남성일 수도 있고 우리의 마음속에 있는 부정적인 고정관념일 수도 있다. 그러나 개는 죽을힘을 다해 싸운다. 우리의 심리에는 항상 우리의 이름을 잊게 만들려는 요소가 있다. 이는 외부 세계도 마찬가지다. 괴한이 덤벼들어야 비로소 심오한 지혜를 지키기 위해 최선을 다해 싸운다.

개는 싸움이 끝날 때까지 두 자매의 이름을 잊지 않는다. 그 이름이 곧 야성적인 여성의 본질이고 싸움의 관건이기 때문이다. 그런 지혜를 지니면 누구나 여성 자신만큼 강해진다. 그리고 개는 그럴 가치가 있는 마나위에게 그 힘을 주려고 애쓴다. 그 힘을 잘못 이용할 마음속의 한 측면을 물리치기 위해 있는 힘을 다해 싸운다. 이름을 알아내는 것도 중요하지만 그 힘을 제대로 쓸 사람을 찾아 넘겨주는 일 또한 못지않게 중요하다.

마나위가 두 자매의 아버지를 찾아가 이름을 말했다. 그런데 흥미로운 것은 두 자매가 이미 여행 준비를 마친 상태라는 점이다. 마나위가 자기들의 본성을 발견하기를 전부터 기다리고 있었던 것이다. 여기에 방해가 되는 두 가지 요소가 있다. 하나는 유혹에 빠져 한눈을 파는 나 자신의 나약함이며, 다른 하나는 괴한으로, 심리 안에 있는 천적이거나 실재하는 대상일 수 있다. 어느 쪽이건 우리는 이들을 물리칠 방법을 알고 있다. 두 자매의 이름을 기억하는 것은 그래서 중요하다.

자신의 양면성을 떳떳이 밝히다

여성은 배우자가 자기를 이해해주지 못한다는 생각 때문에 종종 기운이 빠진다. "왜 그 사람은 내 생각과 마음을 모르는 걸까?"라며 하소연한다. 여성은 이런 질문을 평생 수없이 반복하는데, 이 문제를 신속하고 효과적으로 해결할 방법은 없을까?

여성은 자신을 이해하지 못하는 남성에게 자신의 양면성과 내면의 여성에 대해 말하게 된다. 자신의 본질을 제대로 알리기 위해서는 매우 간단한 두 가지 질문이면 가능하다. 첫 번째 질문은 "당신은 무엇을 원하는가?"이고, 이보다 더 중요한 두 번째 질문은 "당신의 자아는 무엇을 원하는가?"이다.

진실한 관계를 맺기 위해서는 여성도 배우자에게 같은 질문을 해야 한다. 여성 자신뿐 아니라 남성의 양면성도 연구해, 무엇이 가장 중요한지 알 필요가 있다.

한 여성을 사랑한다면 그녀의 야성까지 사랑해야 한다. 자신의 야성을 사랑할 의지가 없는 배우자를 택하는 여성은 반드시 상처를 입을 것이다. 또 여성뿐 아니라 남성도 자신의 양면성을 이해해야 한다. 노력하는 이만이 가장 사랑받는 남편이자 부모가 될 것이고, 상대방의 야성에 매혹되는 것이 가장 심오한 사랑의 행위이다. 무엇인가를 잃거나 빼앗기는 것을 극도로 무서워하는 사회는 타인의 야성에 자신을 내맡기는 행위를 막는 보호벽이 너무도 많다.

야성적인 여성에게 어울리는 짝은 끈기와 인내심을 소유한 자로서 자신의 본능적 자아를 보내 그녀의 영적 본질과 모습을 파악하려 할 것이다. 몇 번을 실패한다 해도 포기하지 않을 것이다.

남성에게도 야성적 과업이 있다. 우선, 배우자의 진짜 이름을 알아내는 것이다. 그리고 그 이름을 그녀를 억압하는 데 이용하지 말고 그녀의 영적 본성이 자신을 압도하게 해야 한다. 더불어 알아둘 사실이 있다. 여성의 양면성이 지닌 삶과 죽음의 의미를 이해해야 한다. 양면성의 한쪽이 '삶'이라면 쌍둥이 자매는 '죽음'을 의미한다. 죽음은 야성이라는 자석의 한쪽 끝이다. 용감한 자만이 죽음을 견딜 수 있다. 야성적인 남녀라면 이를 거뜬히 극복할 것이고, 죽음을 통해 완전히 달라질 것이다.

◆ *Chapter 5* ◆

죽음 아가씨의 살생부?
– 사랑이 두렵다

강인한 사랑을 이루기 위해 죽음을 받아들이다

늑대들은 관계를 맺고 유지하는 데 매우 능숙하고, 서로를 굉장히 아끼는 종족으로 알려져 있다. 늑대 부부는 대개 평생을 함께 산다. 가끔 싸우기도 하지만 혹독한 겨울의 추위를 함께 넘기며 함께 새끼를 키우고 부족의 춤과 노래 등에도 다 함께 참여한다. 어쩌면 인간들이 원하는 관계도 이와 크게 다르지 않을 것이다.

늑대들은 본능적으로 서로에게 충실하며 평생 믿음과 헌신 속에 살아간다. 원형학적으로 표현하자면 삶/죽음/삶의 현실을 있는 그대로 받아들였기에 가능한 일이다. 삶/죽음/삶의 주기는 앞서도 말했지만 태어나 자라고 늙고 죽었다 다시 살아나는 순환적 현상을 가리키며, 모든 삶

라만상의 육체적·심리적 현상이 이에 해당된다. 인간은 물론 세포나 원자처럼 매우 미세한 존재로부터, 태양과 달 등 은하계에 이르기까지 모두 같은 주기로 운행한다.

늑대들은 사는 것을 그리 힘들다고 생각하지 않는다. 최악의 상황들을 만나도 효과적이고 유연하게 대처한다. 어떤 재난이 닥쳐와도 당황하지 않는 놀라운 능력이 있고, 무슨 일이 있어도 자신이나 동료와의 관계를 잃지 않는다. 늑대는 또한 삶/죽음/삶이라는 운명의 주기를 품위 있게, 유연하게 살아낸다. 가능한 한 배우자의 곁에 머물며 오래오래 보람 있게 살고자 한다. 우리도 늑대처럼 강인하게 살기 위해서는 살면서 가장 두려운 존재인 '죽음'을 받아들이지 않으면 안 된다.

우리가 사는 세상은 각박한 싸움터이자 전쟁터이다. 그러나 사랑은 단순한 희롱이나 이기적인 향락의 추구가 아니라, 인내라는 심리적 힘줄로 이루어진 확실한 연대임을 기억하라. 사랑은 또한 행과 불행으로 이어진 결합이며 남녀 모두에게 신의 존재를 깨닫게 하는 신비한 힘이다. 그러나 이런 관계에는 조건이 따른다. 강인한 사랑을 이루기 위해서는 두 사람 사이에 제3의 요소가 있어야 한다. 그것은 바로 삶/죽음/삶의 여신으로 '해골여인' 또는 '죽음 아가씨'라고도 불리는 존재다. 이는 병마이기는커녕 거의 신에 가깝다.

인간관계에서 해골여인은 일의 시작과 끝을 알리는 신탁의 역할을 한다. 해골여인은 인간관계의 야성적 측면으로 그녀를 무서워하는 것은 남성들만이 아니다. 여성들 가운데도 이를 두려워하는 사람들이 있다. 변화의 힘을 믿지 않고, 증가와 감소라는 자연의 섭리를 두려워하기에 그렇다. 강인한 사랑을 원한다면 남녀 모두 해골여인을 받아들여야 한다. 다음의 이누이트 족 이야기는 이에 필요한 심리적 과정을 다루고 있다.

억울하게 죽은 해골여인 이야기

아버지의 뜻을 거역한 죄로 절벽에서 바다에 던져진 여인이 있었다. 여인의 살은 물고기들이 모조리 파먹었고, 남은 뼈들만 물살에 휩쓸려 이리저리 나뒹굴었다. 어느 날 한 어부가 고기를 잡으러 바다를 가로지르고 있었다. 귀신이 붙었다는 소문이 돌던 그 바닷가에는 사람들의 발길이 끊긴 지 오래였다.

내내 고기를 잡지 못해 갈팡질팡하던 어부의 그물이 하필 해골여인의 갈비뼈에 걸렸다. 어부는, "아, 이제야 큼지막한 놈이 걸렸나 보네. 야, 정말 큰놈을 낚았나 보군."이라고 좋아하면서 온갖 즐거운 생각에 빠져 있었다. 그가 그물을 걷어 올리려고 끙끙대는 동안, 해골여인 역시 그물에서 풀려나려고 몸부림을 쳤다. 때마침 풍랑이 일어 배가 흔들거렸다. 해골여인이 그물을 벗어나려고 버둥거릴수록 그녀의 온몸이 그물에 더욱 엉켜 들었다. 그녀는 결국 그물에 걸린 채 통째로 끌려 나왔다.

처음 어부는 그물을 끌어올리느라 파도 위로 솟구친 해골여인의 두개골과 산호 빛 고기들을 보지 못했다. 그러다 문득 고개를 돌린 순간, 긴 앞니로 자신의 배에 매달려 있는 해골을 보았고, 자지러지게 비명을 질렀다. 가슴이 철렁 내려앉고 눈이 뒤집힐 지경이었다. 그는 노로 해골을 밀어내고 재빨리 해변으로 배를 몰았다. 그러나 그물에 칭칭 감겨 있던 해골여인은 도저히 빠져나갈 수가 없었다. 한편 그물에 매달린 채 자기를 쫓아오는 듯한 형상의 해골을 본 어부는 더욱더 겁에 질렸다. 아무리 배를 흔들어도 그녀는 바로 뒤에 서서, 물 위로 구름같은 숨결을 내뿜었고, 마치 그를 잡아먹을 듯 두 팔을 흔들었다.

비명을 지르며 배 안에서 이리저리 뛰던 어부는 결국 그물을 쥐고 배에서 뛰어내렸다. 그물에 엉켜 있던 해골여인도 어쩔 수 없이 그의 뒤를 쫓아갔다. 그가 가는 곳이 바위든, 벌판이든 그녀는 그 뒤를 바짝 따라왔다. 해골여인은 오랫동안 굶주렸던 배를 채우려고 꽁꽁 언 물고기를 먹기 시작했다. 어부는 마침내 집에 도착했고 가까스로 자리에 누웠으나 그의 가슴은 두려움으로 쿵쿵 뛰었다. 그리고 이렇게 안도의 기도를 드렸다.

"아, 이제 살았다. 까마귀여, 풍요로운 세드나 여신이여, 모든 신이시여, 감사합니다."

잠시 후 불을 켠 어부는 기겁할 만한 장면을 목격하는데, 자기 옆에 해골여인이 누워 있는 것이 아닌가! 발 한쪽은 어깨 위에, 한쪽 무릎은 갈비뼈 위에, 다른 쪽 발은 팔꿈치 위에 겹쳐진 자세로 말이다. 어부는 왠지 모르게 그녀가 불쌍해 보였다. 그래서 천천히 때 묻은 손을 내밀어 아이를 달래는 엄마처럼 그녀를 어르며 그녀의 뼈를 엉킨 그물에서 풀어 본래 모양대로 만들어주었다. 밤늦게야 이 일을 마친 다음 그녀를 모피로 감싸주었다.

어부는 부싯돌을 꺼낸 뒤 자기 머리카락을 이용해 불을 피웠다. 그러고는 그물을 손질하며 이따금 그녀 쪽을 바라보았다. 모피 속에 누운 해골여인은 그가 자기를 산산이 부숴 버릴까 봐 감히 한마디도 하지 못했다. 그러다가 어부는 노곤해져서 깜빡 잠이 들었는데, 알 수 없는 꿈을 꾸면서 자기도 모르게 눈물을 흘렸다. 이때 어부의 눈물을 보고 해골여인은 갑자기 참을 수 없는 갈증을 느꼈다. 그래서 덜그럭덜그럭 소리를 내며 어부에게 다가가 그의 눈물을 받아 마셨다. 신기하게도 그 눈물 한 방울이 오랫동안 쌓여온 그녀의 갈증을 깨끗이 풀어주었다.

어부 옆에 누운 그녀는 그의 심장을 꺼내 큰 북처럼 쿵쿵 치기 시작했다. 그리고 "살, 살, 살, 살!"이라고 외쳤다. 그러자 그녀의 뼈에 살이 붙기 시작했다. 그녀가 심장을 치면 칠수록 더 많은 살이 붙었다. 머리카락도 자랐고, 눈, 코, 입을 포함해 여자에게 필요한 신체부위가 모두 생겨났다. 본래의 모습을 되찾은 그녀는 노래를 부르며 어부의 옷을 벗겼다. 그리고 그의 심장을 도로 집어넣었다. 두 사람은 같이 밤을 지냈고 깨어날 때는 서로 껴안은 모습이었다.

해골여인이 아버지에게 살해된 이유를 모른다고 하던 사람들은, 훗날 그녀가 물속에서 사귄 고기들의 도움으로 배불리 먹고 잘 살았다는 소식만을 전하고 있다.

해골여인을 직시하고 그 엉킨 뼈를 풀어주라

수많은 연인들이 결실을 맺지 못하고 헤어지는 이유는 무엇일까? 여러 가지 이유가 있겠지만 가장 근본적인 것은, 해골여인을 직면하지 못할 뿐더러 그녀의 엉킨 뼈들을 풀어줄 능력이 없기 때문이다. 사랑을 위해서는 힘뿐 아니라 지혜도 필요하다. 힘은 영혼에서 나오고 지혜는 해골여인에게서 나온다.

평생 풍요롭게 살기 위해서는 삶/죽음/삶의 관계를 잘 정립하고 유지해야 한다. 그래야만 환상을 쫓아다니지 않을 뿐더러 죽음과 탄생에 대해 제대로 이해할 수 있다. 해골여인을 보면 정열은 밖에서 구하는 것이 아니라, 삶의 주기로부터 저절로 생기는 것임을 알 수 있다. 또한 두 남녀가 온갖 험한 일을 함께 겪고 극복해야만 사랑과 헌신이 생긴다는 사실도 깨닫게 된다.

이 이야기는 현대인의 사랑이 지닌 문제점을 잘 보여주고 있으며 삶/죽음/삶 주기 가운데 죽음에 대한 두려움을 잘 나타내기도 하다. 현대사회에서 죽음이라는 개념은 잡다한 허구로 뒤덮여 삶과 전혀 동떨어진 차원으로 인식되고 있다. 야성의 가장 근본적인 측면을 왜곡된 형태로 파악하게 된 것 또한 그 때문이다. 죽음은 더 많은 죽음을 낳는다고 생각하는 사람이 많은데, 사실은 그렇지 않다. 뼛속까지 죽었던 것도 반드시 되살아난다.

원형적인 면에서 볼 때 죽음과 삶은 서로 대립되는 개념이 아니라, 하나의 개념이 지닌 양면이다. 하나의 관계에도 여러 종말이 있을 수 있는 것처럼 말이다. 두 사람이 서로 사랑할 때 생기는 섬세한 존재의 층에는 심장과 숨결이 들어 있어서, 심장의 한쪽이 비면 다른 쪽이 차고, 하나의 숨이 꺼지면 다른 숨이 시작된다.

삶이 죽음으로 끝난다고 생각하는 이들은 남을 선뜻 사랑하지 못한다. 단 하나의 종말조차 헤쳐 나갈 자신이 없고, 심지어 거실에서 안방으로 들어가는 것마저 두렵기 때문이다. 그들은 사랑의 집에는 죽음이라는 아가씨가 부엌에 앉아 발을 흔들고 있다고 믿는다. 그녀 앞에는 살생부가 놓여 있고, 그녀는 이를 곧 실행에 옮길 것이다.

삶/죽음/삶의 힘의 원형은 현대사회에서 대단히 왜곡되어 있다. 그러나 죽음이라는 아가씨는 우리를 사랑하며 그녀의 도움으로 새로운 생명이 탄생할 것이다. 인도 등의 민담을 보면 죽음의 아가씨는 운명의 바퀴에서 삶뿐 아니라 죽음도 가르쳐주며 죽어가는 이들을 껴안고 그들의 고통을 덜어주며 위로하는 존재로 묘사된다. 뱃속의 아기가 건강하게 태어날 수 있도록 자세를 바로잡아주고, 산파의 손을 이끌어주며, 엄마의 젖줄을 터주는 이도 바로 그 죽음 아가씨다.

죽음 아가씨에 대한 개념은 우리에게 공포로 얼룩져 있다. 따라서 우리에겐 그 주기대로 살아갈 힘이 매우 약하다. 그러나 그 힘은 우리를 망치지 않을 뿐더러, 우리가 아끼는 것을 앗아가거나 소중한 것을 죽이지 않는다. 삶/죽음/삶 주기는 그 리듬을 아는 내적 권위로 우리 천성의 일부이다. 무엇이 살고 무엇이 죽어야 하는지 알고 있다. 멕시코의 신비주의자이자 시인인 로사리오 카스텔라노스(Rosario Castellanos)는 삶과 죽음을 다스리는 힘에게 이렇게 호소한다. "……내게 필요한 죽음을 주오……"라고.

시인들은 죽음이 없으면 모든 것이 그 가치를 잃는다는 사실을 잘 안다. 죽음이 없으면 배울 것이 없고, 금강석을 빛내줄 어둠 또한 존재할 수 없다. 깨달음에 이른 이들이 죽음을 두려워하지 않는 반면, 우리 문화는 죽음을 너무나 두려워한다. 또 죽음의 비밀을 캐내는 것이 매우 힘들다는 이유로 죽음을 절벽 너머로 밀치라고 가르친다. 영혼 없는 사회에서는 지금은 물론 앞으로도 영원히 타오를 귀한 불꽃을 어서 빨리 버리라고 재촉한다. 그러나 우리가 바라는 기적을 이루기 위해서는 시간이 필요하다.

현대인들은 영구적인 기계를 찾듯 영원한 사랑의 기계를 찾는다. 안데르센의 《빨간 신》처럼 사랑을 찾으면서 미친 듯이 춤을 추는 동안 자기가 가장 원하고 소중히 여기는 것을 지나쳐 버리고 엄청난 괴로움에 빠진다. 인간의 결점을 포용하는 것만이 더 나은 길이다. 성숙의 과정에서 누구나 실수를 범할 수 있음을 인정하자.

순진한 이에게 낚인 우연한 보물

《해골여인》이야기는 마음의 안녕과 질병을 모두 비추는 거울이라고 볼 수 있다. 이 이야기에는 내면과 외부 세계에 대한 교훈이 있으며, 이 둘 사이에 균형을 유지하는 과정들이 묘사되어 있다. 이는 한 사람의 내면에서 일어나는 일이기도 하지만, 나는 여기서 누군가를 사랑하는 데 필요한 일곱 단계를 볼 것이다. 그 하나는, 아직 진가를 모르지만 영적인 보물을 발견하기. 둘, 연애 관계에서 흔히 나타나는 희망과 두려움의 숨바꼭질. 셋, 관계에서 삶/죽음/삶 측면을 이해하고, 이를 위해 필요한 자비를 느끼기. 넷, 상대의 존재 가운데 편히 쉴 수 있는 믿음 얻기. 다섯, 사랑의 상처를 씻어주는 과정의 첫 단계로, 과거의 아픔과 미래의 희망을 나누기. 여섯, 사랑의 노래로 새 삶을 찾기. 일곱, 영혼과 육체를 함께 나누기이다.

첫 번째 단계인 보물찾기는 세계 여러 나라의 동화에서 고기잡이라는 테마로 등장한다. 이 이야기에 나오는 어부는 기대하지도 않은 엄청난 고기를 낚은 줄 알고 감탄하며 그물을 당긴다. 그는 지금까지 이토록 무섭고 다루기 힘든 보물을 잡았다는 사실도 몰랐을 뿐더러, 앞으로 온 힘을 다해 그것을 처리해야 한다는 사실 또한 알지 못했다. 최악의 사실은 자신이 아무것도 모른다는 사실조차 알지 못했다는 것이다. 사랑에 대해 많은 사람이 이런 태도를 취한다.

"아, 큰놈인가 보다. 앞으로 오랫동안 먹을 수 있고, 나를 즐겁고 편안하게 해줄 것이다. 동네 사람들에게 자랑할 수 있는 대어가 걸린 것 같다."라는 착각은 순진하거나 아니면 너무나 굶주린 사냥꾼이라면 그리 할만하다. 그들은 좋은 사냥감을 잡는 데만 열중한다. 어린 사냥꾼은 자기가 무엇을 찾는지도 모를 때가 있다. 굶주린 이는 먹을 것만 찾고, 다친 이는 치료만을 원한다. 그러나 보물은 우연히 발견된다.

생각했던 것보다 큰 것을 잡았다고 확신하면 돈이나 연애 등을 통해 야성의 힘을 얻을 수 있다고 생각하기 쉽다. 그리고 별다른 노력을 하지 않는다. 그러나 가만히 앉아 완벽한 사랑을 꿈꾸기란 쉽고, 거기에 도취되면 벗어나기도 어렵다. 그렇게 되면 주변의 소중한 존재들을 자꾸만 걸고넘어지게 된다. 그러나 순진하고 상처받은 이들에게도 심리적인 기적이 일어난다. 별로 바라지도 않고, 그럴 자격이 없다고 느껴 준비조차 하지 않았어도 우연히 보물을 발견할 수 있다. 이때 중요한 것은 그 보물을 간과하지 말고, 보물을 보물로서 받아들이는 것이다.

원형적으로 어부는 사냥꾼과 비슷한 것을 상징하는데 뭔가를 알아내려 하고 본능에 좀 더 충실하고자 하는 심리적 경향을 나타낸다. 어부나 사냥꾼은 신성하거나 비열하거나 무능하거나 셋 중 하나다. 《해골여인》에 나오는 어부는 무능한 편에 가깝다. 비열하진 않지만 그렇다고 신성하지도 않다.

많은 사람들이 이런 식으로 사랑을 시작한다. "외로운 밤을 보낼 수 있게 도와 달라."는 식의 우울증 치료제로 연애를 시작하는 것이다. 하지만 그들은 본의 아니게 누군가의 심리에 있는 해골여인의 영역에 발을 들여놓은 것이다. 그들의 자아가 쾌락만을 노리고 있다 해도 그들이 서 있는 땅은 해골여인의 성스러운 영역일 것이다. 그런 물가에서 낚시질을 하면 틀림없이 해골여인을 낚을 것이다.

해골여인은 이누이트 신화에 나오는 세드나와 비슷하다. 세드나는 이누이트의 지하 세계에 사는 흉측하지만 위대한 창조의 여신으로, 남자(개)와 달아났다는 이유로 아버지에 의해 물에 던져졌다.《손 없는 아가씨》라는 동화에 나오는 아버지처럼 세드나의 아버지도 그녀의 양손을 잘라버렸다. 그녀의 손가락과 팔은 바다 밑으로 가라앉은 뒤 물개나 기타 동물이 되어 지금까지 이누이트 족을 풍족하게 먹여 살린다고 전해진다. 그 밖의 잔해들도 바다 밑에 가라앉아 뼈와 긴 머리칼로 남아 있다고 한다.

이누이트 족에는 독특한 의식이 있는데 땅에 사는 무당들이 바다에 사는 세드나에게 헤엄쳐 가는 것이 그것이다. 그리고 그녀를 지키고 있는 무서운 남편(개)에게 화해의 뜻으로 음식을 바친다. 무당들은 세드나의 긴 머리를 빗기며 노래를 부르는데, 이는 아픈 사람의 몸과 마음을 치유해 달라는 간청에 해당한다. 세드나는 위대한 마법사이자 생과 사를 여는 문인 것이다.

바다 밑에서 긴긴 세월을 보낸 해골여인은 그동안 묻혀 있던 여성의 삶/죽음/삶의 힘을 나타낸다. 다시 살아난 그녀는 탄생과 종말의 주기를 완성할 수 있는 직관적·정서적 능력을 지녔다. 이런 재능은 사랑을 통해 의식이 고양된 이들에게 주어진다.

사랑은 항상 죽음으로의 하강이다

우리는 모든 연애 관계에 죽음이 끼어 있음을 좀처럼 인정하지 않는다. 사랑에 대한 피상적인 기대가 영원히 지속되리라고 생각하는 경향도 있다. 그리고 누군가를 좋아하면 흥분 상태가 영원히 계속될 거라고 생각하기도 한다. 심리적으로 볼 때 사랑을 하면 모든 것이 용해되어 사라진다. 우리의 자아는 그것을 원치 않지만 이는 분명한 섭리이다.

그렇다면 무엇이 죽는가? 갖가지 망상과 기대와 탐욕이 죽는다. 모든 것이 아름답기를 바라는 욕심도 함께 죽는다. 사랑은 항상 죽음으로의 하강이기 때문에 사랑하는 데 크나큰 의지력과 진솔함이 필요한 것이다. 사랑에 빠졌다면《해골여인》의 교훈을 되살리라.

어부는 한참이 지나서야 자기가 무엇을 건졌는지 깨닫는다. 누구나 마찬가지다. 무의식적으로 그물을 던진 경우 무엇을 잡았는지 단번에 알기 어렵고, 그 아래 죽음이 산다는 사실은 더더욱 의식하지 못할 것이다. 무엇을 잡았는지 알아챈 순간 얼른 집어던지고 싶은 충동도 느낄 것이다. 야성적인 딸을 절벽에서 밀어뜨린 아버지도 비슷한 경우다.

이런 관계가 도입부를 거쳐 본 궤도에 오르면 한동안 어려움을 겪는다. 어머니와 18개월 된 아이, 부모와 사춘기 자녀, 친구 사이, 평생을 사귄 연인들, 이제 막 알게 된 남녀 등 모든 관계가 마찬가지다. 달콤한 단계가 지나면 어느 관계든지 비틀거리고 불안정한 단계가 찾아온다. 환상을 넘어 우리의 모든 지혜가 필요하게 되는 진정한 관계가 시작된 것이다.

바다 밑에 누워 있는 해골여인은 잠재한 본능적 삶이고, 생사에 대해 모든 것을 아는 존재다. 연인들이 부자연스러운 명랑함과 끊임없는 쾌락만을 추구한다면 삶/죽음/삶은 다시 바다에 잠기고 말 것이다. 그럼 둘의 관계는 "항상 즐기자"는 식이 되어 늘 긴장감이 감돌게 된다. 본질 또한 무용지물이 된 채 바다 깊이 가라앉을 것이다.

연인 중 어느 누구라도 해골여인을 이해하지 못하면 그녀는 절벽 너머로 던져지게 된다. 우리가 생사의 주기를 제대로 이해하지 못하는 경우에도 같은 결과가 나타난다. 생사의 주기를 거부하는 연애는 육체관계 이상으로 발전하지 못한다. 해골여인이 절벽 너머로 사라지면 우리 내면에 존재하는 진솔한 측면은 사랑이나 영혼의 양식을 잃고 해골이 된다. 여성은 생사의 주기의 보전자로서 여성의 주된 관심사 역시 생사의 주기이다. 이전에 존재했던 것이 없어지지 않고는 새 생명이 탄생할 수 없다. 자신들의 사랑을 항상 최고의 상태로 유지하려는 욕망은 결국 그 사랑을 죽이는 결과를 가져올 것이다.

어부가 해야 할 일은 해골여인을 만나는 것이고, 그녀의 포옹과 생사의 주기를 대면하는 것이다. 잡혔다가 풀려난 물고기가 은혜를 베푼 어부의 소원을 들어주는 이야기와 달리, 죽음 아가씨는 소원을 들어주거나 그냥 놓아주지 않는다. 그녀는 어부의 의사와 상관없이 물 위로 올라온다. 그녀가 없이는 진정한 사랑도, 그 바탕이 되는 삶에 대한 깨달음도 있을 수 없기 때문이다.

남녀를 막론하고 다음과 같은 과정을 거치는 사람들을 많이 본다. 두 사람이 만나면 일단 서로가 맘에 드는지 시험해본다. 그러다 갑자기 해골여인이 나타난다. 두 사람의 관계를 이루는 요소가 일부 퇴락하기 시작하는 것이다. 때로는 성적인 즐거움이 감소하기도 하고, 아픈 상처가 보이기도 하며, 애인에 대해 실망하기도 한다. 이런 일들이 벌어지고 있다면 해골여인이 나타나고 있다는 증거다. 얼핏 생각하면 끔찍한 일이지만, 이때야말로 용기를 갖고 진정한 사랑을 배울 단계다. 사랑은 자기 안의 모든 세포가, "도망쳐!"라고 소리칠 때조차 그 사람 옆에 머무는 것을 의미한다. 사랑은 또한 환상의 세계에서 벗어나 진실의 세계로 나아감을 뜻한다.

삶/죽음/삶의 관계는 밤이 낮과 낮을 이어주는 연속체인 것과 같다. 연인들이 이를 이해하면 사랑에서의 해골여인과 같은 측면을 받아들이게 될 것이다. 그런 경험을 통해 두 사람이 모두 강해지면 실제 세계나 영적 세계에 대해 좀 더 깊이 이해하게 될 것이다. 나는 수십 년 동안 심리 상담을 하면서 이런 사람들을 수도 없이 보았다. "글쎄, 뜻하지도 않게 멋있는 사람을 만났어요. 어느 날 갑자기 그 사람이 나타난 거예요. 이제 어떡하면 좋죠?"라고 말한다. 그리고 관계가 진전되기 시작하면 갑자기 겁을 내고 움츠러들며 근심에 빠진다. 상대에 대한 걱정 때문이 아니다. 그들이 두려워하는 것은 열정의 파도 위로 해골여인의 벗겨진 머리가 솟아오르는 것을 보았기 때문이다. 이럴 땐 어떻게 해야 할까?

이때야말로 멋진 기회라고 얘기해도 그들은 좀처럼 귀를 기울이지 않는다. 이제 좋은 일이 일어날 거라고 말해도 전혀 믿지 않는다. 전문가인 내가 보기에 그들은 지나칠 정도로 급히 사랑의 배를 몰다가 일찍 해안에 닿았고, 그래서 필사적으로 달아나고 있는 형상을 하고 있다. 그들은 덜거덕거리며 그들 뒤를 따라가는 해골여인과 함께 마구 달아나고 있고, 나는 그들 뒤를 바삐 쫓아간다.

많은 사람이 해골여인이 나타나면 가능한 한 빨리, 그리고 되도록 멀리 달아나려고 한다. 이 역시 매우 인간적인 사랑의 한 단계이다. 다만 너무 멀리, 또는 영원히 달아나 버리면 안 될 것이다.

쫓고 쫓기는 사랑의 숨바꼭질

죽음은 우리가 연애를 하는 과정에서 상대방의 마음을 사로잡았다거나 대어를 낚았다고 확신하는 순간 불쑥 나타나는 이상한 습관을 갖고 있다. 두 사람 모두 이 사랑은 계속될 수 없고 계속되어서도 안 된다고 확신하며 동굴 속으로 뛰어드는 바로 그런 순간이다. 그러나 이런 도피는 연인의 눈에 띄지 않으려는 것이 아니라 해골여인의 눈을 피하려는 것이다. 그러나 어떻게 해도 그녀를 피할 수는 없다.

심리의 이지적인 측면은 뭔가 심오한 것을 찾아 나섰다가 그것을 막상 마주치면 너무 놀라서 견디기 힘들어한다. 연인들은 상대방이 자기를 쫓아오고 있지 않은지 의심하지만, 그들을 쫓아오는 것은 연인이 아닌 해골여인이다. 연인과 좀 더 가까워지고 싶은 우리의 욕구가 해골여인을 낚아 올린 것뿐이다. 사랑이 싹틀 때는 반드시 삶/죽음/삶의 주기가 나타난다.

어부는 해골여인과 칭칭 엉킨 채 도망친다. 생명을 되찾기 시작한 해골여인은 심한 허기를 느끼고 생선을 먹은 뒤 생명력을 회복한다. 또 어부의 눈물을 마심으로써 갈증을 해소한다. 한쪽이 도망치면 다른 쪽이 쫓아가는 이 기이한 현상은 모든 연애 관계에서 동일하게 나타난다. 한쪽이 관계를 포기하려 하면 다른 쪽에서는 더 열렬히 매달리고, 달아나려던 쪽은 더욱 더 겁에 질린다. 더 빨리 도망칠수록 그만큼 많은 열기가 생길 것이다. 이것이 바로 인생의 가장 큰 희비극 중 하나이다.

해골여인을 보게 된 예비 연인들은 그녀에게서 벗어나기 위해 낚싯대를 쥐고 "걸음아 나 살려라"고 도망친다. 신비롭고 위대한 해골여인은 이 끝에서 저 끝까지, 천국에서 지옥까지 펼쳐져 있기 때문에 우리

팔로 안기에는 벅찬 존재다. 그러나 어떤 이들은 뛰어가서 그녀를 껴안는다. 두려움의 대상인 그녀는 실은 우리를 강하고 건강하게 만들어주는 존재다.

숨바꼭질은 연인들이 사랑의 삶/죽음/삶 특성에 대한 자신들의 두려움을 합리화하려 할 때 일어난다. "다른 사람을 만나는 게 더 나을 거야.", "나의 기득권을 포기하기 싫어", "내 생활이 달라지는 것을 원치 않아", "나의 상처는 물론이고 남의 상처도 대면하고 싶지 않아", "난 아직 그럴 준비가 안 돼 있어", "그 다음에 어떻게 될지 잘 모르는 상태에서는 아무것도 달라질 수 없어" 등 온갖 핑계를 내세운다. 죽음 아가씨에게 잡히기가 정말 두려운 것이다.

이때 사람들은 자기가 사랑의 압력을 피해 도망치고 있다고 생각하지만 사실은 그렇지 않다. 그들은 삶/죽음/삶으로부터 도망치고 있는 것이다. 심리학자들은 이를 '친밀함이나 언약에 대한 두려움'이라고 지칭한다. 그러나 그것은 겉으로 드러난 증상에 불과하다. 정말 문제가 되는 것은 불신과 의심이다. 야성의 주기에 따라 진실하게 살기가 두려워 영원히 도망치는 것이 문제다. 여기서 해골여인은 물을 건너고 무의식과 의식 사이의 경계를 넘어 어부를 따라온다. 이때 뭔가 걸렸음을 알아챈 의식은 필사적으로 도망친다. 그것은 물론 보물이지만 자신이 원하던 형태의 보물은 아니다. 그래서 도망치려 하고, 때로는 그 본질마저 바꿔 놓으려 한다.

사랑의 경우도 마찬가지다. 누구나 상대방의 아름다운 면만 보고 싶지만 추한 것까지 대면하게 된다. 그러나 해골여인을 밀어내고 마구 달아나도 그녀는 계속 따라온다. 우리가 원하던 바로 그 스승을 만났는데도 무서워서 도망치려 한다. 그래 봐야 소용없다. 누구나 결국은 그녀의 가르침을 받게 되기 때문이다. 고독이나 재충전이 필요한 경우와 해골여인과의 대면을 피하기 위해 달아나는 것은 전혀 다른 경우다. 누군가를 사랑할 능력을 기르려면 반드시 해골여인을 만나야 한다. 삶/죽음/삶과 함께 연애를 시작해야만 진정으로 사랑할 능력이 생긴다.

우리는 반드시 삶/죽음/삶의 본질을 이해해야 한다. 이를 소홀히 하면 물에 빠졌던 해골여인이 몇 번이고 다시 떠올라 우리를 쫓아올 것이다. 그녀를 껴안는 일은 하나의 숙제다. 그처럼 힘든 시련이 없이는 진정한 만족을 얻을 수 없다. 쾌락을 즐기기는 쉽지만, 진정한 사랑을 하기 위해서는 자신의 두려움을 극복할 수 있는 영웅적인 용기가 필요하다.

아주 많은 사람이 이 숨바꼭질 단계를 거친다. 불행히도 어떤 이들은 이 단계를 벗어나지 못하고 자꾸만 그리로 되돌아간다. 그러나 진정한 사랑을 원하는 이들은 어부처럼 불을 밝히고 삶/죽음/삶의 여신과 대면한다. 자신이 두려워하는 것을 마주하고 도전에 응해야 한다.

죽음의 뼈를 풀어야 사랑이 온다

《해골여인》은 구혼자 테스트를 테마로 한 이야기이다. 구혼자 시험에 응시하는 남성들은 자신의 진솔함과, 뭔가 강력한 초자연적인 힘을 이겨낼 강단이 있음을 증명해야 한다. 어부는 해골여인을 풀어줌으로써 진솔함을 드러냈고 그녀에 대한 관심을 표현했다. 그녀가 낚싯줄에 칭칭 감겨 있지만, 그 안에는 알 수 없는 뭔가가 빛나고 있음을 발견한다. 방금 전까지 심장이 떨릴 만큼 두려웠지만 어느덧 손을 내밀어 그녀를 만진다. 아무 이유도 없이 자꾸만 버림받는 삶/죽음/삶 여신의 외로운 모습을 보면 누구나 연민을 느낄 수 있다.

우리가 누군가를 사랑하고 있다면 해골여인이 무섭고 두려워도 죽음의 뼈를 풀어주려 할 것이다. 그녀의 참모습을 알고 싶어 하고, 나 자신이나 상대방의 내면에 있는 그다지 아름답지 않은 부분까지도 대면하고 싶어 할 것이다.

《보석 아가씨》는 예쁘지만 항상 구박받는 의붓딸 이야기를 담고 있는 동화다. 그녀는 지나가는 나그네에게 물을 떠준 대가로 말할 때마다 입에서 보석들이 나오는 선물을 받게 된다. 계모는 자신의 게으른 딸들을 우물가에 세우고 나그네에게 물을 떠주게 한다. 그런데 누더기를 입은 나그네가 나타나 물을 달라고 하자 딸들은 그 부탁을 거절했고, 그 결과 못된 딸들이 입을 열 때마다 뱀이나 두꺼비가 나오게 된다.

심리도 동화처럼 초라해 보이는 이에게 친절을 베풀면 상을 받고, 추한 이를 박대하면 벌을 받는다. 사랑에 있어서도 마찬가지다. 그다지 아름답지 않은 것에 관심을 가지면 보상이 있고, 반대로 박대하면 삶으로부터 격리되어 쓸쓸한 생활을 하게 된다. 이때 그다지 아름답지 않은 삶의 요소란 무엇일까? 사랑받고 싶은 욕망, 사랑을 오용하거나 방치하는 행위, 남의 사랑과 신의를 배반하는 일, 유아독존의 심리, 오해, 쓸데없는 망상들이 모두 다 해당한다.

해골여인을 풀어주는 것은 잘못된 개념을 바로잡는 것과 같다. 사랑이 반드시 화려한 조명인 것은 아니다. 재생의 어둠에 휩싸였을 때 두려워하지 않고 오히려 거기서 용기를 얻는 것이 사랑이다. 또한 묵은 상처를 치유하고 우리의 생각과 행동을 건강하게 바꾸는 것이기도 하다. 사랑을 하면 그다지 아름답지 않은 해골여인에게도 연민을 느낀다. 삶/죽음/삶의 여신을 풀어주고, 뼈를 가지런히 정리해줌으로써 그녀를 되살려내는 것은 나 자신을 위한 일이기도 하다. 무의식을 의식의 표면으로 끌어 올리거나 집으로 들고 오는 것만으로는 충분치 않다. 너무 오래도록 해골여인을 무서워하거나 방치하면 좋지 않다.

해골여인을 풀어주면 마술은 서서히 풀린다. 그녀에게 잡아먹혀 영영 살아나지 못하리라는 두려움도 사라진다. 원형적으로 볼 때 무엇을 푼다는 것은 지하의 미로를 통해 전혀 새로운 세계를 찾아가는 것을 의미한다. 어부는 얽혀 있는 해골여인을 풀어주면서 생사에 대해 구체적으로 이해하게 된다. 심리적 표상으로서의 해골은 크고 작은 뼈마디가 서로 조화롭게 이어진 하나의 전체다. 그중 하나가 틀어지면 전체가 흔들릴 위험에 처한다. 삶/죽음/삶의 여신도 바로 그와 같다. 삶이 움직이면 죽음도 그에 따라 움직이고, 죽음이 움직이면 삶의 뼈들도 역시 흔들리기 시작한다.

까마귀 - 자아인가, 야성의 영혼인가?

이누이트 족 신화에서 까마귀는 사기꾼으로 나오는데 깨달음에 이르지 못한 까마귀는 욕망의 동물로 쾌락만을 탐하고, 불확실한 것에서 오는 위험을 피하려 한다. 그는 매우 신중하지만 탐욕스럽다. 달면 삼키고 쓰면 뱉는 형국이다. 반짝이는 전복 껍질과 은구슬을 좋아하며 따뜻한 굴뚝 위에서 잠을 자는 까마귀-자아는 확실한 것을 좋아한다. 그는 열정이 식을까 봐 걱정하고 쾌락의 종말이 오지 않도록 애써 피한다. 그러나 아무리 재간을 부려도 결과는 항상 좋지 않다. 자신의 영혼을 잃는 순간 힘도 상실하기 때문이다.

까마귀-자아는 자신이 삶/죽음/삶을 받아들이면 불행해질까 봐 걱정한다. 그렇다고 해서 지금까지 특별히 행복했던 것도 아니다. 까마귀-자아는 별로 순진하지도, 그다지 사교적이지도 않은 아이처럼 단순하다. 이를테면 가장 맛있는 빵과 가장 푹신한 이불을 차지하고, 가장 멋진 친구를 사귀려고 신경을 곤두세우는 아이와 같다.

자아가 아닌 영혼에 근거해 사는 이들은 다음 세 가지 점에서 다르다. 첫째 그들은 새로운 것을 발견하고 배울 능력이 있고, 둘째 험한 길을 갈 끈기가 있으며, 셋째 오랜 세월을 두고 진정한 사랑을 배울 인내심을 갖고 있다. 반면 까마귀-자아는 배우기를 싫어하고, 인내심이 없으며, 충직하지도 않다. 우리가 서로를 사랑하는 것은 끊임없이 변하는 자아의 힘이 아니라, 야성적인 영혼에서 우러나온 힘 때문이다.

엉킨 뼈를 풀고, 죽음 아가씨의 의미를 알고, 그녀와 머물기 위해서는 시인 에이드리엔 리치의 말처럼 "야성적인 인내심"이 필요하다. 여기엔 근육으로 뭉친 영웅보다는 살다가 죽고 또다시 살아날 의지가 있는 뜨거운 가슴이 필요하다. 해골여인의 뼈를 풀다보면 그녀는 이루 말할 수 없이 오래전부터 존재해 왔음을 알게 될 것이다. 에너지와 거리, 시간과 열정, 영혼과 생존을 재는 이가 바로 그녀다. 그녀는 그것들을 곰곰이 연구한 뒤에 한두 개의 불꽃이나 큰 들불로 점화하거나, 조금 가라앉히거나, 아주 죽여 버린다. 거기에 무엇이 필요한지, 언제 그것을 해야 할지 그녀는 잘 알고 있다.

우리는 해골여인의 뼈를 풀어줌으로써 그 다음에 무슨 일이 일어날지 알게 된다. 만물의 심리가 서로 어떻게 얽혀 있는지 아는 것이다. 또 자신과 다른 사람에 대해 명확한 지식을 얻게 되고, 가능한 한 조용하고 우아하게 사물의 탄생과 변용의 단계를 거칠 수 있는 힘을 얻게 된다.

사랑에 미숙했던 남성은 해골여인의 뼈를 풀어주는 과정을 통해 사랑에 뛰어난 연인이 된다. 삶/죽음/삶의 생리를 배우다 보면, 인간관계에서도 풍요로움 뒤에 빈곤이 따르고 다시 좋은 날이 이어진다는 사실을 이해하게 된다. 해골여인을 풀어주는 사람은 기다릴 줄 아는 이다. 그는 지금 당장 모든 것을 소유하려 하지 않고, 자신이 가꾸는 관계의 모든 측면을 이해하려 한다. 이 모든 것을 배우고 실행하는 과정에서 야성적인 연인으로 변모한다.

그렇다면 이런 것들을 어떻게 알 수 있을까? 자아가 아닌 내면의 목소리에 귀를 기울여 삶/죽음/삶의 여신과 직접 대화를 나누어야 한다. 사랑에 대한 구체적인 질의응답을 통해 마음 한구석에서 "이건 바보 같은 짓이야, 이건 모두 나의 망상에 불과해"라고 속삭이는 소리를 무시할 수 있어야 한다.

삶/죽음/삶의 뼈를 푸는 일을 나날의 습관으로 만들라. 어부는 노래를 부르며 엉킨 뼈들을 가지런히 추린다. 진실이 느껴질 때까지 의식의 노래를 부르면, 심리의 어둠을 밝히는 불도 밝혀질 것이다. 그러면 우리가 하고 싶은 일이 아니라 지금 현재 실제로 하는 일이 무엇인지 알게 된다. 자신의 엉킨 감정을 추스르고 왜 뼈로서 사랑하고 살아가야 하는지 알게 될 것이다.

해골여인을 만나기 위해 굉장한 영웅이 될 필요는 없다. 목숨을 걸고 황무지로 나갈 필요도 없다. 그저 그녀의 엉킨 뼈를 풀어줄 의지만 있으면 된다. 사랑으로부터 도망가지 않는 연인들은 삶/죽음/삶의 진리를 아는 데서 나오는 이런 힘을 지니게 될 것이다. 해골여인을 바라보며 연민을 느낀 어부에게 주어진 보상도 바로 그것이다. 별로 아름답지 않은 그녀를 귀히 여기고, 그녀의 삶/죽음/삶의 측면을 진솔하게 받아들인 결과 야성의 힘을 얻는다.

죽음의 여신 곁에서 순진한 잠을 자다

어부는 삶/죽음/삶의 여신을 뭍으로 끌어올렸다. 처음에는 그녀에게 쫓겨 달아났지만 곧 그녀를 마주하고, 그녀의 처지에 연민을 느껴 그녀의 엉킨 뼈를 풀어주었다. 이런 모든 요소가 합해져 이제 그는 그녀와 삶을 나누고 사랑을 느끼는 변화를 겪게 되었다.

잠은 무의식을 상징하기도 하지만 이 이야기에서는 창조와 재생, 그리고 부활을 뜻한다. 창조 신화들을 보면, 변화가 일어나기에 앞서 주인공은 한동안 잠을 잔다. 잠을 통해 다시 태어나고 새로워진다.

> "잠은 노동에 지친 몸을 풀어주는 목욕과 같고, 근심의 낡은 소매를 깁는 재봉사이며, 위대한 제2의 자연의 길이고, 인생이라는 성찬의 메인 메뉴다." – 셰익스피어, 《맥베스》 2막 2장 36행

아무리 악독하고 닳아빠진 사람이라도 잠을 잘 때, 혹은 잠에서 막 깨어난 순간에는 순진무구한 어린이 같다. 잠을 자는 동안에는 깨끗한 동심의 세계로 되돌아갈 뿐 아니라 갓난아기처럼 맑고 신선해진다. 순수함을 되찾기 위해서는 회의와 노파심을 극복해야 한다. 또한 분노가 아니라 지혜와 사랑에 찬 눈으로 세상을 바라보는 연습을 해야 한다. 잠은 순수함을 되살려준다. 그러나 불행히도 대부분의 사람은 잠에서 깨어나면서 순수함까지 내던져버린다.

순수함으로 돌아가기 위해서는 수십 년 동안 쌓아온 생각의 방벽을 허무는 노력이 필요하다. 벽돌을 지고 나르듯이 힘을 쓸 필요는 없다. 그저 영혼이 우리를 찾아올 때까지 한자리에 가만히 서서 기다리면 된다. 순수함은 아주 오랫동안 우리를 기다려 왔다. 그것이 찾아오면 달아나지 말고 가만히 서서 그 동정을 살피라.

죽음 아가씨도 그렇게 대하라. 약삭빠르고 영리하게 굴지 말고 믿음을 갖고 대해야 한다. 순진하다는 말은 흔히 어리석거나 바보스러운 이들에게 적용되지만, 이 말의 어원은 상처나 해를 입지 않았다는 뜻이다. 순진한 잠이란 무엇일까? 어부는 삶/죽음/삶 여신을 앞에 두고 잠을 잘 정도로 해골여인을 신뢰했다. 그리고 더 깊은 지혜와 더 높은 성숙의 경지로 나아갔다. 이것이 순진한 잠이다. 또 모든 것이 잘될 거라고 믿는, 지혜로운 잠이자 영적인 잠이다.

나는 남성들로부터 지금 좋아하는 여자와 사랑하고 있지만 마음껏 그녀를 사랑하지 못하도록 뭔가가 항상 자신을 짓누르고 있다는 말을 자주 듣는다. 그녀에 대한 감정이 무엇인지 모르겠다는 말이다. 이런 상태를 벗어나는 전환점이 있다. 전에 상처를 입은 적이 있고 알 수 없는 두려움이 있는데도 불구하고 상대를 사랑하게 되는 순간을 찾으면 그때가 바로 전환점이 된다.

순진한 잠을 자는 동안 어부는 어렸을 때의 영혼을 되찾는다. 잠 속에서는 상처 없는 사람이 되고, 자신이 어떤 사람이었는지를 잊기 때문이다. 잠든 그는 어떤 지위나 명예를 얻으려고 애쓰지 않고 다만 새로워질 뿐이다. 남성의 심리 안에는 상처나 삶에 대한 의심이 없다. 게다가 선을 믿으며 죽음을 두려워하지 않는 측면도 있다. 이를 '전사(戰士) — 자아'라고 보는 이도 있지만, 이보다는 자기 치유와 희생이 있어서 고통과 상처를 받아도 사랑을 버리지 않는 젊은 영적 자아에 가깝다.

다른 사람 앞에서 잠들기를 두려워하고, 순수함으로 돌아가기를 무서워하는 사람들이 있다. 이들은 타인뿐 아니라 자기 자신도 믿지 못한다. 그러나 이들이 불신하는 대상은 연인이 아니라 삶/죽음/삶이라는 존재다. 무엇인가 끝이 나면 또 다른 것이 시작된다는 사실을 이해하라. 모든 것이 변화의 씨앗임을 이해하고, 잠을 통해 지혜로운 순진함을 되찾아야만 사랑이 성숙된다.

남자의 눈물이 해골여인의 영혼을 불러내다

잠든 어부의 눈에서 흐르는 눈물을 본 해골여인은 갑자기 갈증을 느끼고 힘겹게 그의 옆으로 기어가 그 눈물을 마신다. 어부는 무슨 꿈을 꾸었길래 그리 눈물을 흘린 걸까?

눈물에는 창조의 힘이 있다. 신화에서는 엄청난 창조나 감동적인 재회 등이 눈물 때문에 이루어지는 경우가 종종 있다. 약을 만들 때도 재료를 섞고 생각과 영혼들을 결합시키는 데 눈물이 사용되곤 한다. 동화를 보면, 주인공이 눈물을 흘리면 강도가 도망치거나 강이 홍수로 범람할 때가 있다. 눈물을 흘려 영혼을 부르기도 하고, 눈물이 상처에 떨어져 아픈 데를 낫게 하기도 한다.

열정과 연민의 눈물은 우연히 보물을 발견하고, 무서운 추격전을 거친 뒤, 뼈를 풀어주고 나서야 흘러나온다. 험난한 과정을 거치는 동안 심신이 지치고 방어기제가 무너진 결과 눈물이 나오는 것이다. 그리하여 자신의 본질을 대면하게 되고, 뼈를 드러내며 지혜와 위로에 대한 욕망이 뒤섞인다. 이런 온갖 감정을 경험하는 동안 영혼은 자신이 진정 원하는 것이 무엇인지 알게 되고, 상실감에서 오는 회한과 잃어버린 사랑 때문에 눈물을 흘린다.

해골여인이 의식의 표면으로 올라온 것처럼, 남성의 감정을 나타내는 눈물도 밖으로 흘러나왔다. 이 눈물은 또한 사랑을 가르쳐준다. 어부는 낮 동안 벌어진 평범한 일상에서 자신이 갖고 있던 모든 무기를 버린다. 그리곤 해골여인에게 자기의 눈물을 마시게 하고 깊은 내면의 힘을 준다. 새롭게 변모한 그가 상대방의 갈증을 풀어줄 수 있게 된 것이다.

어부의 눈물은 해골여인의 영혼을 불러낸다. 심리 깊은 곳에 있던 생각과 힘들이 눈물의 온기에 의해 하나가 된 것이다. 눈물은 아주 오랜 옛날부터 창조와 길의 상징이었다. 주인공이 많은 눈물을 흘리면 봄이 오고, 눈물의 폭포를 따라가면 지하 세계에 닿기도 한다. 사랑하는 이의 눈물은 내 곁에 좀 더 가까이 오라는 호소이기도 하다. 어부의 눈물을 본 해골여인도 그에게 다가간다. 그의 눈물이 없었다면 그녀는 여전히 해골로 남아 있을 것이고, 어부 역시 사랑을 배우지 못했을 것이다.

꿈을 꾸던 어부가 눈물을 흘린 순간은 언제인가? 예비 연인이 자신의 상처를 찾아 싸매고, 자기 파멸을 시인하며, 삶/죽음/삶의 주기로부터 멀어져 있음을 인식하는 바로 그 순간이다. 이때 남자는 영적 세계에 대한 끝없는 그리움으로 외로움을 느끼며 야성의 지혜를 찾아 나선다. 그리고 자신의 상처를 치유하고, 더 큰 지혜를 얻고, 영적으로 빈곤한 연인을 치료해줄 약을 만들게 된다. 이를테면 그는 눈물로 새로운 삶을 창조하고 있는 것이다. 해골여인은 '난 상처를 입었다'라고 인정하는 눈물 한 방울을 기다렸다.

여성이 남성에게 가장 바라는 것은 아마도 허세를 버리고 자신의 상처를 솔직히 인정하는 일일 것이다. 자신의 상처를 인정하는 남성을 보면 여성은 자연히 눈물을 흘리고, 사랑 또한 더욱 깊어질 것이다. 그래야만 심층의 자아를 향한 그리움이 말끔히 해소될 뿐더러, 자신의 상처를 치유할 능력도 생겨 여성에게 자기의 아픔을 달래줄 것을 기대할 필요도 없을 것이다.

이를 잘 보여주는 그리스 신화가 있다. 마법의 힘을 지닌 헤라클레스의 활과 화살을 물려받은 필록테테스가 전투 중에 발을 다쳤다. 그런데 다친 발의 상처가 좀처럼 아물지 않더니만 점점 악화되고 악취가 코를 찌를 지경이 되었다. 고통을 호소하는 그의 비명이 너무도 끔찍해 동료들은 그를 렘노스 섬에 버리고 떠나 버렸다. 필록테테스는 헤라클레스의 활로 사냥을 하며 근근이 목숨을 이어갔다. 상처는 점점 썩어 들어갔고, 악취가 어찌나 지독하던지 섬 근처를 지나는 배들까지 멀리 돌아가야 할 지경이었다. 그런데 헤라클레스의 활과 화살을 탐낸 한 무리가 악취에도 불구하고 이 섬을 찾기로 했다. 그 섬에 갈 사람으로 가장 나이 어린 청년이 제비뽑기로 정해졌다. 청년은 어른들의 충고에 따라 밤을 틈타 섬으로 배를 몰았다. 바람결에 풍겨오는 악취가 어찌나 지독하던지 바닷물에 적신 천으로 얼굴을 감싸고 숨을 쉬어야 했다. 그러나 아무리 귀를 틀어막아도 고통에 울부짖는 필록테테스의 비명은 막을 수가 없었다.

마침내 청년은 달이 구름에 가린 틈을 타 닻을 내리고 병든 필록테테스 옆으로 기어갔다. 그리고 활과 화살에 손을 뻗은 순간 구름을 벗어난 달이 사경을 헤매는 노인의 얼굴을 환히 비췄다. 청년은 그 모습이 너무나 가엾어서 자기도 모르게 눈물을 흘렸다. 젊은이는 활과 화살을 훔치는 것을 포기하고 노인 옆에 남았다. 그의 상처를 돌보고, 목욕을 시켜주고, 밥을 해주었다. 그리곤 노인을 트로이에 있는 치유의 신 아스클레피오스에게 데려가 치료를 받게 해주었다.

형태는 다르지만 우리에겐 모두 악취 나는 상처가 있다. 평생 열심히 해온 일이 무의미하게 느껴진다든가, 어린 시절에 받은 정신적·육체적 학대가 떠오르는 경우가 그렇다. 사랑이나 삶에서 견디기 어려운 상처를 입은 경우도 마찬가지다. 첫사랑을 잃고 아무런 치유도 받지 못한 채 몇 년 동안을 아무렇지도 않다고 큰소리치고 다니는 남자나, 프로야구 선수가 되었으나 다리 부상으로 하루아침에 꿈을 잃게 된 선수가 그렇다. 이것은 단순한 사고에 그치지 않으며 오히려 남은 평생을 온갖 상처와 마약과 방만한 생활로 보내게 할 위험한 요소이다. 이런 상처는 멀리서부터 악취를 풍긴다. 그리고 자신에 대한 연민이 없으면 어느 누구의 사랑과 정성으로도 치유할 수 없다.

동화에서 눈물은 사람들을 변화시켜 무엇이 중요한지 깨닫게 하며, 그 영혼을 구제한다. 어부는 연민의 마음으로 해골여인을 풀어주면서 그동안 잊고 있던 자신의 소망들을 기억하고 자기 연민을 느낀다. 그리고 영혼이 바라는 바를 솔직히 털어놓는다. 이런 솔직한 고백이 삶/죽음/삶과의 재회를 촉진시킨 것이다. 어부의 눈물을 본 해골여인은 그에게 다가가며 갑자기 갈증을 느낀다. 그리고 그와 가까워지고 싶은 욕망을 느낀다.

《황금 폭포》라는 아프리카 동화를 보면 한 마술사가 도망친 노예 소녀를 보고 너무나 많은 눈물을 쏟은 나머지 눈물이 커다란 폭포가 되고 그녀의 은신처가 된다. 《뼈 딸랑이》라는 아프리카 설화에는 어린이들의 눈물을 땅에 뿌려 죽은 의사들의 영혼을 불러내는 내용이 있다. 이처럼 눈물은 진솔한 감정의 표현일 뿐 아니라, 사물을 새로운 시각에서 보게 해주는 렌즈이기도 하다.

　이 이야기에서 어부의 가슴이 벌어지는 장면이 나온다. 이는 심장을 꺼내기 위한 행위이기도 하지만 오히려 마음을 여는 행위에 가깝다. 이는 권력이나 명예, 혹은 성적 쾌락에 대한 욕망이 아니라, 한 번도 의식하지 못했으나 끝없이 솟아나 그를 압도하는 사랑이다.

북이 된 심장, 사랑을 노래하다

　북소리가 무엇을 불러낼지는 그 가죽이나 모양에 따라 정해진다는 말이 있다. 북 가운데는 북치는 사람과 듣는 이들을 이곳저곳으로 옮겨다 주는 '여행 북'도 있다고 한다. 사람의 뼈로 만든 북은 죽은 자를 불러내고, 짐승의 가죽으로 만든 북은 짐승의 혼을 불러낸다. 특별히 아름다운 북은 미의 여신을 불러내고, 방울 달린 북은 어린이의 영혼을 불러내거나 특정한 기상현상을 일으킨다. 또 굉장히 높거나 낮은 음역대의 북은 그 소리를 들을 수 있는 영혼을 불러낸다.

　심장으로 만들어진 북은 분명 인간의 마음과 관련이 있다. 심장은 인간이나 동물이 생존하는 데 반드시 필요한 기관이며 본질을 상징한다. 콩팥이나 팔다리, 혹은 방광이나 허파, 지라 같은 것은 없어도 그런대로 살아갈 수 있다. 심지어 뇌가 손상돼도 생명에는 지장이 없다. 그러나 심장이 없이는 단 일 초도 살 수가 없다. 심장은 생리적으로나 심리적으로 생명에 핵심적인 역할을 한다. 인도의 탄트라는 심장이 신경의 중심이라 하며 사람과 지구는 물론, 신에 대한 감정까지 담고 있다고 한다. 우리가 아이처럼 마음껏 사랑할 수 있는 것도 심장 때문이다.

해골여인은 어부의 심장을 겨냥한다. 심장은 가장 중요한 기관이고 순수의 결정체이며, 순진한 감정의 원천일 뿐 아니라 심리 전체의 동력이기 때문이다. 사고와 창조의 원천은 정신이라고 말하는 이들도 있지만 이 이야기를 보면 모든 분자나 원자, 감정이나 그리움, 그리고 해골여인이 창조하는 데 필요한 모든 것을 불러내고 생각하는 것은 바로 심장이다.

이 이야기는 우리의 삶에 해골여인을 좀 더 많이 받아들이면, 그녀는 그 대가로 우리의 삶을 더 풍요롭게 해줄 것이라는 약속을 담고 있다. 새로운 창조, 새로운 삶, 삶/죽음/삶의 주기에 헌신하면 감정의 영역으로 내려가게 된다. 과거에 큰 실망이나 슬픔을 겪은 이는 쉽사리 그런 상태에 빠질 수 없다. 해골여인을 완전히 살려내고, 항상 우리 곁에 있는 이에게 좀 더 가까이 가려면 북을 쳐야 한다.

자신의 온 마음을 어딘가에 바치면 남자라 해도 엄청난 힘을 지니게 되고 남에게 영감을 주는 사람이 될 수 있다. 그런 힘은 여성들만의 전유물이 아니다. 남성이 해골여인과 동침하면 여성의 힘을 지닌 풍요로운 존재가 된다. 생명과 죽음의 씨를 품게 되고, 자신은 물론 주변 사람에게 새 일을 도모할 수 있도록 영감을 불어넣게 된다. 사랑하는 이가 나를 믿고 나의 계획에 진정한 도움을 주면 우리는 정말 값진 일을 해낼 수 있다. 꼭 연인이 아니더라도 누군가에게 진정한 관심과 사랑을 보낼 수 있다면 누구나 이런 경이로운 일을 해낼 수 있다.

이 이야기는 북과 노래라는 상징을 통해 심리의 두 가지 힘을 암시한다. 신화에서 노래는 상처를 치유하고, 사냥감을 끌어들이며, 다친 곳을 낫게 해주고, 죽은 이를 되살리는 수단으로 사용된다. 죽은 이의 이름을 노래로 읊어 사람을 불러내기도 한다. 창조의 송가는 심리적 변화를 초래한다. 어떤 지역(아이슬란드, 미국의 위치타 족, 캐나다의 믹맥 족)에서는 노래가 최음제로 쓰이기도 하고, 마술적 힘을 얻는 데 노래가 이용되는 나라(아이슬란드)도 있다. 아이슬란드에는 주인공이 얼음 구멍에 빠진 뒤 잃었던 다리를 노래로 되찾는 이야기가 있다.

신화들을 보면 세상을 창조한 신들은 인간에게 노래를 준 뒤, 신이 필요하거나 원하는 것이 있으면 노래를 부르라고 명령한다. 노래는 신들을 불러내고 인간 세계에 위대한 힘을 끌어올 수 있게 하는 신의 자비로운 선물이다. 또 말로 할 수 없는 일을 이루어주는 특별한 언어이기도 하다. 사람은 물론이고 동물들도 대부분 어떤 소리를 들으면 의식이 변화한다. 수도꼭지에서 물이 똑똑 떨어지는 소리나 자동차의 경적 소리는 사람을 불안하게 하지만, 파도 소리나 바람이 나뭇잎을 스치는 소리는 때로 즐거움을 준다. 뱀은 사람의 발자국 소리처럼 쿵쿵 하는 소리를 들으면 바짝 긴장하지만 노래처럼 감미로운 소리를 들으면 춤을 춘다.

영혼(pneuma)은 심리(psyche)와 같은 어원에서 나온 말이다. 이야기나 신화에 노래가 나오면, 주인공이 신들에게 자신이 직면한 문제를 해결할 지혜와 능력을 불어넣어 달라고 기원하는 것이고, 심리 안에서 그런 능력을 만드느라 영혼이 바삐 일하고 있음을 의미하기도 한다. 노래나 심장으로 된 북을 두드리는 행위는 눈에 잘 띄지 않는 의식의 층을 일깨우는 신비로운 작업이다. 우리 위를 흐르는 숨결은 여러 구멍을 흔들어 열고, 다른 식으로는 불러낼 수 없는 힘들을 불러 모은다. 이 구멍이나 힘은 사람마다 독특하기 때문에 우리가 노래를 부르거나 북을 쳤을 대 어떤 결과가 나오리라고 예측하긴 어렵지만, 무엇이 됐든 영적이고 매우 흥미로울 것이다.

완전한 사랑은 죽음과 재생의 춤이다

여성은 육체를 통해 삶/죽음/삶의 주기와 아주 가까이 살고 있다. 특히 사랑하고 창조하고 믿는 천부적인 본능을 제대로 보전한 이들의 경우 모든 생각과 충동이 자연스러운 리듬에 따라 생겼다가 사라진다. 여성은 매달 의식적·무의식적으로 그런 삶을 산다고 말할 수도 있다. 혹자는 주기를 알리는 달이 하늘에 있다고 말하지만, 그것은 자신의 내면에 깃들어 있는 해골여인을 가리킨다.

여성은 월경을 통해 육체와 피를 포함한 모든 것이 끊임없이 찼다 기운다는 사실을 이해한다. 또한 남아 있는 것은 예측하기 어려운 형태로 다시 되살아난다는 사실을 온몸과 마음으로 터득한다. 해골여인의 주기를 온몸으로 경험하는 것이다. 여성이 해골여인과 한 편임을 알고 두려워진 남성들이 삶/죽음/삶의 여신으로부터 달아나는 경우가 종종 있다.

삶/죽음/삶의 여신으로부터 도망치는 이들은 대체로 사랑을 일종의 축복이라고 생각하는 경향이 있다. 그러나 완전한 사랑은 죽음과 재생의 사이클로 이루어진다. 그래서 한 단계가 끝나면 그 다음으로 넘어가야 하는 것이다. 사랑한다는 것은 관계에서 수많은 종말과 시작을 포용하고 이겨냄을 뜻한다. 신화나 이야기를 보면 완전한 사랑은 죽음과의 춤, 삶과 춤추는 죽음이라는 표상으로 나타난다. 사랑을 위해서는 죽음과 춤을 출 필요가 있다. 살다 보면 끊임없이 무엇인가 찼다가 기울고, 태어났다가 죽고, 다시 돌아오는 것을 느낄 것이다. 사랑은 이 주기를 배우는 과정이다.

◆ *Chapter 6* ◆

난 어느 별에서 왔을까?
- 야성을 품고 태어난 소녀

영혼의 뿌리를 찾아서

　태어날 때부터 야성적인 여성은 주변에서 따가운 눈총을 받으며 자라는 경우가 종종 있다. 부모는 야성미가 흐르는 딸을 바라보며 어떻게 해서 이 조그만 외계인이 태어났는지 의아해한다. 간혹 그런 딸을 무시하거나 학대하고, 차가운 눈초리로 바라보며 하늘을 원망하는 부모들도 있다. 자신이 그런 경우였다면 이제 기운을 내라. 의도한 것은 아니나 부모 입장에서는 매우 힘겨운 골칫덩어리 딸이었을지 모른다. 이만하면 제대로 복수를 한 셈이니 부모에게 서운한 마음은 잊어버리고, 이젠 자신이 좋아할 사람을 찾아야 할 때이다.
　날 때부터 야성을 품은 여성은 가족들과 유전자만 같았지 어쩌면 본질적으로 다른 사람일 수 있다. 가족들과 겉으로는 무난히 어울릴지 모르지만, 영혼은 밖으로 달려가고 있고, 다른 곳에서 정신적인 양식을 얻어 맛있게 먹고 있을 수도 있다.

덴마크의 동화작가 한스 안데르센은 고아라는 원형을 가지고 여러 편의 동화를 썼다. 그는 늘 실종되거나 구박받는 아이의 편에 섰으며, 누구든 자신에게 어울리는 사람을 찾아야 한다고 생각했다. 1845년에 출간된 《미운 오리 새끼》는 너무 특이해서 버림받는 오리의 이야기이다. 나는 그런 오리 같은 존재가 바로 여걸이라고 생각한다.

이 이야기는 심리적·영적 뿌리에 관한 작품이기도 하다. 뿌리라는 개념은 인간의 성장에 굉장히 중요하다. 뿌리가 확실치 않으면 건강하게 성장하기 어렵고, 심리적으로도 장애가 생길 수 있다.

《미운 오리 새끼》는 여러 버전이 있지만 다음 이야기는 헝가리어로 된 '농부 이야기꾼'들의 이야기를 옮겨 놓은 것이다.

백조가 된 미운 오리 새끼

때는 바야흐로 수확 철이어서 할머니들은 옥수숫대로 푸른 인형을 만들고, 할아버지들은 담요를 기웠다. 소녀들은 흰옷에 핏빛의 꽃들을 수놓았고, 소년들은 노래를 부르며 황금빛 건초를 거둬들였다. 여인들은 다가오는 겨울에 대비해 두툼한 옷을 지었고, 남자들은 들에서 온갖 과실을 수확했다. 바람은 날마다 조금씩 더 많은 잎들을 쓸어갔다.

강 하류에서는 어미 오리가 둥지에 앉아 알을 품고 있었다. 모든 과정이 순조롭게 이루어져 이윽고 새끼 오리들이 하나둘씩 껍질을 깨고 나왔다. 그런데 큰 알 하나는 아무 기척도 없이 그저 돌같이 가만히 있었다. 잠시 뒤 늙은 오리가 찾아오자 어미 오리는 새로 나온 새끼들을 자랑했다.

"정말 예쁘지 않아요?"

그런데 아직 깨지 않은 알을 본 늙은 오리는 이제 그만 품으라고 했다.

"이건 칠면조 알이야. 오리 알이 아니란 말이야. 새끼 칠면조는 물에 들어가지 못하잖아."

어미 오리는 그동안 공들인 시간이 아까워서 조금만 더 기다려 보기로 했다.

"그건 문제없어요. 그런데 애들의 아비라는 자는 아직 한 번도 안 나타났지 뭐예요?"

얼마 뒤 그 큰 알도 부르르 떨며 구르더니 껍질이 깨졌고, 그 안에서 크고 못 생긴 녀석이 나왔다. 피부에는 붉고 푸른 핏줄이 나 있었고, 발은 연한 보라색이며 눈은 맑은 분홍색이었다. 어미 오리는 머리를 갸우뚱하며 목을 늘이고 그 새끼 오리를 내려다보았다. 아무리 봐도 못생긴 것 같았다.

"그래, 칠면조인지도 모르겠다."

그런데 칠면조를 닮은 그 못생긴 오리도 다른 새끼들과 함께 주저하지 않고 물로 첨벙 뛰어들었다. 그리고 반듯하고 자신 있게 헤엄을 치는 것이었다.

"그래, 좀 이상하게 생겼지만 저 애도 내 새끼야. 아니, 어떻게 보니 아주 멋져 보이는 걸."

어미 오리는 농장에 있는 다른 동물들에게도 그 새끼를 보여주었다. 그런데 갑자기 한 오리가 뛰어오더니 눈 깜짝할 사이에 부리로 미운 오리 새끼의 목을 찍었다. 어미가 "그만두지 못해!"라고 소리치자, 그 오리는 "저 앤 너무 이상하게 생겼어요. 좀 놀려도 괜찮아요."라고 아무렇지도 않게 얘기했다.

다리에 빨간 천을 감은 여왕 오리는, "이런, 그렇잖아도 먹이가 모자라는데 또 한 무리가 태어났구먼. 그리고 저기 있는 저 못생긴 애는 글쎄, 아무래도 실수였던 것 같군."이라고 말했다.

"실수라니요. 앞으로 아주 튼튼해질 거예요. 알 속에 너무 오래 있어서 지금은 좀 못생겨 보이지만 차차 나아질 거예요. 기다려 보세요."라고 어미 오리가 말했다.

그러나 다른 오리들은 못생긴 오리를 부딪쳐 넘어뜨리고, 부리로 찍고, 입으로 물고, 꽥꽥거리며 실컷 놀려댔다. 구박은 날이 갈수록 더욱 심해졌다. 못생긴 오리는 그들의 행패를 피하려 했지만, 어쩔 도리가 없었으므로 그야말로 비참한 나날을 보냈다.

어미 오리도 처음에는 못생긴 오리를 감싸주었으나 나중에는 너무 지쳐서, "네가 어디로 가버리기나 했으면 좋겠다."라고 말해버렸다. 미운 오리 새끼는 털이 거의 다 빠지고 초라하기 이를 데 없는 모습으로 집을 떠나 어느 호숫가에 이르렀다. 거기에 누워 지친 몸을 달랬고, 이따금 목을 길게 늘여 물을 마셨다. 그때 그를 지켜보던 건방진 기러기 두 마리가 이렇게 빈정거렸다.

"엄청 못생겼구먼. 우리랑 함께 저쪽 나라에 가보지 않을래? 거기 가면 이제 막 혼기에 들어선 암 오리들이 얼마든지 있거든."

이때 별안간 총성이 울리더니 기러기들이 툭 나가 떨어졌고, 그들의 피로 호수가 붉게 물들었다. 미운 오리 새끼는 얼른 물속으로 숨었다. 습지는 총성과 연기, 그리고 개 짖는 소리로 가득 찼다. 얼마 뒤 주위가 조용해지자 미운 오리 새끼는 그 위험한 지역을 떠나 멀리 날아갔다.

해가 기울 즈음 미운 오리 새끼는 초라한 오두막에 이르렀다. 오두막의 문은 노끈으로 묶여 있었고, 벽이 쩍쩍 갈라져 있었다. 그 집에는 꼬부랑 할머니가 으스스한 고양이와 사팔뜨기 암탉과 함께 살고 있었다. 고양이는 쥐를 잡고, 닭은 알을 낳아 제 밥값을 다하고 있었다. 오리를 본 할머니는 알을 얻든가, 아니면 잡아먹기라도 할 요량으로 오늘 참 운이 좋다고 생각했다. 그래서 오리는 그 집에 머물게 됐다. 그런데 고양이와 닭은, "넌 알도 못 낳고 쥐도 못 잡으니 무용지물 아니냐?"며 그를 구박했다.

오리는 한숨을 내쉬며, "난 어디든지 '아래'가 좋아. 넓고 푸른 하늘 아래, 차고 푸른 물 아래 말이야."라고 조그맣게 속삭였다. 고양이는 물 아래 들어간다는 것이 이해가 되지 않아, 바보 같은 꿈을 꾸다니 웃기는 일이라고 빈정거렸다. 암탉 역시 털이 젖을 짓을 왜 하나 싶어 그를 놀렸다. 거기서도 환영받지 못한 오리는 또다시 길을 떠나야 했다.

미운 오리 새끼가 한 연못에 이르러 헤엄을 치고 있는데, 물이 점점 차가워졌다. 그때 그가 지금까지 보았던 동물들 중 가장 아름다운 새 한 무리가 머리 위를 지나가며 자신을 불렀다. 그러나 미운 오리 새끼는 그 소리가 반갑지만은 않았다. 그리고 여태 한 번도 내보지 않았던 소리로 응답했다. 지금껏 그렇게 아름다운 새는 본 적이 없었고, 자신이 이토록 비참해보이기도 처음이었다. 미운 오리 새끼는 물속을 빙

빙 돌며 그들이 보이지 않을 때까지 지켜보다가 호수 바닥으로 깊이 헤엄쳐 들어갔다. 가슴이 덜덜 떨렸다. 어찌된 일인지 그 크고 하얀 새들에 대한 엄청난 사랑으로 가슴이 터질 것만 같았다.

어느덧 시간이 흘러 차가운 바람이 온종일 몰아쳤다. 간혹 눈도 내렸다. 할아버지들은 우유통에 언 얼음을 깨고, 할머니들은 밤늦도록 실을 자았다. 엄마들은 촛불 아래서 아이들에게 밥을 먹이고, 남자들은 한밤중 뿌연 하늘 아래서 양들을 찾아 헤맸다. 청년들은 허리께까지 쌓인 눈 속을 걸어가 우유를 짜고, 아가씨들은 요리를 하면서 불꽃 너머 멋진 청년들의 얼굴을 훔쳐보았다. 그리고 호숫가에는 미운 오리 새끼가 물이 어는 걸 막기 위해 빠르게 원을 그리며 헤엄치고 있었다.

어느 날 아침 미운 오리 새끼는 얼음에 갇혀버리고 말았다. 그리곤 이제 죽을 때가 됐다고 생각했다. 그런데 이때 두 마리의 청둥오리가 얼음 위로 스르르 내려앉더니 오리를 살펴보고는 큰소리로, "참 못생겼군. 정말 안됐어. 너 같은 애는 구제 불능이야."라고 말하고 날아가 버렸다. 다행히도 한 농부가 다가와 지팡이로 얼음을 깨고 오리를 구해주었다. 그는 외투 속에 오리를 품고 집으로 갔다.

농부의 집에는 아이들이 있어서 오리를 품에 안으려고 손을 벌렸다. 오리는 무서워서 시렁 위로 파드득 날아올랐고, 거기 쌓여 있던 먼지가 버터 위로 떨어져 내렸다. 우유병 속으로 떨어진 오리는 흠뻑 젖은 몸으로 다시 밀가루 통으로 날아갔다. 아이들은 깔깔댔고, 오리는 빗자루를 든 농부의 아내에게 쫓겨났다. 마침내 고양이가 드나드는 문으로 간신히 빠져나온 오리는 초죽음이 되어 눈 위에 쓰러졌다. 그러고는 빈사 상태로 이 호수에서 저 호수로, 이 집에서 저 집으로 떠돌아다니며 한겨울을 보냈다.

이윽고 부드러운 봄바람이 불어왔다. 할머니들은 솜털 이불을 털고, 할아버지들은 두꺼운 속옷을 벗어던졌다. 밤이 되면 아저씨들이 마당을 어슬렁거리며 아기가 태어나길 기다렸다. 낮에는 아가씨들이 머리에 수선화를 꽂고 돌아다녔고, 청년들은 아가씨들의 발목을 훔쳐봤다. 마을 옆 호수에서는 미운 오리 새끼가 따뜻해진 물속에서 몸을 쭉 펴고 날개를 벌렸다.

미운 오리 새끼의 날개는 아주 크고 튼튼했다. 그는 날갯짓으로 하늘 높이 떠올랐다. 그리고 흰옷을 입은 듯한 과수원과 밭을 가는 농부들을 내려다보았다. 온갖 어린 새끼들이 깨어나 웅얼대고 헤엄치는 모습들이 시야에 들어왔다. 호수에는 세 마리의 백조들이 떠 있었다. 지난해 가을, 그의 가슴을 사랑으로 저리게 했던 바로 그 아름다운 새들이었다. 그들과 한 무리가 되고 싶은 욕망에 그의 가슴은 터질 듯했다.

미운 오리는 "저들이 나를 좋아하는 척하다가 다가가면 비웃으며 휙 달아나면 어쩌지?"라는 두려움과 설레임으로 호수에 내려앉았다. 미운 오리를 본 백조들이 그에게로 헤엄쳐 왔다. 오리는, "이제 난 죽었구나. 하지만 사냥꾼이나 농부의 아내에게 먹히는 것보다 이왕이면 이 아름다운 새들에게 먹히는 게 낫겠지."라고 생각하며 고개를 푹 숙였다.

고개를 숙인 미운 오리 새끼는 물 위에 눈처럼 하얀 깃털과 자두 같은 눈매를 가진 아름다운 백조의 모습이 떠 있는 것을 보았다. 미운 오리 새끼는 그것이 자신의 모습인지 미처 알아보지 못했다. 자기가 그 아름다운 새들, 자신이 멀리서 사랑한 그 새들을 닮았다고는 상상조차 해본 적이 없었다. 미운 오리 새끼는 사실 백조였다. 우연히 오리 둥지에 떨어진 백조의 알에서 태어났던 것이다. 그야말로 눈부신 백조인 그는 난생 처음으로 자신의 동족들을 만났다. 동족들은 날개 끝으로 그를 부드럽고 다정하게 어루만져주었다. 또 부리로 그의 깃털을 다듬어준 뒤 주위를 빙빙 돌며 환영식을 해주었다.

이때 백조들에게 빵을 주러 나왔던 아이들이, "새 백조가 왔다!"고 소리쳤다. 그리고 이 사실을 모든 동네 사람들에게 알렸다. 할머니들은 긴 백발을 늘어뜨린 채 물가로 나왔고, 청년들은 두 손으로 푸른 물을 떠서 아가씨들에게 뿌렸다. 그리고 물벼락을 맞은 아가씨들은 꽃잎처럼 얼굴을 붉혔다. 남자들은 우유 짜던 일을 잠시 멈추고 신선한 공기를 마시러 나왔고, 여자들은 바느질을 멈추고 그들과 이야기했다. 할아버지들도 이런 저런 이야기를 해주었다.

인생과 열정과 시간이 모두 흘러갔다. 사람들은 차례차례 춤을 추며 사라졌고, 청년들과 아가씨들도 사라졌다. 노인들, 남편들, 아내들 역시 춤을 추며 사라졌고, 아이들과 백조들도 사라졌다. 봄이었고, 강 하류에서는 어미 오리가 알을 품고 있었다.

야성은 어떤 고난도 이겨내는 힘이다

외톨이라는 주제는 수많은 동화나 신화에 자주 등장하는 단골 메뉴다. 대체로 주인공 자신의 잘못 때문이 아니라 남의 실수 때문에 구박을 받는 설정으로 나온다. 《잠자는 숲속의 공주》도 비슷하다. 부모가 열세 번째 요정을 세례식에 초대하지 않은 죄로 공주에게 저주가 내려지고 모든 사람이 성에서 쫓겨난다. 때로는 계모 때문에 깊은 숲속으로 쫓겨난 '바살리사'처럼 순전히 악한 사람 때문에 주인공이 유배되는 경우도 있다.

가벼운 실수 때문에 주인공이 유배되는 경우도 종종 있다. 그리스 신화에서, 헤파이스토스 신은 부모가 다툴 때 어머니인 헤라 여신의 편을 들었다는 이유로 아버지 제우스 신의 노여움을 샀고, 올림푸스 산에 내던져져 유배되고 불구가 되었다. 잘못된 계약을 맺었다가 유배되는 경우도 있다. 몇 년간 짐승의 모습으로 살고 나면 금을 얻을 수 있다는 말에 속은 한 남자가 나중에야 자신이 악마에게 영혼을 팔았음을 깨닫는 이야기가 그런 예이다.

《미운 오리 새끼》는 지역의 문화적 배경이나 이야기꾼의 입담에 따라 내용이 조금씩 바뀌어 세계적으로 전해지고 있다. 그러나 요점은 미운 오리 새끼가 야성의 상징이라는 것이다. 야성은 어떤 어려운 상황에 처해 있어도 본능적으로 그것을 견뎌내는 힘이다. 야성적인 여성이 지닌 최고의 장점 중 하나가 바로 이 지구력이다.

우리의 본능적·영적 자아는 심리적으로 인정받고 환영받으면 그 어느 때보다 화려하게 피어난다. 자신의 정신적 가족을 찾은 이는 소속감으로 인해 생기가 넘치게 된다.

가족과 친구로부터 버림받다

마을의 동물들은 죄다 이 오리가 못생겼다고 한다. 실제로 못생겨서가 아니라 남들과 다르다는 이유로 못생겼다고 손가락질을 받는다. 마치 푸른 콩들 속에 홀로 낀 까만 콩처럼, 미운 오리는 주위 동물들과는 전혀 다른 모습이었다. 어미 오리도 처음에는 자기 자식이라고 생각하며 감쌌지만, 결국은 갈등을 넘지 못하고 이 특이한 아이에게서 멀어진다.

형제들과 마을의 다른 오리들은 그를 밀치고 쪼며 구박한다. 그러나 이것은 미운 오리 새끼의 잘못 때문이 아니다. 그가 남들과 조금 달라 보였던 것뿐이었다. 이로써 아직 어린 오리는 엄청난 심리적 강박 관념에 빠지게 된다.

어릴 때 강한 본능을 내보이는 소녀들은 상당한 어려움을 겪는다. 아이 때부터 이제 그만 정신 차리고 제대로 행동하라는 소리를 자주 듣고 자란다. 일찍부터 호기심과 재주가 많아서, 평생 창조적으로 살아갈 수 있는 기벽들을 보이기도 한다. 이런 아이들은 대개 스스로의 잘못이 아니라 다른 이들의 오해나 무지에서 비롯된 잔인함 때문에 소외받고 버려지곤 한다. 일찌감치 자아에 큰 상처를 입는 것이다.

이런 소녀는 가족 또는 사회가 자신에 대해 갖고 있는 부정적인 이미지가 전적으로 옳을 뿐 아니라 객관적이라고 생각하기에 이른다. 그래서 자신은 약하고, 추하며, 사회에 어울리지 않는 존재라고 여긴다. '미운 오리 새끼'와 같은 이유로 사회로부터 따돌림 당한다.

대부분의 사회는 여자 아이에 대해 일정한 모습을 기대한다. 가족과 동일한 가치관을 가지기를 바라며, 최소한 물의를 일으켜서는 안 된다고 생각한다. 천사 같은 아이나 순종적인 아이를 원하는 부모에게 이런 기대감은 더욱 커진다. 따라서 태생적으로 야성미가 흐르는 딸을 둔 부모는 딸의 심리를 바꾸려 하고 모조리 뜯어고치려고 덤빌 것이다. 딸의 영혼이 진실을 보려고 하면 사회는 그녀의 눈을 막을 것이고, 진실을 말하려 하면 침묵을 강요할 것이다. 그러나 아이의 영혼과 심리는 이를 용인할 수 없다. 참해지라는 압력을 받으면 도망칠 것이고 자신을 편안하게 지지해줄 곳을 찾아 오랫동안 헤맬 것이다.

외모, 학력, 남자다움, 여성스러움 등 한 사회가 성공 또는 완벽함의 기준을 너무 편협하게 정의하면 그 구성원들의 심리 속에도 당연히 그에 상응하는 기준들이 생겨나기 마련이다. 유배당한 야성적인 여성은 두 가지 문제점에 봉착하게 되는데, 정신적·개인적 측면과 외면적·문화적 측면이 그것이다. 여기서는 정신적·개인적 측면을 살펴보도록 하자.

자기 자신에 충실하고 자기가 속할 곳을 찾는 힘을 기른 여성은 사회와 문화의 의식 또한 효과적으로 변화시킬 수 있다. 그렇다면 그 효과적인 힘이란 어떤 것인가? 그것은 여성 안에 깃든 내면의 어머니가 어느 정도 깨달음에 이르렀을 때 생기는 힘이다. 꽃봉오리가 반만 열려도 꽃이 핀 것이다.

내면의 어머니와 어머니 콤플렉스

이 이야기에 나오는 어머니는 실제의 어머니를 상징한다고 볼 수 있지만, 성인은 누구나 실제의 어머니로부터 물려받은 내면의 어머니가 있다. 내면의 어머니란 친어머니뿐 아니라 어렸을 때부터 모범이 되었던 어머니 상 혹은 어머니 역할을 해주었던 여성들의 복합체를 말한다.

과거에 어머니와 문제가 있다가 훗날 원만해졌다면 어렸을 때와 똑같이 말하고, 행동하고, 반응하는 내면의 어머니가 있는 경우가 많다. 어머니의 역할에 대해 좀 더 진보적인 개념이 있는 사회에도 내면의 어머니는 우리가 어렸을 때 모범으로 삼았던 여성과 똑같이 꾸미고 행동할 것이다.

융 심리학에서 '어머니 콤플렉스'라고 불리는 이 현상은 여성 심리의 핵을 이룬다. 따라서 이 심리 상태를 정확히 알고, 필요하다면 바로잡거나 다시 시작해야 한다. 이 이야기에서 어미 오리는 갈등과 체념을 겪은 엄마이자 엄마 없이 자란 엄마이기도 하다. 어미 오리의 이런 특징들을 보면서 '어머니 콤플렉스'가 우리 심리에 어떻게 작용하고 있는지 알게 될 것이다.

1. 갈등하는 어머니

이 이야기에 나오는 어미 오리는 자신의 본능과 단절되어 있다. 그녀는 희한한 아이를 낳았다는 비난을 받고 감정적 갈등을 겪는다. 그리고 그 때문에 사회의 압력에 굴복하고 아이를 내친다. 처음에는 아이를 보호하려 하지만, 아이의 독특함이 자기 입장을 곤란하게 하자 머리를 싸매고 물속으로 뛰어든다.

정도는 다르지만 이런 어머니는 어디에나 있다. 자식 편을 드는 대신 주변사람들의 뜻에 따르는 편을 택한다. 오늘날에도 어머니들은 이전의 여성들이 느꼈던 두려움에서 나온 행동을 되풀이한다. 사회에서 소외되면 최소한 멸시나 의심의 대상이 될 것이고, 최악의 경우 붙잡혀 죽을 거라고 생각한다. 이런 환경에서 사는 어머니는 자기 딸이 세상에 나가 '참하게' 행동하도록 가르친다.

그런 상황에서는 어머니와 딸 둘 다 갈등을 겪는다. 《미운 오리 새끼》의 어미 오리는 심리적 갈등 때문에 이러지도 저러지도 못한다. 한편으로는 마을 사람들의 눈 밖에 나고 싶지 않고, 자신의 안전도 우려스럽다. 까딱하면 자신이나 아이가 마을 사람들에게 벌을 받거나 박해를 당할 것이며, 심한 경우 죽임을 당할 수도 있다고 겁을 먹는다. 심리적, 육체적으로 위협을 받는 이들이 흔히 보이는 반응이다. 그러나 마음 한 구석에는 아이에 대한 본능적인 사랑과 그 아이를 보호하고자 하는 욕망도 없지 않다.

평범하지 않은 여성을 박해하는 사회에 사는 어머니들은 흔히 지배계급의 인정을 받고 싶은 욕망과 자기 아이에 대한 사랑 사이에서 갈등한다. 이때 아이는 상징적인 아이일 수도 있고, 예술 작품일 수도 있으며, 실제의 아이일 수도 있다. 사회가 원치 않는 아이를 보호하려고 애쓰다가 심리적·영적으로 죽어간 여성들도 있다. 극단적인 경우에는 교살되거나 화형을 당하기도 한다.

유별난 아이를 가진 어머니는 어떻게 해야 할까? 시시포스(그리스 신화에 등장하는 사람 가운데 가장 교활하고 치밀한 인물)의 인내심과, 키클롭스(그리스 신화에 나오는 외눈박이 거인. 자신의 눈에 화살을 박은 오디세우스를 끝까지 따라잡은 일화로 유명함)의 극성스러움, 그리고 캘리번(셰익스피어의 《템페스트》에 나오는 반인반수의 괴물로 끝까지 주인 프로스페로에 대항함)의 담력으로 야비한 사회에 대항해야 한다.

여성에게 가장 가혹한 사회는 자신의 영혼과 무관하게 사회의 요구에 복종하기를 강요하는 곳이다. 그런 사회는 사랑으로 용서하는 의식이 없고, 영혼과 사회 중 양자택일을 강요하며, 경제적·계급적 차이 때문에 연민이 인정되지 않는다. 또 여성의 육체가 정화되어야 할 대상으로 간주되고, 여성의 호기심이나 창의력은 격려를 받는 대신 처벌되고 비난받는다.

갈등하는 내면의 어머니를 지닌 여성은 너무나 쉽게 굴복한다. 자기 입장을 주장하거나 자존심을 세우지 못하고, 자기가 원하는 대로 행동하고, 배우고 살기를 겁낸다. 이를 극복하기 위해서는 흔히 남성적이라고 간주되는 악착스러운 면을 길러야 한다. 때로는 여성에게도 극성스럽고, 용감하며, 집요한 면들이 필요하다. 사회의 기준에 맞지 않는 영혼을 소유한 딸을 행복하게 기르고 싶은 어머니는 자신부터 영웅적인 면을 지녀야 한다. 이런 면이 금지된 사회에 사는 여성은 그것을 훔쳐내어 감추고 있다가 때가 되면 자신을 보호하는 데 사용하라.

2. 체념한 어머니

결국 어미 오리는 포기하고 만다. 자기 아이가 고통 받는 것을 더는 견딜 수 없고, 아이 때문에 자신이 겪는 고통 또한 이겨낼 수 없다. 어미 오리로부터 "네가 어디로 가버렸음 좋겠다."는 말을 들은 어린 오리는 마을을 떠난다. 포기하는 어머니는 자기 자신에 대한 이해를 상실한 여성이기도 하다. 자기도 아이처럼 되고 싶어 하는 '자아 몰입형'일 수도 있고, 야성적 자아와 분리되어 심리적·육체적 위협 앞에 물러선 여성일 수도 있다.

뭔가를 포기하는 엄마의 감정 상태는 대개 혼란스러움, 자기 연민(아무리 노력해도 충분한 공감을 얻지 못한다는 느낌), 수렁에 빠진 느낌(어렸을 때 겪었던 오래된 마음의 상처가 재발되는 느낌), 그 셋 가운데 하나다. 대부분의 사회는 예부터 어머니들로 하여금 자식과 마을 사람들 간에 양자택일을 하게 만들었다. 자식을 사랑한다는 이유로 엄마에게 피해가 돌아갈 수도 있었다. 윌리엄 스타이런의 《소피의 선택》에는 강제수용소에 갇힌 소피가 두 아이를 안고 나치 대장 앞에 서는 장면이 나온다. 대장은 소피가 선택하는 한 아이를 죽일 것이고, 만일 아무도 선택하지 않으면 둘 다 죽이겠다고 위협한다.

　이런 경우는 거의 없겠지만, 어머니들은 지금까지 수천 년 동안 이와 비슷한 선택을 강요당해 왔다. 아이와 사회, 둘 중 하나를 선택하라고 강요하는 사회는 말할 수 없이 잔인하고 우둔한 집단이다. 사람들이 자신의 영혼을 짓누르면서 사회의 규율을 따라야 하는 사회 역시 극도로 병든 상태일 것이다. 그런데 더욱 무서운 것은 이런 사회가 우리 주변뿐 아니라 우리 내면에도 존재한다는 사실이다.

　그런 예는 세계 도처에서 찾아볼 수 있다. 한 예로 미국은 여성들을 가족과 정든 집으로부터 몰아낸 역사가 있는데, 18세기부터 20세기까지 노예 가족들을 사방으로 흩어지게 한 추악한 과거가 있다. 그리고 어머니들에게 아들들을 전쟁에 바치도록 강요한 나라들도 세계 도처에 있다. 세계 어느 사회를 막론하고 여성들에게 사랑이 마음껏 허용되는 곳은 없었다. 미혼모 문제도 마찬가지다. 오랜 세월 동안 여성들은 결혼을 통해 아이를 적자로 만들어 왔다. 어쩔 수 없는 일이었다. 남성의 보호를 받지 못하는 어머니는 나약했다. 《미운 오리 새끼》에서 아버지 오리가 한 번밖에 언급되지 않았다는 사실은 매우 흥미롭다. 어미 오리는 큰 알을 품고 앉아서, "애비라는 자는 아직까지 한 번도 찾아오지 않았어요."라고 말한다.

　우리 사회에서 아버지들은 그 누구를 위해서도, 심지어는 자기 자신을 위해서도 '있어 주지' 못했다. 수많은 야성적인 딸들에게 아버지는 포기한 사람이고, 매일 밤 옷장에 걸리는 그림자 정도에 지나지 않는다. 자신의 심리 안에 포기한 어머니 상이 깃들어 있는 여성은 사회의 요구와 영혼의 필요 간에 양자택일을 하는 것이 생사의 문제가 될 수도 있다. 또 자신이 어디에도 속하지 못하는 박해받는 외톨이처럼 느껴져 말

없이 눈물만 흘릴 수도 있다. 그럴 때는 벌떡 일어서서 자신에게 어울리는 집단을 찾아 나서야 한다. 그것이 유배당한 사람이 해야 할 일이고, 포기한 어머니를 내면에 지닌 여성이 반드시 거쳐야 하는 과정이다.

3. 어머니 없는 어머니

어머니를 나약하게 만드는 가장 일반적인 원인은 어머니에게 어머니가 없었다는 사실이다. 어머니 오리는 미운 오리 새끼의 알을 끝까지 품겠다고 고집을 부렸지만 결국은 버리게 된다. 사람들도 여러 가지 이유로 이런 실수를 저지른다. 어머니 없는 여성, 나약하거나 심리적으로 아주 어린 여성이 특히 그러기 쉽다.

심리적으로 너무 비뚤어진 나머지 자기는 아이한테도 사랑받을 수 없다고 느끼는 여성들이 있다. 가족과 사회로부터 너무 많은 구박을 받은 탓에, 자기는 모성이라는 그 눈부신 원형과는 무관하다고 느끼는 것이다. 확실한 것은, 어머니는 자기 어머니로부터 아이 키우는 법을 배워야 한다는 사실이다. 본능적인 여걸의 세계에서 아이와 천부적으로 정신적·육체적 연대감을 느낀다 해도 실제로는 혼자 힘으로 갑자기 완벽한 어머니가 될 수는 없다.

옛날에는 여걸의 선물이 어머니에서 어머니로 이어졌다. 아이를 처음 가진 어머니는 아무리 나이가 많아도 내면적으로 아직 어린 어머니라 할 수 있다. 아이를 낳을 나이가 됐고 올바른 심리도 갖고 있지만, 아직은 아이를 키우는 데 필요한 지혜를 좀 더 배워야 한다. 한동안 이 역할은 부족 또는 마을의 연장자들이 담당해 왔다. 젊은 엄마들에게 여성 특유의 지혜를 전해주는 이런 여신-어머니 역할은 훗날 종교에 의해 대모로 바뀌었다. 그리고 대모로 바뀐 뒤에는 아이에게 교회의 가르침을 준수하도록 돌보는 역할로 축소되었다.

동물이든 사람이든 건강한 자아는 자기보다 어리고 경험이 부족한 이들을 축복하고 돕는다. 젊은 엄마들이 농담이나 이야기 혹은 선물 등을 통해 성숙한 엄마로 변신하는 것 또한 바로 이런 연장자들의 가르침 덕분이다. 오늘날 산업사회에서 젊은 엄마들은 임신과 출산, 혹은 육아를 대부분 혼자서 감당한다. 수많은 엄마들이 나약하고 어린 엄마이며 엄마 없는 손에서 자란 경우가 많다. 그런 엄마들은 한 치 앞도 내다보지 못할 정도로 예측력이 부족하다. 내면에 어린 엄마를 지닌 여성은 얼핏 보면, 아이가 엄마 노릇을 하는 것 같기도 하다. 그런 어머니는 대부분 모든 사람을 위해 모든 것을 해주는 모범적인 어머니 같으나 자기 아이는 제대로 인도하지 못한다. 백조를 보고 좋아하면서도 어떻게 돌봐줘야 할지 모르는 농부의 아이들처럼 자녀를 엉망으로 방치할 수도 있다. 이를 깨닫지 못하는 어린 엄마는 자녀에게 파괴적인 말로 학대하고 괴롭힐 것이다.

때로는 나약한 엄마 자신이 오리 틈에서 자란 백조인 경우도 있다. 그런 여성은 아이를 키울 만한 자의식이 제때 형성되지 못해 자녀에게 도움을 주지 못한다. 또 딸들이 사춘기에 야성이라는 위대한 신비를 경험하면 자신도 비슷한 고민을 하면서 백조가 되고 싶은 충동을 느낄 것이다. 자아를 탐색하는 딸을 바라보며 그동안 잊고 있던 자아를 찾아 비로소 내면으로 길을 떠나는 경우도 있다.

4. 강한 어머니, 강한 아이

어린 엄마를 위한 해결책은 더욱 원숙하고 현명한 여성들의 도움을 받아 내면을 성숙시키는 길뿐이다. 그들은 독자적으로 보고 듣고 말할 줄 알며, 특히 남에게 친절하다. 세상에서 제일 좋은 어머니를 둔 사람도 결국 다른 어머니를 얻게 될 것이다. 나도 딸에게, "넌 한 엄마에게서 났지만 운이 좋으면 더 많은 엄마가 생길 거야. 그리고 그 엄마들과 사귀다 보면 네게 필요한 거의 모든 것들을 배우게 될 거야."라고 말한 적이 있다. 우리는 아무리 나이를 먹어도 누군가의 지도와 충고가 필요하고, 창조적인 삶을 영위하기 위해선 항상 배워야 한다.

일부 심리학자들은 어머니라는 존재 자체를 심리적으로 완전히 버리지 않으면 우리의 성격에 좋지 않은 영향을 준다든가, 어머니를 깎아내려야 정신건강에 좋다는 등의 얘기를 한다. 그러나 야성의 어머니라는 심리 현상과 개념은 버릴 수도 없고, 버려서도 안 된다. 이를 버리는 여성은 정신적 상처의 치료제는 물론, 일과 휴식, 사랑과 희망을 위해 필요한 약들을 잃게 될 것이다.

중요한 것은, 어머니를 버리는 것이 아니라 야성적인 어머니를 되찾는 일이다. 우리는 야성적인 어머니와 분리되어 있지 않고, 또 그럴 수도 없다. 이 어머니는 우리가 평생 다니고, 배우고, 가르치는 학교이기도 하다. 아이를 키우든, 정원을 가꾸든, 과학을 연구하든, 시를 쓰든, 우리는 이 어머니를 만나게 된다. 그것은 당연한 일이다.

어린 시절, 파괴적인 어머니의 손에 자란 여성들은 어떻게 해야 할까? 물론 그 시절을 완전히 잊을 수는 없다. 그러나 그 고통을 덜 수는 있다. 많은 이들이 두려워하는 것은 내면의 어머니를 고치는 작업이 아니다. 뭔가 중요한 것이 방치된 채 죽어 버렸을지도 모른다는 생각에 두려운 것이다. 말하자면 사람들은 심리적인 어머니가 죽어버렸다고 생각한다. 하지만 이제 안심해도 좋다. 그 어머니는 죽지 않았고, 치명적인 상처를 입은 것도 아니다.

자연과 마찬가지로, 우리의 영혼과 정신은 엄청난 자원을 갖고 있다. 늑대나 다른 동물들처럼 아주 적은 식량으로도 잘 살아갈 수 있고, 때로는 전혀 먹지 않고도 오래 버틸 수 있다. 나는 예전에 라일락 울타리를 옮겨 심은 적이 있다. 그런데 어찌된 일인지 그중 제일 큰 나무가 죽었다. 그리고 나머지는 봄이 되자 보랏빛 꽃이 활짝 피어났다. 죽은 나무를 파내면서 보니 가지는 마른 땅콩 껍질처럼 갈라지고 부서졌는데, 뿌리는 살아 있는 나무들과 연결되어 있었다. 더욱 놀라운 것은 죽은 나무가 바로 '모목(母木)'이었다는 사실이다. 죽은 나무의 뿌리가 제일 크고 굵었다. 어미 나무가 죽었는데도 새끼 나무들은 건강히 잘 자라고 있었다.

라일락은 어미 나무의 뿌리 하나하나가 한 그루의 나무로 자라나기 때문에 어미 나무가 죽더라도 다른 나무는 살아갈 수 있다. 이런 라일락 나무처럼 불우한 어린 시절을 보낸 이들도 밝은 미래를 누릴 수 있다. 어쩌다 어머니가 쓰러지고, 혹은 아무런 자원을 공급해주지 못하더라도 자녀는 혼자 성숙해 성공할 수 있는 힘을 얻는다.

외톨이가 나쁜 친구들과 어울리는 이유

집을 나간 미운 오리 새끼는 점점 더 심한 고생길로 들어간다. 어디로 갈지 모르지만 편히 쉴 수 있는 곳을 찾아야 한다는 본능만큼은 잃지 않는다. 이런 미운 오리 새끼들에겐 간혹 병적인 면이 있는데 몇 차례 실수를 하고도 계속 엉뚱한 곳을 찾아가는 것이다. 단 한 번도 자기에게 맞는 곳에 가본 적이 없으니 어디를 가야 할지 모르는 것도 당연한 일인지 모른다. 그대가 여전히 외톨이라고 느끼게 하는 곳이면 그대에게 맞지 않는 곳이다.

　이는 유배된 사람 특유의 증상이다. 그들은 엉뚱한 곳에서만 사랑을 찾는다. 만족스럽지 못한 행동을 되풀이한다든가, 활력을 빼앗는 일을 연거푸 하는 등 자신에게 해로운 일을 되풀이하는 여성은 원래의 상처를 방치한 채 새로운 상처를 만들어내고 있는 것과 다를 바 없다. 마치 팔에 상처가 났는데 코에 연고를 바르는 격이다. 누가 봐도 엉뚱한 선택을 한다든가, 나쁜 친구를 사귄다든가, 영혼을 좀먹는 쾌락을 즐긴다든가, 처음엔 좋아 보이지만 나중에는 자신을 파멸시킬 일을 한다.

　이를 개선하는 방법은 여러 가지가 있다. 우선 차분히 앉아 내면을 들여다보며 자신의 재능과 한계를 발견하고 스스로 그것을 인정하는 작업이 필요하다. 자신의 영혼을 치료하고 싶으면 상처를 제대로 이해하고 적절한 처방을 찾아야 한다.

　미운 오리 새끼 같은 외톨이들은 제대로 행동했는데도 오해받는 상황을 피할 줄 알아야 한다. 미운 오리 새끼는 헤엄을 잘 치는데도 어딘가 이상해 보인다. 자신과 어울리지 않는 집단과도 교류할 필요는 있지만 너무 애쓸 필요는 없다. 야성을 억누르고 얌전하게 행동하면 점잖은 숙녀로 보일 거라는 생각은 버리라. 심리적으로 여걸과의 연대를 끊어버리면 생명력을 잃고 항상 남의 눈치를 보며 살아가게 될 것이다.

얼어붙은 미운 오리 새끼를 구출하라

　고립에 빠진 여성들은 이 밖에도 여러 가지 방식으로 대처한다. 호수의 얼음 속에 갇힌 미운 오리 새끼처럼 감정적으로 얼어붙어 버리는 여성도 있다. 이는 창의력은 물론, 인간관계, 아니 삶 자체까지도 파괴할 수 있다. 냉정해지는 것이 최선인 양 떠벌리는 여성들도 있는데, 그건 자기 자신을 보호하려는 분노의 행위에 지나지 않는다.

원형 심리학에서 차갑게 얼어붙은 사람은 감정이 결핍된 사람으로 본다. 동화에도 얼어붙거나 아무 감각이 없는 아이, 혹은 얼음 속에 갇힌 시체 등이 종종 나온다. 전혀 움직이거나 바뀔 수 없고, 무언가 새로운 것이 생겨날 수도 없는 상태에 빠진 것이다. 내면이 얼어붙은 사람은 자신에 대해 일부러 아무런 감정도 가지려 하지 않는다. 더 심한 경우엔 다른 사람에게도 그런 태도를 취한다. 이런 자기방어 기제가 작동한다는 것은 영혼과 심리에 상처를 입었다는 뜻이고, 이 경우 창의력도 잃게 된다. 당장 얼어붙은 오리를 얼음에서 꺼내주어야 한다.

작가들은 아무리 애를 써도 글이 안 풀릴 때 보통 이런 상황을 글로써 해결한다. 그러나 완전히 얼어붙은 상태에서는 그 어떤 글도 나오지 않을 것이다. 애를 쓰는데도 그림이 그려지지 않을 때 화가들은, "여기서 벗어나야 해. 요즘 내 그림이 추해지고 있어."라고 생각한다. 오랫동안 창작해온 많은 예술가들이 새로운 작품을 시작할 때마다, "넌 엉터리야. 네 작품은 삼류야. 네가 바로 삼류 인간이기 때문이야."라는 내면의 소리를 듣는다.

이럴 땐 어떻게 해야 할까? 미운 오리 새끼처럼 그저 하던 일을 묵묵히 계속하는 길밖에 없다. 펜을 들고 쓰기 시작하라. 붓을 들고 그림을 그리라. 무용가라면 다시금 슈즈를 신고 바로 춤을 추라. 극작가든 시인이든 음악가든 그 어떤 예술가도 마찬가지다. 움직이는 것은 얼어붙지 않는 법이다. 움직이라. 끊임없이 움직이라.

유배를 거쳐 더욱 단단해지다

그동안 사회의 규율에 자신을 끼워 맞추려고 노력했지만 번번이 실패했다면 오히려 다행일 수도 있다. 유배자인 그대는 자신의 영혼을 아껴온 것이다. 여기저기 끼어들려 했으나 늘 실패했다는 것을 부정적으로 생각하지 마라. 그것이 공부가 됐든, 예술이 됐든, 어떤 집단이 됐든 실패의 순간마다 그대는 진정한 심리적 친구의 품으로 달려갔을 것이다. 어울리지 않는 곳에 간신히 매달려 얽매이느니 차라리 이리저리 헤매며 자신에게 어울리는 이들을 찾는 편이 낫다. 자신에게 필요한 것을 찾아다니는 것은 절대로 잘못이 아니다. 결코 헛된 고생도 아니다.

미운 오리 새끼는 이런 유배 기간을 통해 더욱 단련되고 강해진다. 유배는 석탄을 다이아몬드로 만드는 과정과 같아서 그런 과정을 겪고 나면 심리는 말할 수 없이 크고 맑아진다. 유배는 납을 빻고 두드리는 연금술의 과정과 같다. 결코 즐거운 일은 아니지만 그 대가로 좋은 결과를 거머쥔다. 유배 기간을 거친 사람은 나약함이 사라지고, 예리한 판단과 날카로운 직관력이 생기며, 평범한 사람은 결코 얻을 수 없는 뛰어난 관찰력과 새로운 시각을 얻는다. 유배란 물론 고달픈 일이지만, 야성적인 심리는 이를 견뎌낼 수 있다. 게다가 그 과정을 거친 뒤에는 자신의 본성에 맞게 살 수 있을 뿐더러, 주변 사회를 변화시키려는 욕망과 그 능력이 더욱 강해질 것이다. 여성의 경우, 주변을 관찰하는 능력이 더욱 강해져 만족스럽지 않은 사회를 자기에게 맞도록 변화시키려고 노력할 것이다.

<u>으스스</u>한 고양이와 사팔뜨기 암탉은 미운 오리 새끼가 어리석고 황당한 꿈을 꾸고 있다고 놀린다. 자기와 잘 맞지 않는다는 이유로 상대를

비난하는 부류의 대표적인 모습이다. 물을 좋아하는 고양이, 헤엄을 즐기는 닭은 없는 법이다. 그러나 유배된 이들은 자신을 다른 이들과 비교하며 자기 비하에 빠지기 쉽다.

다른 사람과 비교해 자신을 못났다고 생각하는 점에서 미운 오리 새끼는 수많은 유배된 여성들과 비슷한 경험을 하고 있다. 자신과는 근본적으로 다른 사람들 틈에서 자신을 탓하며 살고 있는 것이다. 그런 여성은 자신의 자리를 차지하는 것조차 조심스러워한다. "아녜요. 됐어요." 라고 하지만 떠날 용기도 없다.

여성들이 엉뚱한 틀에 자신을 맞추려는 것은 대체 무슨 심리일까? 오랫동안 심리 치료를 해본 결과 내가 얻은 결론은, 그것은 뿌리 깊은 피학증(masochism)이나 심한 자기 파괴 욕구 때문이 아니다. 심리적인 어머니가 없는 상태로 자란 탓에 이런 상황에 대처할 지혜가 없는 것이다.

엄마 없이 나 홀로 지혜를 터득하다

뭔가를 알 수는 있지만 본질을 느끼지 못한다는 말이 있다. 미운 오리 새끼는 많은 걸 알고 있지만 지혜, 즉 엄마로부터 배운 기본적인 것들이 없기 때문에 어떤 상황에 처했을 때 어떻게 해야 할지 모른다. 자식의 타고난 재능이나 본능을 계발시켜주는 것이 엄마의 일이다. 새끼에게 사냥을 가르치는 동물은 '사냥' 그 자체를 가르치지 않는다. 그런 건 새끼들이 이미 본능적으로 알기 때문이다. 어미들이 가르치는 건 무엇을 조심하고 무엇을 살펴야 하는가이다.

유배된 여성도 마찬가지다. 미운 오리 새끼처럼 엄마의 가르침을 받지 못하고 자란 여성은 본능 역시 계발되어 있지 않을 것이다. 그래서 수많은 실험과 실수를 거듭하면서 지혜를 얻어 간다. 어떤 일이 있어도 중도에 포기하지 않고, 길을 찾을 때까지 계속 노력할 것이다.

늑대들이 길을 잃고 헤맬 때처럼 당황하는 경우는 드물다. 공중으로 뛰어오르고, 원을 그리며 뛰어다니고, 코로 땅을 파며, 발로 바닥을 긁고, 앞뒤로 뛰어다니고, 그러다가 가만히 서 있기도 하면서 냄새를 맡으려고 애쓴다. 그럴 때 보면 늑대들이 제정신을 잃은 것 같기도 하다. 그러나 이는 최대한 많은 실마리를 얻으려는 행위이다. 그들은 공중에 코를 내두르고, 땅에서 풍기는 냄새를 허파 가득 들이마신다. 최근에 이곳을 누가 지나갔는지 알기 위해 공기를 탐색하고 인공위성처럼 귀를 내둘러 공기를 타고 전해 오는 소리를 듣는다. 이렇게 모든 정보를 얻고 나면 어떻게 해야 할지 알게 된다.

자기가 가장 소중히 여기는 생활을 잃고 나서 되찾으려고 노력하는 여성은 얼핏 보기에 산만해 보일 수도 있겠지만, 실은 갖가지 정보를 얻고 분석하고 소화하고 있는 중일 것이다. 옆에 있는 사람이 할 수 있는 일은 기껏해야 그녀에게 지금 어떤 일이 일어나고 있는지 간단히 설명해주는 정도이리라. 그러고는 가만히 있으면 된다. 필요한 정보를 모두 얻은 즉시 자신 있게 제 갈 길을 갈 것이고, 으스스한 고양이나 사팔뜨기 암탉과 친해지려던 욕망은 말끔히 사라질 것이다.

절대 포기하지 않는 끈질긴 본능, 야성

우리는 자신과 비슷한 이들, 즉 야성적인 이들을 찾고 싶어 한다. 무자비하게 박해당한 뒤 마을을 떠난 미운 오리 새끼는 거위 떼와 싸우고, 사냥꾼들에게 잡힐 위기를 간신히 넘긴다. 그러나 곧 농부의 집에서 쫓겨나고, 결국은 기운이 다 빠진 채 호숫가에서 덜덜 떠는 신세가 된다. 여성들이라면 누구나가 이해하는 바로 이 감정은 희망을 버리지 않고 꿋꿋하게 나아가게 하는 힘이 되기도 한다.

야성적인 심리는 우리에게 이런 약속을 한다. 한때 우리가 살았던 아름다운 야성의 세계가 지금은 희미하게만 남아 있다 할지라도, 혹은 그 근처도 가본 적이 없다 할지라도, 혹은 자신은 그곳에 갈 자격이 없다고 느낄지라도 그곳에 대한 기억이 평생 우리를 이끌어주는 등대가 되리라는 사실이다. 미운 오리 새끼는 어느 날 비상하는 백조들을 보고 갈망을 느끼고 그 기억에 의지해 힘든 여행을 계속한다.

내가 아는 한 여성은 살기가 너무 힘들어 자살할 생각을 하고 있다가 어느 날 자기 집 베란다에서 거미줄을 치고 있는 거미를 보고 다시 살아갈 용기를 얻었다고 한다. 심리 분석가이며 이야기꾼인 내가 보기에 치유에 가장 도움이 되는 것은, 이처럼 우리가 제일 쉽게 접할 수 있는 평범한 동식물이 아닌가 한다. 수박 껍질에 붙어 있는 무당벌레, 실을 물고 있는 개똥지빠귀, 꽃이 활짝 피어 있는 잡초, 별똥별, 심지어는 길거리에 나뒹구는 유리 조각에 서린 무지개까지 자연의 힘은 강력하고도 정확하다. 끈기란 묘한 힘을 갖고 있어서 어떤 일을 계속하다 보면 엄청난 에너지가 생긴다. 5분 정도 잔잔한 물을 바라보고만 있어도 한 달은 버틸 힘을 얻을 수도 있다.

신기하게도 늑대들은 아무리 아프고 벼랑에 내몰린다 해도 절대 포기하지 않는다. 심지어 다리가 부러져도 절룩거리며 나아간다. 또 어느 누가 공격하든 오래 기다리고 영민하게 행동하며 최선을 다해 목숨을 보전하려 애쓴다. 미운 오리 새끼처럼 자신의 상처를 치료할 수 있는 좋은 곳, 자기가 잘 살아갈 수 있는 곳을 찾을 때까지 끈질기게 버틴다.

　야성의 특징은 절대 포기하지 않고 계속 노력한다는 데 있다. 이는 우리가 타고난 천성이다. 우리가 잃은 것, 우리를 유배시킨 것이 무엇이든 간에 내면의 야성은 결코 포기하는 법이 없다. 지역이나 인종, 종교에 관계없이 야성은 여성이라면 누구나 갖고 있는 천부적인 재능이다. 미운 오리 새끼는 몇 번이나 죽을 고비를 넘긴다. 외롭고, 춥고, 박해받고, 쫓기던 그를 사람들은 생사의 갈림길로 내몰았다. 그러나 중요한 것은 그 다음이다. 이윽고 봄이 되었고 새 삶이 시작된 것이다. 자신의 창의력과 독립을 지키기 위해 끈기 있게 버티면서, 자신에게 충실한 생활을 해나가야 한다. 야성은 이렇게 약속한다. 겨울이 가면 반드시 봄이 온다고.

힘겨운 방랑 끝에 자기 땅에 닿다

　끈질기게 버티다 보면 언젠가 길이 열릴 것이다. 백조들은 결국 미운 오리 새끼가 자기들의 일원임을 알아본다. 유배된 여성들의 경우도 마찬가지다. 이들은 오랫동안 아주 힘겨운 방랑 끝에 자기 땅에 닿은 뒤에야 비로소 사람들이 자기를 자랑스럽게 여기고 감싸고 있음을 알아차린다.

　드디어 자기 땅에 도달한 사람들은 말할 수 없는 행복감을 느낄 것 같지만 실은 전혀 그렇지 않다. 최소한 처음 얼마 동안은 불신에 가득 찬다. 새로 만난 이들이 정말 자신을 괜찮게 생각할까, 여기 있어도 안전할까, 정말 백조처럼 행동해도 될까 등 갖가지 근심에 사로잡힌다. 그러다 얼마간 시간이 흐르면 차차 이런 의심들이 사라지고 야성이라는 아름다운 본질을 받아들일 수 있게 된다.

남의 칭찬을 받아들이지 못하는 여성들이 종종 있다. 어쩌면 줄곧 미운 오리 새끼로 살아왔기 때문일 수 있다. 물론 겸손이나 수줍음 때문일 수도 있지만, 사실 수줍기 때문에 입는 상처도 얼마나 많은가. 게다가 남의 칭찬을 받을 때 자기도 모르게 마음속에서 유쾌하지 못한 대화가 시작되는 경우가 많다. 얼굴이 예쁘다느니, 작품이 좋다느니 칭찬을 하면 자기는 그런 말을 들을 자격이 없다고 느끼고, 바보 같은 소리라고 생각하는 여성들이 있다. 자신의 본질에 충실할 때 내면에서 아름다움이 풍겨 나온다는 사실을 모르는 것이다. 그리고 얼른 화제를 바꾸면서 인정받는 데서 얻는 심리적인 양분을 거부한다.

자아를 되찾은 유배자가 끝으로 할 일은 자신의 개성뿐 아니라 자신의 아름다움을 인식하는 것이다. 영혼의 모습을 인식하고 야성에 가까이 살면 자기 자신뿐 아니라 자신이 관계하는 모든 것이 변한다는 사실을 알게 된다. 일단 자신의 야성적인 아름다움을 받아들이면 더 이상 그것에 집착하지 않게 되고, 버리거나 거부하지도 않게 된다. 자기가 얼마나 유연하게 뛰어오르는지 의식하는 늑대가 있을까? 자기가 얼마나 귀엽게 앉아 있는지 생각하는 고양이가 있을까? 자기가 지금 어떤 소리로 노래하는지 생각하는 새가 있을까? 우리도 그들처럼 자신의 본질에 맞게 살면서, 천부적인 아름다움을 거부하지도 숨기지도 말아야 한다.

여성들은 천부적인 야성을 향한 신비로운 열정이 있다. 우리는 이 야성을 여걸이라고 부른다. 설사 그 이름을 모르는 여성이라 할지라도 여걸을 찾아다니고 온 마음을 다해 그녀를 사랑한다. 여걸에 대한 사랑이 여걸을 추구하는 동기이자 원동력이 된다. 이는 생각보다 쉬운 작업이 될 것이다. 왜냐하면 우리가 여걸을 찾는 동안 여걸도 우리를 찾고 있기 때문이다. 우리는 모두 여걸의 딸들이다.

♦ Chapter 7 ♦
환호하는 육체
– 야성의 몸은 다 아름답다

야성을 위협하는 육체적·심리적 기준

　나는 늑대들이 달리거나 뛰어놀 때 서로 몸을 부딪치는 모습을 보고 깊은 인상을 받았다. 그들 각각에서 독특한 몸짓과 아름다움, 그리고 힘을 느낄 수 있었다. 미국 북부지역에서 나는 다리가 셋 달린 늑대를 본 적이 있는데, 블루베리 가지가 늘어져 있는 틈새를 비집고 들어갈 수 있는 것은 오직 그 녀석뿐이었다. 그 밖에도 특이한 녀석들이 더 있었다. 몸을 움츠렸다가 다음 순간 공중에 은빛 무지개를 그리며 팔짝 뛰어오르는 회색 늑대도 있었고, 새끼를 낳은 지 얼마 안 되어 아직 배가 줄어들지 않았는데도 무용수처럼 우아하게 연못을 건너가는 늑대도 있었다.
　그토록 아름답고 강한 늑대를 보고, "넌 이빨이 너무 날카롭고 마치 걸신들린 놈 같아."라고 말하는 이들도 분명 있다. 여성의 경우도 마찬가지다. 여성에게는 특정한 기질과 제한된 욕구만이 용납되고 있는 실정이고, 몸매나 외모로 여성의 가치를 판단하려는 이들이 적지 않다. 여성들이 특정한 미적 기준이나 행동 방식을 따라야 한다면 이는 몸과 마음이 다 감금된 상태나 다름없으며 그런 여성은 결코 자유로울 수 없다.

본능 심리학에서 우리 몸은 일종의 감지 장치에 해당한다. 감정 및 직관뿐 아니라 심장, 혈관, 호흡기, 척추, 자율 신경 등 무수한 통신 체계를 갖춘 연락병으로 간주된다. 동화의 세계에서 우리 몸은 물리적 능력과 영적인 능력을 모두 갖춘 존재로 묘사된다. 우리에겐 세상의 소리를 듣는 귀와 영혼의 소리를 듣는 귀가 있고, 평범한 것을 보는 눈과 특별한 것을 보는 눈이 동시에 있다.

몸은 수많은 언어를 말하고 받아들인다. 피부색과 체온, 얼굴의 홍조, 사랑의 열기, 고통을 느낄 때 나타나는 어두운 빛, 뭔가 미덥지 않을 때 느껴지는 차가움 등이 모두 언어에 해당한다. 끊임없이 이어지는 가벼운 춤과 몸부림은 물론, 가벼운 떨림이나 심장의 고동 역시 뭔가를 말해주는 언어이다.

우리 몸은 작은 뼈나 관절은 물론, 심지어 손가락까지도 우리가 경험하는 일들을 모두 기억한다. 우리가 보고 듣고 느끼는 모든 것이 이미지 또는 감정으로 하나의 세포 속에 저장되는 것이다. 우리 몸은 스펀지 같아서 어느 한 부분이 무언가에 눌리거나 가볍게라도 닿으면 그 기억이 물처럼 몸 안으로 금세 빨려 들어간다. 우리 몸의 아름다움과 가치를 과소평가하는 것은 몸 본연의 형태나 환희를 느낄 권리를 잃은 채 살아가도록 강요하는 것과 같다. 현재 유행하는 형태와 다른 아름다움을 지녔다는 이유로 추하다고 간주된다면 야성이 지닌 본연의 환희는 손상되고 말 것이다.

여성들은 야성과의 관계를 해치는 심리적·육체적 기준들을 거부해야 한다. 여성적 본능은 외양보다는 생기나 민감함, 인내력 등을 훨씬 더 소중히 여긴다. 특정한 미의 기준도 무시해서는 안 되지만, 이와 더불어 모든 형태의 아름다움을 포용할 수 있는 더 큰 원을 그려야 할 때가 왔다.

타고난 몸매로 심리를 논하는 사회

나는 전에 한 친구와 "바디 토크"라는 스토리텔링 공연을 한 적이 있다. 조상에게서 물려받은 축복들을 말하는 2인극이었다. 내 파트너 오팔랑가는 주목나무처럼 키가 크고 날씬한 흑인인 반면 나는 작고 통통한 백인이었다. 오팔랑가는 어렸을 때 큰 키와 벌어진 앞니(앞니가 벌어지면 거짓말쟁이라는 속설이 있었다) 때문에 놀림을 받았고, 나 역시 뚱뚱한 몸매 때문에 자제력이 없다는 소리를 종종 들어왔다.

이 연극을 통해 우리는 서로의 육체가 이러저러한 이유로 비난과 놀림의 대상이 되어온 것에 대해서 이야기했다. 즐거움이 허락되지 않은 몸들을 위해서 애도의 노래를 부르기도 했다. 몸을 흔들고 춤을 추는 동안 우리는 상대의 몸이 몹시 아름답게 느껴져, 대체 이런 몸을 어떻게 추하다고 생각할 수 있는지 묻기도 했다.

나는 오팔랑가가 어른이 되어 감비아를 여행하던 중 자신처럼 크고 늘씬하며 앞니가 벌어진 동족들을 만났다는 말을 듣고 깜짝 놀랐다. 그곳에서는 앞니 사이에 벌어진 틈을 '신성한 틈'이라 불렀고 지혜의 상징으로 여겼다. 오팔랑가 역시 내가 멕시코의 테후안테펙 지협으로 여행을 갔을 때 나처럼 강하고 장난 끼가 많은, 체구 큰 종족들을 만났다는 말을 듣고 놀라워했다. 나의 동족들은 나를 어루만지고 다독거리며 왜 이렇게 몸이 말랐냐면서 어디 아프지 않느냐고 물었다. 여성은 무수히 많은 것을 안고 있는 지구 같아서 둥글고 커야 한다고 그들은 말했다.

오팔랑가와 공연했던 이 연극은 우리 두 사람의 삶과 마찬가지로 서글프고 우울하게 시작해 기쁘고 자신감 넘치는 내용으로 끝을 맺었다. 오팔랑가는 자신의 큰 키가 아름다움의 원천임을 알고 있다. 그녀의 미소는 지혜를 나타내고 신의 음성이 언제나 그녀의 입가를 맴돌 것이다. 내 몸 또한 하나의 지구처럼 많은 것을 담고 있다. 우리는 세계 곳곳에 사는 사람들을 보고 우리 몸의 가치를 재발견하게 되었다. 더불어 신비로운 우리 몸을 깎아 내리는 말들을 거부하게 되었다.

여성이면 누구나 무수히 많은 아름다움으로 가득 찬 이 세상을 한껏 즐길 권리가 있다. 새나 소나무나 늑대들이 한 종류만 존재하지 않듯, 여성의 아름다움 또한 셀 수 없이 많다. 남녀노소 누구나 한 가지 아름다움만 지닐 수는 없다. 일정한 형태의 젖가슴이나 골격 혹은 피부만 아름답다고 볼 수 없는 것이다. 멕시코에 사는 거구의 여성들을 보고 난 뒤 나는 여성들의 체격에 대한 기존의 사고를 뒤엎게 되었다. 특히 체구가 큰 여성들의 내면에는 끊임없이 뭔가를 갈망하는 허기진 여성이 들어 있다는 생각은 그야말로 어처구니없게 느껴졌다.

서글픈 일이지만, 여성의 체격에 영향을 주는 강박적이고 파괴적인 식습관 장애도 물론 존재한다. 그러나 체격은 대체로 부모나 조부모로부터 물려받은 유전 형질인 경우가 많다. 유전된 형질을 가리켜 여성을 비난한다면 그런 집안 여성들은 대대로 불안하고 신경질적인 성격을 갖게 될 위험이 있다. 그렇게 되면 심리적·영적 보배를 상실하는 것은 물론이고, 조상에게서 물려받은 체형에 대한 긍지 역시 잃고 말 것이다. 결국 자신의 몸뿐 아니라, 어머니나 할머니 혹은 딸의 몸까지 미워하게 되며 더 나아가 친지들의 몸도 혐오하게 될 것이다. 다시 말해, 몸매 때문에 여성을 공격하는 것은 그 여성뿐 아니라 그녀의 조상과 후손까지 공격하는 셈이 된다.

몸매로 사람을 판단하는 사회에서는 모든 여성이 자신을 숨기고 위장된 삶을 살게 된다. 키가 큰 여성은 몸을 구부리게 되고, 작은 여성은 어떻게든 커 보이려고 애를 쓴다. 몸집이 큰 여성은 초상집에 온 것처럼 시커먼 옷만 입을 것이고, 너무 빈약한 몸매를 가진 여성은 독사처럼 몸을 부풀리는 옷만 입을 것이다. 자신이 타고난 몸매와의 연계를 박탈당한 여성은 자긍심을 잃을 뿐 아니라, 오직 외모에 따라 자신을 판단하게 된다. 또한 음식을 저울질하고 줄자의 숫자를 지켜보는 데 에너지를 낭비하게 될 것이다. 본능의 세계에서는 여성이 이런 식으로 자기 외모에 집착한다는 것은 생각조차 할 수 없는 일이다.

많은 여성들의 내면에 '갈망하는' 존재가 들어 있다는 말은 사실이다. 그러나 키나 체형 등 외모만을 갈망한다고 생각하면 이는 착각이다. 여성들은 자기를 인정하고 존중해주기를 갈망한다. 그리고 최소한 자신의 몸이나 얼굴, 혹은 나이 때문에 어떤 범주로 평가받지 않기를 갈망한다.

수많은 심리학자들은 (심지어 프로이트조차) 표준에 맞지 않는 체형의 여성들을 비정상적이라고 평가한다. 예컨대 마틴 프로이트가 아버지인 지그문트 프로이트에 대해 쓴 책을 보면, 그 집안사람들은 땅딸막하고 뚱뚱한 사람들을 싫어하고 놀렸다고 한다. 프로이트가 왜 그런 시각을 갖고 있었는지는 여기서 논의할 수 없지만, 그는 여성의 몸에 대해 올바른 견해를 갖고 있었을 리 없다. 요즘도 타고난 체형을 편견의 시각으로 바라보고 논리를 전개하는 심리학자들이 많다. 이로 인해 아직도 수많은 여성이 자신의 몸과 깊고 섬세한 관계를 맺지 못할 뿐더러, 외모에 집착한 나머지 창조적인 생활에는 관심을 두지 못한 채 살아가고 있는 것이다.

여성에게 타고난 몸을 바꾸도록 강요하는 경향은 지구를 깎고, 벗기고, 그 뼈까지 깎는 행위와 결코 다르지 않다. 여성들의 심리나 몸을 상하게 하는 문화는 그 문화나 자연까지도 해치기 십상이다. 총체 심리학에서 보면 이 세상 모든 것은 서로 동떨어져 있지 않고 긴밀히 연관되어 있다. 여성들이 단 하룻밤에 문화나 자연의 파괴를 그치게 할 수는 없지만, 최소한 자기 몸에 그런 일이 일어나는 것은 막을 수 있다. 젊음과 외모만이 행복을 보장한다는 망상을 거부하고, 원하는 일을 주저 없이 행하라. 역동적인 자기 포용과 자긍심이야말로 사회를 변화시키는 원동력이 될 것이다.

우리 몸의 황홀한 능력들

몸의 나약함 혹은 야성의 몸을 주제로 한 동화 또는 신화들이 있다. 가령 그리스 신화에는 불구인 대장장이 헤파이스토스가 있고, 멕시코에는 두 개의 몸을 지닌 하타르라는 신이 있다. 또한 바다에서 태어난 비너스, 못생겼으나 창조의 능력을 지닌 난쟁이 재봉사, 거대한 산을 직접 경작하며 사는 여인들, 그리고 신비하게 여기저기 날아다니는 엄지공주

등도 그런 예에 속한다.

　동화에는 마술의 잎사귀나 담요, 구름 등 사람을 실어 나르는 도구와 사람의 몸을 상징하는 물건들이 자주 나온다. 외투, 신발, 방패, 모자, 헬멧 등 등장인물을 사람 눈에 뜨이지 않게 하거나, 엄청난 초능력을 주거나, 먼 곳을 보게 해주는 물건들도 있다. 우리 몸의 영적 힘을 가장 잘 나타내주는 상징으로 마술 양탄자를 들 수 있는데, 마술 양탄자가 나오는 이야기들을 보면 대체로 그 사회는 우리 몸의 영적 능력에 대해 잘 모른다. 처음에 사람들은 그 양탄자가 아무런 가치도 쓸모도 없다고 생각한다. 그러나 주인공들이 그 위에 앉아 "떠라!"고 외치면 마술 양탄자는 그 즉시 부르르 떨며 떠오르고, 곧 하늘로 날아올라 주인공들을 다른 곳으로 데려다준다. 새로운 의식과 깨달음을 주는 것이다. 음악을 듣거나, 연인의 목소리를 듣거나, 어떤 향기를 맡는 등 특별한 경험을 통해서도 우리 몸은 우리를 낯선 다른 곳으로 데려가준다.

　동화나 신화에서 양탄자는 교통수단으로 등장하여 이 세상은 물론 저 세상까지도 들여다보게 해준다. 특히 중동 지방에는 무당들이 영적인 여행에 양탄자를 이용하는 이야기들이 자주 등장한다. 몸은 우리가 애써 벗어나야 하는 짐이 아니라 다른 세계, 다른 경험으로 실어다 주는 로켓 비행기임을 말해준다. 그리고 네잎 클로버 모양의 양탄자는 원자 공간이 뭉쳐 있는 신경의 탯줄이기도 하다.

　몸을 상징하는 물체는 양탄자 외에도 여러 가지가 있다. 《마술 양탄자 이야기》에는 그런 물건이 세 가지가 나온다. 한 왕이 아들 삼형제에게 '세상에서 가장 좋은 물건'을 찾아오는 사람에게 왕국을 물려주겠다고 하자, 장남은 사물의 내부를 보여주는 상아 막대기를, 둘째는 모든 병을 치료해주는 향기로운 사과를, 그리고 막내는 가고 싶은 곳을 생각만 하면 그곳으로 실어다주는 마술 양탄자를 가져온다. 그러자 왕이 묻는다.

"어떤 것이 가장 위대한가? 어떤 것이 가장 멀리 보이는가? 어떤 것이 치유 능력이 가장 강력한가? 어떤 것이 날 수 있는 힘이 가장 큰가?"

세 아들은 왕 앞에서 각자 자기 물건이 제일 좋다고 자랑한다. 가만히 듣고 있던 왕은 그중 어떤 것도 나머지 물건이 없으면 소용이 없다고 하면서 왕국을 셋으로 나눠 삼형제에게 고르게 물려준다.

이 이야기는 우리 몸이 담고 있는 직관이나 감각적 치유, 그리고 황홀한 능력을 묘사하고 있다. 우리는 흔히 몸이 자기 자신과는 상관없이 제 할일을 해나가고 있다고 생각한다. 그래서 때로는 자기 몸을 노예처럼 생각하고 자기가 원하는 일을 해주기만을 바라는 이들도 있다. 혹자는 영혼이 몸에 깃들어 있다고 말한다. 그러나 우리 몸이 잠시 영혼에 깃들어 있어 영혼으로 하여금 일상생활에 적응하게 한다고 볼 수도 있다. 육체가 우리의 길잡이고 스승이라면 우리에게 그토록 많은 것을 가르쳐주고 도와주는 이 스승을 학대하는 것은 너무나 잘못된 일이다.

우리 몸을 조각품 정도로 생각하는 태도는 분명히 잘못되었다. 몸은 대리석이 아니고, 우리 몸이 존재하는 이유 또한 다른 데 있다. 몸은 우리를 보호한다. 영혼과 정신에 힘을 주고, 기억을 보전하며, 영적으로 가장 유익한 감정들을 일으키기 위해 존재하는 것이다. 몸은 우리의 존재와 위치를 증명하고자 하는 욕망을 불러일으킨다. 몸은 단지 영혼을 찾기 위해 벗어나야 하는 장소가 아니다. 몸을 통해 영혼은 영롱한 별로 가득 찬 신비로운 밤하늘을 보고 감동하게 된다.

아름다운 몸을 만드는 내면의 힘

본능의 세계에서 건강한 몸은 어떤 특징이 있을까? 가장 근원적인 차원에서 중요한 것은 우리 몸이 어떤 모양, 크기, 색을 갖고 있느냐, 또는 얼마나 늙었느냐가 아니라, 그것이 제대로 작용하느냐, 본연의 기능을 발휘하느냐, 여러 가지를 폭넓게 느끼느냐 하는 데 있다. 다시 말해, 건강한 몸은 여러 자극들을 두려움 없이 마음껏 느낀다. 또한 세상의 음악에 귀를 기울이며 다양한 시각을 통해 바깥세상을 내다본다.

나는 이십대에 그때까지 몸에 대해 알고 있던 모든 지식을 뒤집는 중요한 사건을 두 번 경험했다. 한 번은 워크숍에서 있던 일이다. 한 주 내내 워크숍을 해온 우리 팀이 온천 근처에서 모닥불을 피우며 놀던 어느 날 밤, 35세쯤 된 한 여성의 알몸을 보게 되었다. 그녀의 젖가슴은 아이들을 낳고 기르는 동안 홀쭉해져 있었고 배 또한 여러 번의 임신으로 깊은 골이 패어 있었다. 어린 나이였던 나는 그녀의 깨끗하고 연약한 피부를 보며 연민을 느꼈다. 그때 누군가가 마라카스와 북을 치기 시작하자, 그녀는 온몸을 열정적으로 흔들며 춤을 추었다. 그녀의 모습은 말할 수 없이 힘차고 아름다웠고, 그 모든 것이 가슴 아플 정도로 우아했다. 그때까지 나는 "허리 속에 불이 들어 있다"는 말을 우습게 넘겼었는데 그날 밤 그녀의 모습을 보니 그 말이 실감이 났다. 그녀가 지닌 둔부의 힘은 엄청났다. 그리고 그때까지 무시하라고 배워온 것, 즉 내면에서 우러나온 힘으로 가득 찬 여성의 몸이 얼마나 아름다운지 깨달았다. 30여 년이 지난 오늘도 나는 그날 밤 그녀의 모습과 그 몸이 지닌 힘을 생생히 기억하고 있다.

두 번째 경험은 그녀보다 훨씬 나이든 여성과 관련이 있다. 이 여성은 보통 기준으로 판단할 때는 너무 큰 엉덩이에 그와는 대조적으로 빈약한 가슴을 지니고 있었다. 허벅지에는 푸른 핏줄이 잔뜩 솟아 있었고, 갈비뼈와 등 사이에도 사과껍질 같은 심한 수술 자국이 있었으며, 허리는 네 뼘쯤 되어 보였다. 그런데 어찌된 일인지 그녀 주위엔 남자들이 벌떼처럼 모여 들었다. 남자들은 그녀의 뚱뚱한 엉덩이와 상처자국에 입을 맞추고 싶어 난리였다. 그녀의 가슴을 탐하고 거미 같은 허벅지에 얼굴을 묻고 싶은 남자들이 수두룩했다. 그녀는 눈부신 미소의 소유자였다. 걸음걸이는 아름다웠고 사물을 꿰뚫어 보는 눈이 있었다. 나는 그녀의 몸이 지닌 내면의 힘을 목격했다.

우리 사회는 아름다운 몸만이 힘이 있다고 생각한다. 그러나 몸 안에 힘을 지닌 이는 드물다. 왜냐하면 많은 사람이 자신의 몸을 학대하거나 자기 몸의 단점에 대해 치욕을 느낀 나머지 그 힘을 쫓아 버렸기 때문이다. 야성적인 여성은 몸이 지닌 영적인 힘을 깨닫는다. 몸은 우리가 평생 들고 다녀야 하는 아령이 아닐 뿐더러, 우리를 평생 싣고 다니는 말도 아니다. 몸은 우리에게 많은 것을 깨우치고 가르쳐주는 시와 같다. 야성적 심리는 몸을 하나의 독자적인 존재로 본다. 때로는 엄마처럼 우리를 돌보고 때로는 아이처럼 우리의 보호를 받는 존재가 바로 우리의 몸이다.

야성에 대한 갈망, 나비 여인 마리포사

오랜 세월, 미국의 많은 관광객들은 이른바 '깨달음의 행로'라고 불리는 거대한 사막을 우르르 몰려다니곤 했다. 모뉴먼트 밸리, 차코 캐니언, 메사버드 국립공원, 케이엔타, 킴스 캐니언, 페인티드 데저트, 캐니언 드 셸리 등이 거기에 포함된다. 관광객들은 그랜드캐니언의 골반을 감상하며 머리를 갸웃거리고 어깨를 으쓱한 다음 서둘러 집으로 돌아갔다. 그리고 다음 해 여름에 다시 그곳을 찾고, 다른 부분을 좀 더 감상한 뒤 돌아가기를 반복했다.

이러한 관광 열풍의 바탕에는 인간들이 태초부터 느껴온 영적 경험에 대한 갈망이 자리 잡고 있다. 이런 갈망은 조상을 잃은 이들에게서 좀 더 심하게 나타나는 경향이 있다. 많은 사람들이 고조부모님이나 증조부모님의 이름을 모를 뿐더러 집안의 역사조차 까맣게 모른 채 살아가는 데서 오는 영적 슬픔과 갈망이 누적되었기 때문이다.

뉴멕시코에 있는 어마어마하게 큰 암벽인 '푸예'라는 지역에도 숱한 관광객들이 다녀갔다. 전해지는 말로는 선사시대에 이곳은 바다에 잠겨 있었다고 한다. 그 암벽에는 미소 짓는 입술, 한숨 쉬는 입, 능글맞게 웃는 눈 등이 아로새겨져 있는데 이는 모두 바닷물의 침식에 의해 자동으로 생성된 것이라고 한다. 원래 그곳은 나바호나 아파치, 산타 도밍고 등 근처 사막에 흩어져 사는 여러 부족의 집결지였다. 이곳에 모인 부족들은 춤을 추며 소나무 기둥이나 사슴, 혹은 독수리 등의 혼령에 몰입하곤 했다. 그래서인지 이곳을 찾은 관광객들 중에는 자신의 영적 모태나 자기 부족의 신화, 혹은 신과의 관계를 되찾고 싶은 사람들이 많았다.

오늘날 푸예로 가는 길은 온갖 승용차나 트럭이 일으키는 먼지로 항상 뿌옇다. 한낮이 되면 암석대의 가장자리엔 수천 대의 차가 즐비해 있고, 내리꽂는 폭양 아래 뜨거운 신발을 질질 끌며 걸어가는 사람들이 있다. 이곳을 찾은 관광객들의 목적은 다양하지만, 대체로 남들이 보지 못한 것, 가장 야성적인 것, 살아 있는 영적 존재를 찾아오는 사람들이 많다. 그리고 대부분이 '나비 여인 마리포사' 공연을 보러온다.

이 여행의 마지막 행사는 '나비춤'이다. 한 명의 무희가 나비춤을 추는데 그녀만큼 멋진 무희도 드물 것이다. 날이 저물기 시작하면 40파운드의 터키석으로 된 화려한 예복을 입은 노인이 입장한다. 그는 마이크를 들고, "다음은 나비춤 공연이 있겠습니다."라고 말한 뒤 퇴장한다. 소개가 끝난 뒤에도 무희는 좀처럼 나타나지 않는다. 엄청나게 더운 날씨 때문에 화장을 고치거나 차를 청소하면서 시간을 끈다. 할아버지에게서 물려받은 허리띠가 끊어지는 날은 아예 출연을 거부하기도 한다. 그 허리띠에 깃든 혼령이 휴식을 취해야 하기 때문이란다. 때로는 무희가 자신을 소개하는 소리를 듣지 못해 따로 사람을 보내야 하는 경우도 있다. 소리를 들었다 해도 오는 길에 지인들과 이야기도 해야 하고 어린 조카들을 둘러보는 데도 엄청난 시간이 걸린다.

관객들은 들뜬 마음으로 나비춤을 기다리며 나비 아가씨 이야기를 한다. 울긋불긋한 전통의상을 입고 얼굴에 분홍 원을 그린 인디언 소녀들 이야기며, 팔다리에 소나무 가지를 둘러맨 채 춤추는 젊은 남자 무용수 이야기도 빠질 수 없다. 그런 식으로 시간은 흐르고 또 흐른다. 기다리다 지친 사람들이 짜증을 내기 시작할 무렵, 갑자기 고수들이 나와 나비춤 노래를 치기 시작하고 소리꾼들은 신을 향해 목청껏 소리를 지른다.

관광객들에게 나비란 섬세하고 나약하다는 이미지가 있기 때문에, 갑자기 무대에 나비 아가씨가 뛰어들면 다들 화들짝 놀란다. 한쪽 어깨를 드러낸 무희는 붉은색과 검은색이 섞인 담요 같은 옷을 입고 팔짝팔짝 뛴다. 몸집이 크고 다리가 가느다란 그녀는 마치 옥수수 빵에 박힌 거미처럼 양쪽 발을 부지런히 움직이고 깃털 부채를 이리저리 흔들며

약한 자에게 힘을 주고자 한다. 그녀는 대부분의 사람이 약하다고 생각하는 존재들, 즉 노파나 나비, 혹은 여성을 의미한다.

나비 아가씨의 머리는 숱이 많은 회색으로 땅바닥에 닿을 정도로 길다. 등에는 천사처럼 나비 날개를 달았고 엉덩이는 뛰어다니는 보리자루처럼 묵직하며 허리도 엄청나게 굵다. 그녀의 몸놀림이 토끼처럼 가벼울 거라는 상상은 하지 말라. 오히려 바닥이 쿵쿵 울릴 정도로 요란하게 뛰어다닌다.

나비 아가씨는 깃털 부채를 위아래로 흔들며 사람들에게 꽃가루를 퍼뜨리는 나비의 힘을 나눠준다. 이때 조개껍질 팔찌는 방울뱀 소리를 내고, 방울 달린 허리띠 역시 빗방울 같은 소리를 낸다. 커다란 복부와 가느다란 다리를 지닌 그녀의 그림자가 무대 여기저기를 옮겨 다닐 때마다 먼지가 풀풀 인다.

경외감에 빠져 이 광경을 바라보는 인디언들과는 달리 관광객 가운데는, "이거야? 저 사람이 나비 아가씨야?"라며 실망하는 이들도 있다. 늑대가 여인이고 곰이 남편이며, 엄청난 체구의 노파가 나비가 되는 영혼의 세계를 잊은 사람들이다.

거구의 노파가 나비 아가씨인 것은 너무나도 당연하다. 그녀는 천둥의 세계와 지하 세계를 한 몸에 담고 있는 존재이기 때문이다. 그녀의 등은 동식물을 포함한 지상의 모든 수확물을 품은 지구의 곡선이고, 그 목덜미는 아침 해와 석양을 품고 있다. 왼쪽 허벅지는 세상의 모든 소나무를 받치고 있고 오른쪽 허벅지는 세상의 모든 암 늑대들을 품고 있다. 또 배는 세상의 모든 생명들을 잉태하고 있다.

나비 아가씨는 여성의 생식 능력을 나타낸다. 이리저리 꽃가루를 실어 나르며 세상과 우리 마음을 모두 풍요롭게 해준다. 또한 중심에 서서 한쪽에서 뭔가를 가져다가 다른 쪽에 주어 상반되는 것들을 합치시키는 역할을 한다. 바로 이것이 나비 아가씨가 하는 일이자 그녀가 전하는 메시지이기도 하다.

나비 아가씨는 고통을 겪은 사람만이 변화할 수 있다거나, 말할 수 없이 강한 사람만이 변화할 수 있다는 생각이 틀렸음을 말해준다. 자아는 아주 작은 힘만으로도 변화될 수 있다. 노쇠하고 땅딸막하고 목이 짧고 얼룩덜룩한 몸으로 모든 사람을 축복하는 그녀는 지구의 영혼을 풍요롭게 해준다. 본능의 번역자이자 풍요의 수단이며 신화의 소리이고 체현된 여걸이다.

나비춤의 무희는 늙은 영혼을 상징하기 때문에 반드시 나이 든 여성이어야 한다. 뿐만 아니라 많은 것을 담아야 하기 때문에 허벅지와 엉덩이가 커야 한다. 나비 여인은 남녀노소는 물론 병든 자나 심지어 죽은 자까지 만질 수 있는 특권이 있다.

야성의 눈으로 보는 여성의 몸

우리 몸은 지구와 같아서 그 위에 너무 많은 것을 짓거나, 어딘가를 잘라내거나, 너무 파헤치면 곧 약해진다. 야성적인 여성은 외형보다 감성에 더 관심이 많다. 여성들의 젖가슴은 어떤 모양이든 간에 자극을 감지하고 아기에게 젖을 주는 능력을 갖고 있다. 이 두 가지 기능을 지닌 가슴이면 어떤 모양이든 상관없이 좋은 것이다.

여성의 둔부가 넓은 것도 다 이유가 있다. 그 안에 든 매끄러운 상아 요람이 새 생명을 담고 있기 때문이다. 둔부는 상체와 하체를 받쳐주는 우리 몸의 문이고 부드러운 방석이며 사랑의 행위를 위한 손잡이이다. 또 다리는 이리저리로 옮겨 다니게 해주고, 당당하게 서 있게 해주며, 앞으로 나아가게 해준다. 다리가 너무 굵거나, 가늘거나, 길거나, 짧은 것은 이런 기능과 아무 관계가 없다.

우리 몸이 일정한 크기나 모양이어야 한다는 것은 말도 안 되는 이야기다. 무엇이 꼭 두 개씩 있어야 한다는 것도 황당한 발상이다. 야성의 시각에서 볼 때 중요한 것은 우리 몸이 외부 자극에 제대로 반응하는가, 즐겁고 행복한가, 마음껏 움직이고 춤출 수 있는가 하는 것뿐이다.

어린 시절 나는 누군가를 따라 시카고에 있는 박물관에서 말비나 호프만(Malvina Hoffman)의 조각 작품들을 본 적이 있다. 커다란 전시실에는 짙은 색의 청동으로 된 실물 크기의 인물상들이 세워져 있었다. 여러 인종의 나체상은 야성성을 느끼기에 충분했다. 호프만의 조각은 야성의 몸을 표현하고 있었다. 사냥꾼의 날렵한 종아리, 아이 둘을 데리고 있는 어머니의 늘어진 젖가슴, 처녀의 단단한 젖가슴, 허벅지 가운데까지 늘어진 노인의 고환들도 보였다. 눈보다 큰 콧구멍, 매부리코, 반듯한 코, 깃발 같이 쫑긋 솟은 귀, 거의 턱에 붙어 있는 호두같이 작은 귀, 똬리를 튼 뱀처럼 말려 있는 머리카락, 풀린 리본처럼 물결치는 머리카락, 풀잎처럼 곧게 뻗은 머리카락…. 호프만은 야성의 몸을 사랑하고 그 안에 깃든 힘을 이해한 조각가라는 생각이 들었다.

미국의 극작가, 엔토자키 샹게이(Ntozake Shange, 1948년생. 본명은 Paulette Williams)의《무지개로 충분할 때 자살을 생각한 유색 인종의 소녀들을 위하여(for colored girls who have considered suicide when the rainbow is enuf)》(1975년 작)라는 극작품이 있다. 연극에서 보라색 피부의 여성은 그녀의 정신적·육체적 특성 때문에 그녀를 무시하고 비하한 사회와 어떻게 힘겨운 투쟁을 벌여왔는지 이야기한다. 그녀의 다음과 같은 고백이 내 가슴을 먹먹케 했다.

"내가 가진 것은 이것뿐…… 시(詩), 두툼한 허벅지, 작은 젖가슴, 그리고 엄청난 사랑"

몸의 힘, 야성적인 여성의 힘은 바로 그런 것이다. 신화나 동화를 보면 신이나 정령들은 자신의 신성을 가리기 위해 다양한 형태로 변신하여 나타난다. 때로는 말끔히 정장을 차려입기도 하고 때로는 누더기 차림일 때도 있다. 은장식을 하기도 하고 더러운 신발을 신기도 한다. 고목처럼 검은 피부로 나타날 때가 있는가 하면, 장미꽃잎 같은 고운 살결로 나타나기도 한다. 약한 어린아이로 나타나기도 하고, 누렇게 뜬 노파일 때도 있다. 때로는 벙어리로 변신하기도 하고 동물로 나타날 때도 있다. 어찌됐건 정령들이 이렇게 변신하는 이유는 인간의 마음을 떠보기 위해서다.

여걸은 크기, 모양, 피부색 등 다양한 조건으로 나타난다. 여러 모습으로 변신하는 야성의 영혼을 알아보려면 정신을 바짝 차려야 할 것이다.

Women Who Run ith the Wolves

제3부

자아, 그리고 사회의 편견이 여성을 위태롭게 하다

◆ Chapter 8 ◆

고삐 풀린 욕망?
– 본능을 잃은 자를 노리는 덫과 올가미

본능을 잃고 떠돌다가 다시 야생으로 돌아오다

　옥스포드 영어 사전에 따르면 '야생(feral)'이라는 말은 야수를 뜻하는 라틴어 'fer'에서 유래됐다. 한때 야수였으나 가축이 되었다가 다시 원래의 상태, 즉 야수의 상태로 되돌아간 동물을 가리키는 말이다. 여기 '야생의 여인'이라는 말도 비슷한 의미로 쓰고 있다. 원래 건강한 야성을 지니고 있었으나 이런저런 우여곡절 끝에 본능을 다쳐 점차 유순해졌다가 본연의 야성으로 되돌아가려는 여성을 가리킨다. 이런 여성은 쉽게 덫에 걸리고 독에 물린다. 삶의 주기와 보호체계가 파괴된 상태이기 때문에 신중함과 경계심이 부족해 적에게 먹힐 위험성이 높은 것이다.
　본능을 잃어가는 과정은 어느 정도 일정하다. 푸른 잎이 우거진 들판에 녹슨 쇠 덫들이 숨어 있는 것처럼 심리의 숲속에도 도처에 위험이 도사리고 있다. 좋아 보이는 인간관계나 일 가운데도 우리를 유혹하는 덫들이 매우 많다. 누군가 미끼를 물기를 기다리며 그 정신을 죽이려는 날카로운 무기들이 곳곳에 들어 있다.

야생의 여성들 가운데 특히 젊은 여성들은 유배되어 있는 동안 맛보지 못했던 양분과 행복을 누리고 싶은 욕망이 너무도 강렬하다. 그래서 자신에게 무익하고 허황되며, 때로는 공허하기까지 한 인간관계나 목표에 무분별하게 매달리는 경향이 있다. 나이가 몇이든, 어디에 살든 굉장히 제한된 삶으로 유인당할 위험이 있다.

덫에 걸린 적이 있거나 어디 갇힌 적이 있다면, 또 영적인 굶주림과 특히 무언가 창조하고픈 욕망이 강하다면 그대는 야생의 여성일 가능성이 높다. 그리고 영적인 것에 대한 욕망이 아주 강한 상태이므로 덥석 독 묻은 막대기를 물기 쉽다. 결정적인 순간에 덫을 피해 달아나 털끝만 조금 상하는 이들도 있지만, 대개는 자기도 모르게 덫에 걸려 들어가 심한 상처를 입고 의식을 잃고 쓰러지는 경우가 많다. 그중 일부는 덫에서 영영 빠져나오지 못하고, 어떤 이들은 간신히 빠져 나와 동굴로 기어가서 혼자 상처를 돌본다. 이런 미끼들을 피하기 위해서는 미리 예측하고 도망칠 수 있는 직관을 길러야 한다. 또 길을 잘못 들었을 때 곧 깨달을 수 있는 능력도 길러야 한다.

굶주린 야생의 여성들이 겪는 고난을 다룬 옛 이야기가 있다. 《악마의 무용화》, 《악마의 뜨거운 신》 등 여러 이름으로 전해오는 그 이야기를 안데르센은 《빨간 신》이라는 이름으로 재구성했다. 그는 진정한 이야기꾼답게 원작의 본질은 그대로 살린 채 자기 나라 고유의 위트와 감성을 가미했다. 내가 어렸을 때 이모는 이 이야기를 들려주며 항상 이런 말을 하셨다. "너희들 신발을 봐라. 그게 평범한 신발인 것을 고맙게 생각해야 한다. 신발을 잘못 신었다가는 아주 위험한 지경에 빠질 수도 있거든."

멈추지 않는 춤, 빨간 신 이야기

옛날 옛적에 신발이 없는 고아 소녀가 있었다. 소녀는 오랫동안 헝겊 조각을 모아 빨간 신을 한 켤레 만들었는데, 그리 예쁘진 않았지만 소녀에겐 소중하기 이를 데 없는 신발이었다. 소녀는 매일 밤늦게까지 거친 숲속을 헤매며 먹을 것을 찾아야 했지만 빨간 신 덕분에 부자가 된 느낌이었다.

그러던 어느 날, 누더기 차림의 그 소녀가 빨간 신을 신고 터벅터벅 걷고 있는데 별안간 금빛 마차가 다가와 소녀 곁에 멈춰 섰다. 그리고 마차 안에서 할머니 한 분이 나오더니 소녀를 자기 집에 데리고 가서 친딸처럼 돌봐주겠다고 했다. 소녀는 부자 할머니를 따라갔다. 목욕을 하고 머리를 손질한 뒤 할머니는 깨끗한 흰 속옷과 예쁜 모직 옷, 흰 양말과 반짝이는 까만 구두를 주었다. 소녀가 할머니에게 자신의 헌 옷과 빨간 신은 어디 있냐고 묻자 할머니는 너무 더럽고 초라해서 태워버렸다고 했다.

소녀는 많은 물건에 둘러싸여 부러울 것 없이 살고 있었지만 직접 만든 빨간 신만큼 자신을 행복하게 해준 물건이 없음을 깨달았다. 소녀는 갑자기 기운을 잃고 말았다. 걸을 때도 힘이 없었고 누군가가 말을 걸지 않으면 아무 말도 하지 않았다. 마음속엔 오직 빨간 신을 되찾고 싶은 욕망뿐이었다.

무고한 아이들의 순교 축일인 어느 날 할머니는 소녀에게 특별한 신발을 맞춰주려고 불구의 늙은 신발 장수에게 데리고 갔다. 가게에는 최고급 가죽으로 만들어진 눈부시게 반짝이는 빨간 신이 한 켤레 있었다. 소녀는 교회에서는 빨간 신을 신을 수 없다는 걸 알고 있었지만 그 아름다움에 홀딱 반한 나머지 그 신을 사고 싶다고 했다. 눈이 어두운 할머니는 그 신이 어떤 색인지도 모르고 돈을 치렀다. 늙은 신발 장수는 소녀에게 눈을 찡긋해 보이곤 신발을 내주었다.

다음날 교회에서 모든 사람의 눈길은 그 빨간 신으로 쏠렸다. 신발은 윤이 나는 사과, 심장, 혹은 자두처럼 붉게 반짝거렸고, 교회 안의 모든 사람은 물론, 심지어 벽에 걸린 성상까지도 언짢은 눈으로 그 신발을 노려보는 듯했다. 그럴수록 소녀는 그 신발이 더 좋게 느껴졌다. 신부가 설교를 하고 성가대의 찬송이 이어지고 오르간의 웅장한 소리가 울려 퍼질 때조차 그녀는 오직 신발 생각뿐이었다.

사람들에게서 빨간 신 얘기를 들은 할머니는 그날 저녁 소녀에게 다시는 그 신발을 신지 말라고 소리쳤다. 그러나 그 다음 일요일, 소녀는 다시 빨간 신을 신고 평소처럼 할머니와 함께 교회에 갔다. 교회 문간에는 붉은 수염이 나고 팔을 붕대로 맨 늙은 군인이 작은 웃옷을 입고 서 있었다. 그는 소녀에게 인사를 하더니 신발을 닦아 주겠다고 했다. 소녀가 발을 내밀자 그는 구두 바닥을 두드리며 짧은 노래를 불렀고, 소녀는 발바닥이 간질거림을 느꼈다. 그는 빙그레 웃으며, "남아서 춤을 추어라."고 명령하듯 말했다.

이번에도 모든 사람이 소녀의 빨간 구두를 지켜보고 있었지만, 소녀는 라즈베리처럼 붉게 빛나는 구두를 생각하느라 예배 소리는 거의 듣지 못했고, 이쪽저쪽으로 발을 움직이며 구두를 보느라 찬송가도 부르지 못했다. 할머니와 소녀가 교회를 나오는데 붉은 수염의 군인이, "정말 예쁜 발레슈즈군!"이라 말했다. 순간 소녀는 바로 그 자리에서 몇 바퀴 빙글빙글 돌았다.

소녀는 춤을 시작하자 멈출 수가 없었다. 가보트와 차르다시, 그리고 왈츠를 번갈아 추면서 화단과 교회 모퉁이를 지나 벌판을 가로질러 갔다. 할머니의 마부가 자리에서 벌떡 일어나 소녀를 붙들고 마차에 앉혔으나 소녀의 발은 계속 공중에 떠서 춤을 추었다. 할머니와 마부는 신발을 벗기려 애썼지만 아무리 잡아당겨도 허사였다. 한참이나 애를 쓴 끝에 소녀의 발은 겨우 평정을 되찾았다.

집에 돌아온 뒤 할머니는 빨간 신을 높은 선반 위에 올려놓고 다시는 신지 말라고 신신 당부했다. 그러나 소녀는 자꾸만 신발을 올려다보며 신고 싶어 했다. 세상에서 그 빨간 구두만큼 예쁜 것은 없었다. 그로부터 얼마 뒤 할머니가 병이 나 자리에 눕게 되었다. 소녀는 의사들이 떠나자마자 빨간 신이 있는 방으로 가서 한없이 신발을 바라보다가 설마 무슨 일이 있을까 싶어 다시금 신발을 꺼내 신었다. 소녀가 빨간 신을 신자마자 또다시 춤을 추고 싶은 욕망이 그녀를 사로잡았다.

소녀는 가보트와 차르다시에 이어, 과감한 왈츠를 추며 문을 열고 밖으로 나가 계단을 내려갔다. 기쁨에 넘쳐 춤을 추던 소녀는 순간 무엇인가 잘못됐음을 알아차렸다. 발을 왼쪽으로 돌리려는데 오른쪽으로 돌아가고, 한 바퀴 턴 하려고 하는데 앞으로 똑바로 나아가는 것이었다. 결국 소녀는 춤을 추는 것은 자신이 아닌 신발이라는 사실을 알게 되었다. 소녀는 신발이 이끄는 대로 축축한 들판을 지나 어둡고 쓸쓸한 숲속으로 들어가게 되었다.

숲속에는 전에 보았던, 팔을 붕대로 칭칭 감고 꼭 끼는 웃옷을 입은 붉은 수염의 군인 아저씨가 나무에 기대 서 있었다. 그는 신발을 내려다보며, "아, 정말 예쁜 발레슈즈군."이라 말했다. 소녀는 겁에 질려 신발을 벗으려고 했지만 아무리 잡아당겨도 허사였다. 신발을 벗으려고 한쪽 발을 붙들면, 다른 발이 춤을 추었고, 소녀의 손 안에 있던 발역시 춤을 추었다. 소녀는 춤을 추며 높은 산과 계곡을 지났다. 비가 오나 눈이 오나, 낮이나 밤이나 춤을 멈출 수가 없었다. 잠시도 춤을 멈출 수 없는 소녀는 그야말로 무서운 나날을 보냈다.

소녀가 교회 묘지에 들어서자 혼령들이 이렇게 말했다. "넌 빨간 신을 신었으니 귀신처럼 야위어 피부가 뼈에 닿을 때까지, 내장만 남아 춤출 때까지 계속 춤을 춰야 해. 넌 마을마다 모든 집들의 문을 세 번 두드릴 것이고, 너를 본 사람들은 너처럼 될까 두려워할 거야. 자, 계속 춤을 추어라."

소녀는 제발 용서해 달라고 빌었지만 그 말이 채 끝나기도 전에 춤에 실려 떠나야 했다. 춤을 추며 가시덤불과 시냇물, 나무 울타리를 지났다. 그러던 어느 날 자기가 살던 집에 이르렀는데 문간에 조문객들이 보였다. 소녀를 돌봐주던 할머니가 세상을 떠난 것이다. 그런데도 춤을 멈출 수가 없었다. 절망과 공포에 사로잡힌 소녀는 마침내 그 마을의 숲속에 사는 망나니의 집으로 들어갔다. 그때 망나니의 집 벽에 걸린 도끼가 부르르 떨기 시작했다.

소녀는 춤을 추며 소리쳤다. "제발 이 신발을 잘라 저를 이 무시무시한 운명에서 구해주세요." 망나니는 신발의 끈을 잘랐다. 그런데도 신발은 소녀의 발에서 떨어지지 않았다. 소녀는 자기 인생은 살 가치가 없다면서 발을 잘라 달라고 애원했다. 망나니가 소녀의 발을 자르자 두 발은 빨간 신을 신은 채 춤을 추며 산을 넘고 숲을 지나 저 멀리 사라져 버렸다. 불구가 된 소녀는 남의 집 하녀로 살아갔고, 다시는 빨간 신을 신고 싶어 하지 않았다.

퇴락한 야성, 그 걷잡을 수 없는 춤사위

이 이야기의 끔찍한 종말은 주인공이 의도했던 영적인 변화를 완벽하게 끝맺지 못했음을 보여줌과 더불어 회피할 수 없는 심리적 진실을 시사한다. 사람들은 진실을 뻔히 보고도, "오, 그래. 알았어."라며 금방 돌아서서 하던 일을 계속한다.

《빨간 신》의 심리적 교훈은 무엇일까? 이는 여성들에게 자신이 지닌 원초적인 기쁨이나 야성적인 가치를 지켜야 한다는 교훈을 준다. 또 한편으로는 야성이 굶주렸을 때 덫이나 독 묻은 미끼에 쉽게 걸려들 수 있음을 경계하기도 한다. 야성을 상실한 여성은 가벼운 기분 전환거리를 원하고, '날 내버려 두라'는 식의 태도, 혹은 '제발 나를 사랑해 달라' 등의 태도에 빠지기 쉽다. 또한 자신에게 전혀 이롭지 않은 것을 받아들일 뿐 아니라, 자신의 생명까지 위협하는 파괴적이고 치명적인 것들까지 덥석 받아들일 수 있다. 이 이야기처럼 영혼이 기아 상태에 빠지면 걷잡을 수 없는 춤의 소용돌이에 휘말릴 수 있다.

본능적·야성적 삶을 잃은 여성은 삶의 방향 감각까지 상실하게 된다. 소녀가 자기 손으로 만든 빨간 신을 잃어버렸다는 것은 자신이 설계한 삶과 열정을 잃었음을 나타낸다. 이로써 너무 유순한 생활을 하게 된 소녀는 판단력이 흐려져 무분별한 선택을 하게 되고, 결국 자신을 지탱해주고 자유를 떠받쳐준 발까지 잃게 된다.

《빨간 신》은 우리의 야성이 퇴락하는 과정과 이를 방관할 경우 일어날 수 있는 무시무시한 결과를 그리고 있다. 이때 기억해야 할 것은, 여성들이 자기를 해치려는 적에 맞서 벌이는 전투야말로 가장 값진 싸움이라는 사실이다. 그런 과정에서 《빨간 신》의 주인공처럼 굶주리고 붙잡히고 본능에 상처를 입고 파괴적인 선택을 함으로써 가장 밑바닥에서 헤맬지라도 이것만은 기억하라. 심리의 살아 있는 뿌리와 여성의 야성이 자리하고 있는 곳은 바로 가장 밑바닥이라는 사실을. 바닥이야말로 가장 비옥한 흙이 있어 새로운 것이 싹틀 수 있는 곳이고, 따라서 바닥에 떨어지는 것은 아주 고통스러울지 모르지만 한편으로는 새로운 것을 찾는 계기가 될 수도 있다.

이 이야기에서 주인공 소녀는 자신의 삶을 잃어버리고 저주받은 춤을 추며 지옥으로 달려갔다. 그러나 마지막 순간, 어떤 생각에 매달림으로써 자신의 이야기를 전할 수 있었다. 소녀의 내면에는 열정과 지혜를 융합시키는 특별한 것이 들어 있었던 것이다. 걷잡을 수 없는 춤의 소용돌이에 빠지고, 자신의 삶과 발까지 잃었지만 마침내 자신의 실수를 깨달은 이 여성에게는 특별하고 소중한 지혜가 있었다. 마치 사막에서 자라는 아름다운 선인장처럼 무수한 총탄을 맞고 짓밟혀도 죽지 않았고, 생명의 원천인 물을 품고 있다가 오랜 시간이 지난 뒤 본래의 모습을 되찾았다.

몇 장으로 끝나는 동화와 달리 우리의 삶은 계속 이어진다. 살다 보면 불행한 일도 있지만 시간이 지나면 좋은 일도 생길 것이다. 실패를 두려워하지 마라. 실패는 성공보다 더 많은 것을 가르쳐준다.

손수 만든 빨간 신, 체현된 여걸

이 이야기에서 주인공 소녀는 자신이 직접 만든 소중한 빨간 신을 잃어버린다. 가난하지만 영리한 소녀는 신발을 만들었고 그것으로 정신적인 위안을 받았다. 그녀가 손수 신발을 만들었다는 것은 황폐한 심리 상태에서 벗어나 자신이 계획한 열정적인 삶을 살게 됐음을 말해준다. 또 자신의 재능을 일상생활에 이용하게 되었다는 사실은 엄청난 변화이기도 하다. 소녀는 지금은 가난하지만 앞으로 더 나은 생활을 영위하게 될 가능성이 있다.

사회적으로 볼 때 신발은 신발 주인의 개성을 나타낸다. 예컨대 예술가들이 신는 신발과 기술자들의 신발은 전혀 다르다. 고대에 신발은 권위의 상징으로서 지배자들만이 신을 수 있었다. 오늘날에도 신발을 보고 그 사람의 수준을 점치는 경향이 있다. 여기서 소개된 《빨간 신》은 기후가 몹시 추운 북유럽 이야기로, 그 지역에서 신발은 거의 생존 수단에 가깝다. 원형 심리학에서 발은 기동성과 자유를 상징한다. 따라서 신발을 신었다는 것은 자신의 가치관에 긍지를 느끼고 그에 따라 행동할 수 있음을 뜻한다. 심리적 신발이 없는 여성은 자신의 내면과 외부 세계를 조화롭게 가꾸어 나갈 재치나 강인함이 없는 것이다.

삶과 고난은 서로 불가분의 관계를 맺고 있고, 빨간 색은 그 두 가지 모두를 나타낸다. 활기찬 삶을 살기 위해서는 많은 것을 희생하고 고난을 견뎌내야 한다. 대학에 가려면 시간과 돈을 투자하고 열심히 공부해야 하고, 예술가가 되려면 고생과 사람들의 비난을 각오해야 하는 것처럼 말이다. 그러나 희생만 많고 삶이 없다면 이 또한 문제다. 그런 면에서 빨간 색은 생명의 피가 아닌 출혈을 나타낸다. 할머니가 소녀의 빨간 신을 태워버리자 생기 넘치고 사랑스런 빨강은 사라지고, 소녀의 가슴 속에는 또 다른 빨강에 대한 그리움과 집착이 싹튼다. 자제력을 잃고 값싼 쾌락에 빠진다든가, 마음에 없는 성행위를 하는 것은 그런 맥락이다.

이 이야기에서 소녀가 빨간 신을 만들었다는 것은 엄청난 성취를 의미한다. 신발이 없는 노예 같은 삶을 과감히 떨쳐버리고 의식적으로 뭔가를 창조하고, 아름다운 것을 찾아내 열정과 만족을 느끼는 등 소위 야성적인 삶을 사는 데 필요한 모든 것을 획득한 것이다. 그 신발이 빨간색이라는 것은 소녀의 삶이 고난과 열정 모두임을 예고한다. 이윽고 신발이 완성되자 소녀는 자기 혼자서 그것을 만들어냈다는 사실에 기뻐 어쩔 줄을 모른다. 끈질기게 필요한 재료를 모으고, 형태를 구상하고, 이리저리 꿰맨 끝에 마침내 생각했던 대로 작품이 완성된 것이다. 자신이 직접 만든 신발은 그 무엇보다 더 없이 소중하다. 소녀에게 그 기쁨은 생명의 피이자 영혼의 양식이며 영적인 활력소인 것이다.

그 기쁨은 자신이 구상했던 글을 써냈거나, 단번에 정확한 음을 쳤거나, 원하던 임신을 했거나, 사랑하는 이들이 즐거워하는 모습을 보거나, 위험하지만 꼭 하고 싶고 많은 용기와 힘을 필요로 하는 일을 해냈을 때 느끼는, 믿을 수 없을 정도로 깊은 즐거움이다. 그리고 이런 기쁨이야말로 여성들이 타고난 본능적 감정이다. 여걸이 체현되는 것도 바로 이런 기쁨을 통해서이다.

그러나 그런 기쁨도 잠시뿐, 곧 금빛 마차 한 대가 삐걱거리며 소녀의 삶으로 굴러 들어온다.

창조적 영혼을 감금한 금마차

원형 심리학에서 마차는 문자 그대로 뭔가를 한 곳에서 다른 곳으로 옮기는 도구로서 심리의 한 영역에서 다른 영역으로, 이 생각에서 저 생각으로, 이 일에서 저 일로 옮아감을 상징한다.

소녀가 할머니의 금마차에 올라타는 것은 금빛 우리에 갇히는 것과 비슷하다. 그 내부는 안락하지만 영적으로는 열등하고 속박되어 있다. 처음에는 굉장히 멋있어 보이는 마차지만 실은 소녀를 감금하는 우리에 다름 아니다. 내가 직접 만든 신발을 신고 길을 걷다가 이런 생각을 하는 경우를 상상해보라. "뭔가 더 나은 것은 없을까? 이보다 좀 더 쉽고, 시간이 적게 걸리고, 덜 힘든 것도 있지 않을까……."

여성들은 흔히 그런 생각을 하곤 한다. 힘겹게 스스로 개척한 삶을 살다 보면 다른 인생이 더 멋있거나 쉬워 보일 때가 있다. 그러다 보면 어디선가 문득 나타난 금마차에 쉽게 몸을 싣게 된다. 이런 유혹은 거의 매일같이 나타나고, 이를 거절하기란 정말 힘든 일이다.

여성들은 좀 더 안락한 생활을 위해 별로 맘에 들지 않는 사람과 결혼을 한다. 애써 만들어온 작품을 포기하고 몇 년 동안 한쪽 구석에 처박아두기도 한다. 금마차의 유혹은 손수 만든 빨간 신이 주던 소박한 기쁨을 완전히 압도해버린다. 이는 경제적 안락함을 의미할 수도 있지만 더 이상 애쓰지 않고 편안히 살고 싶은 욕망을 나타내기도 한다. 전보다 좀 더 편안하게 살고 싶은 욕망은 누구에게나 있다. 그러나 그 대가는 우리를 사로잡는 덫이 될 것이다. 소녀가 부유한 할머니를 따라 금마차에 오르는 순간 그 덫은 철컥 닫히고 말았다. 할머니와 사는 동안 소녀는 얌전히 있어야 한다. 뭔가를 요란하게 요구해서도 안 되고 욕망에 충실해서도 안 된다. 창조적인 영혼의 굶주림은 이렇게 시작된다.

정통 융 심리학에서는 우리가 영혼을 상실하는 것은 대개 35세 이후라고 강조한다. 그러나 현대 여성에게는 매일 매일이 위기다. 나이나 결혼 여부, 혹은 교육 수준이나 경제력과는 상관이 없다. 현대 사회는 멋지고 편리한 물건이 매우 많아진 만큼, 영혼을 위협하는 물건도 예전보다 더욱 늘었다. 중요한 것은 열정과 진솔함, 그리고 깊은 본능은 언제든지 다치거나 없어질 위험이 있으므로 항상 경계해야 한다는 사실이다. 이 사회는 우리가 직접 만든 신발들을 앗아가려고 노리는 존재들이 너무 많다.

젊은 영혼이 노인의 노예로 전락하다

이야기나 꿈의 해석에서 금마차는 '마음을 옮기는 수단'으로, 이 마차를 소유한 자가 등장인물의 심리를 지배하고 자기가 원하는 방향으로 끌고 간다고 해석하는 경우가 많다. 이 이야기에서도 마차를 소유한 할머니의 가치 체계가 소녀의 심리를 지배한다.

이상적인 할머니의 상은 때로는 괴팍하고 요란하지만, 솔직하고 장난스러우며 위엄과 지혜를 골고루 갖춘 사람이다. 그러나 이 이야기에서처럼 할머니의 특징이 부정적으로 발현될 때도 있다. 이때 우리 심리는 차갑게 얼어붙고, 평소에 활기로 넘쳤던 부분들도 메말라버린다. 소녀도 그런 할머니의 덫에 걸려든 것이다. 할머니는 노령기의 힘을 악용해 새로운 것을 파괴한다. 소녀에게 새것을 가르치기보다 오히려 억압하고, 자신의 가치관을 고집스럽게 밀어붙였다.

교회 장면들을 볼 때 할머니가 지키려고 애쓴 한 가지 가치는 개인의 야성보다는 남들의 의견에 따르고자 하는 욕망이다. 우리는 자신이 속한 집단뿐 아니라 전혀 상관없는 집단의 영향도 받는다. 사람들은 남의 가족, 다른 종교 집단, 혹은 다른 직업군에게까지 똑같은 벌과 보상을 요구하는 경향이 있다. 자신의 가치관과 어긋나는 행동을 보면 쉽게 비난하고 방해한다. 이 이야기에 나오는 할머니는 집단이 강요하는 완고한 전통의 상징으로 구성원들에게 정해진 규율을 고분고분 따르도록 강요하는 역할을 한다.

"제대로 행동해. 물의를 일으키지 마. 엉뚱한 생각은 하지 마. 가만히 있는 것이 가장 좋아. 다른 사람처럼 행동해. 항상 상냥하게 행동해. 싫거나, 네게 맞지 않거나, 아프더라도 좋다고 말해."라고 강요한다. 공허한 가치체계를 따르다 보면 우리는 영혼을 잃게 된다. 야성과 창조적인 사고를 위해서는 익숙한 집단에서 벗어날 필요가 있다. 그리하여 야성으로 이어지는 다리를 재구축한 뒤 자신의 성장을 돕는 집단에 가입하는 것이 좋다. 단조로운 집단적 사고에서 벗어나 자기 나름의 생각과 생활을 개척하고, 자신만의 독특한 재능을 계발하는 일이야말로 여성의 삶에서 가장 중요한 과제이다. 이는 영혼과 심리가 노예로 전락하는 것을 막는 중요한 열쇠이기도 하다. 진정으로 개인의 성장을 북돋우는 사회에는 특정한 계층이나 성의 노예는 존재하지 않을 것이다.

《빨간 신》의 소녀는 할머니의 메마른 가치체계에 순응한 결과 자연의 상태에서 구속된 상태로 전락한다. 이제 곧 악마의 빨간 신이 만들어내는 황무지에 내던져지게 될 것이다. 생생하고 열정적인 본연의 삶을 포기하고 시든 노파의 마차에 올라타면 머지않아 바스러지고 나약해질 것이며, 늙은 완벽주의자의 페르소나와 야망을 갖게 될 것이다. 게다가 어딘지 모를 곳에 갇혀 있는 사람처럼 강렬한 슬픔과 욕망에 사로잡히고, 알 수 없는 그리움에 빠질 것이다. 이 상태에 빠진 이들은 삶의 활기가 느껴지는 것이면 앞뒤 가리지 않고 덥석 움켜쥔다.

잿더미로 변한 빨간 신, 굶주린 영혼

우리의 마음이 환희에 넘칠 때 불이 타오르지만, 파괴될 때도 불은 끼어든다. 첫 번째 불은 변화를 낳지만 두 번째 불은 우리를 메마르게 한다. 우리에게 필요한 것은 당연히 변화의 불이다. '빨간 신'을 포기한 많은 여성이 지나치게 상냥하게 바뀌면서 남의 가치관에 쉽게 순응하는 경향이 있다. 남들의 가치관이나 선전 문구, 혹은 철학과 심리를 아무 비판 없이 받아들이는 것은 자신의 '빨간 신'을 파괴적인 불에 내던지는 것과 같다. 자기 스스로 삶을 왜소하게 만들거나, 상처 입은 영혼으로 산다면 '빨간 신'은 까맣게 타 재가 되어버릴 것이다.

너무나도 많은 여성이 인생을 채 알기도 전에 무서운 맹세를 하고 만다. 어린 시절 기본적인 지원조차 받지 못해 금세 체념하고 글쓰기를 그만두고, 노래를 그만두고, 그림을 포기하고, 다시는 그런 일을 하지 않겠다고 맹세한다. 자기도 모르는 사이에 자신이 선택한 인생과 함께 오븐 속으로 걸어 들어간 뒤 인생은 잿더미로 변한다.

심각한 자기혐오에 빠져 인생을 소진해버리는 여성들도 있다. 그런 여성은 가야 할 곳에 가지 않고, 전혀 활동하거나 배우지도 않으며, 아무것도 발견하거나 획득하려 하지 않는다. 뭔가를 시작도 하지 않은 채 오랜 세월을 허비한다. 또 어떤 여성들은 자신을 질투하고 파괴하려는 사람들 때문에 삶을 잃어버린다.

영적인 삶이 불타 재가 되어 버린 여성은 삶의 활력을 잃고 마치 죽음과 같이 메마른 생활을 한다. 잠재의식 속에는 야성적인 기쁨을 되찾고자 하는 욕망이 살아 있고, 때로는 위로 솟아오를 때도 있지만 결국 만족하지 못하여 굶주리고 성난 상태로 다시 주저앉아 버린다. 이런 여성은 원래의 '빨간 신'과 비슷한 것이면 무엇이든 가지려고 손을 내민다. 겉으로는 말끔하고 단정해보여도 그 내면은 갈망과 허기로 가득하여 상하거나 해로운 음식도 쉽게 받아먹는다.

이런 무서운 상황에서도 야성적 자아는 몇 번이고 우리를 구하려 애쓸 것이다. 우리가 자신의 처지를 깨닫고 잃어버린 보물을 되찾으러 나설 때까지 꿈에 나타나 온갖 암시도 보낼 것이다. 극도의 굶주림 끝에 발견한 먹이를 허겁지겁 집어먹는 동물을 보면 영적으로 허기진 여성이 마약이나 술, 혹은 파괴적인 연애 등 해로운 것에 열중하는 모습을 어느 정도 이해할 수 있다.

늑대는 약한 동물들을 죽이는 사납고 탐욕스런 동물로 인식되어 있지만 실제로는 그렇지 않다. 늑대는 생존에 필요한 때만 사냥을 한다. 늑대에게 정상적인 패턴이 느슨해지는 것은 이들에게 질병이 돌았을 때뿐이다. 늑대가 함부로 다른 동물을 죽이는 것은 다음 두 가지 경우다. 첫째는 광견병에 걸렸거나 화가 난 경우고, 둘째는 오랫동안 굶주렸을 때다. 영적인 기아 상태에 빠진 여성도 마찬가지다.

굶주린 늑대가 필요 이상으로 동물을 죽이는 것처럼 빨간 신의 소녀도 어떤 대가를 치르더라도 선반 위에 놓인 빨간 신을 신고 싶어 한다. 굶주림에 시달리면 판단력이 흐려지기 때문이다. 영적 기아에 놓인 여성은 창의력이나 민감함의 재능들을 상실하게 된다. 도가 지나친 행동을 하거나 뭔가에 지나치게 탐닉하는 여성이 이에 해당한다. 여성들이 오랫동안 자신만의 생활 주기를 벗어나 창조적인 생활을 하지 못하면 마약이나 알코올을 탐닉하기 쉽고, 이상한 종교에 빠지거나 남을 탄압할 수도 있다. 또 성적으로 난잡해질 수 있고 여러 가지 나쁜 일들에 무분별하게 빠져들기 쉽다. 이는 자신을 표현하지 못하는 데서 오는 욕구 불만 때문이다.

굶주린 여성은 탈출을 꿈꾸다가도 실패가 두려워 금방 포기해버린다. 막상 시도를 해보지만 정보 부족과 준비 미흡으로 실패하기 쉽다. 안타까운 일은, 자신의 영적 갈망을 생생히 기억하는 이들이 무분별한 행동도 나름 가치 있다고 생각하며 자신의 행동을 정당화하는 경우다. 오랫동안 굶주렸다가 처음으로 해방감을 느끼면 그 자체가 구원이자 기쁨으로 느껴지는 것이다.

오랫동안 굶주린 여성은 그저 변화를 위해 삶을 즐기기를 원한다. 그런 여성은 생존에 필요한 감정적, 이성적, 물리적 한계에 대한 인식이 약하기 때문에 다시 위험에 빠지기 쉽다.

왜 여성은 자신에게 해로운 선택을 하는가?

본능은 눈에 보이지 않기 때문에 그 실체를 정의하기가 매우 어렵다. 태초부터 인간은 본능을 자신의 일부라고 지각했지만 신경학적으로 어디에 위치해 있는지, 구체적으로 어떻게 작동되는지 알려진 바는 없다. 심리학적으로 접근한 융은 본능을 무의식에서 파생된 것으로 보았고 육체와 정신이 닿는 심리의 층에 있다고 짐작했다. 영어에서 본능(instinct)은 '충동' 혹은 '선동'의 의미를 지니며 천성에 이르도록 도와주는 존재이다. 본능은 의식과 잘 결합되기만 하면 인간을 전인적인 존재로 이끌어줄 긍정적인 내면의 힘으로 간주된다.

《빨간 신》의 주인공은 어느덧 새로운 환경에 휩쓸려 들어갔다. 거칠었던 삶은 부드러워지고 고생도 사라졌다. 더불어 그녀의 개성은 사라졌고 스스로 발전하려는 노력 또한 중단됐다. 할머니가 소녀의 창의성의 소산인 빨간 신을 쓰레기 취급하고 태워버리는 사건이 일어나자 소녀는 침묵보다 더 깊은 슬픔에 잠긴다. 게다가 무서운 상황에서 벗어나려는 본능이 약해져 그냥 주어진 상황에 안주한다. 반드시 도망쳐야 할 때 주저앉는 것 역시 덫이고 극심한 우울의 원인이 된다.

영혼이란 무엇일까? 야성과의 결합, 미래에 대한 희망, 샘솟는 에너지, 창조의 열정, 나만의 길 등 어떤 말로 표현되든 간에 소녀의 영혼은 포로가 되어 버렸다. 이는 심리적인 창의력이 약해지는 원인이기도 하다. 부유한 환경에 놓인 소녀는 정신 상태가 해이해지고, 권태와 우울증을 보인다. 본능을 너무 억누른 결과 즐거움과 생기가 사라지고 적응력과 욕망이 거세될 위험에 놓인 것이다.

세련된 행동 양식을 배우는 사회화 과정을 부정하고 싶지는 않다. 다만 삶의 활력을 저하시키는 지나친 훈련은 경계해야 한다. 자연적인 상태의 건강한 야성적 자아는 결코 순종적이지 않다. 건강한 자아는 외부의 자극에 민첩하게 반응하며, 어떤 행동도 기계적으로 반복하지 않고 항상 창의적으로 행동한다.

반면 본능을 다친 여성은 다른 선택을 하지 못한 채 계속 한 곳에 갇혀 있다. 자신에게 무엇이 필요한지, 남에게 도움을 청할 땐 어떻게 해야 할지 잘 몰라 당황하고, 싸우려는 의지도 도망칠 수 있는 기개도 부족하다. 또한 쉽게 만족감을 느끼지 못하고, 낯선 것을 의심하거나 주의하려는 의욕을 거의 느끼지 못한다. 게다가 누군가를 자유롭게 사랑하려는 의지도 없다.

1960년대 미국의 가수 재니스 조플린(Janis Joplin)은 영혼이 억눌리고 본능에 상처를 입은 야생적 여성의 대표적 예이다. 사춘기 시절 그녀는 학교 선생님들로부터 창조적인 삶과 순수한 호기심, 삶에 대한 애정, 그리고 다소 반항적인 태도에 대해 무자비하게 비난을 받았다. 당시 그녀는 엄격한 칼뱅주의자인 백인 남부 침례파 사회에 속해 있었다. 우등생이었고 그림에도 소질이 있었지만, 화장을 하지 않는다는 이유로 다른 여학생들에게서 따돌림을 당했다. 또 시내 외곽에 있는 바위산에 올라가 친구들과 노래를 부르고 재즈를 듣는다고 이웃사람들로부터 손가락질을 당했다. 그러다가 마침내 블루스의 세계로 탈출하자 섹스와 알코올과 마약에 빠져 헤어나오지 못했다.

사회의 요구에 적응하려고 애쓰다 실패하고, 뭔가에 탐닉하다가 끝내 빠져나오지 못한 여성들은 그 외에도 무수히 많다. 재능 있는 여성들이 본능을 다쳐 약해진 상태에서 결국 자신에게 해로운 선택을 한 것이다. 빨간 신을 잃고 자기도 모르게 저주받은 빨간 신을 찾아갔던 이야기의 주인공처럼 말이다.

어떤 일에 광적으로 집착하고, 파괴적인 행동을 일삼는 여성이라면 본능을 다쳤기 때문일 가능성이 높다. 다친 본능을 치유하기 위해서는,

우선 자신이 뭔가에 사로잡혀 있으며 평소 갖고 있던 직관이나 보호의 울타리가 무너졌음을 깨달아야 한다. 그리고 자신이 어떻게 그처럼 사로잡히고 굶주리게 되었는지 이해하고 그 과정을 거꾸로 되짚어가야 한다.

통제 불능의 춤, 집착과 중독

소녀를 입양한 할머니는 세 가지 실수를 범한다. 소녀의 보호자이자 심리적 지도자여야 함에도 불구하고 눈이 어둡기 때문에 빨간 신의 정체를 몰라보고 소녀에게 사준 것이 첫 번째 실수다. 두 번째는 소녀가 그 신발에 빠져드는 것을 눈치 채지 못한 것이고, 교회 앞에 서 있는 붉은 수염 군인의 정체를 알아채지 못한 것이 세 번째 실수다. 군인은 신발 바닥을 탁탁 치는 소리로 소녀를 미친 듯이 춤추게 만든다. 심리적 보호자여야 할 할머니도, 심리적 기쁨을 표현해야 할 소녀도 모든 본능과 상식을 상실한 상태에 말이다.

소녀는 지금까지 온갖 시도를 다해 보았다. 할머니의 말에 복종하기도 했고 반항도 했다. 할머니를 속여 신발을 산 뒤, 주변의 비난을 받자 잠시 움츠러들었지만 신발의 마력에 사로잡혀 통제력을 상실하고 계속해서 춤을 추었다. 그러다가 자신을 되찾기도 했지만, 또다시 순응을 선택했다. 소녀는 메마르고 고통스런 삶을 정상화함으로써 자신의 잠재의식 속에 깃든 광기의 빨간 신에 대한 욕망을 더욱 부채질했다. 붉은 수염의 사나이가 새 생명을 준 대상은 소녀가 아니라 신발이었다. 소녀는 어딘가에 중독된 사람처럼 아프고 두렵고 파괴를 불러오는 춤을 추고, 중독 같은 집착에 빠져든다.

재능 있는 많은 여성들이 그런 길을 거쳐 갔다. 앞서 말한 제니스 조플린도 십대 때 자신이 사는 소도시의 편협한 분위기에 적응하려고 애쓰다가 반항적인 아이가 되었다. 한밤중에 산에 올라가 노래를 부르고, 소위 예술가들과 어울려 다니곤 했다. 그런 자신 때문에 부모가 학교의 호출을 받게 되자 겉으로는 얌전한 척했지만 재즈를 들으러 멀리 여행을 가는 등 이중생활을 시작했다. 그 후 대학에 들어가서는 마약과 알코올에 빠져들었다. 마약이라는 빨간 신을 신은 그녀는 스물일곱 해의 생을 마칠 때까지 계속해서 춤을 춘 셈이다.

본능은 아주 오랜 기간에 걸쳐 조금씩 없어지기 때문에 우리는 본능이 사라지는 것을 잘 깨닫지 못한다. 심지어 본능을 포기하면서까지 메마르고 경직된 사회에 적응하려는 여성들이 이 과정을 더욱 부채질한다. 자신이 만든 삶을 버리고 어떻게든 그와 비슷한 것을 잡으려고 하는 여성은 뭔가에 중독되기도 쉽다. 소녀는 빨간 신 때문에 점점 더 많은 어려움을 겪으면서도 어떻게 해서든 그걸 신으려 한다. 본래의 활력을 잃은 만큼 그 대체물로 무서운 것을 탐내는 것이다. 이를 분석심리학에서는 '자아 상실'이라 부른다.

중독과 야생은 긴밀한 관계에 놓여 있다. 대부분의 여성은 감금의 시기를 겪는다. 어떤 이들은 아주 짧게, 어떤 이들은 끝없이 이런 과정을 겪는 동안 본능은 약해지거나 소멸된다. 그래서 다른 사람의 인간성을 잘못 판단하고 불의에 대한 반항심도 잃게 된다. 때로는 자기에게 위험이 닥쳤을 때 도망치거나 맞서 싸울 능력을 잃어 희생 제물이 되기도 한다.

마약이나 알코올은 정말 위험한 덫이다. 처음에는 잘해주다가 머지않아 아내에게 반복적으로 폭력을 가하는 남편과 흡사하다. 만일 사물의 나쁜 면은 덮어두고 좋은 면만 보려고 노력한다면 이 또한 그대를 사로잡는 덫이 될 뿐이다. 빨간 신에 사로잡힌 경험이 있는 여성은 마약이나 알코올을 구세주라고 생각한다. 마약이나 알코올이 엄청난 힘을 주기 때문에 먹지 않아도, 밤새도록 깨어 있어도 괜찮다는 환상에 빠지곤 한다. 그러나 중독은 길을 잃은 어린이들을 잡아먹거나 망나니 집 앞에 갖다 버리는 미친 바바 야가와 같다.

자신이 만든 삶으로 되돌아가라

심리적 기아 상태에서 막 벗어난 여성은 어느 정도 휴식을 취하는 것이 좋다. 1, 2년간 안정을 취하며 그동안 입은 상처를 보듬고 미래를 설계하기를 권한다. 이제 잃었던 길을 되찾기 위해 정신을 가다듬어야 한다. 무지와 어리숙함을 극복하고, 자기 삶을 되찾으려 노력해야 한다. 심오한 여성적 본능을 되찾기 위해 우선 어떻게 해서 그것을 잃었는지 되돌아볼 필요가 있다.

예술, 언어, 생활 방식, 생각, 개념에 상처를 입은 적이 있다면 엉킨 매듭을 풀고 앞으로 나아가라. 대책 없이 이런저런 계획을 세우고 입으로만 떠들어대거나, 가만히 앉아서 누군가 구출해주기를 꿈꾸어서는 안 된다. 말로만 떠들거나 해로운 것에 중독된 채 허송세월하면 아무것도 변하지 않는다. 그러니 과감하게 나아가서 자유를 찾으라.

우리는 낳아준 부모나 자신의 성장 과정, 혹은 사회 전체를 바꿀 수는 없다. 그러나 명심할 것은 설사 본능을 다치고 야생 상태에 있더라도, 혹은 어딘가에 갇혀 있더라도 원하면 삶을 되찾을 수 있다는 사실이다.

잃어버린 삶을 되찾기 위해서는 심리적 지표가 필요하다. 즉, 무엇인가 도를 지나칠 때 이를 알아차릴 수 있는 윤리적 기준 및 자기 보호책을 강구하고, 서서히 야성으로 되돌아가야 한다.

야성적이고 자유로운 심리를 되찾기 위해서는 용기와 아울러 신중함이 필요하다. 심리 분석가가 되기 위한 훈련 과정에서 자주 거론되는 얘기 가운데 이런 것이 있다. 자신이 해야 할 일을 아는 것도 중요하지만 그보다 더 중요한 것은 하지 말아야 할 일이 무엇인지 깨닫는 것이다. 이는 지금까지 갇혀 있다가 야성으로 되돌아가는 이에게도 해당되는 말이다.

이런 이들은 주변을 진지하게 관찰하고 귀 기울이고 예민해짐으로써 능률적이고 효과적이고, 진솔하게 행동하는 법을 배워야 한다. 건강한 본능을 가진 이들을 관찰하는 것도 회복에 큰 도움이 될 것이다. 건강한 것을 듣고 그에 따라 행동하다 보면 그 나름의 리듬이 생기고, 차츰 익숙해져서 나중에는 자기도 모르게 항상 그런 식으로 행동하게 될 것이다.

이때 명심할 것은 문제를 한 번 해결했다고 해서 다시 재발하지 말란 법은 없다는 사실이다. 따라서 항상 여걸의 주기를 유지하면서 힘차고 평온한 삶을 살기 위해 끊임없이 노력해야 한다. 자신의 기쁨을 지키기 위해서는 싸워야 할 때도 있고, 온 힘을 다해 앞으로 나아가야 할 때도 있으며 적을 속여야 할 때도 있다. 또 오랫동안 어려움을 견뎌야 할 때도 있다. 중요한 것은 사람은 무엇보다 소박한 빨간 신이 주는 기쁨, 즉 자신이 가꾼 삶이 주는 즐거움 없이는 살아가기 어렵다는 사실이다.

우리가 여걸을 되찾고 내면화하는 과정에서 참으로 기적적인 사실은 충분한 준비 없이 여걸을 찾아 나선다는 점이다. 여걸의 언어를 배우지도 않고, 여걸이 제기하는 문제에 대한 답을 알지도 못하지만 우리는 여걸에 반응한다. 여걸은 어린 새끼에게 사냥을 가르치는 어미 늑대처럼 이런 식으로 우리의 내면에 솟아오른다. 우리는 여걸의 목소리로 말하고 그 시각과 가치관을 채택해 우리와 비슷한 이들에게 신호를 보낸다.

여걸을 되찾고 싶거든 덫을 피하라. 균형 잡힌 삶을 살 수 있도록 본능을 단련하고, 마음껏 뛰고, 소리치고, 원하는 것을 차지하라. 또 그것에 대해 모든 걸 알아내고, 눈으로 마음을 표현하고, 모든 걸 들여다보고, 관찰하고, 빨간 신을 신고 춤을 추라. 단, 그 빨간 신은 반드시 직접 만든 신발이어야 한다.

◆ Chapter 9 ◆

정체 모를 향수병?
― 있어야 할 곳에 있지 못하는 여자의 고독

자연의 계절과 어우러진 심리의 주기

 인간의 시간은 야성의 시간과 다르다. 미국 북부에서 살던 어린 시절, 나는 한 해 사계절이 있다는 것을 배우기 전부터 수십 가지 계절이 있다고 믿었다. 한밤중에 천둥 번개가 치는 계절, 무더위 속에 번개가 치는 계절, 숲속에 모닥불을 피우는 계절, 눈 위에 피가 떨어지는 계절, 나무가 얼음으로 뒤덮이는 계절, 나무가 바람결에 휘는 계절, 나무가 울부짖는 계절, 나무가 반짝이는 계절, 나무가 흙으로 뒤덮이는 계절, 나무 꼭대기만 바람에 흔들리는 계절, 나무에서 열매가 떨어지는 계절……. 무수히 많은 계절들이 있었다. 눈이 금강석처럼 맑게 빛나는 계절, 눈에서 김이 피어오르는 계절, 눈 더미가 무너지는 계절을 사랑했고, 심지어는 눈이 더러워지거나 돌처럼 굳는 계절도 사랑했다. 그때가 바로 꽃잎들이 강물에 떠내려 오는 시기였기 때문이다.

이 수십 가지 계절들은 내겐 귀하고 성스러운 손님들 같았다. 계절들은 각기 독특한 소식을 싣고 왔다. 솔방울이 열린 소식, 나뭇잎이 썩는 냄새, 비를 품은 냄새, 머리카락이 갈라지거나 축 늘어진 것, 성에 또는 젖은 꽃잎으로 뒤덮인 유리창, 나무의 진으로 덮인 문과 함께 계절이 찾아왔다. 그때마다 나의 피부도 메마르거나 땀으로 젖거나 거칠어지거나 까맣게 그을리거나 부드러워지는 등 온갖 모습으로 변했다.

여성들의 심리나 영혼도 나름의 주기와 계절이 있다. 활동하는 주기, 고독한 주기, 질주하는 주기 등에 따라 안정, 참여, 방관, 탐색, 안식, 창조, 계획, 자기성찰 등을 번갈아 한다. 어린이들과 어린 소녀들은 본능적으로 이런 주기를 알아본다. 어린이들은 야성 그 자체이기 때문에 누가 말하지 않아도 이런 주기를 맞이할 준비를 하고, 두 팔 벌려 환영한 뒤 함께 생활한다. 그 주기가 떠난 뒤에는 책 속에 끼워 둔 빨간 나뭇잎과 은행으로 만든 목걸이를 특별한 기념품으로 간직하고 마음속에는 더 많은 영상을 간직한다.

옛날 사람들은 해마다 이런 계절과 서로 어우러져 살아왔다. 계절의 변화는 사람들을 안정시켰고 춤추게도 했으며, 때로는 두렵게도 하는 등 생명에 대해 많은 것을 가르쳐주었다. 그런 주기와 계절은 야성과 자연을 감싸는 모피 같은 우리 영혼의 피부였다. 적어도 일 년에 사계절만 있다는 사실을 알기 전까지, 또 여성은 소녀기와 성인기, 그리고 노년기의 세 시즌뿐이라는 사실을 알기 전까지는 그랬다.

이제 우리는 그런 피상적이고 허황된 개념에서 비롯되는 몽유병 같은 삶을 떨치고 여성 본연의 자연스럽고 진솔한 주기를 되찾아야 한다.

여성의 삶은 세 시즌뿐이라는 생각에 사로잡힌 이들은 메마르고 지치고 향수에 빠진 나날을 보내게 된다. 다음 이야기는 여성의 삶에서 가장 중요한 단계, 곧 야성적인 영혼으로의 귀향을 다루고 있다.

이 이야기가 세계 전역에 분포되어 있는 것은 아마도 영혼의 본성에 대한 깨달음이라는 보편적인 주제를 다루기 때문일 것이다. 특히 켈트족의 거주 지역, 스코틀랜드, 미국 북서부, 시베리아, 아이슬란드 같은 한대지역에는 여러 버전이 존재한다. 제목 또한 《물개 소녀》, 《작은 물개》, 《물개의 살》 등 다양하다. 나는 《물개 가죽, 영혼의 피부》라는 이름으로 이 이야기를 심리분석이나 연극에 접목하곤 한다. 인간의 진정한 고향과 본성을 생각하게 하고, 본능을 길잡이 삼아 귀향할 필요가 있음을 깨닫게 하는 이야기다.

물개 가죽, 영혼의 피부

한 때 존재했다가 지금은 사라졌지만 곧 다시 올 어느 때, 땅도 하늘도 온통 하얀 눈으로 뒤덮이고 사람과 개와 곰들이 멀리 작은 점처럼 그 위를 메우고 있었다. 이곳에서의 삶은 험난하기 이를 데 없어 엄청나게 거센 바람이 연일 몰아쳤고 세상이 추위로 꽁꽁 얼어붙었다. 심지어 사람의 입에서 나오는 문장도 공중에서 꽁꽁 얼어붙어 부서졌기 때문에 제대로 말뜻을 이해하려면 따뜻한 난롯가에 가야 했다. 이곳 사람들은 아눌룩이라는 늙은 마녀의 희고 풍성한 머리카락 가운데 살고 있었다. 아눌룩은 지구 자체였다. 그리고 이곳에는 어떤 남자가 살고 있었는데, 너무나 외롭게 살아온 그의 얼굴은 오랜 세월 흘린 눈물의 계곡들로 깊게 패여 있었다.

외로운 그 남자는 곧잘 웃으며 행복해지려고 노력했다. 물고기 사냥도 했고 잠도 잘 잤다. 그러나 사람에 대한 그리움은 어쩔 수가 없었다. 가끔 배를 타고 얕은 물에서 사냥을 하노라면 뱃전에 물개들이 다가올 때가 있다. 그럴 때면 물개도 한때는 사람이었다는 옛날이야기들을 떠올리며, 사람의 자취가 느껴지는 물개들의 표정과 눈을 가만히 응시하곤 했다. 그러노라면 외로움은 더욱 깊어졌고 얼굴에 패인 주름을 타고 뜨거운 눈물이 흘러내렸다.

어느 날 그는 물고기를 잡으러 나갔다가 날이 저물도록 아무것도 잡지 못하고 돌아오고 있었다. 그런데 자세히 보니 달빛과 얼음 사이로 저쪽 얼룩 바위 위에 아주 아름다운 광경이 펼쳐지고 있었다. 천천히 노를 저어 좀 더 가까이 가보니, 한 무리의 여인들이 벌거벗은 채로 춤을 추고 있었다. 기억 속 말고는 어디에도 친구가 없는 그는 배를 멈추고 그 광경을 지켜보았다. 춤추는 여인들의 살결은 달빛처럼 뽀얗게 빛났고, 모두가 길고 우아한 팔다리를 갖고 있었다. 몸에는 봄이면 연어들의 비늘에 나타나는 것 같은 은빛 점들이 박혀 있었다.

그가 여인들의 아름다운 모습에 정신이 팔려 꼼짝 않고 있는 동안 배는 파도에 밀려 점점 그 바위 쪽으로 다가갔다. 조금 가다 보니 여인들의 웃음소리 같기도 하고 물이 바위에 부딪히는 소리 같기도 한 소리가 들려 왔다. 거기에 매혹된 그는 멍한 기분이었고, 그때까지 가슴을 짓누르던 외로움도 스르르 사라지는 느낌이었다. 그는 자기도 모르게 바위 위로 뛰어올라 거기 놓인 물개 가죽을 하나 훔쳐 옷 속에 숨긴 다음 바위 뒤에 숨어 지켜보았다.

잠시 뒤, 그중 한 명이 아름다운 목소리로 친구들을 부르는 듯했다. 마치 새벽에 고래들이 내는 소리 같기도 하고, 봄에 어린 늑대들이 내는 소리 같기도 했다. 아니 그보다 더 아름다운 목소리였다. 그 소리를 들은 물개 여인들은 가죽을 걸치고 환성을 지르며 물속으로 들어가기 시작했다. 그런데 그중 제일 큰 물개 여인이 옷을 찾지 못해 여기저기 두리번거리고 있었다. 그때 외로운 남자는 왠지 모를 용기가 솟아 그녀에게 다가섰다.

"내 아내가 되어주시오. 나는 외로운 사람이오."

"안 돼요, 저는 바다 밑에 사는 존재예요."

"제발 내 아내가 되어주시오. 칠 년이 지나면 가죽을 내드릴 테니 그때 남고 싶으면 남고 가고 싶으면 가면 되지 않겠소."

남자는 애원했고, 젊은 물개 여인은 마치 사람 같은 표정으로 그의 얼굴을 오랫동안 응시하더니 대답했다.

"좋아요. 같이 가죠. 그리고 칠 년 후에 다시 생각해보겠어요."

부부는 곧 아들을 낳았고 오룩이라는 이름을 지어주었다. 몸은 통통했고 피부는 매끈한 아이였다. 겨울이 되자 엄마는 아들에게 바다 밑 세계에 사는 이들의 이야기를 들려주었고 아빠는 흰 돌을 깎아 곰 인형을 만들어주었다. 엄마는 아들을 재울 때마다 굴뚝에서 나오는 연기나 구름을 가리키며 해마며 고래며 물개며 연어들의 모습을 가르쳐주었다.

세월이 흐르자 물개 여인의 살결은 심하게 건조해졌다. 처음에는 허물이 벗겨지더니 나중에는 쩍쩍 갈라졌다. 눈꺼풀의 살결이 벗겨지고 머리카락이 빠지고, 피부색은 하얗게 바랬고 체중도 자꾸만 줄어들었다. 또 다리 힘이 빠져 절룩거렸고, 시력도 아주 나빠져서 손으로 더듬어 길을 찾을 지경이 되었다. 어느 날 밤 오룩은 아빠가 곰같이 큰소리로 엄마를 꾸짖는 소릴 듣고 잠에서 깨어났다. 바위에 은구슬이 굴러가는 듯한 소리도 들렸다. 그것은 엄마의 울음소리였다.

"당신은 벌써 칠 년이나 제 가죽을 숨겼고 이제 팔 년째가 되잖아요. 빨리 제 가죽을 돌려주세요."

"그럼, 당신은 떠나버릴 것 아냐."

"앞으로 어떻게 할지는 저도 모르겠어요. 하지만 빨리 제 가죽을 주셔야 해요."

"그럼 당신은 틀림없이 나와 아이를 두고 달아날 거야."

화가 난 아버지는 밖으로 나가 버렸다. 오룩은 사랑하는 엄마가 떠나버릴까 봐 걱정이 되어 울다 잠이 들었다. 그러다 바람 소리에 잠을 깬 그때, "오룩, 오룩"이라고 자신의 이름을 부르는 소리를 들었다. 오룩은 허둥지둥 옷을 입고 별이 빛나는 밖으로 달려 나갔다. 바람이 불고 있는 바다에는 크고 늙은 은빛 물개 한 마리가 있었다.

"오……룩."

오룩은 바위 위를 기어 올라가다 돌 틈에서 굴러 나온 보따리에 걸려 넘어졌다.

"오……룩."

보따리를 풀어보니 거기엔 엄마의 물개 가죽이 들어 있었다. 엄마의 향기가 가득 배어 있는 가죽이었다. 그것을 부둥켜안고 얼굴을 묻자 엄마의 영혼이 갑작스런 여름 바람처럼 그를 뚫고 지나갔다. 오룩이 기쁨과 슬픔으로 "아!"라는 비명을 지르자 엄마의 영혼이 다시 그를 뚫고 지나갔다. 엄마의 끝없는 사랑이 자신을 뚫고 지나감을 느끼며 다시 "아!" 하고 소리치자 늙은 은빛 물개는 서서히 물속으로 들어갔다.

소년은 물개 가죽을 들고 쏜살같이 집으로 달려갔다. 엄마는 아들과 가죽이 둘 다 무사한 것에 감사드리며 기쁨으로 눈을 감았다. 그러고는 가죽을 입었다. 오룩은, "엄마, 입지 마세요. 안 돼요."라고 소리쳤다. 엄마는 아들을 안고 파도 소리 요란한 바다로 달려갔다.

"엄마, 저를 버리지 마세요."

오룩이 울음을 터뜨렸다. 엄마는 오룩의 곁에 있고 싶었지만 시간보다도 더 오래 된 무엇인가가 그녀를 불렀다. 오룩은 "엄마, 안 돼요. 안 돼요."라며 울부짖었다. 엄마는 사랑이 가득 찬 눈으로 오룩을 바라보더니 그의 얼굴을 붙들고 한 번, 두 번, 세 번, 그의 입에 뜨거운 숨결을 불어넣었다. 그러고는 오룩을 안고 바다 밑 깊숙이 헤엄쳐 들어갔다. 두 사람은 물속에서도 쉽게 숨을 쉴 수 있었다.

이윽고 둘은 바다 깊은 곳에 있는 물개들의 보금자리에 도착했다. 그곳에는 여러 동물들이 한데 모여서 먹고, 춤추고, 노래하고, 떠들고 있었다. 그중 아까 오룩을 불렀던 몸집이 큰 은빛 물개가 그를 손자라고 부르며 힘껏 껴안았다. 그 물개는 오룩의 엄마에게, "그래, 땅 위에선 잘 지냈니?"라고 물었다.

오룩의 엄마는 고개를 절레절레 흔들며, "나와 살기 위해 모든 것을 버린 분께 상처를 입혀 드렸어요. 그렇지만 그에게 돌아가면 영영 갇혀 살게 될 거예요."라고 대답했다. 할아버지 물개는 "그럼 아이는?"이라고 묻더니 자랑스러운 어조로 오룩을 "내 손자"라고 불렀다.

"아버지, 그 애는 땅으로 돌아가야 해요. 아직 여기 올 때가 아니에요." 오룩의 엄마가 울먹이며 말하자 오룩 역시 울음을 터뜨렸다. 이렇게 이레가 지나자 물개 여인은 생기를 되찾았다. 머리와 눈에 다시 윤기가 감돌았고, 피부색도 아름답게 돌아왔다. 시력을 회복했고, 몸매도 다시 탄력 있게 변했다. 이제 오룩이 땅으로 되돌아갈 시간이었다. 그날 밤 할아버지와 엄마 물개는 오룩을 가운데 끼고 바다 위로 헤엄친 뒤 달빛 밝은 해변의 돌 사이에 내려놓았다. 엄마는 오룩에게 이렇게 말했다.

"난 항상 너와 함께 있을 거야. 칼이나 조각 등 뭐든지 엄마의 손이 닿았던 것을 만지면 바람이 네 허파 속으로 스며들어 노래를 부를 수 있을 거야."

할아버지와 엄마 물개는 그에게 수없이 입을 맞추고 저 멀리 바다로 헤엄쳐 가더니 마지막으로 한 번 더 그를 바라보고는 물속으로 사라졌다. 오룩은 아직 자기가 물속으로 갈 때가 아님을 알고 그 자리에 남았다.

오룩은 자라서 유능한 드러머이자 가수, 그리고 이야기꾼이 되었다. 어렸을 때 위대한 물개 정령들을 따라 물의 나라에 다녀온 덕분이라고 한다. 요즘도 가끔 새벽이면 오룩은 큰 바위 옆에 배를 대고 해변에 나타나는 암 물개와 이야기를 나누곤 한다. 수없이 많은 사람이 그 암 물개를 잡으려 했지만 성공한 이는 없었다. '눈부신 물개, 신성한 물개'라는 별명을 지닌 그 물개는 사람처럼 지혜와 야성, 사랑을 전달하는 눈을 지녔다고 한다.

눈치 없는 여성, 보물을 도둑맞다

물개는 야성을 나타내는 상징 중 가장 아름다운 동물로, 여성의 본능과 마찬가지로 오랜 세월에 걸쳐 진화하고 변화해왔다. 물개들은 번식과 양육 때만 뭍에 나오며, 어미 물개는 약 두 달 동안 자기 몸에 저장했던 양분만으로 새끼를 헌신적으로 먹이고 보살핀다. 두 달이 지나면 어미 물개는 다시 바다로 돌아가고 새끼는 독립적인 삶을 시작한다.

물개를 영혼의 상징으로 보는 이유는 성격이 매우 양순하기 때문이다. 물개는 개처럼 천성적으로 다정할 뿐 아니라, 온몸에서 순진함이 풍겨 나온다. 그러나 위협을 받으면 재빨리 반응하는데, 필요하면 후퇴했다가 되받아치는 성향이 있다. 영혼도 이와 비슷하다. 정신 가까이 머물면서 정신을 돌보고, 낯설고 어려운 일이 닥쳐와도 결코 도망치지 않는다.

이 이야기에 나오는 물개 여인도 그렇지만 순진한 여성들은 남들의 의도나 위험을 전혀 눈치 채지 못한다. 물개가 가죽을 도난당하는 것도 바로 그런 순간이다. 내가 여러 해 동안 상담을 통해 많은 사람들을 만나보고 연구한 결과, 누구나 일생에 한 번은 매우 중요한 것을 잃어버린 경험이 있다는 결론에 이르렀다. 아주 좋은 기회나 사랑을 잃고, 혹은 자신감을 도둑맞기도 한다. 예술이나 사랑, 꿈, 희망, 혹은 선에 대한 믿음, 명예나 노력 등 자신에게 매우 중요한 것을 추구하다가 딴 데 정신이 팔려 그만두는 경우도 이에 해당할 것이다.

중요한 것을 잃어버린 사람은 이 이야기에 나오는 물개 여인처럼 대개 생각지도 않은 때 허를 찔린다. 쉽게 남의 말을 믿거나 예견 능력이 부족해서, 혹은 주위에서 일어나는 일을 모르거나 운이 나빠서 그런 일을 당한다. 이런 일을 당한 이들은 나쁘지도 멍청하지도 않지만 경험이 부족하다 할 수 있고 심리적으로 줄고 있는 상태일 수 있다. 이런 일은 나이나 인종, 교육 수준에 상관없이 누구에게나 일어날 수 있다. 그리고 십중팔구 신비로운 원형적 깨달음의 기회를 맞게 된다.

잃어버린 보물을 되찾고 기운을 회복하는 과정은 심리의 네 가지 필수적인 구조를 발전시키는 것과 같다. 우선 직면한 문제에 정면으로 맞선 다음 심연으로 내려간다. 그러면 잃어버린 것을 되찾으려는 의지가 더욱 확고해질 것이다. 그러고 나면 심리적으로 자유로워지고 싶다는 욕구와 새로운 지혜에 대한 갈급함으로 가득 차오를 것이다. 그리고 마침내, 우리의 내적 본성이 발달하게 된다. 정신의 야성적이고 지적인 측면인 이 본성은 영혼의 세계와 인간 세계를 자유로이 넘나들 수 있다.

《물개 가죽, 영혼의 피부》는 이런 과제들을 성공적으로 해내기 위해 우리가 거쳐야 할 단계들을 분명하게 보여준다. 오늘날 여성들이 직면하고 있는 문제 가운데 가장 위험한 것은 심리적인 지도자 없이 혼자서 성숙의 과정을 거쳐 간다는 사실이다. 반대로, 무엇인가를 잃어버린 뒤 자기가 직면한 상황을 이해하고 이에 대처하려고 노력하지만 어찌할 줄을 모르고 그때까지 겪어온 상실의 상황만을 되풀이해서 살아가는 여성들도 있다. 이 이야기는 야성에 대한 지식이 부족한 여성들에게 특히 유용할 것이다.

가죽을 잃고 영적인 고향을 떠나다

인간이 마술에 걸려 동물로 변하는 대부분의 이야기와는 달리 《물개 가죽, 영혼의 피부》는 인간 세상에 살게 된 동물이 주인공으로 등장한다. 물개 여인은 여성의 심리에 깃든 야성처럼 동물이면서 동시에 인간과 함께 살 수 있는 신비로운 양면성을 지닌 존재다. 물개 가죽 또한 단단하고 진솔한, 야성적인 양상을 상징한다. 야성 상태에 있는 여성은 자기 자신과 완전히 일치하기 때문에 말하고, 행동하고, 생각할 때 망설이지 않는다. 그리고 설사 이런 상태가 얼마간 중단되어도 축적된 힘이 있기에 끄떡없이 살아갈 수 있다.

영적인 고향으로부터 떨어져 사는 여성은 결국 심신이 지친 상태에 빠진다. 그리고 조만간에 자신의 영혼과 자아, 그리고 바다 같은 지혜를 되찾기 위해 잃어버린 고향을 찾아 나선다. 영적인 고향을 떠났다가 다시 돌아가는 능력은 여성이면 누구나 갖고 있다. 이는 어린 시절부터 사춘기, 청년기를 거쳐 거듭해서 나타나며 어머니가 되고 예술가로 활동할 때도 힘의 원천이 된다. 이런 역할은 나이와는 큰 상관이 없다. 중년 여성이 갓난아기 같은 의식 상태일 수도 있고, 나이 든 여성이 열렬한 사랑에 빠질 수도 있으며, 어린 소녀들이 노파 같은 지혜를 갖고 있을 수도 있는 것이다.

오랫동안 우리는 영혼의 피부에 대한 감각을 잃어버린 채, 이미 정해진 가죽을 입고 계속된 억압 속에 살아왔다. 우리가 영혼의 피부를 잃어버리는 원인은 무수히 많다. 자아에 너무 집착하거나, 다른 사람에게 지나치게 엄격하거나, 완벽주의가 되거나, 불필요한 희생을 자청하거나, 야심에 눈이 먼 경우 그럴 수 있다. 또한 자기 자신과 가족, 혹은 사회에 불만을 품고 있으면서도 아무런 대책도 세우지 않는 경우, 끊임없이 남에게 도움을 주는 척하거나, 반대로 남을 도울 수 있는데도 가만히 있는 경우 영혼의 피부를 잃어버릴 수 있다.

《물개 가죽, 영혼의 피부》에 나오는 어부는 이른바 가중절도죄를 범한다. 그러나 자신의 주기에 주의를 기울이고, 집을 떠날 때와 돌아올 때를 잘 알고 있다면 그런 심각한 절도의 희생양은 되지 않을 것이다. 세상의 피조물은 모두 집으로 돌아간다. 우리 인간들은 늑대나 사슴, 곰 등 야생 동물을 위한 보호소는 마련해주면서도 정작 자신이 매일 사는 집에 대해선 무심하다. 자유로운 존재에게 가장 치명적인 사건은 바로 살 곳을 잃는 일이다. 우리는 동물들의 보금자리가 도시와 고속도로 등 해로운 요소들로 둘러싸이는 것은 심각하게 우려하면서도 우리 자신에게도 똑같은 일이 벌어지고 있다는 사실은 전혀 의식하지 못한다. 우리는 적어도 가끔은 안전하고 자유로울 수 있는, 그런 집으로 돌아갈 필요가 있다.

우리는 안식처에 대한 보상심리를 짧은 휴가나 여행으로 채우려 한다. 그러나 그것만으로 영혼과 마음의 건강을 유지하기는 어렵다. 휴식이 귀향이 아니듯, 고독 또한 안정이 아니다. 고향을 잃지 않으려면 항상 자신의 가죽을 가까이 두어야 한다. 심리 상담을 하다 보면 재능이 풍부한 여성이 자신에게 맞지 않거나 극히 해로운 연애를 하는 경우를 종종 본다. 물론 이런 인간관계를 청산하기란 쉬운 일이 아니다. 강한 의지력이 필요할 뿐더러, 이 이야기에 나오는 물개 여인처럼 고향에서 들려오는 목소리에 귀를 기울여야 한다.

여성의 재능과 시간을 훔치는 것도 영혼의 피부에 대한 가중절도죄에 해당한다. 삶은 편안해졌지만 사람은 고독하다. 세상은 여성의 엉덩이와 가슴을 필요로 하는 이들로 가득 차 있다. 수천 개의 손과 수백만의 목소리가 여성을 부르고 잡아당기고 주의를 끈다. 때로는 주변 모든 사람들이 우리 여성에게서 뭔가를 필요로 하고 원하는 것처럼 느껴질 때가 있다. 그중에는 매력적인 사람도 있고, 분노와 요구로 가득한 사람들도 있으며, 때로는 가슴 아프도록 가엾어서 절로 연민이 흐르고 젖을 물려주고픈 사람들도 있다. 그러나 다른 사람에게 젖을 주는 일을 그만두고 자신의 귀향에 필요한 일을 해야 한다.

영혼의 피부를 잃는 것이 위험하고 파괴적인 연애 때문만은 아니다. 건강하고 깊은 사랑도 그런 결과를 가져올 수 있다. 문제는 관계의 성격이 아니라 거기 들어가는 노력과 시간, 에너지, 훈련 등이다. 이것들은 심리의 계좌에서 현금을 인출하는 것과 같아서 지나치게 빠져나가면 결국 영혼의 피부를 다 잃어버린다. 에너지, 지혜, 생각 등을 제때 보충하지 않으면 심리적으로 죽게 된다는 말이다.

이 이야기에서 물개 여인은 자유를 위한 춤을 추다가 가죽을 잃는다. 춤에 열중한 나머지 옆에서 일어나는 일에 주의를 기울이지 않았다. 우리 역시 의식을 찾기 전 바위 위로 올라가 정신없이 춤을 추다가 어느 순간 심리의 교활한 측면에 가죽을 도난당한다. 이런 경우 영혼을 도둑맞은 느낌, 아니 영혼이 어딘가에 숨어 버린 느낌에 빠지고 반쯤 정신 나간 상태에서 이리저리 헤매게 된다. 그리고 이때 섣부른 선택을 하기 쉽다. 너무 일찍 결혼을 한다든가, 계획 없이 일찍 아이를 갖는다든가, 형편없는 배우자를 고른다든가, 물질적 풍요를 얻기 위해 예술을 포기한다든가, 어떤 환상이나 약속에 속아 넘어간다든가, 외모를 위해 영혼을 버린다든가, 너무 경박해진다든가 하는 것이 모두 그런 예이다.

어린 시절엔 영적 생활이 세상의 요구와 충돌할 경우 자신이 고향과 멀리 떨어져 있음을 느끼지만, 어른이 된 후에는 스스로 내린 결정 때문에 집에서 멀어지게 된다. 그리고 어렸을 때 귀향에 대해 배우지 않은 이는 상실과 방랑의 생활을 끝없이 되풀이한다. 그러나 자신의 선택 때문에 가야 할 길에서 멀어졌다 하더라도 영혼 깊은 곳에는 귀향을 위한 요소들이 남아 있으므로 낙담할 필요는 없다. 우리는 어떤 상황에서도 반드시 고향으로 돌아올 수 있다.

영혼은 불완전한 자아를 받아들일 수 없다

이 이야기에서 물개 가죽을 훔치는 어부는 여성의 자아를 상징한다. 건강한 자아는 현실을 제대로 파악하고, 자기 자신을 정확히 이해한다. 또 과거와 현재와 미래를 명확히 구분할 줄 알고 현실에 적합한 세계관을 소유한다. 자아와 영혼은 앞다투어 우리의 삶을 지배하려고 경쟁을 벌이고 있다.

우리가 어릴 때는 여러 가지 욕망을 지닌 자아의 지배를 받기 쉽다. 그러나 나이가 들수록 영혼의 힘이 강해지고, 자아는 완전히 사라지진 않으나 심리의 구석으로 쫓겨나 영혼의 지시를 따르는 경우가 많다. 우리는 태어날 때부터 영혼의 지배를 받고자 하는 야성적인 욕구가 있다. 자아는 아무리 강해도 한계가 있다. 쉽게 겁을 내며 구체적인 사실만을 요구하기 때문에 감정이나 비현실적인 현상은 간과하는 경향이 있다. 그래서 자아는 외로움에 빠지기도 쉽다. 자아는 제한된 사고방식을 지니기 때문에 영혼이나 심리의 신비로운 움직임에 마음껏 동참하지 못한다. 그러면서도 진솔하고 야성적인 것이 가까이 다가오면 그 힘을 느끼고 영혼을 그리워한다.

자아는 융 심리학에서 대체로 무의식의 바다에 떠 있는 작은 의식의 섬들로 묘사된다. 이야기에서 자아는 욕심으로 가득 차고, 별로 영리하지 못하면서 자기 주변에 있는 불가해한 모든 것을 다스리려고 하는 사람 또는 동물로 묘사되는 경우가 많다. 그래서 종종 처음에는 악랄하고 파괴적인 방법으로 힘을 획득했다가, 주인공의 의식이 깨어감에 따라 결국 그 힘을 잃게 되는 존재로 그려진다.

어린 시절의 자아는 영혼에 대한 호기심은 있지만 자신의 욕망을 채우느라 정신없이 바쁘다. 원래 자아는 잠재력에 해당한다. 부모나 스승, 사회가 부여하는 개념 및 가치 등에 의해 형성되고 계발되고 채워지면서 우리의 동반자이자 전초병 노릇을 하는 것이 자아다. 그러나 자아가 야성의 도움을 받아 생기나 본능적인 예민함을 획득하지 못하면, 영혼은 불완전한 자아를 받아들일 수 없다.

이 이야기에 나오는 외로운 어부는 영혼의 삶에 동참하려 하지만, 그의 자아가 영혼에 어울리는 삶을 살지 못한다. 자아가 가죽을 훔치는 것은 외롭거나 굶주린 이들이 그렇듯이 빛을 좋아하기 때문이다. 자아는 빛을 보자 영혼과 가까이 할 수 있을 것 같아 몰래 다가가 가죽을 훔친다. 자아는 비록 물속에서 살 능력은 없지만 영혼과 관계를 맺고 싶어 한다. 영혼보다 거칠고, 섬세하거나 예민하진 않지만 자신도 모르게 아름다운 빛을 그리워한다. 그리고 때로는 이 욕구가 그의 마음을 가라앉혀 주기도 한다.

마침내 가죽을 훔친 자아는 "나와 함께 있어 주시오. 그러면 그대를 영혼으로부터 떼어놓고 매우 행복하게 해주겠소. 제발 나와 함께 있어 주시오."라고 속삭인다. 여성이 처음 개별화되기 시작할 때 영혼은 자아와 충돌한다. 그러다가 세상을 살아가는 법을 배우기 위해 영혼이 자아에 굴복하는 기능이 작동하기 시작한다. 원하는 물건을 획득하고 직업을 구하고 선악을 분별하는 능력, 판단 능력, 다른 이들과 공존하는 법, 사회의 구조와 기능, 아이를 안는 법, 몸을 관리하는 법, 사업에 필요한 지혜 등을 배우기 위해 영혼이 자아를 따르는 것이다.

여성의 심리구조가 그런 식으로 발달하는 근본적인 이유는 무엇일까? 이는 물개 여인이 어부에게 완전히 굴복해 그와 결혼한 이유이기도 한데, 결국 정신이라는 아이를 출산하기 위함이다. 부부가 낳은 아이는 속세와 야성의 세계를 넘나들며 양쪽 세계를 모두 이해하고 다스릴 수 있는 정신을 상징한다.

일단 이 아이가 태어나서 자라 깨달음에 이르면 의식의 표면으로 떠오르게 되고, 자아와 영혼의 관계도 회복될 것이다. 그럼 이제 외로운 어부, 즉 자아는 영혼을 지배하고 살 수 없다. 사실 자아는 언젠가는 영혼의 요구에 복종하고 영혼의 지배를 받아야 한다. 그러나 위대한 영혼의 영향을 받은 이상 그의 삶은 기쁘고 풍요롭고 겸손해질 것이다.

영혼의 집으로 돌아가게 해주는 정신이라는 아이

자아와 영혼이라는 서로 상반된 요소가 결합해 정신이라는 귀중한 결과를 낳는다. 이때 자아가 심리 및 영혼의 아주 섬세한 부분을 짓밟는다 해도 자아와 영혼은 전보다 훨씬 풍요로워질 것이다. 역설적으로, 자아는 가죽을 훔침으로써 영혼을 지켰고, 세상과 영혼의 두 세계를 왕래하며 양쪽 모두를 풍요롭게 해줄 아이를 잉태했다.

게일족의《미녀와 야수》, 멕시코의《무서운 마녀》, 일본의《반달곰》 등 세계 곳곳의 이야기들을 보면 심리적인 건강을 되찾는 길은 외롭거나 상처받은 존재들을 돌보는 것으로 시작될 때가 많다. 가죽이 없는 여성과 외롭고 미개한 남자가 결혼해 전혀 다른 두 세계를 넘나들 수 있는 존재를 낳는다는 사실은 심리의 기적적인 능력 가운데 하나다. 아무리 불완전하고 힘들고 거친 환경 속에서도 지치지 않고 타오르는 작은 불꽃이 생기는 것이다.

정신의 아이는 먼 곳에서 보내는 목소리를 들을 수 있는 기적의 아이다. 또 우리에게 명령하는 내면의 본성이기도 하다. 잠에서 깨어 집을 빠져나가 바람 부는 밤공기 속으로 들어가는 이 아이는 우리에게 "난 이 길로 가겠어.", "난 참아내겠어.", "난 거절당하지 않아.", "난 나의 길을 찾을 거야."라고 당당히 말할 힘을 부여한다. 물개 여인은 이 아이의 도움으로 가죽을 찾아 집으로 돌아간다. 우리가 자기 자신을 위해 중요한 일을 하고, 고난을 극복하고, 삶의 방향을 바꾸거나 주변 환경을 고치는 것은 모두 그 아이, 즉 정신 덕분이다. 정신의 도움을 받아야만 영혼의 집으로 돌아갈 수 있는 것이다.

여성이 어떤 상황에 처해 있든지, 우리 곁에는 항상 정신이라는 아이와, 깊은 바다 속에서 솟아올라 딸에게 집으로 오라고 부르는 늙은 물개가 있고, 또한 드넓은 바다가 있다. 최근 나는 몇몇 예술가 겸 상담전문가들과 함께 캘리포니아 주에 있는 한 여성 교도소를 찾아가 백 명의 수감자를 대상으로 영적 훈련을 위한 프로그램을 진행한 적이 있다. 예상과 달리 마음이 굳게 닫힌 여성은 거의 찾아볼 수 없었고, 오히려 수십 명의 여성이 물개 여인 같은 단계들을 경험하고 있었다. 자신의 순진한 선택으로 인해, 말 그대로 "낚인" 여성들이 매우 많았다. 그곳에 수감된 원인은 다양했지만, 부자연스러운 상황에서도 각기 자신의 뼈와 살을 깎아 정성스럽고 용의주도하게 정신이라는 아이를 만들어가고 있었다. 자신의 물개 가죽을 찾아 집으로 돌아갈 궁리를 하고 있었다.

우리 일행 중에 쿡이라는 젊은 흑인 바이올리니스트가 여성 수감자들을 위해 연주를 해주었다. 당시 우리는 야외에 있었고 날씨는 매우 추웠다. 바람이 몹시 심하게 불면서 야외무대를 '오~'하는 소리로 감쌌다. 전기 바이올린의 현을 조인 바이올리니스트는 단조로 폐부를 찌르는 듯한 연주를 들려주었다. 그녀의 바이올린은 정말 슬피 울었다. 그때 내 옆에서 체구가 큰 인디언 여성이 내 팔을 치며 목이 메어 이렇게 말했다. "저 바이올린 소리는 제 안의 잠긴 문을 열어주네요. 저는 제 마음이 영영 닫혀 있을 줄 알았는데……" 그녀의 얼굴은 경이와 기쁨으로 가득 차올랐고, 내 심장도 터질 것만 같았다. 그녀에게 어떤 사정이 있었는지는 모르지만 그녀는 분명 바다 너머의 울부짖음, 고향의 소리를 듣고 있었다.

《물개 가죽, 영혼의 피부》에서 물개 여인은 아이에게 바다에 사는 동물들의 이야기를 들려준다. 엄마는 아이에게 다른 영역과 다른 삶을 가르침으로써 아이를 성장시키고 있었다. 굉장히 중요한 무언가를 위해 영혼이 심리 속에 존재하는 이 야성적인 아이를 준비시키고 있는 것이다.

본연의 가죽을 잃고 불구의 몸이 되다

아무것도 만들어낼 수 없고 욕구를 충족시킬 수 없는 여성들은 대부분 침울해지고 권태와 혼란에 빠진다. 여성은 천부적으로 창조적인 삶을 살도록 되어 있다. 그러나 대부분의 사회가 여성의 삶을 제한하고 야성적인 본능을 억누름으로써 여성의 창조성을 발휘하지 못하게 만든다.

내면에 '지하의 강'이나 활기에 찬 '작은 샘'이 있는 여성은 문제가 없다. 그러나 고향에서 멀리 떨어진 여성은 처음에는 원래의 야성이 안개처럼 변할 뿐이지만 결국에는 한줌의 바람이 되어 사라져버릴 것이다. 여성이 본연의 가죽을 잃고 점점 메마르다가 결국 불구가 되는 과정은 다음의 이야기를 떠올리게 한다.

멋진 양복을 입은 불구자

한 양복점에 손님이 찾아왔다. 옷을 골라 입은 손님은 거울에 비친 자기 모습을 보다가 조끼 한 쪽이 약간 긴 것을 발견했다. 재단사는 "아, 염려 마십시오. 짧은 쪽을 손으로 살짝 눌러주시면 아무도 눈치 채지 못할 거예요."라고 했다.

다시 거울을 들여다 본 손님은 이번엔 윗도리의 깃이 약간 말려 들어간 것을 발견했다. 재단사가 말했다. "아, 그거요? 그건 아무것도 아닙니다. 고개를 약간 돌려서 턱으로 눌러주시면 됩니다."

손님이 그 말을 듣고 다시 거울을 보니 바지 안쪽이 좀 짧고 꽉 끼었다. 재단사는 다시 이렇게 말했다. "그건 걱정 마세요. 오른손으로 안쪽을 살짝 잡아당겨 주시면 됩니다." 손님도 그러면 괜찮겠다 생각하고 옷을 샀다.

이튿날 그는 재단사가 시킨 대로 새 옷을 입고 손과 턱을 이용해 옷 매무새를 가다듬고 나갔다. 턱으로 깃을 누르고, 한 손으로 조끼를 다른 손으론 바지통을 붙잡고 절룩거리며 공원을 걷고 있자니까 바둑을 두던 두 노인이 손을 멈추고 그를 바라보았다.

한 노인이 이렇게 말했다. "어이, 저 불구자 좀 보게나." 그 말을 들은 다른 노인이 잠시 생각에 잠기더니 이렇게 말했다. "그래, 불구인 건 참 안됐네만, 어디서 저렇게 멋진 옷을 구했을까?"

이 두 번째 노인의 말을 곰곰이 생각해보자. 겉으로 보기엔 흠 잡을 데 없으나 내면은 엉망이 되어 있는 여성들에게 하는 말 같지 않은가. "그래, 그녀가 불구가 된 것은 참 안타깝지만, 저 상냥하고 멋진 모습을 보라. 얼마나 성공적으로 살고 있는가."라고 말하는 우리 사회의 소리를 듣는 듯하다. 내면이 메마르면 우리는 멀쩡한 외모를 유지하기 위해 몹시도 뒤틀린 생활을 하게 된다. 영혼의 가죽을 잃어서든, 사회가 만들어 준 가죽이 맞지 않아서든, 어찌됐건 메마른 내면을 감추기 위해 안간힘을 쓰며, 결국 엄청난 희생만 치른 채 삶은 무미건조하고 황폐해진다.

여성의 내면이 메마르면 힘차고 야성적인 생활을 하기가 점점 힘들어진다. 내면에 습기가 없어지면 생각과 창의성은 물론 여생 자체가 줄어들고 강도나 강간, 절도를 당할 위험도 높아진다. 이런 여성은 괴한에 쫓기는 꿈에 시달릴 수도 있다. 오랫동안 심리 상담을 해오면서 나는 이처럼 내면이 메말라가는 여성들을 많이 만나 보았는데 공통적으로 불구가 된 동물들의 꿈을 많이 꾸었다고 한다. 자연은 물론 우리 내면에도 미개척지가 점점 사라지면서 더욱 많은 사람들이 다친 동물에 관한 꿈을 꾸게 된다는 것은 아주 흥미로운 일이다.

다친 동물의 꿈은 여성의 본능적 심리와 야성적 자연의 관계가 손상되었음을 시사하는 한편, 본능적 삶을 상실한 데서 기인한 사회 전체의 깊은 상처를 반영한다고도 볼 수 있다. 사회가 여성들의 총체적이고 건전한 삶을 방해할 때 그 상처는 잠재의식에 모두 기록되기 때문에, 아무리 심리가 자동적으로 스스로를 정화하고 강화하려고 애를 써도 소용이 없다. 그런 여성은 여걸과의 관계가 약화되고, 사회 역시 그 영향을 받는다. 때로는 여성 개인이 아니라 가정이나 직장 등 사회 전체가 메마르고 황폐해져서 여성에게 악영향을 끼치기도 한다. 이를 개선하기 위해서는 여성이 자신의 가죽을 되찾고 고향으로 돌아가야 한다.

물개 여인처럼 우리도 가죽이 벗겨지고, 활력이 없어지고, 눈이 어두워지기 전까지는 자신이 처한 상황을 깨닫기 어렵다. 그러나 다행인 것은 우리 잠재의식 속에는 끊임없이 우리를 부르는 늙은 물개 같은 존재가 있다는 사실이다.

너무 오래도록 고향을 떠나 살다

뭍에 너무 오래 머문 물개 여인은 몸이 몹시 건조해진다. 우리가 한 곳에 너무 오래 머물 때도 그와 비슷한 증상이 나타난다. 우리의 피부는 가장 뛰어난 감각 기관이다. 더위와 추위는 물론이고 흥분과 놀라움을 느낄 때 가장 먼저 피부가 반응한다. 너무나 오래 고향을 떠나 있는 여성은 자신에 대해 느끼고 생각하는 능력이 줄어든다. 바보처럼 절벽 아래로 떨어져 죽는 레밍이라는 동물처럼 이런 여성도 어느 순간 벼랑 끝에 내몰리는 경험을 한다. 자신이 무엇을 하고 있는지, 자신에게 무엇이 부족한지 파악할 능력이 없는 것이다. 그리하여 물개 여인은 점점 야위고 다리를 절뚝거리고, 눈까지 어두워진다.

고향을 떠난 지 너무 오래된 여인은 새로운 삶에 목말라 있고, 바다를 몹시 그리워한다. 간신히 하루하루 버틸 뿐이다. 겨울이 끝나 봄이 될 때를 기다리지 못하고 막연한 미래, 갑자기 뭔가 굉장한 일이 벌어질 그 날이 기적처럼 열리기만을 기다린다. 그러면서 애석함과 불안, 상실감과 초조함 속에서 살아간다. 이런 불편한 느낌은 시간이 갈수록 더 심해질 것이다. 이런 삶은 부자연스러울 뿐만 아니라 죄책감마저 엄습한다. "그래, 나도 알아. 이 일은 반드시 해야 해. 하지만……"이라며 변명을 늘어놓기 일쑤다. 이런 변명은 그들이 여기 너무 오래 머물러 있었음을 시사한다.

그렇게 메마른 상태에서도 계속 여기 머물겠다고 생각하는 여성도 있다. 더욱 열심히 노력하면서 주어진 상황에 적응하는 것이 낫다고 생각하며 버티는 것이다. 또 아이들을 위해 희생을 감수하려는 여성들도 있다. 그러나 그런 엄마 밑에서 자라면 아이들 역시 그녀와 똑같은 실수를 범할 가능성이 높다.

우리는 각자 자기에게 맞는 길을 통해 고향으로 돌아간다. 영혼의 고향으로 돌아가는 길은 다양하다. 감동적인 글을 읽는다든지, 물가에서 잠깐 앉아 쉰다든지, 아롱거리는 햇살을 바라보며 땅바닥에 눕는다든지, 무턱대고 걷는다든지, 목적지도 없이 버스에 오른다든지, 음악에 맞춰 몸을 흔든다든지, 기도를 한다든지, 친한 친구를 만난다든지 등등 귀향에 도움이 되는 행위는 열거할 수 없을 정도로 다양하다.

그러나 삶에는 귀향을 막는 요소들이 아주 많다. 여성들이 귀향을 미루는 원인 중 도무지 이해하기 어려운 것이 하나 있는데, 그것은 바로 여성이 치유자 원형을 자신과 동일시하는 경향이다. 치유자 원형은 신비롭고 엄청난 힘으로 많은 것을 가르쳐주는데, 그 가까이 있거나 본받으려 애쓰거나 바람직한 관계를 맺고 있으면 큰 도움을 얻을 수 있다. 지혜, 선, 지식, 간호 등의 특징을 지녔고 굉장히 관대하고 친절하다는 특징이 있다.

그러나 치유자 원형에 지나치게 밀착하면 우리의 삶은 방해를 받게 된다. 우리 사회는 여성들에게 아주 어렸을 때부터 "모든 걸 치유하고 바로잡아야 한다."는 강박관념을 심어줌으로써 성인이 되어서도 그런 압력을 물리치지 못할 뿐더러 본질을 꿰뚫어보기 힘들어진다. 일정 기간은 치유자 원형처럼 행동할 수 있지만 항상 그럴 수는 없다. 지치지 않고 끊임없이 베풀 수 있는 것은 원형 그 자체뿐이다. 게다가 원형은 단지 하나의 이상에 불과하다. 끊임없이 남들을 돌봐야 한다는 감정적 덫에 걸리지 않으려면 치유자 원형의 압력을 냉정히 물리칠 줄도 알아야 한다.

이를 위해서는 삶에서 잠시 벗어나 내면을 들여다보는 시간을 가질 필요가 있다. 어떻게 해서 덫에 걸리게 되었는지 생각하는 것이다. 그러고는 "여기까지만, 그리고 이만큼만"이라고 한계를 지을 줄 알아야 한다. 끝까지 버티다가 완전히 소진되는 것보다는 잠시라도 영혼의 고향으로 돌아가는 것이 낫다.

지금 지치고 세상이 지겹지만 삶을 멈추고 잠시 쉬는 것이 두려운 여성들이여! 끊임없이 그대의 도움을 청하는 주변의 압력을 두 눈 부릅뜨고 단호히 물리치라. 이때 귀향하지 않으면 그대의 삶은 초점을 잃게 될 것이다. 잃어버린 가죽을 찾아 입고, 단단히 무장한 다음 집에 다녀와야만 더 힘차게 살 수 있다. 우리가 엄마의 뱃속으로 다시 들어갈 순 없지만 영혼의 고향으로는 돌아갈 수 있다. 이는 가능할 뿐더러 반드시 필요한 일이기도 하다.

관계를 끊고 다시 물속으로

귀향은 우리가 기억하고 있는 고향으로 되돌아가려는 경향이며, 어떤 상황에서도 고향을 찾을 수 있는 능력이다. 누구에게나 그런 능력이 있어서 아무리 오랫동안 집을 떠나 멀리 있더라도 다시 집으로 찾아갈 수 있다. 아무리 어둡고 낯선 땅이 나타나도, 낯선 종족이 보이고 나침반이 없더라도 집까지 무사히 갈 수 있다.

우리가 찾아가는 고향은 우리의 내면에 있는 곳으로 공간이 아닌 시간이다. 우리가 편안히 쉴 수 있는 그곳에 닿으면 아무런 방해 없이 생각과 감정을 누릴 수 있다. 예부터 여성들은 아무리 바빠도 이런 고향을 찾고 가꾸어왔다.

내가 처음 귀향을 경험한 것은, 어린 시절 이모를 따라 새벽에 교회에 가곤 했을 때였다. 새벽 다섯 시도 채 되기 전, 교회 안에는 몇몇 검소한 옷차림을 한 여성들이 차가운 바닥에 무릎을 꿇고 추위에 붉어진 손에 얼굴을 묻은 채 기도하면서 마음의 안정과 지혜를 얻는 모습을 보았다. 한번은, "여긴 아주 예쁘고 조용한데요."라고 말하자 이모는, "쉿, 이건 비밀이야."라고 말씀하셨다. 비밀이라는 이모의 말은 사실이었다. 교회에 이르는 캄캄한 새벽길과 싸늘한 교회 안이야말로 여성들이 남들의 방해를 받지 않는 유일한 장소였기 때문이다.

여성은 어떻게 해서든 고향에 돌아갈 권리를 확보해야 한다. 고향이란 일상생활에서 맛보기 어려운 경이감, 선견지명, 안정, 평안함과 온갖 요구에서 벗어날 수 있음을 한동안 지속적으로 느끼는 상태를 가리킨다. 우리는 이런 보물들을 심리 안에 소중히 간직했다가 훗날 사용한다.

영혼의 고향은 특정한 장소가 아니다. 그곳에 이르게 하는 수단은 음악, 예술, 숲, 물안개, 일출, 고독 등이 있다. 영혼의 고향은 모든 것이 아름답고 원활하고 정상적인 상태로 남아 있는 태초 그대로의 본능의 세계이다. 우리가 거기서 돌아와 어떻게 살아가느냐는 별로 중요하지 않다. 중요한 것은 우리 삶의 균형을 잡아주는 그런 고향이 있어야 한다는 사실이다.

물개 여인이 바다로 돌아간 것은 그러고 싶어서도 아니었고 적당한 때가 됐다고 느낀 때문도 아니었으며 자신의 생활이 정돈되어서도 아니었다. 반드시 가야만 했기 때문에 떠난 것이다. 우리는 여러 가지 이유로 귀향을 미룬다. 그러나 본능과 야성의 주기를 회복하면 거기에 맞춰 살아갈 수 있도록 삶을 조정할 심리적 의무가 생긴다. 옳고 그름을 따질 문제가 아니라, 때가 되면 반드시 돌아가야 한다.

단 한 번도 영혼의 고향에 돌아가지 않고 유령 같은 삶을 이어가는 여성들도 간혹 있다. 이런 여성들은 많은 것을 이루었지만 만족감을 느끼지 못하고, 원하는 일을 하면서도 보람을 느끼지 못한다. 내게 심리 분석을 받은 여성들 가운데는 이십 년 이상이나 허무한 삶을 살다가 처음으로 영혼의 고향에 발을 들여놓는 이들이 있다. 그들은 예외 없이 울음을 터뜨리는데, 너무 오랜만에 영혼의 고향에 돌아와 보니 비로소 그 진가를 깨닫게 된 것이다.

어떤 이들은 오랫동안 해보고 싶었던 일에 도전하거나 그동안 잊고 있던 사람을 찾는다. 포기했던 글을 다시 쓴다든가, 자기만의 공간을 마련해 휴식을 취한다. 때로는 중대한 결정을 내려 실행에 옮기기도 하고, 역사에 길이 남을 일을 하는 경우도 있다. 어떤 이들은 숲이나 사막, 혹은 바다에서 고향을 찾기도 하지만, 한 그루의 나무나 선인장, 혹은 잔잔한 연못, 심지어 길가에 굴러다니는 노란 나뭇잎 하나에서 귀향의 계기를 찾기도 한다. 아무튼 영혼의 눈으로 찾아보면 고향은 어디에나 존재한다.

영혼의 고향에는 얼마나 오래 머물러야 할까? 가능한 한 오래, 그리고 완전히 치유될 때까지 머물러 있으라. 감수성이 예민하고 매우 활동적인 사람이라면 비교적 자주 귀향하는 것이 좋고, 무던하고 정적인 사람이라면 이따금씩 가는 것이 좋다. 여성은 누구나 자신이 얼마나 자주 고향에 머물러야 하는지 본능적으로 안다.

귀향과 일상생활은 균형 있게 이끌어가야 한다. 일상생활을 계획할 때 귀향도 염두에 두는 것이다. 여성들은 가족 중 한 사람만 조금 아파도 만사 제쳐놓고 집에 달려가는 경향이 있다. 귀향의 본능도 마찬가지이다. 일종의 위기감으로 즉각 행동하라. 귀향할 때가 됐는데도 계속 미루면 영혼과 심리에 가느다란 틈이 생기고, 이는 머지않아 어마어마한 협곡으로 변할 것이다.

여성들은 자신의 사회나 문화 혹은 심리가 아무리 귀향을 방해해도 기어이 탈출구를 마련한다. 겉으로는 미소 짓지만 남모르게 자신의 길을 모색한다. 귀향을 방해하는 사람들이 있을 때 여성들은 때로 그들과 다툰다. 직장 상사, 아이들, 부모, 배우자 등과 싸워서라도 자신의 심리적 욕구를 충족하려 한다. 귀향할 기회를 빼앗긴 여성들은 심한 박탈감을 느끼고 자기가 싸우는 것이 당연하다고 생각한다. 늑대들도 먹이나 잠잘 곳 등을 확보하기 위해 싸운다. 자기에게 필요한 것을 빼앗겼을 때 싸워서 쟁취하는 것은 건강한 본능을 지닌 존재라면 당연한 일이다. 그러나 많은 경우 자신의 욕구를 거부하는 소극적 경향과 싸우는 내면의 전쟁으로 끝나 버리기 일쑤다.

귀향을 할 때마다 주변 사람들과 싸워야 한다면 그 관계는 심각하게 검토해볼 필요가 있다. 때로는 그들에게 귀향한 뒤에는 더욱 나아지고 달라질 것이며, 지금 떠나는 것이 그들을 버리는 것이 아니라는 사실을 설명해주는 것도 좋다. 내 친구이자 훌륭한 작가인 노만디는 귀향할 때가 되면, 그냥 "나 지금 가"라고 말한다. 이보다 더 좋은 말이 있을까?

상식과 영혼으로 이루어진 여걸, 그리고 매개자

이 이야기에서 물개 여인은 아이를 뭍에 버리거나 물속 세계로 데려가지 않는다. 잠시 물속에 데려갔다가 다시 지상으로 돌려보낸다. 아이는 물속 세계에서 자신이 물개 가족의 일원임을 깨닫고, 그곳에서 야성적인 영혼에 대해 배운다. 이 아이는 심리의 새 질서를 의미한다. 물개 여인은 아이에게 자신의 숨결을 불어넣음으로써 아이를 두 세계를 잇는 '매개자'로 변화시킨다. 아이는 물속 세계의 풍습을 배우지만 다시 땅으로 돌아와야 하고, 이때부터는 자아도 아니고, 영혼도 아닌 중간적인 존재가 되어 두 세계를 잇는 특별한 역할을 하게 된다.

여성의 내면에는 현실 세계와 신비로운 잠재의식 사이를 잇는 어떤 힘이 있다. 20세기 전반의 융 계열의 심리학자 토니 울프(Toni Wolffe)는 이를 '매개적인 여성'이라고 명명한 바 있다. 새로운 생각들을 만들어내고, 오래된 개념들을 새롭게 바꾸며, 이성과 환상의 세계를 잇고, 많은 것들을 보고 듣고, 미래를 내다보는 힘을 일컫는 말이다.

매개자는 물질과 영혼, 이성과 이미지, 감정과 사고라는 서로 다른 두 세계에서 산다. 이 이야기에 나오는 물개 여인은 영혼의 소산으로, 지상에서뿐 아니라 영적 고향인 물속에서도 살 수 있지만, 지상에서는 너무 오래 머물 수 없다. 물개 여인과 아이는 둘이서 한 팀을 이룬다.

영혼-자아인 물개 여인이 물(영적 고향)에서 유래한 생각과 감정, 그리고 충동을 매개자에게 전하면 그는 이것들을 의식의 세계에 전달한다. 이 과정은 그 반대 방향으로 진행될 수도 있다. 과거에 겪었던 고통이나 즐거움, 미래에 대한 희망 또는 두려움이 모두 영혼에 전해지고, 영혼은 꿈이나 신체적 증상, 영감 등을 통해 이에 반응한다.

여걸은 상식과 영혼이 모여 이루어진 존재다. 매개자도 마찬가지로 두 세계를 왕래한다. 이런 재능을 타고나는 여성도 있지만 여러 가지 길을 통해 그곳에 도달하는 여성도 있다. 그러나 분명한 것은 우리가 귀향할 때마다 이 매개자 심리는 점점 더 강해진다는 사실이다.

영혼의 고향을 떠나 뭍으로 올라오다

영혼의 고향이 그처럼 놀랍고도 고통스러운 것은 누구나 갈 수 있지만 영영 머물 수는 없는 곳이기 때문이다. 할아버지와 엄마 물개를 따라 뭍으로 나온 오룩처럼 우리도 영혼의 고향에서 새로운 활력을 얻어 일상생활로 돌아와야 한다. 이런 귀환이 슬픈 것은 당연한 일이다. 물개 여인은 아들에게 이런 슬픔을 이기는 방법을 가르쳐준다.

"난 항상 너와 함께 있을 거야. 내가 만졌던 칼이나 조각에 네가 손을 댈 때마다 내 숨결이 네 안으로 들어가 네가 노래를 할 수 있게 만들어줄 거야."

우리는 영혼의 고향을 떠나온 것을 슬퍼하지 말고 야성적인 손에 닿았던 북처럼 영혼의 힘을 느낄 수 있어야 한다. 또한 영혼(어머니)이 만든 것들에 가까이 감으로써 그것이 우리 내부에 가득 차도록 노력해야 한다. 영혼은 물 밑 세계로 돌아갔지만 지혜, 열정, 야성과의 연관을 통해 그 힘을 한껏 느낄 수 있다. 영혼은 우리가 자신의 유품들을 통해 심리의 힘을 기르면 창조의 힘을 불어넣어 주겠다고 약속한다.

오룩은 북치고 노래하고 이야기를 하는 매개자의 삶을 산다. 동화 해석학에서 보면 북 연주자는 새로이 솟구쳐 메아리치는 삶이나 감정의 한가운데서 무엇인가 쫓아버리거나 불러오는 능력이 있다. 노래꾼은 위대한 영혼과 일상적인 자아 사이를 왕복하면서 목소리를 이용해 사물을 없애거나 창조할 수 있다. 또 이야기꾼은 신들에게 가까이 다가가 그들의 잠꼬대를 엿듣는다고 한다.

오룩은 여러 가지 창조 행위를 통해 물속에서 보고 들은 것, 즉 어머니가 불어넣어 준 삶을 산다. 이는 곧 야성적인 영혼과 연결된 삶이며, 새로운 지혜와 힘으로 살아가는 삶이다.

의도적인 고독, 영혼이 주는 야성의 선물

성인이 된 오룩은 어스름한 새벽, 바닷가에 나가 바위 위에 무릎을 꿇고 물개 여인과 이야기를 나눈다. 그는 이 의도적이고 일상적인 고독을 통해 고향 가까이 살고 있다. 직접 고향에 가는 것도 중요하지만 일상생활 속에서 잠깐씩 고향을 환기하는 것도 그에 못지않게 중요한 일이다. 우리가 야성적인 영혼과 대화를 나누려면 잠시 세상을 떠나 고독 속으로 침잠할 필요가 있다. 현대 여성이면 누구나 경험하는 극도의 피로를 치유해주는 것은 바로 이 고독이다.

고독은 에너지가 없거나 활동이 중단된 상태가 아니다. 영혼에게서 야성을 선물 받는 상태이다. 옛날 사람들은 의도적으로 고독에 빠짐으로써 피로를 회복하고 지치는 것을 방지했다. 고독을 통해 내적 자아에 귀를 기울였고 일상생활에서 얻지 못하는 지혜와 교훈을 얻었다. 옛날 여성들은 영혼과의 이런 대면을 위해 따로 시간을 마련했는데 그 시간은 대개 월경 기간이었다고 한다. 여성들은 월경 기간 동안 자기 인식이 더욱 용이해지고, 잠재의식과 의식 사이의 교통이 원활해지며, 의식의 저변에 깔려 있던 감정과 기억 등이 무리 없이 표면으로 떠오른다.

이 이야기처럼 여성들은 의도적으로 고독을 자청하고, 바닷가에 다가오는 야성적인 영혼과 대화를 나눈다. 이는 야성적인 영혼 또는 진솔함에 가까이 가기 위해서뿐만 아니라 태곳적부터 내려온 습관이다. 영혼을 불러내는 방법은 여러 가지가 있다. 명상, 달리기, 북치기, 노래하기, 글쓰기, 그림 그리기, 악기 연주, 기도, 가만히 서 있기, 아름다운 것을 감상하기, 황홀한 감정이나 생각을 즐기기 등 모든 것이 그 방법이 될 수 있다.

나는 특별한 보조 기구도, 장소도 없이 쉽게 이런 상태를 경험할 수 있는 방법을 생각해 봤는데 바로 우리의 마음을 이용하는 것이다. 내게 고독은 접어서 들고 다닐 수 있는 숲과 같아서 필요할 때마다 펼쳐 놓으면 된다. 사실 주의를 산만하게 하는 것들만 제거할 수 있다면 언제 어디서나 의도적인 고독을 누릴 수 있다. 아무리 주변이 소란스럽다 하더라도 마음을 심란하게 하는 사람이나 소음을 무시할 수만 있으면 된다. 십대 청소년이던 자신을 떠올리거나, 밤에 잠을 자지 않는 아기를 길러 본 적이 있다면 이것이 무슨 뜻인지 금방 알 것이다. 의도적인 고독을 여러 번 경험하고 나면 나중에는 강인한 호흡기처럼 쉽게 지혜를 흡수하게 되고, 삶의 자잘한 측면들을 재조정하며, 쓸데없는 요소들을 버릴 수 있다. 그리고 나서는 언제 어디서든 그런 상태에 침잠할 수 있고, 더 큰 힘을 얻어 돌아올 것이다.

우리는 남의 요구에 따라서만 살 수는 없다. 살다 보면 세상을 버리고 영혼의 고향으로 떠나야 할 때가 온다. 때가 되면 여성의 어느 한 측면은 그 소리를 듣고, 그동안 비밀리에 혹은 공개적으로 준비해온 귀향의 여행을 떠날 것이다. 이는 특정한 공간과 시간에 처해진 여성뿐 아니라 우리 모두에게 해당되는 이야기다.

귀향은 경제 수준이나 사회적 지위, 교육 정도, 신체의 건강 상태와도 무관하다. 때로는 풀 이파리 하나, 하늘 한 쪽, 깨진 보도블록 틈에서 자라나는 잡초 한 줄기만 보아도 자신과 자연의 주기를 깨닫는다. 우리는 누구나 바다로 헤엄쳐서 물개 여인과 대화할 수 있다. 어머니이건 딸이건, 독신이건 기혼이건, 성공한 여성이건 침체 상태에 빠진 여성이건 여성이라면 모두 이런 관계를 누려야 한다.

귀향 혹은 물개 여인과의 대화는 모두 물과 관련이 있다. 이는 여성 본연의 총체적 생태 구조에서 비롯되는 행위로 그 누구보다도 우리를 변함없이 무조건적으로, 그리고 엄청난 인내심으로 사랑하는 야성적인 친구와 만나는 행위다. 친구의 "야성적이고 지혜롭고 사랑에 찬" 진솔한 눈을 보는 순간 우리는 깨달음에 이르게 될 것이다.

◆ *Chapter 10* ◆

굶주린 아니무스,
여성의 수줍음으로 은폐하다

심리의 벌판을 흐르는 창의력의 강물

　창의력은 시시각각 새로운 형태로 나타난다. 마치 눈부신 요정처럼 모든 사람에게 나타나지만 이를 묘사하기는 극히 어렵다. 창의력은 어떻게 나타나는가? 그림을 그리거나, 글을 쓰거나, 정원에 꽃을 심거나, 대학 건물을 짓는다거나 하면 창의력이 있는 걸까? 물론이다. 그렇다면 옷깃을 다리거나, 혁명을 주도하거나, 나무 잎사귀를 만지거나, 큰 계약을 따내거나, 옷감을 짜거나, 자기만의 목소리를 찾거나, 누구를 사랑하는 것도 창조적인 행위일까? 물론이다. 아이를 어른으로 기르고, 국가를 선진국으로 성장시키고, 한 그루의 연약한 난초처럼 정성스레 결혼생활을 일구어 가고, 심리의 보배를 캐내고, 아름다운 말을 찾아내고, 푸른 커튼을 만들어 다는 것도 모두 창조적인 일이다. 이런 일들은 모두 창의력, 여결, 그리고 우리의 삶을 관통하는 '강 밑의 강'에서 비롯된다.

혹자는 창의력이 생각에 있다 하고, 혹자는 행위에 있다고 한다. 대개의 경우 창의력은 크기보다는 세련되면서도 단순한 행동을 통해 나타나는 듯하다. 또 어떤 대상에 대한 사랑이 너무도 깊어서 창조적인 행동을 하지 않고는 그 사랑을 표현할 수 없는 경우에도 창의력이 나타난다. 이는 욕구나 의지에서 나오는 것이 아니라 충만한 사랑에서 흘러나온 하나의 불가피한 귀결이다.

창의력은 우리 내면에 있는 심리의 벌판을 흐르며 우묵한 곳이나 운하를 찾아 흘러나온다. 우리 자신이 창의력의 물길, 곧 안식처가 된다. 야성적인 창의력은 우리가 본래 지녔거나 직접 만든 길들을 따라 흐르기 때문에, 그런 길만 만들어 놓으면 창의력이 저절로 와서 그곳을 채운다. 원형 심리학에서는 우리가 특별한 심리의 안식처를 준비하면 신적인 존재, 창조적인 힘, 영혼의 원천이 어느덧 알고 찾아와 깃든다고 한다.

일단 창의력이 내면의 강을 채우면 야성적인 강처럼 계절에 따라 수량이 바뀌어 우리 내부를 흐를 것이다. 이 주기에 따라 모든 것이 만들어지고, 자라고 후퇴하고, 죽어 사라질 것이다. 이 강물의 한 지점에 창조적인 무엇인가를 넣으면 그 강에 오는 이들뿐 아니라 저 하류에 있는 모든 존재들까지 그 덕을 입게 된다. 이 강을 보거나, 듣거나, 느끼거나, 그 영향을 받는 모든 이들이 거기서 힘을 얻는다.

여성이 창의력을 지니면 심리, 영혼, 정신, 감정 등 모든 차원에서 안팎으로 힘이 된다. 야성은 끝없는 가능성을 제시하고, 새로운 것을 낳고 힘을 주고, 갈증을 풀어준다. 야성적인 삶에 대한 욕구를 충족시켜 주는 것이다. 여걸의 강은 우리를 북돋우고 성장시켜 여걸과 같은 존재, 즉 생명을 북돋우는 존재로 변화시킨다. 우리가 창조적인 일을 하면 이 야성적이고 신비로운 존재는 그 대가로 우리를 변화시키고 사랑으로 가득 채운다. 여걸은 태양과 물이 동물들에게 힘을 주듯이 우리를 돌보고 생기로 가득 채움으로써 활력이 넘치게 한다. 또한 새로운 활력을 배태·육성하여 다른 이들에게도 나눠주게 한다.

창의력은 우리가 먼저 찾아오기를 가만히 기다리는 정적인 존재가 아니다. 솟아나 구르고 밀려 올라가고 흘러내리며 우리를 채우는 역동적인 존재이다. 우리가 창의력을 잃는다는 건 불가능한 일이다. 이 힘은 항상 존재하며 우리를 채우든가, 혹 그 길을 가로막는 것이 있으면 대항한다. 창의력을 막을 수 있는 유일한 방법은 끊임없이 장애물을 쌓는 것뿐이다.

여걸은 '강 아래 강'이기 때문에 여걸이 흐르면 우리도 흐르기 마련이고, 여걸과 우리 사이의 통로가 막히면 우리 자신도 굳어버린다. 그리고 여걸의 물이 사람들의 유독 성분으로 오염되면 우리의 생각을 만들어내는 섬세한 과정 역시 오염된다. 창의력이라는 맑은 물이 오염되면 우리는 심리적·영적 위기를 맞게 된다.

강에 사는 생물들은 서로 연관되어 있기 때문에 강물이 오염되면 다 같이 죽는다. 강이 오염되면 강가에 있는 풀은 산소 부족으로 누렇게 된다. 물질경이는 줄기가 약해져 연꽃이 뿌리를 내릴 수 없고 늘 생동하는 버드나무마저 새순을 맺지 못한다. 도롱뇽도 제짝을 찾지 못하고 하루살이들 역시 새끼를 깔 수 없게 된다. 따라서 물고기가 죽고 물고기를 먹고 사는 새들이 없어지며 물을 마시러 오던 동물들은 병든 식물을 먹고 죽어갈 것이다.

창의력이 유유히 흐르지 못하고 고이면 이와 비슷한 현상이 일어난다. 새로운 활기는 자취를 감추고 생명이 태어나기도 힘들다. 여러 생각이 모여 새로운 것을 만들어 낼 가능성과 진취력이 사라지고 목적도 없이 방황하게 된다. 창조적인 삶을 되찾기 위해서는 이 오염된 강물을 정화해야 한다. 막힌 곳을 뚫고, 그런 일이 재발하지 않도록 물을 보호할 방도를 세워야 한다.

스페인어 권에는 '라 로로나(La Llorona)', 즉 《우는 여인》이라는 이야기가 있다. 이 이야기는 스페인이 멕시코의 아즈텍을 정복한 1500년대 초에 생겼다고 하나 실은 그보다 훨씬 오래되었다. 이 이야기는 생명의 강이 죽음의 강으로 변화하는 과정을 다루고 있다. 주인공인 강의 여인은 풍요롭고 관대하며 영혼과 정신이 부유한 사람이다. 자신의 몸에서 사물을 만들어내고 가난하지만 숨 막히도록 아름답다.

어린이를 노리는 유령 라 로로나

한 부유한 귀족이 아름답지만 가난한 아가씨, 라 로로나를 유혹하여 두 아들을 낳게 해놓고 차일피일 결혼을 미룬다. 그러던 어느 날 그는 이제 스페인으로 돌아가 집안에서 골라준 부유한 아가씨와 결혼할 것이며, 두 아들 또한 스페인으로 데려가겠다는 청천벽력 같은 이야기를 한다. 이 말을 듣고 실성한 로로나는 남자의 얼굴을 쥐어뜯고 자신의 얼굴을 할퀴다가 결국 두 아이를 강에 빠뜨려 죽인 뒤 자신도 강물에 몸을 던진다.

귀족은 스페인으로 돌아가 부유한 아가씨와 결혼을 했고 로로나의 영혼은 하늘로 올라간다. 천당의 문지기는 로로나에게 생전에 고생을 많이 했으니 천당에 들어올 자격은 있지만 강에 빠져 죽은 두 아이의 영혼을 찾아올 때까지는 받아들일 수 없다고 말한다. 바로 그 때문에 로로나는 지금까지도 긴 머리칼로 강 언덕을 쓸고, 긴 손가락으로 강바닥을 훑고 있다. 어린이들이 어두워진 뒤에 강가에 가지 말아야 하는 것은 그런 이유 때문이다. 로로나가 자기 아들인 줄 알고 잡아갈 수도 있는 것이다.

그러나 라 로로나가 자기 아이들을 강물에 던진 것은 다른 이유 때문이라는 이야기가 있다. 그 이야기는 다음과 같다. 라 로로나는 강변에 있는 공장 사장인 부유한 귀족과 연애를 했다. 임신한 로로나는 애인의 공장에서 나온 유독 물질에 오염된 강물을 먹었고, 그 결과 눈이 멀고 손가락에 지느러미가 달린 쌍둥이를 낳았다. 그 후 귀족은 아내도 아이들도 다 싫다면서 공장과 거래하는 부유한 여자와 결혼한다. 라 로로나는 고생할 아이들이 염려스러워 아이들을 강물에 던졌고, 자신도 슬픔을 이기지 못해 강가에 쓰러져 숨을 거두었다. 천국에서 성 베드로는 아이들의 영혼을 찾아와야만 천국에 들어올 수 있다고 했다. 그래서 로로나는 지금도 오염된 강물을 들여다보며 아이들을 찾고 있지만 물이 너무 더러워서 물속을 들여다보기가 매우 힘들다. 손바닥으로 강바닥을 긁고 아이들을 부르며 언덕을 헤매고만 있을 뿐.

창의력의 강을 오염시키는 검은 손

내적이든 외적이든 야성미가 파괴되는 것은 정말 가슴 아픈 일이다. 나는 가끔 창의력의 파괴라는 주제로 이 이야기를 들려주곤 하는데, 이 이야기는 여성의 창의력이 약해지고 파괴되는 과정에 대해 많은 점을 시사한다.

이 이야기에 나오는 아름다운 여성과 맑은 생명의 강은 여성이 지닌 창의력의 원초적인 모습을 나타낸다. 그런데 둘 다 파괴적인 적대감을 통해 타락한다. 로로나처럼 오염 물질에 감염되고 형체가 일그러지며 모든 것을 죽이고 싶은 충동을 느낀다. 그리고 예전에 지녔던 창조적인 잠재력을 되찾기 위해 끝없이 방황한다.

생명의 강이 다시 맑아져야 창의력이 되돌아온다. 이때 중요한 것은 우리가 창조하는 작품의 질이 아니라 창조적인 생활 그 자체다. 글쓰기, 회화, 사고, 치유, 행동, 요리, 대화, 미소 뒤에는 항상 이 창의력의 강이 흐르고 있고, 이 강 밑의 강이 있어야 그런 일들을 할 수 있다.

상징학에서 물은 생명의 원천 그 자체를 나타낸다. 어머니, 위대한 여성으로 불리는 물은 출산 때마다 여성들의 몸에서 흘러나오는 양수를 상징하기도 한다. 여기서 강은 모든 것에 활기와 열정을 불어넣는 풍요로운 여성성을 나타낸다고 말할 수 있다. 여성들이 창조적인 일을 할 때는 유난히 눈이 빛나고, 말씨가 명랑해지며, 머리카락마저 반짝이는 듯 보인다. 여러 가지 가능성과 열정으로 벅차오르는 이때는 큰 강물처럼 자신의 길을 따라 외부로 흘러나가야만 충족감을 얻을 수 있다. 그 강이 파괴되기 전에는 로로나도 그런 삶을 살았었다.

때로 여성의 창조적인 삶은 영적으로 무의미한 것을 창조하려는 힘에 이끌린다. 이때 사회는 백해무익한 그 작업을 당장 그만두라고 압력을 가한다. 바로 이때 창의력의 강뿐 아니라 심리도 오염되는 것이다. 자기 만족을 추구하는 것이 반드시 부정적인 일만은 아니다. 그런데 일단 부정적인 태도가 표출되기 시작하면 모든 신선함과 잠재력을 포함해 미숙한 것들은 물론, 오래되고 중요한 것들까지 모두 공격 받게 된다. 영적으로 무가치한 것을 너무 많이 만들어내다 보면 창의력의 강으로 유해 성분이 흘러들어 창조적인 충동과 에너지를 없애버린다.

창의력 또는 야성이 오염되거나 막힐 때 가장 흔한 증상은 활력의 상실이다. 건강한 창의력을 가진 여성도 가끔 활력을 잃을 때가 있지만 이 경우는 창의력이 완전히 없어진 것이 아니라 잠재의식 속에서 새로운 것을 만들어 내는 중으로 여기서 말하는 영적 위기와는 전혀 다르다. 우리의 창의력이 새로운 무언가를 만드는 중이라면 당장은 기운이 없지만 미래를 기대할 수 있고, 새로운 생명이 약동하는 기운을 느낄 수 있다. 반면에 창의력이 죽어갈 때는 마치 죽어가는 강 같은 느낌으로 가득 찰 것이다. 활기가 없어지고 피곤하며, 중요했던 그 무언가가 대수롭지 않게 여겨지고 마음이 무겁고 둔해진다. 창의력이 오염되면 새롭고 유용하며 감동적인 것을 생각해낼 수 없다. 또 지나친 유희나 과로, 또는 실패에 대한 두려움으로 산만해질 것이다.

이런 여성들은 시간 관리를 제대로 하지 못해서 여기저기 벌려놓은 일을 끝맺지 못한다. 예컨대 인형을 만들 때 머리나 다리는 없이 팔만 달아 놓고 다 됐다고 하는 것처럼 뭔가 미진하다는 느낌이 계속 남을 것이다. 또 자신의 내면에 도취된 나머지 실제로 일은 하지 않으면서 생각만으로 모든 것이 다 이루어진 양 착각하는 여성도 있다. 이 경우 뭔가를 빼앗긴 것 같고 무언가 모자란다는 느낌에 빠질 것이다. 생명의 강물이 오염되면 이런 증상이 나타나고, 이때 만들어지는 것은 생명력이 아니라 삶을 가로막는 장애물이다.

내면에 쌓인 유독물질을 정화하라

지난 1970년대 클리블랜드에 있는 쿠야호가 강은 어찌나 오염이 심했던지 강에 화재가 발생하는 일이 벌어졌다. 오염이 지나치면 강에 쌓인 쓰레기뿐 아니라 주변에 있는 모든 것에 유독물이 침전되어 화재가 날 수 있다. 우리의 심리 안에도 부정적인 요소들이 너무 많이 쌓이면 창의력의 강에 큰 해가 되고 자신의 재능을 의심하기 시작한다.

앞으로 언젠가는 창작할 시간이 생길 거라고 자신의 영혼에게 약속하지만 그 약속은 영영 실현되지 않고 창의력만 완전히 상실하게 될 뿐이다. 더 나아가, "내가 박사학위만 있다면, 여왕 대접을 받는다면, 이런 저런 상을 받는다면, 이런 저런 잡지에 글을 싣는다면 괜찮은 일을 할 수 있을 텐데" 등 자신에게 전혀 도움이 되지 않는 생각에 빠진다. 이런 변명 또는 헛된 망상들은 우리의 영혼을 영양실조에 빠뜨리는 싸구려 음식과 같다.

나는 고가의 살림살이를 사거나 배우자나 아이들에게 매우 비싼 물건을 사주기 위해 자신의 재능을 뒷전으로 밀어두고 좋아하지도 않는 일에 오랫동안 매달리는 여성들을 자주 봐왔다. 그런가 하면 집안을 티끌 하나 없이 치우고 나서야 글을 쓰는 여성들도 보았는데, 문제는 아무리 열심히 청소해도 끝이 없다는 사실이다.

책임감이나 남의 시선 때문에 자신의 창조적 휴식과 리듬, 열정을 희생해선 안 된다. 자기에게 필요한 일을 주저함 없이 하라. 예술은 틈날 때만 해서 이루어지는 것이 아니다. 어떤 계획을 세웠는데 그것이 바람에 휘날리듯 이리저리 흩어져버리면 여성은 점점 더 혼란스럽고 당황해진다. 당장 눈앞에 닥친 일만 하면서 자기 계획을 구체적으로 추진하지 않은 결과가 그렇다.

부정적인 시각에 사로잡히면 검은 자루 안에 갇힌 듯 앞이 보이지 않고, 무엇이 우리를 붙잡고 있는지 알 수 없다. 이런 때는 생각이나 사물의 우선순위를 정하기 힘들고, 자루에 갇힌 동물처럼 아무 생각 없이 행동하게 된다. 어딘가에 갇히거나 앞길이 막힌 여성들은 아름다운 영혼-자아에게 가짜 양식을 준다. 또 아니무스의 상태를 무시하고 본질적으로 아무 소용없는 일들에 시간을 낭비한다.

창의력의 강이 죽으면 물이 흐르지 않고 생명력도 없어진다. 힌두교도들에 의하면 여성적인 생명력의 체현인 샤크티가 없으면 행동력의 신인 시바는 시체에 불과하다고 한다. 샤크티는 남성적인 힘의 원동력이고, 이는 세상에서 일어나는 여러 가지 일에 에너지를 제공한다. 근처에 먹이나 물, 혹은 안전한 보금자리가 없으면 그곳에 사는 동물의 수가 줄어들 듯이, 우리의 삶이 너무 빈곤하면 창조적인 생활을 할 수 없다.

이 이야기에 나오는 귀족은 상처받은 여성의 내면에 깊이 존재하는, 그러나 즉각 알아볼 수 있는 부분이다. 그 귀족은 로로나의 아니무스로 그녀를 몸부림치게 만들지만 창조를 이끈다기보다는 마음껏 창조할 수 있도록 분명하고 견고한 지지 체계를 확보해준다. 건강한 아니무스는 강의 일에 관여한다. 그런데 라 로로나에 나오는 아니무스는 자기 이익에 눈이 어두운 나머지 새 생명을 희생시키고 여성의 선택의 범위를 좁히며 강을 더럽힘으로써 여성을 지배한다.

건강하지 못한 심리, 타락한 아니무스

이 이야기에서 불행은 귀족이 강을 오염시키면서 시작되었다. 이때 귀족은 원래 여성 심리의 긍정적인 측면을 상징한다. 융 심리학에서 아니무스는 여성의 내면에 깃들어 있는 영혼의 힘으로, 남성적인 특징을 지닌다고 말한다. 그러나 나를 포함한 많은 여성 심리분석가들은 이 견해가 옳지 않다고 생각한다. 우리는 아니무스가 낯설고 남성적인 힘이 아니라 친숙하고 여성적인 힘이라는 결론에 이르렀다.

아니무스가 남성적이라는 이론도 우리의 사고에 도움이 된다. 창조하기를 겁내고, 자기 생각을 표현하기를 두려워하는 여성들은 다친 남자의 꿈을 자주 꾼다. 마찬가지로, 자기표현 능력이 강한 여성들은 꿈에 강인한 남성이 여러 형태로 나타난다고 한다. 요컨대 아니무스는 여성들이 목적을 이루는 데 도움이 되는 힘이다. 아니무스가 강한 여성은 특유의 여성적인 생각과 감정을 성과 경제 혹은 예술 면에서 그 사회의 남성들과는 다른 방식으로 표현하게 된다.

여성의 꿈에 나타나는 남성들을 볼 때 아니무스는 여성의 영혼이 아니라 그 대상, 원천, 목적이 되는 어떤 힘을 나타내는 듯하다. 조화롭고 정상적인 상태의 아니무스는 일종의 '교량' 역할을 하는 존재로 여성들이 이루고 싶어 하는 일을 성취해준다. 마치 영혼의 상인처럼 지혜의 산물을 팔거나 사들이고, 가장 좋은 것을 고르고, 값을 흥정하는 등 자기가 시작한 거래를 끝까지 책임지고 성사시킨다. 다른 방식으로 표현하면, 영혼-자아인 여걸이 예술가라면 아니무스는 그 예술가의 팔이라 할 수 있다. 여걸이 운전사라면 아니무스는 그 차를 미는 힘이고, 여걸이 노래를 지으면 이를 악보에 옮기는 존재가 아니무스다. 여걸이 뭔가를 상상하면 아니무스는 충고를 한다. 아니무스가 없으면 아무리 멋진 희곡이라도 머릿속에서 끝나 버린다.

건강한 아니무스는 측량사처럼 땅의 형태를 잘 안다. 그래서 컴퍼스와 자로 두 점 간의 거리를 재고 경계를 그으며 어디에 무엇이 좋을지를 정한다. 이것이 바로 건강한 아니무스가 지닌 가장 중요한 능력이다. 아니무스는 때로 지하와 내면, 그리고 외부 세계를 왕래하며 세 가지 세계를 모두 이해한다. 또 여성이 지닌 감정과 생각들을 이 세계에서 저 세계로 실어 나르는 역할을 하기도 한다. 외부 세계에서 얻은 생각을 여성의 내면으로 들이는 한편, 영혼-자아에서 나온 생각을 무르익게 하여 밖으로 내보낸다. 이처럼 외부와 내면을 잇는 다리를 짓고 보수하는 아니무스가 없으면 여성들의 내면생활이 바깥 세상에 표현될 길은 없어진다. 아니무스는 자아의 욕구를 표현하고 영혼의 충동을 실천에 옮기게 하는, 여성의 창의력을 구체적으로 표현하게 만드는 힘이다. 이 힘은 또한 정기적으로 단련시켜야만 그 기능을 발휘한다. 오랫동안 쓰지 않으면 퇴화해버린다.

그러나 《라 로로나》에 나오는 아니무스는 야성을 희생시키고 다른 목표를 추구하면서 강을 오염물로 채운다. 여성의 창의력을 독으로 감염시킨 것이다. 독을 만드는 데서 기쁨을 느끼는 이 이야기의 귀족은 건강치 못한 생활로 타락한 여성 심리의 일면을 나타내고 있다. 여성의 심리 안에 있는 귀족이나 왕은 잠재력을 발휘하게 하고 목표를 실현시키도록 도와준다. 또한 방어할 무기를 마련해주어 위험에 처했을 때는 전략을 세우며, 심리의 여러 영역을 통합하도록 도와준다. 그러나 이 이야기에서처럼 아니무스가 위협적인 존재로 변한다면 여성은 자신감을 상실할 수밖에 없다. 아니무스가 어느 한 쪽으로 치우치거나 약화되면 강물은 생명의 물이 흐르는 곳이 아니라 살인자 같은 존재가 되고 만다.

오염된 강물을 마시면 내적·외적으로 생명이 끊어지게 된다. 이 이야기에서 새로운 생각과 이상을 상징하는 로로나의 두 아들은 오염 때문에 죽는다. 이 아이들은 황무지에 새로운 것을 만들어낼 수 있는 창의력을 상징한다. 우리가 이 능력을 의심하고, 독자적으로 생각하고 행동할 권리에 대해 회의를 느끼면 이 새로운 잠재력은 약화될 것이다.

창조적인 삶을 되찾아 아름다운 것들을 만들어내는 재능 있는 여성들도 자신이 정말 진정한 예술가인지 의심하는 경향이 있다. 벌판을 바라보며 봄에 심을 작물을 생각하는 농부가 진짜 농부다. 첫발을 내딛고 달리는 선수가 진짜 달리기 선수다. 봉오리에 꽃이 맺혀 있다면 진짜 꽃이다. 씨 안에 떡잎이 들어 있다면 진짜 식물이다. 오래된 나무 역시 진짜 나무다. 생명력을 지닌 것은 모두 진짜라 할 수 있다.

아니무스는 여성 개개인에 따라 각기 다르게 발달한다. 완성된 형태로 태어나지 않고 자라면서 점점 성장하고 단련된다. 아니무스는 원래 강하고 단순한 힘이지만 사회의 여러 요소가 그 진전을 방해하면 간혹 '중성적'이라고 불리는 맥 빠진 그 어떤 것이 심리의 내면세계에 끼어들어 생각을 방해하고, 펜을 멈추게 하며, 오랫동안 관절을 마비시킨다. 심리에는 이상한 면이 있어서 우리가 부정적인 아니무스의 영향을 받고 있으면 창조적인 일을 할 때마다 고통을 받는다. 다시 공부를 해볼까 하는데 내면의 힘이 사라져 중단하게 되고, 기운을 냈다가도 금세 스러지게 된다. 운동도 곧 그만두고, 사랑 고백도 하지 못한다. 이때는 강물이 아무리 더럽다 해도 진흙탕에 들어가 오염물을 씻어내야 한다. 아이들의 영혼을 되찾는 것은 곧 창의력의 회복을 상징한다.

사회는 엄청난 힘으로 여성들의 본질을 비하하고 아니무스의 교량적 역할을 묵살함으로써 창조력의 강을 더욱 오염시킨다. 사회는 또 우리의 내면에 있는 부정적인 면을 이용해, "그렇지만 네가 정말 진정한 작가고 화가니?", "정말 재주가 있는 거니?", "정말 가치 있는 일을 할 수 있니?" 등 말도 안 되는 질문을 던짐으로써 아니무스를 약화시킨다. 아니무스가 이런 부정적인 태도에 사로잡히면 우리는 자신감과 창조력이 떨어진다. 이런 상황에 처한 여성들은 막막할 뿐이다. 내면의 아니무스가 강물에 있는 산소를 모두 먹어버렸기 때문에 너무나 피곤하고, 엄청난 상실감을 경험한다. 일에 아무런 진전이 없고 무엇인가 자신을 꽉 움켜쥐고 있는 느낌에 빠진다.

창의력이 흐르는 건강한 강을 회복하다

삶/죽음/삶의 원리는 운명, 관계, 사랑, 창의력 등을 유발하는 본성이며 야성적인 패턴에 따라 이동한다. 즉 삶과 죽음이 번갈아 일어나는 동안 창조와 증가와 소멸이 번갈아 일어난다. 이 흐름이 깨지면 생각이나 감정은 사라지고, 생명의 강은 오염된다. 이때 다시 강을 회복하는 방법은 어떤 것이 있을까?

강을 정화하는 첫걸음은 남들의 격려와 도움을 받아들이는 것이다. 창조적인 결실에 대해 진심 어린 칭찬의 소리를 받아들이지 못한다면 오염된 강은 깨끗해질 수 없다. 상대방의 칭찬에 "이런 칭찬을 해주시다니 당신은 참 멋진 사람이군요."라거나 "이건 진부해요." "당신 미쳤어요?"라는 식으로 반응하면 모두 아니무스에 상처를 입은 것이다. 아무리 좋은 것도 이런 여성에게 흘러가면 즉각 오염될 것이다.

예민함 또한 창의력의 강을 깨끗이 하는 데 도움이 된다. 늑대들은 놀라울 정도로 창조적인 생활을 한다. 매일 어느 장소에 얼마만큼 가야 하는지, 무엇을 해야 하는지 등 수십 가지 결정을 스스로 내리는데, 그 비결은 목표를 이루기 위한 혼신의 노력에 있다.

창의력은 우리 주변에서 일어나는 모든 현상에 반응한다. 수백 가지의 생각과 감정 가운데 진정으로 필요한 것들을 선택하고 반응하고 표현하는, 자신의 감정과 열정과 의미를 전달할 수 있는 능력이 바로 창의력이다. 이렇게 볼 때 창의력을 잃으면 선택의 범위는 하나로 줄어든다. 감정, 생각, 행동, 언어, 존재의 깊이 역시 감소할 것이다.

야성적인 생활도 강을 정화하는 데 도움이 된다. 강이 마르지 않게 하려면 여러 생각들이 자유롭게 흘러가도록 내버려두어야 한다. 최소한 첫 단계에서는 아무것도 억압하지 말아야 한다. 창조적인 삶은 역설적인 면이 있다. 창의력이 제대로 흐르게 하기 위해서는 바보처럼 보이는 일이나 엉뚱한 일도 마다하지 않아야 한다. 소중해 보이는 것도 포기할 줄 알아야 한다.

새로운 일을 시작하는 용기 역시 강을 정화하는 데 도움이 된다. 실패가 두렵고 자신이 없다면 일단 시작하고 보라. 그래서 실패하면 처음부터 다시 하고, 또 실패하면 다시 한 번 도전하라. 우리를 침체에 빠뜨리는 것은 실패 그 자체가 아니라 실패한 다음 다시 시작하지 못하는 비겁함이다. 실패한 뒤 다시 일어나 시작하는 이는 머지않아 실패에 대한 두려움을 극복하고 전진하게 된다.

오염물을 제거하기 위해서는 시간을 아껴 써야 한다. 내 지인 가운데 로키산맥 부근에 사는 어느 화가는 그림을 그리거나 작품을 구상할 때 집 입구에 이런 푯말을 걸어 놓는다.

"오늘은 제가 일하는 날이라 손님을 받을 수 없습니다. 은행 직원, 매니저, 혹은 가장 친한 친구에게는 이 푯말이 적용되지 않는다고 생각하실 수도 있겠으나 그렇지 않으니 참고하십시오."

조각가인 한 친구는 이런 푯말을 내건다.

"복권에 당첨됐거나 고속도로에 예수님이 출현하시지 않는 이상 들어오지 마십시오."

건강한 아니무스는 시간을 아껴 쓸 줄 안다. 그리고 일단 강을 치우기 시작했으면 끝까지 밀고 나가라. 창의력의 강을 치우기 시작했다면 힘이 있든 없든, 준비가 됐든 안 됐든 내면의 아니무스를 단련하고, 영혼을 풍요롭게 하라. 필요하다면 의자나 책상 등 창의적인 작업을 할 수 있는 곳에 자신을 잡아매서라도 계속 일해야 한다.

마음을 굳게 먹고, "그래, 나는 나를 억압하는 것들과 협력하기보다는 창조적인 일을 훨씬 더 즐긴다."라고 선언하고 나면 부정적인 태도는 사라질 것이다. 우리는 짐승과 달라서 스스로를 학대하면 그런 자신을 막아줄 사람이 아무도 없다. 나 스스로 영혼-자아를 지키고 긍정적인 아니무스를 보호해야 한다. 그러기 위해서는 날마다 창의적인 일을 해야 한다.

우리는 창조적인 일을 해야 한다. 자신에게 맞는 일을 찾아 날마다 그 일을 하고, 친구든 배우자든 종교든 직업이든 어떤 목소리가 방해하더라도 과감히 물리치라. 자신만의 일을 찾고 따스함과 지혜를 줄 수 있는 보금자리를 마련하라. 의무나 책임감 때문에 해야 하는 일만 하지 말고 자신이 좋아하는 일을 할 시간을 가지라.

창조적인 일에 필요한 양식을 축적해 두는 것도 중요한 일이다. 영혼에 유익한 것은 여러 가지가 있지만, 그중 중요한 것은 시간, 소속감, 열정, 자신감 등 네 가지를 꼽을 수 있다. 이런 것들은 창의력의 강을 깨끗이 유지하는 데 도움이 된다. 강을 정화하고 나면 다시 물이 흐르고, 우리의 작품 활동이나 생활 또한 훨씬 수월해질 것이다. 다시 오염되고 회복되는 일이 반복될 것이나 영영 떠내려가거나 막히는 일은 없을 것이다. 강은 다시 우리에게 활력을 주고, 우리는 두려움 없이 강물로 들어가 그 물을 마실 수 있다.

성냥팔이 소녀

어떤 숲속에 부모를 잃은 소녀가 홀로 살고 있었다. 소녀는 변두리 동네에서 싸구려 성냥을 사다가 거리에서 팔았다. 성냥을 많이 판 날이라야 간신히 빵을 사먹었고, 밤에는 가지고 있는 옷들을 모두 껴입고 숲속에 있는 오두막에서 새우잠을 잤다.

그해 겨울은 몹시 추웠다. 신발도, 두터운 외투도 없는 소녀는 발이며 손가락은 물론 코끝까지 시퍼렇게 얼어붙었다. 성냥은 팔리지 않았고 사람들은 모두 소녀를 보지 못한 듯 지나갔다.

그러던 어느 날 저녁 너무나 춥고 외로웠던 소녀는 땔감조차 없어서 성냥을 켜면 환하고 따뜻하리라 생각하여 한 개비씩 성냥을 긋기 시작했다. 두 다리를 뻗고 앉아 성냥을 그으니 추위는 사라졌고 눈앞에 아름다운 풍경이 펼쳐졌다. 아름다운 방에는 덩굴무늬 쇠 장식이 달린 진녹색 난로가 보였고, 거기서 나온 온기에 공기가 흔들리는 것처럼 보였다. 소녀는 난로 옆에 바짝 다가앉아 그 온기를 마음껏 즐졌다.

　그런데 갑자기 난로가 사라지더니 자신이 다시 눈 속에 앉아 덜덜 떨고 있는 게 아닌가. 소녀가 다시 성냥을 그으니 건너편 벽이 투명하게 변했고 그 안에 방이 보였다. 거기엔 새하얀 식가들이 새하얀 식탁보 위에 놓여 있고, 접시 위에는 오븐에서 막 꺼낸 김이 솔솔 나는 거위가 있었다. 소녀가 거위 구이에 손을 대려는 순간 성냥불이 휙 꺼졌다. 소녀는 다시 눈 속에 앉아 있었고, 무릎과 허리는 물론 팔과 가슴까지 얼어붙는 느낌이었다. 그래서 소녀는 다시 성냥을 그었다.

　그러자 이번에는 하얀 촛불과 새하얀 주름 장식, 아름다운 유리 방울, 그리고 뭔지 모를 수천 개의 빛으로 꾸며진 아름다운 크리스마스 트리가 보였다. 그 엄청나게 큰 나무의 꼭대기를 보려고 소녀는 점점 더 위를 바라보았다. 그 끝에 하늘의 별들이 보였고, 별똥별이 밤하늘을 가로질러 휙 지나갔다. 순간 소녀는 사람이 죽으면 별이 떨어진다는 엄마의 말씀이 떠올랐다.

　이어서 소녀의 할머니가 나타나 따스하고 상냥한 표정으로 바라보며 소녀를 자기 치마로 감싸 안았다. 소녀는 반가워 어쩔 줄 몰랐지만 할머니는 순식간에 안개처럼 사라져 버리고 말았다. 소녀는 할머니를 붙잡기 위해 계속해서 성냥을 그어대다가 할머니 뒤를 따라 추위도 배고픔도 고통도 없는 하늘나라로 올라갔다. 아침이 밝았을 때 사람들은 두 집 사이에서 얼어 죽어 있는 소녀를 발견했다.

판타지? 창조 아니면 파멸

성냥팔이 소녀는 처참한 환경에서 사는 아이다. 이런 환경이라면 빨리 빠져 나가는 것이 좋다. 주변사람들은 소녀가 소유한 것을 대수롭지 않게 여긴다. 그것은 모든 창조적인 일의 시발점인 작은 불씨인데도 말이다. 이런 환경에서 살고 있다면 얼른 도망쳐야 한다.

성냥팔이 소녀에게도 선택의 여지가 있을까? 그녀가 건강한 본능을 지니고 있다면 아마 그럴 것이다. 마차에 몰래 숨어서, 최소한 걸어서라도 다른 도시로 가면 여걸이 그 다음 일을 알려줄 것이다. 그런데 여걸을 잊어버린 소녀는 온몸이 꽁꽁 얼어붙은 채 환각에 의존한다.

창의력을 마음껏 발휘하려면 자신을 따뜻하게 감싸주고 격려해주는 이들과 함께 있어야 한다. 그렇지 않으면 우리의 몸과 마음은 모두 꽁꽁 얼어붙게 된다. 나는 여성에겐 자신이 지닌 재능을 믿어주는 친구가 한두 명쯤은 있어야 한다고 생각한다. 여성이라면 누군가의 격려와 사랑을 받을 권리가 있다.

그렇지 못한 여성은 현실이 아니라 환상에 젖어 살기 쉽다. 환상이야말로 그런 이들이 제일 빠지기 쉬운 덫이다. 나는 지금까지 천부적인 이야기꾼들을 여럿 만났으나 그중에는 고립된 채 자신의 재능을 발휘하지 못하는 이들도 있었다. 그중에는 굶주린 아니무스를 수줍음으로 은폐하는 여성들도 있었다. 이런 이들에겐 자부심은 물론이고, 친구나 가족, 혹은 사회의 격려가 필요하다.

성냥팔이 소녀처럼 되고 싶지 않다면 자신의 예술세계나 삶을 무시하는 이들과 함께 시간을 보내지 마라. 성냥팔이 소녀는 자신에게 가장 필요한 온기의 원천인 성냥을 모두 팔아버렸고, 더는 발전할 수 없는 삶을 살아간다. 온기는 매우 신비로운 힘을 지니고 있다. 때로는 위험하기도 하지만 때로는 상처를 치유해준다. 때로는 딱딱해진 것을 녹여 부드럽게 흘러가게 하고, 새로운 생각을 자유롭게 흐르도록 도와주기도 한다. 성냥팔이 소녀는 온기도 땔감도 없는 삭막한 환경 속에 살고 있다. 우리가 그런 처지에 있다면 어떻게 해야 할까? 이런 상황에서 가장 위험한 일은 성냥을 켜고 환상에 빠져드는 것이다.

이 이야기에는 세 가지 환상이 나온다. 첫째는 쾌락에 대한 것으로, 상상속의 아이스크림으로 나타나기도 하는 이것은 몽상처럼 엄밀히 즐기기 위한 환상이다. 두 번째는 의도적인 상상으로 무언가 계획하는 장이며 그것을 행동에 옮기도록 부추기는 매개체로 활용된다. 심리, 정신, 경제, 창조 등 모든 면의 성공은 이런 환상에서 비롯된다. 세 번째 환상은 이와 반대로 모든 일을 중단시키고 매우 중요한 순간을 방해한다.

성냥팔이 소녀가 갖는 환상은 바로 이 세 번째 것으로 현실과 동떨어져 있을 뿐 아니라 소녀에게 무력감만 조장한다. 여성들이 알코올이나 마약에 빠져 있을 때 이런 환상에 빠지기 쉽다. 이런 여성들은 밤마다 환상에 빠져 있다가 아침이면 심리적으로 꽁꽁 얼어붙고 마비된 상태로 깨어난다.

아무런 격려도 받지 못하는 꽁꽁 얼어붙어 있는 여성은 헛된 환상에 빠지기 쉽다. 그런 여성일수록 망상을 물리쳐야 한다. 성냥팔이 소녀의 할머니는, "어서 일어나! 아무리 힘들어도 일어나서 온기를 찾아가라!"고 외치지 않았고, 환상의 '천국'으로 데려간다. 그러나 덫에 걸린 야성적인 소녀, 성냥팔이 소녀에게 천국은 아무 도움도 되지 않는다. 매혹적이지만 치명적인 이 환상은 진정한 일을 하지 못하게 막는다.

성냥팔이 소녀는 자기에게 남은 유일한 온기의 원천인 성냥을 모두 팔아버린다. 야성적인 어머니의 격려를 받지 못하는 여성은 세상이 제공하는 해로운 영양분을 먹기 쉽다. 그저 하루하루 생명을 이어가고 있을 뿐인 그런 자아는 매일 밤 영혼의 고향으로 돌아가지 못하기 때문에 잠을 자도 피로가 풀리지 않는다. 게다가 삶 자체가 여성을 묶는 고리와 같아서 미래는 꿈조차 꾸지 못한다.

성냥팔이 소녀는 깨달음의 길에 상당히 가까이 왔지만 끝내 거기 이르지 못하고 죽었다. 비참한 생활 속에서도 깨달음에 필요한 재료들은 있었다. 그러나 내·외적으로 그런 심리적 전이를 도와줄 사람이 아무도 없었다. 성냥팔이 소녀는 거리를 돌아다니며 낯선 사람들에게 성냥을 사달라고 애원한다. 이 장면은 상처받은 본능을 지닌 여성들의 가장 무서운 약점을 보여준다. 아주 미미한 대가를 받고 쉽게 빛을 팔아 버리는 경향이 그것이다. 처지가 곤궁했던 성냥팔이 소녀는 자기가 받는 대가보다 훨씬 가치 있는 빛을 내준다. 그 빛이 심리적인 것이든 외적인 것이든 간에 결과는 마찬가지다. 그만큼 많은 에너지를 잃는 것이다. 그런 여성은 자신의 필요를 채울 수 없고, 구걸해도 얻지 못한다. 그래서 소녀는 그리스 신화에 나오는 지혜의 여신 소피아처럼 심연에서 불을 얻어 오지만, 이를 헐값에 내다 팔아 쓸데없는 환상을 즐긴다.

감정이 메말라 자기 자신이 어떤 상태에 있는지 잘 알지 못하고, 열정이 심리를 따라주지 못하는 절박한 처지에 있는 여성에게는 환상이 그 무엇보다도 매력적이다. 그런 여성은 땔나무가 없기 때문에 성냥을 긋는다. 자신을 속이고 환상을 통해 모든 욕망을 충족시키는 것이다. 거짓말처럼 이런 환상도 자꾸 되풀이하다 보면 진짜같이 느껴진다.

소녀의 환상에 난로가 등장하는 것은 소녀가 심리 혹은 내면에 있는 따스한 보금자리에 대한 환상을 즐기고 있음을 보여준다. 그런데 갑자기 성냥불이 꺼지면서 이 난로도 사라진다. 환상이 사라지자 소녀는 다시 눈 속에서 떨고 있다. 환상을 통해 잠시 온기를 느꼈다 해도 그런 안락함은 금방 사라지기 마련이다.

이 이야기에 크리스마스트리가 나온다는 것은 참으로 역설적이다. 크리스마스트리는 원래 기독교 이전에 존재했던 영생의 상징인 상록수에서 비롯되었다. 혹자는 항상 푸르른 이 나무는 역동적인 영혼-심리로 소녀의 생명을 구할 수도 있다고 생각할지 모른다. 그러나 천장이 없는 이 방은 생명을 담을 자리가 없다. 소녀의 심리는 이미 환상의 덫에 걸려 버렸다.

소녀의 환상에 나오는 할머니는 너무도 따뜻하고 자애롭게 묘사되었지만 실은 소녀를 죽음의 잠으로 이끈 최후의 진통제나 독약 같은 역할을 한다. 잠은 부정적인 관점에서 보면 "이 정도는 괜찮아, 견딜 수 있어."라든가, "그저 다른 쪽을 보고 있으면 되지 뭐." 등 자기도취나 무감각한 상태를 나타낸다. 이는 모든 고난이 씻은 듯이 사라질 거라는 허황된 생각에 빠지게 하는 무서운 환상이다.

심리학적으로 볼 때 리비도나 에너지가 아주 낮아지면 이 이야기에 나오는 할머니 같은 삶/죽음/삶이 나타난다. 죽어가는 곳에 나타나 몸을 벗어난 영혼을 받아 간직한 뒤 이를 다시 태어나도록 길러준다. 이는 우리 심리의 특징이기도 하다. 《성냥팔이 소녀》처럼 가슴 아픈 이야기도 끝에는 희망의 빛이 비친다. 오랫동안 괴롭고 아픈 나날을 보내다 보면 심리의 여걸은 우리 마음속에 새로운 생명을 던져주며 자신을 위해 다시 한 번 애써볼 기회를 준다.

아침 해가 된 노인, 세 올의 금발

사방이 칠흑같이 어둡고 깊은 밤, 나무들이 거친 손처럼 우거져 있었고 하늘은 검었다. 이때 한 노인이 숲속을 걷고 있었는데 눈이 자꾸만 나뭇가지에 부딪쳐 앞이 흐려지는 바람에 눈을 비벼대야 했다. 노인은 나뭇가지에 얼굴을 긁히며 한 손에 작은 등을 들고 길을 걸었다. 등속의 촛불은 금방이라도 꺼질 듯 파닥거렸다. 그의 긴 머리는 하얗게 세었고 누런 이빨들은 금이 쩍쩍 가 있었다. 길게 구부러진 손톱은 누렇게 떴고, 등도 밀가루 자루처럼 둥글게 굽어 있었다. 주름은 어찌나 많았는지 턱과 겨드랑이는 물론, 입술의 살가죽까지 축 늘어져 있었다. 노인은 마치 노를 젓듯이 한 나무를 잡고 한 걸음을 뗀 다음, 다른 나무를 붙들고 숨을 몰아쉬며 또 한 발을 내딛었다.

노인은 발이 불에 타는 듯 통증이 심했다. 나무속에 숨어 있던 부엉이들마저 어둠 속에서 노인의 팔다리를 스치고 지나갔다. 그런데 저 멀리 숲속에 불이 깜박이는 오두막집이 눈에 띄었다. 마침내 그 오두막 문간에 닿은 노인은 집안으로 쓰러져 들어갔다. 들고 있던 등불도 꺼져버렸다.

오두막 안에는 어떤 할머니가 활활 타는 화롯불 앞에 앉아 있었다. 할머니는 문 앞에 쓰러진 노인을 가만히 안은 뒤 불 옆으로 데리고 갔다. 노인을 팔에 안고 흔들의자에 앉아 엄마가 아기를 어르듯 천천히 토닥거리기 시작했다. "자장, 자장"하면서 불쌍하고 가냘픈 한줌의 뼈에 불과한 노인을 토닥거려주었다.

할머니는 밤새 노인을 토닥거렸다. 그러자 노인은 점점 젊어지더니 먼동이 틀 무렵에는 눈부신 금발과 건강한 팔다리를 지닌 아름다운 청년이 되어 있었다. 할머니는 계속해서 노인을 토닥거렸다. 아침 무렵 노인은 눈부신 금발을 지닌 아주 조그맣고 귀여운 아이로 변해 있었다. 완전히 날이 샌 뒤 할머니는 그 아이의 머리에서 금발 세 올을 빼고 방바닥에 내던졌다. 세 올의 금발은 "팅! 팅! 팅!" 소리를 내며 날아갔다. 할머니의 팔에 안겼던 아이도 할머니를 돌아보며 눈부신 미소를 짓고는 하늘로 날아가 찬란한 아침 해가 되었다.

생각의 몇 가닥을 버리면 아니무스가 소생한다

밤에는 모든 것이 달라진다. 우리는 밤에 자신의 본질을 더 깊이 이해하고, 낮에 깨닫지 못했던 감각과 감정들을 의식하게 된다. 신화에서 밤은 세상을 만든 닉스 여신의 세계다. 이 여신은 삶과 죽음의 노파로 시간을 주관한다. 이야기에서 밤이 되면, 이는 무의식 상태에 빠짐을 의미한다. 이 이야기에서 밤은, 노인의 형태를 띠고 있던 에너지가 점점 약해지는 시간이고, 또 중요한 일을 하다가 매우 지치는 시간이다.

초점을 잃은 이들은 에너지를 상실한다. 이때 흩어진 요소들을 주워 담기 위해 아무리 허둥대도 소용이 없다. 서두른다고 되는 일이 아니기 때문이다. 이때는 차분히 앉아 찬찬히 생각을 가다듬어야 한다. 가만히 앉아 생각만 한다는 것은 사치라고 말할 여성이 있을지 모르지만 여걸에게 그것은 불가피한 요소이다.

계획했던 일이 마음먹은 대로 되지 않을 때 우리는 초점을 잃기 쉽다. 이런 현상은 자연 주기의 일부로, 우리의 생각이 진부해지거나 이를 인식하지 못할 때 으레 일어나는 일이다. 이때 우리는 이 이야기에 나오는 노인처럼 늙고 허약해진다. 창작을 하는 사람뿐 아니라 보통 사람들이 경험하는 생활의 이런 난관은 정도의 차이는 있지만 누구에게나 항상 있는 일이다. 자신의 진가를 인정받지 못한다든가 남의 비난 때문에 위축된다든가, 혹은 창의력의 근원이 오염되었다든가 하는 심리적 원인에서 오는 큰 장애는 물론 예다. 이 이야기에는 그런 과정이 다 녹아 있다. 이야기에서 뭔가 나쁜 일이 일어나면 그건 새로운 길, 새로운 에너지, 원조자, 치유자, 마술적인 힘 등이 필요함을 의미한다.

이 이야기에는 현자 원형이 등장하는데 오두막에 사는 노파가 이에 해당한다. 노파는 불 앞에 앉아 지친 노인을 소생시켜준다. 노인 또한 그녀의 도움 없이는 살 수 없음을 알기 때문에 숲속을 힘겹게 걸어왔다. 이 노인이 지친 것은 우리의 일을 처리한 탓이다. 미친 듯이 일을 하다가 갑자기 쓰러지는 여성, 사회 문제에 대해 필사적으로 투쟁하다가 어느 날 갑자기 등을 돌리는 여성이 모두 그런 예에 해당한다. 이들의 아니무스가 너무나 지쳐서 더 이상 나아갈 힘을 잃은 것이다. 아이디어가 시들해진 여성은 치유자를 찾아가 아니무스를 소생시켜야 한다.

특히 긴 시간을 필요로 하는 일을 하다 보면 한때 건강하던 에너지가 고갈될 때가 반드시 찾아온다. 그것이 자연의 법칙이다. 남성 또는 남성적인 에너지는 결코 지치지 않는다거나, 아니무스는 항상 에너지로 넘친다고 생각하면 이는 착각이다. 이들 역시 가끔 휴식을 통해 기운을 되찾아야 한다. 삶/죽음/삶의 본질인 주기성은 세상 모든 존재에 적용

된다.

이 이야기에서 할머니는 머리카락 세 올을 바닥에 내던진다. 우리 가문에는 "바닥에 금을 조금 던져라."라는 말이 있다. 가문의 이야기꾼이자 치유자인 선조로부터 내려온 이 말은 이야기에서 몇 마디를 빼면 더욱 설득력 있는 이야기가 된다는 뜻이다. 머리에서 나는 머리카락은 생각을 상징한다. 그중 일부를 버리면 아이는 더욱 생기 있고 날렵해진다. 낡은 생각 또는 일의 일부를 포기할 때 전체가 더욱 밝게 빛날 것이다. 이는 조각가가 원하는 작품을 만들기 위해 대리석을 파내는 것과 같은 이치다. 우리의 생각이나 행위를 재생, 강화시키는 효과적인 방법은 그중 일부를 버리고 초점을 되찾는 것이다.

실제로 현자는 남성적인 에너지를 조금 잘라낸다. 가지를 쳐낸 나무가 더 튼실히 자라듯이 우리의 에너지도 감소를 통해 더 커진다. 야성적인 여성에게 아니무스의 증가와 감소는 주기의 자연스러운 부분이다. 여성들은 아주 오래전부터 그런 식으로 자신의 생각이나 그 표현 양태를 이해해 왔다. 이 이야기에 나오는 할머니는 바로 그런 교훈을 가르치고 있다.

그렇다면 우리가 에너지를 회복하고 초점을 되찾으려고 노력하는 이유는 무엇일까? 바로 거기에 우리 삶의 씨, 핵심, 행복이 있기 때문이다. 늑대들은 위험하거나 즐거운 일이 생기면 잠시 동안 그 자리에 꼼짝 않고 서서 온 정신을 집중한다. 여걸이 우리에게 제시하는 것도 바로 그런 능력이다. 즉 잠시 동안 동작을 멈추고 대상에 초점을 맞춘 채 보고 듣고 느끼고 맛볼 수 있는 여유 말이다. 초점을 맞추면 직관을 포함한 우리의 전 능력을 활용하게 된다. 여성들이 자신의 목소리나 가치 체계, 혹은 태고로부터 내려온 기억을 되찾는 데 필요한 것은 바로 그런 능력이다. 초점을 잃었거든 한동안 가만히 앉아 생각을 흔들어서 그 일부를 버리라. 더 애쓰지 않아도 에너지가 회복될 것이다.

… Chapter 11 …

음담패설,
여성만의 성스러운 수다

여성의 불, 그리고 신성한 외설

　여성 본연의 야성적인 지하 세계에는 감각이 본능인 한 존재가 살고 있다. 그 존재는 다른 필수적인 존재와 마찬가지로 나름의 자연적인 영양 주기를 지닌다. 또 호기심이 강하고 사교적이며 때로는 에너지가 넘치다가도 다시 차분히 가라앉는다. 게다가 음악, 음식, 침묵, 아름다움, 어둠 같은 감각적인 자극에도 쉽게 반응한다.
　열기로 뜨거운 여성에겐 그런 면이 있다. 성적인 열기를 말하는 것이 아니라, 주기적으로 활활 타오르다가 가라앉고 다시 타오르는 지하 세계의 불길을 의미한다. 이 열기가 뿜는 에너지는 여성들이 살아가는 데 원동력이 된다. 여성의 감각적 측면에 대해서는 그동안 지나친 남용과

억측이 남발했고, 여성의 본능적 리듬과 맞지 않는 불을 지피거나 여성의 불을 완전히 꺼뜨리려는 시도들이 종종 있었다. 그러나 여기서는 절대적으로 야성적인, 열정적인 측면에 초점을 맞추고 있다.

고대 사회에서 여성의 성은 '신성한 외설'이라고 불렸던 만큼 성적으로 일종의 익살과 지혜를 겸비했고 고대에는 불경한 여성성을 섬기는 여신 문화가 존재했다. 이는 여성성을 경멸하는 것이 아니라 아직 미지의 존재로 남아있는 신비로운 무의식을 묘사하는 전례 같은 것이었다.

신성한 성, 좀 더 정확히 말해 신성한 성의 외설성은 야성적 본능에 필수적인 요소다. 고대의 여성들은 이른바 순진무구하지만 야성적인 음탕함이라 하는 외설의 여신들을 숭배했다. 현대 언어에서 '외설'이라는 말에는 천박함이 내포되어 있지만 고대에는 그렇지 않았다. 앞으로 알게 되겠지만, 여신을 숭배하던 풍습이 지하 세계로 밀려나게 된 데는 분명 이유가 있었다. 다음의 사전적 정의를 보면서 나름의 결론을 내리기 바란다.

- **오물(dirt):** 중세 영어에서는 'drit'라고 쓰였고, '배설물'을 뜻하는 아이슬란드어에서 유래한 말로 본다. 현대에는 그 의미가 확장되어 오물 전체를 가리킨다. 일반적으로 흙, 먼지 등을 가리키며, 특히 언어를 지칭할 때는 '음란한 말'을 뜻한다.
- **더러운 말(dirty word):** 외설적인 말, 또는 사회적·정치적으로 인기가 없거나 수상쩍은 말, 특히 부당한 비난과 폄하의 말, 혹은 시류에 맞지 않는 말을 가리킨다.
- **외설적인(obscene):** 고대 히브리어의 'Ob'에서 유래된 말로 마술사 및 마녀를 뜻한다.

이런 언어적인 폄하와 숙청에도 불구하고 외설을 다룬 이야기들은 세계 도처에 남아 있다. 외설은 결코 천박한 것이 아니고 기꺼이 우리를 찾아와 단짝이 되어 주면 좋을 경이로운 본성에 가깝다. 나는 오래전부터 '더러운 여신 이야기'들을 즐겨 해왔다. 이런 얘기를 들으면서 웃으면 점잖지 못하다는 전통적인 교육이 내 이야기를 듣는 사람들에겐 통하지 않았다. 사실 잘못된 상황에서 점잔을 빼는 것은 점잖은 것이 아니라 위험한 짓이다. 웃을 때는 숨을 내쉬었다가 바로 들이쉬는 반면 감정을 억누를 때는 숨을 죽여야 하기 때문이다.

웃다 보면 마음껏 숨을 쉬게 되고 그러다 보면 금지된 감정을 느낄 수도 있다. 대체 금지된 감정이란 무엇일까? 이는 어떤 특정한 감정이라기보다 감정의 발산을 말한다. 또는 억눌려온 슬픔을 드러내거나 잊고 있던 기억을 되살리는 것, 그리고 자신의 감각적인 측면을 인정하는 등 그동안 억제해온 것을 풀어내는 데서 오는 안도감에 가깝다.

고대 여성들이 숭배하던 외설의 여신들도 마찬가지라고 본다. 그런 여신들은 우리 생활에서 너무나 꽉 조여진 것을 풀어주고, 우울함을 해소해주며, 머리로 몸을 아는 것이 아니라 몸 자체를 충분히 느끼게 해준다. 이리하여 신경이나 내분비선에 유익한 약을 우리 몸에 가득 채워준다.

다음에 나오는 세 이야기에는 외설의 여신이 등장한다. 그중 둘은 고대 작품이고 하나는 현대 이야기다. 여기 나오는 외설의 여신들은 긍정적인 의미에서 풍요로운 땅과 흙, 심리의 거름자리 등 모든 예술의 원천에 자리하고 있으며 여걸의 관능적이면서도 성스러운 측면을 상징한다.

"그녀의 말은 가랑이에서 나온다."라는 속담이 있다. 그런 이야기 가운데 '보보'는 고대 그리스에서 유래된 여신으로 이른바 "외설의 여신"

이라 불린다. 고대에서 전해 내려오는 보보 이야기는 현재 단 한 편뿐으로 이는 보보를 숭배하는 종교가 말살되었거나, 다양한 정복 문화에 묻혀 버렸음을 시사한다. 나는 유럽 또는 동양 어딘가에 보보를 숭배하는 사원이 있을 거라는 느낌을 지울 수가 없다. 숲속이나 산림호수 지역에 있을 법한 그 사원에는 아마도 갖가지 공예품과 유해들이 있을 것이다.

어쩌면 보보 이야기를 아는 이가 적은 것도 무리는 아닐 것이다. 그러나 우리는 원형의 파편만으로도 원형 전체를 재현해낼 수 있다. 보보는 올림포스의 신들 중 가장 사랑스럽고 멋진 존재다. 다음 이야기는 모계제 이후에 발달한 그리스 신화와 호머의 시에서 간추려 재구성한 것이다.

복부의 여신 보보 이야기

대지의 여신 데메테르의 딸 페르세포네는 어느 날 들판에 나가 놀다가 매우 아름다운 꽃을 발견하고 그 꽃잎을 만져보려고 손을 내밀었다. 그 순간 지진이 일어나 땅이 갈라지더니, 지하 세계의 신 하데스가 시커먼 말들이 끄는 검은 마차를 타고 나타났다.

하데스는 페르세포네를 잡아 지하 세계로 데려갔고, 땅에는 그녀의 벗겨진 베일과 신발들만 나뒹굴었다. 그녀의 비명 소리가 희미해지면서 갈라졌던 땅은 다시 붙어 감쪽같이 원래의 모습을 되찾았고, 대지에는 정적과 짓밟힌 꽃들만이 남아 있었다.

데메테르는 산등성이 바위에서 메아리치고 바다의 포말을 타고 올라오는 딸의 비명 소리를 들었다. 그리고 불멸의 머리에 썼던 화관을 내던지고 검은 베일을 벗은 뒤, 딸의 이름을 부르며 새처럼 이곳저곳을 날아다녔다. 그날 밤 한 동굴 근처에 사는 어떤 노파는 동생들에게 세 번의 외침을 들었다고 말했는데, 각각 공포에 사로잡힌 소녀의 비명, 누군가를 애처롭게 부르는 소리, 그리고 어머니의 울음소리라고 했다.

데메테르는 딸을 찾기 위해 몇 달이나 울분에 가득 차 온 사방을 돌아다녔다. 미친 듯이 딸의 소식을 수소문했고 하소연도 해봤지만 딸의 모습은 그 어디에도 없었다. 마침내 데메테르는 세상 모든 것을 저주하기에 이른다. "다 죽어버려! 죽어버리란 말이야!"라고 말이다. 그 결과 생명의 탄생은 모두 멈췄다. 아이들이 태어나지 못했고 곡식도 자라지 않았다. 꽃은 피지 않았고, 나뭇가지조차 구할 수 없게 되었다. 땅의 모든 것이 메마르고 시들고 죽기 시작했다.

데메테르 자신도 목욕을 하지 않아 온몸이 흙투성이가 되었고 헝클어진 머리는 새 둥지로 변했다. 그러나 엄청난 슬픔에도 불구하고 용기를 잃지 않고 계속 딸을 찾아다녔다. 그러던 어느 날 그녀는 기진한 상태로 낯선 동네의 한 우물가에 주저앉아 지친 몸을 쉬고 있었다. 그런데 별안간 한 여성이 나타났다. 아니 여자라기보다는 여자 같아 보이는 그 사람은 엉덩이와 가슴을 음란하게 흔들며 춤을 추었다. 데메테르는 자기도 모르게 빙그레 웃었다.

춤을 추는 그 사람의 모습은 참으로 희한했다. 머리가 없고, 젖꼭지는 눈에, 성기는 입에 달렸다. 사랑스런 입으로는 쉴 새 없이 음담패설을 늘어놓았다. 깊은 시름에 잠겼던 데메테르 여신은 처음에는 희미하게 미소만 짓다가, 점점 킥킥 소리를 내어 웃더니 결국은 배꼽을 쥐고 깔깔 웃기에 이르렀다. 복부의 여신인 보보도 땅의 여신 데메테르와 함께 정신없이 웃기 시작했다.

데메테르 여신은 웃음을 통해 기운을 되찾았다. 그리고 보보와 헤카테, 그리고 태양신 헬리오스의 도움을 받아 딸을 되찾았다. 이 대지와 여성들의 배가 풍만함을 되찾은 것은 보보 여신의 덕택인 셈이다.

여성들의 수다, 온몸으로 떠들다

보보는 내가 그리스 신화에서 가장 좋아하는 여신이자 모든 이야기를 통틀어 가장 좋아하는 인물이기도 하다. 그 유래는 아마도 머리가 없고 때로는 팔다리조차 없는 신석기 시대의 복부의 여신인 것으로 보인다. 풍요의 상징이라고 하기엔 이 여신의 가치는 너무나도 특별하다. 복부의 여신은 여성들끼리만 나누는 부적 같은 이야기로 정말 예외적인 상황이 아니라면 남자 앞에서는 절대 발설하지 않는 이야기를 가리킨다.

복부의 여신은 여성들만이 갖고 있는 감성과 표현방식을 상징하기도 한다. 여성의 젖가슴이나 외음부에 무언가가 닿았을 때 밀려오는 느낌처럼 당사자가 아니면 상상은 할 수 있으나 결코 이해할 수 없는 느낌이 있다. 배꼽을 쥐고 웃는 것도 여기에 포함된다. 이런 웃음이야말로 여성이 소유한 가장 좋은 치료제 가운데 하나다.

여성들만의 수다는 고대시대에 존재했던 여성들의 모임에 기원이 있다고 여겨진다. 모임에서 여성들은 허심탄회하게 감정을 털어놓고 진실을 말했고, 마음껏 웃은 뒤 기운을 되찾아 집으로 돌아가는 의식을 치렀다. 때로는 남자들을 따돌리고 여성들끼리만 남는 것이 힘들기도 했다. 옛날 여성들은 남자들에게 '낚시를 하러' 가라고 하고는 자기들끼리 시간을 보냈다. 여성들이 이런저런 이유를 들어 남자들을 내보내고 자기 자신 또는 다른 여성들과 대화를 나눈 것은 태곳적부터 있어온 오래된 전통이었다. 이는 여성들이 지니고 있는 본능적 주기의 일부이기도 하다.

남성들의 에너지는 물론 멋지고 좋지만 간혹 지나칠 때가 있다. 남자들과 너무 많은 시간을 보내다 보면 초콜릿을 많이 먹은 것처럼 속이 더부룩할 때가 있다. 여성이라면 누구나 정기적으로 그런 휴식이 필요하다.

보보 여신의 이야기는 외설이 우울함을 해소하는 데 도움이 된다는 사실을 보여준다. 엉뚱하다 못해 음란한 여성들끼리의 대화는 리비도를 자극해 생에 대한 의욕을 높여주는 효과가 있다. 이런 이야기는 정신적 치유에도 도움이 된다. 보보 여신에 관해 자세히 얘기하기가 곤란한 점이 두 가지 정도 있다. 그러나 이 말은 하고 넘어가자. 보보는 젖꼭지를 통해 사물을 관찰한다. 남자들은 이게 무슨 말인지 잘 모르겠지만, 여성들은 "무슨 뜻인지 잘 안다."는 뜻으로 열심히 고개를 끄덕일 것이다.

젖꼭지를 통해 본다는 것은 분명 감각적인 행위이다. 젖꼭지는 온도와 소리뿐 아니라 두려움 같은 감정에 매우 민감히 반응하는 기관으로 머리에 달린 눈만큼이나 예민하다. "자궁으로부터 말한다."는 표현 또한 가장 원초적이고 정직한 행위로, 보보는 심리의 광맥, 심층에서 솟아나는 진실을 대변한다.

올드레드와 윌로우딘이 들려준 음담패설

보보 여신이 데메테르 여신에게 해준 이야기는 아마도 아름다운 송수신기, 즉 성기에 대한 내용이라고 본다. 그런 점에서 다음 이야기와도 유사한 이야기였을 것이다. 내게 이 이야기를 들려준 이는 올드레드라는 인디언으로 의치를 빼놓았고 면도도 며칠 안 한 상태였다. 아내 윌로우딘은 나이가 많았지만 예뻤고 코는 누구에게 얻어맞은 듯 약간 찌그러져 있었다. 그 집에는 캐딜락이 세 대나 있었지만 모두 고장나 무용지물이었고 부엌에 놓인 개집에는 윌로우딘이 기르는 치와와가 놀고 있었다. 그 인디언은 화장실에도 모자를 쓰고 가는 좀 특이한 사람이었다.

당시 나는 이야기를 수집하러 여기저기 돌아다니던 중 그 집 마당에 차를 세웠다. 그리곤 "이 지역(parts: 생식기를 뜻하기도 함) 이야기를 좀 듣고 싶은데요."라고 말했다. 올드레드는 능글맞은 표정으로 아내에게 이렇게 말했다.

"코요테 딕 이야기를 해드려야겠군."

"레드, 그 얘긴 안 돼요. 절대 안 돼요."

"아냐, 꼭 그 이야기를 해드려야겠어."

윌로우딘은 두 손으로 얼굴을 감싸고 탁자에 엎드리더니, "그 얘긴 정말 안 돼요"라고 했다.

윌로우딘은 옆으로 비스듬히 돌아앉더니 두 손으로 눈을 가렸다.

욕심꾸러기 코요테 딕 이야기

옛날에 코요테 딕이라는 사람이 있었다. 그는 세상에서 가장 영리하면서도 가장 미련한 자였다. 항상 뭔가를 탐냈고 사람들을 놀리지 않으면 낮잠을 자며 시간을 보냈다.

어느 날 그는 낮잠을 자고 있었는데 심심해진 그의 성기가 뭔가 재미있는 일이 없나 하고 코요테의 몸에서 슬쩍 빠져나와 혼자 길을 나섰다. 다리가 하나뿐인 그 성기는 뛴다기보다 통통 튀며 걸어갔다.

신바람이 나서 폴짝폴짝 튀던 코요테의 성기는 잘못해서 그만 숲속 가시로 뒤덮인 쐐기풀 더미 위에 떨어지고 말았다. "아야!" 그는 아파서 마구 비명을 지르며 살려 달라고 소리쳤다.

이 소리를 듣고 잠에서 깨어난 코요테 딕은 평소처럼 거기를 주물러 정신을 차리려 했으나 아무리 더듬어도 만져지질 않았다. 그는 바짓가랑이를 움켜쥐고 길을 달려가 쐐기풀 속에 떨어져 있는 자신의 성기를 발견하고는 얼른 집어 살살 어루만진 다음 제자리에 갖다 붙였다.

웃음이 주는 즐거운 흥분

이야기를 마친 올드레드는 눈을 번득이고 쿨룩거리며 미친 듯이 웃어댔다.
"이것이 코요테 딕 이야기예요."
그러자 윌로우딘이 말했다.
"그런데 왜 얘기를 하다 말아요?"
"하다 말다니, 그게 끝인데?"
"그게 정말 끝은 아니죠."
"그래? 그럼 당신이 직접 말씀드리지 그래."
이때 올드레드는 노크 소리가 나는 문 쪽으로 걸어갔다.
윌로우딘은 반짝이는 눈으로 나를 바라보더니, "그 이야기의 끝은 교훈이에요." 하더니 갑자기 보보 여신의 귀신에라도 홀린 듯 배꼽을 쥐고 폭소를 터뜨리며 눈물까지 흘렸다. 한참을 웃고 난 윌로우딘은 문장을 끝낼 때마다 다시 킬킬댔고 방금 한 말을 되풀이하면서 그 이야기의 뒷부분을 들려주었다.
"코요테 딕은 쐐기풀에 떨어진 자기 성기를 집어 제자리에 갖다 붙인 뒤로 계속 거기가 간지러웠대요. 그것이 이 이야기의 교훈이에요. 남자들이 여자만 보면 추파를 던지며 접근하는 것은 바로 그 때문이래요."
그 얘기가 왜 그렇게 우스웠는지 나도 모르지만, 여하튼 우리는 윌로우딘의 말이 끝나자마자 거기 앉아 한참을 정신없이 웃었다.
보보 여신이 데메테르에게 들려준 이야기도 이와 같았을 것이다. 여성들에게 모든 긴장을 풀게 하고, 목젖을 드러내고, 배가 나오고 가슴이 흔들릴 정도로 심하게 웃기는 이야기 말이다. 성에 대한 이야기는 다른 이야기들과 달리 심리의 깊은 곳을 건드린다. 모든 것을 느슨하게 만들고, 뼛속까지 야성적인 즐거움을 준다. 여성이라면 누구나 그런 느낌을 이해할 것이다. 신성함과 감각적·성적 요소는 서로 긴밀히 연관되어 있다. 입맞춤이나 꿈 혹은 폭소 등 이성이 아니라 몸을 통해 전달될 때 순간적으로 혹은 영원히 우리를 변화시킨다. 또한 우리를 어떤 절정으로 이끌어 긴장을 풀어주고 발걸음을 가볍게 하며 진정한 삶의 활기를 가져다준다.

신성한 것, 외설적인 것, 성적인 것에는 언제나 여러 가지 웃음이 담겨 있다. 야성적인 웃음, 조용한 미소, 날카로운 노파의 웃음, 동물적인 웃음, 음악의 한 소절 같은 웃음 등 종류도 다양하다. 웃음은 여성의 성의 이면으로서 육체적이고 열정적이고 활기로 가득 차 있어서 우리를 흥분시킨다. 이는 성적인 것과는 좀 다른 흥분이다. 대상이 없는 열기이고, 잠시 나타났다 사라지는 즐거운 성이며, 마음대로 날아다니다 사라지고 다시 살아나는 진정으로 관능적인 사랑이다. 그런 웃음은 우리를 치유해주므로 성스럽고, 우리의 육신과 감정을 흥분시키고 즐거움을 주므로 성적이라 할 수 있다. 또한 우리 혼자만 즐기지 않고 여러 사람과 공유하므로 웃음은 다차원적으로 여성의 성이 지닌 가장 야성적인 측면이라 할 수 있다.

엄마의 잡지를 몰래 읽다

나는 열두 살 때 가족과 친지들을 따라 미시간 주에 있는 빅 배스 호수로 소풍을 간 적이 있다. 이모, 엄마, 친척 언니들은 40여 명에게 아침과 점심을 해먹인 뒤 긴 의자에 누워 일광욕을 하며 이런저런 이야기를 나누고 있었다. 남자들도 자기들끼리 이런저런 농담을 하며 즐거운 시간을 보내는 중이었다.

나는 여자들 가까운 데서 놀고 있었다. 그런데 갑자기 저쪽에서 큰 비명 소리가 나서 달려가 봤더니 누가 다친 것은 아니었다. 대신 한 이모가, "자기들 얼굴을 가렸대……자기들 얼굴을 가렸대."라며 배꼽을 쥐고 깔깔거리고 있었고 다른 이들도 허리를 잡고 정신없이 웃고 있었다. 그 이모가 그 말을 할 때마다 다들 또다시 자지러지게 웃는 것이었다.

가만히 보니 한 이모의 무릎 위에 잡지가 놓여 있었다. 나는 엄마와 이모들이 모두 낮잠을 주무시는 동안 살짝 그 잡지를 집어다가 의자 밑에 숨어 몰래 읽기 시작했다. 거기에는 제2차 세계대전을 소재로 한 재미있는 이야기가 실려 있었다.

아이젠하워 장군의 르완다 시찰

아이젠하워 장군은 어느 날 르완다를 시찰하겠다는 뜻을 밝혔다. (그게 정말 아이젠하워였는지, 아니면 맥아더 장군이 보르네오를 시찰한다는 내용이었는지는 확실치 않다.) 총독은 장군이 지나가는 동안 원주민 여성들에게 길가에 서서 환영의 표시로 손을 흔들도록 지시를 내렸다. 그런데 문제는 원주민 여성들이 평소에 아무것도 입지 않고 구슬 목걸이나 가는 줄로 허리만 두르고 다닌다는 사실이었다.

총독은 장군에게 그런 꼴을 보일 수 없다고 생각하고 부족장을 불러 의견을 물었다. "걱정 마십시오." 부족장은 총독이 셔츠와 스커트를 주면 그날 하루만은 반드시 입게 하겠다고 말했다. 총독은 선교사들과 상의해서 원주민 여성들이 그날 입을 옷을 모두 구해주었다.

드디어 장군을 환영하는 그날이 되었다. 장군이 그 길을 지나가기 불과 몇 분 전 총독이 거리에 나가 보니 원주민 여성들이 스커트는 모두 입었지만 셔츠는 맘에 안 든다고 모두들 집에 두고 나온 것이었다. 장군이 지나갈 길가에는 알몸에 스커트만 걸친 원주민 여성들이 쭉 도열해 있었다.

기겁을 한 총독이 부족장을 불러 호통을 쳤다. 부족장은 장군이 지나갈 때 여성들이 모두 젖가슴을 가리게 할 조치를 취하겠다고 다짐했다. "확실하지?" 총독이 다그쳤다. 부족장은, "염려 마십시오. 확실히 그렇게 하겠습니다."라고 말한 뒤 물러갔다.

드디어 아이젠하워 장군이 지프를 타고 지나가는 시간이 되었다. 그때 원주민 여성들은 차례차례 우아하게 치마의 앞자락을 쳐들어 얼굴을 가렸다.

고난을 견디게 해주는 웃음의 치유력

나는 의자 밑에서 웃음을 참느라 혼났다. 그렇게 엉뚱한 이야기는 난생 처음이었다. 생각할수록 재미있는 이야기였다. 그러나 나는 본능적으로 그런 이야기를 하면 안 된다는 걸 알고 있었기 때문에 십수 년 동안 마음속에만 간직하고 있었다. 그리고 학기말 시험 등 긴장되는 순간이 오면 치마를 들어 얼굴을 가렸던 르완다 여성들의 모습을 떠올리며 웃음을 되찾고 긴장을 풀었다.

여성들의 농담이나 웃음은 힘든 상황에서 힘을 주고 활력을 불어넣어주는 역할을 한다. 성적이고 외설적인 것이라 해도 우리를 치유해 주면 그것은 바로 신성한 것과 통한다. 융은 성적인 문제로 자기를 찾아온 이들이 대개 영혼이나 정신에 문제가 있었다고 말한 바 있다. 영적으로 문제가 있는 이들은 대개 성적으로도 어려움을 겪는다.

성은 영혼을 치유하는 약이고 신성한 존재다. 외설적인 이야기가 치유의 능력이 있다면 이 또한 신성한 이야기다. 웃음은 우리의 마음을 가볍게 해주고, 우리의 능력을 새롭게 분배하고 강화해준다. 또한 살아 있다는 사실에 감사하게 하고, 지금 이 순간을 즐기게 하며, 사랑과 쾌락을 더욱 즐기게 해주고 슬픔을 덜어준다. 이런 웃음이라면 신성한 웃음이라 할만하다.

더러운 여신은 여걸 원형의 중요한 측면이다. 야성의 세계에서는 신성한 것, 불경스러운 것, 성적인 것이 모두 한데 섞여 꼬부랑 할머니들처럼 우리가 찾아올 날만을 간절히 기다리고 있다. 우리의 심리 속에서 이런저런 얘기를 하고 배꼽을 쥐고 웃으며 우리가 찾아오기를 기다린다.

Women Who Run ith the Wolves

제4부

여성의
환상을 거두고
늑대의 본능을
되찾다

◆ *Chapter 12* ◆

분노를 거두고
야성과 마주하다

여걸, 분노를 발산하는 법을 알다

우리는 여걸의 인도로 직관적이며 열정적인 오래된 지혜를 되찾는다. 여걸의 삶을 사는 여성은 행동에 일관성이 있다. 목표를 구체적으로 세워 반드시 실천에 옮기고, 중심을 벗어났다가도 곧 되돌아온다. 자신의 리듬에 항상 유의하며, 친구나 연인을 사귈 때도 야성적이고 직관적인 리듬을 따르는 사람을 택한다. 창의적이고 본능적인 삶을 북돋우는 인간관계를 선택하고, 필요한 경우에는 배우자에게도 야성적인 삶을 가르친다.

이런 깨달음의 과정에서 배워야 할 또 다른 교훈은 바로 분노의 발산이다. 여성들은 자신이 느끼는 분노의 원인을 알고 나면 거기서 영영 벗어나지 못할 것 같으면서도 하루라도 빨리 벗어나고 싶어 한다. 분노는 억누른다고 사라지는 것이 아니다. 아무도 원치 않지만 마땅히 버릴 장소가 없는 유독한 폐기물 같아서 결국 나 자신이 버릴 곳을 찾아야 한다. 바로 이런 과정에 도움이 될 일본의《반달곰》이야기를 들어보자.

여인을 구한 반달곰 이야기

한 젊은 여인이 솔향기 그윽한 숲속에 살고 있었다. 전쟁에 나갔던 남편은 불만이 가득한 채 돌아왔고, 돌 위에서 자는 것이 습관이 되어 아예 집에는 들어오지도 않았다. 남편은 밤낮 숲속에서 혼자 시간을 보냈다.

젊은 아내는 남편이 전쟁에서 돌아온 것이 너무 기뻐서 날마다 시장을 보고 정성껏 상을 차렸다. 맛있는 두부요리와 함께 생선과 해초류를 세 종류씩 내놓았고, 붉은 고추와 붉은 생선알을 뿌려 영양 가득한 밥을 지었다.

여인은 숲속에 나가 전쟁에 지쳐 돌아온 남편 옆에 꿇어앉고는 수줍은 미소를 띠며 자신이 마련한 진수성찬을 펼쳐놓았다. 그러나 남편은 자리에서 벌떡 일어서 밥상을 걷어차 버렸다. "제발 가만히 좀 놔 둬!"라고 고함을 지른 뒤 돌아앉아 버렸다. 겁에 질린 아내는 지푸라기라도 붙잡겠다는 심정으로 마을 바깥 동굴에 사는 무당을 찾아갔다.

"남편은 전쟁에서 심하게 다쳐 돌아온 뒤 아무것도 먹지 않고 계속

화만 내요. 집에도 들어오지 않고요. 남편을 예전처럼 상냥하고 자상하게 만들어줄 약은 없을까요?"

무당은 "걱정 말게. 다 방법이 있으니까. 그런데 마침 반달곰의 털이 다 떨어졌구먼. 자네가 산에 올라가서 검은 반달곰 목에 난 털을 한 올만 뽑아 오게나. 그러면 남편을 치료할 약을 만들어주지."라고 말했다.

다른 여자라면 그런 말을 듣고 겁에 질리거나 절망에 빠졌겠지만 남편을 사랑하는 이 아내는 "아, 정말 고맙습니다. 그이를 낫게 해줄 약이 있다니 정말 다행입니다."라고 했다. 그러고는 여행 채비를 갖추고 다음날 산으로 떠났다. 산길을 오르며, "산아, 오르게 해줘서 고맙다."라며 신바람이 나서 노래를 불렀다.

커다란 자갈들이 널려 있는 산기슭을 지나 수림으로 뒤덮인 산등성이에 올라섰다. 거기엔 가지가 늘어지고 별 모양의 잎이 달린 나무들이 서 있었다. 그녀는 가만히 잎을 치켜들어 자신을 지나가게 해준 나무들에게 감사하고 숲을 지나 다시 산을 올랐다.

길은 갈수록 험해졌다. 가시 달린 잡초들이 치맛자락에 엉겨 붙었고 돌 모서리에 손을 긁혔다. 그런데다 별안간 어둠속에서 이상한 검은 새들이 달려들어 질겁하는 일이 일어났다. 그러나 여자는 그 새들이 자손이 없는 불귀의 영혼들임을 알아채고는 "제가 제사를 지내드릴 테니 편히 쉬소서."라며 위로했다.

남편을 사랑하는 아내는 눈 덮인 정상이 보일 때까지 계속해서 올라갔다. 젖은 발은 얼어붙었고 폭풍에 밀려온 눈송이들이 눈과 귀로 마구 파고들었다. 앞이 보이질 않았다. 그러나 남편을 사랑하는 마음으로 계속 길을 걸었다. 이윽고 눈이 멈추자 아내는 잔잔해진 바람에게 감사하는 노래를 불렀다.

그녀는 동굴에 들어갔다. 음식을 한 자루나 가져왔는데도 전혀 먹지 않고 나뭇잎을 덮어 잠을 청했다. 아침이 되자 바람은 가라앉았고 눈 덮인 땅에는 푸른 싹들이 돋아나 있었다. "아, 이제 반달곰을 찾아봐야지."라며 그녀는 자리에서 일어났다.

아내는 온종일 곰을 찾아 헤매다가 저녁 무렵, 눈 위로 커다란 발자국을 남기며 뛰어가는 곰의 모습을 보았다. 반달곰은 무시무시한 소리로 울부짖더니 제 굴로 들어가 버렸다. 그녀는 그릇에 음식을 담아 곰이 들어간 굴 입구에 놓고는 얼른 자기 굴로 들어가 망을 보았다. 음식 냄새를 맡은 곰은 돌멩이들이 흔들릴 정도로 크게 울부짖으며 굴에서 나왔다. 멀리서 빙빙 돌며 한동안 코를 킁킁거리더니 그 음식을 한 입에 덥석 먹어버렸다. 그러고는 뒷발로 서서 굴로 다시 들어갔다.

다음날 저녁 여인은 전날과 똑같이 음식을 내놓고 곰이 오기를 기다렸다. 그리고 이번에는 굴속으로 도망치지 않고 멀찍이 서서 지켜보았다. 이번에도 곰은 음식 냄새를 맡고 하늘의 별들이 흔들릴 정도로 요란하게 울부짖더니 조심스럽게 킁킁거리다가 한 입에 음식을 모두 삼키고 굴 안으로 기어들어갔다. 여인은 매일 저녁 이 일을 반복했고, 어느덧 곰 바로 옆에 서서 음식 먹는 모습을 지켜보기에 이르렀다.

어느 날 저녁, 여인은 곰의 굴 앞에 음식을 놓고 바로 앞에 서서 곰을 기다렸다. 음식 냄새를 맡고 굴에서 나온 곰은 음식 옆에 작은 발이 두 개 서 있는 것을 보고는 요란하게 으르렁거렸다. 여인의 몸이 덜덜 떨릴 정도였다. 그녀는 무서웠지만 용감하게 버텼다. 곰은 뒷발로 일어서서 입맛을 쩝쩝 다시며 여인을 내려다보았다. 그런데도 여인이 꼼짝하지 않자 곰은 더 크게 으르렁거리며 칼처럼 날카로운 발톱이 달린 두 발로 여인을 덮치려 했다. 여인은 바람결에 흔들리는 나뭇잎처럼 파르르 떨면서도 절대 물러나지 않았다.

"곰아, 나는 남편의 병을 낫게 해줄 약을 구하러 이 먼 길을 왔단다."

곰이 손을 휙 내리자 흰 눈가루가 날렸고, 순간 겁에 질린 여인의 눈과 정면으로 마주쳤다. 여인은 곰의 늙은 눈 속에 비친 모습을 똑똑히 보았다. 곰의 눈엔 근방의 산과 계곡, 강과 마을이 모두 비쳤다. 이를 본 여인의 마음은 평안해졌고 두려움도 사라졌다.

여인은 다시 용기를 냈다. "곰아, 지금까지 내가 매일 저녁 식사를 제공해준 대가로 네 목에 난 털을 한 올만 가지면 안 되겠니?"라고 간청했다. 곰은 잠시 생각에 잠기더니 코앞에 서 있는 그 여인이 어쩐지 측은한 생각이 들었다. 마침내 곰은, "그래, 그동안 내게 잘해 줬으니까 털을 뽑아 가지고 얼른 내려가라."고 허락했다.

곰이 턱을 쳐들자 목에 흰 반달무늬가 나타났고, 그 아래 힘찬 맥박이 느껴졌다. 여인은 한 손으로 곰의 목을 누르고 다른 손으로는 희고 빛나는 털 한 올을 절묘하게 뽑았다. 곰은 뒤로 물러서며 다친 것처럼 비명을 지르고 짜증난 듯 으르렁거렸다. 여인이, "곰아, 고맙다. 정말 고마워."라며 몇 번이고 절을 하자, 곰은 무슨 뜻인지 이해할 순 없지만 다 안다는 듯 그 말을 곱씹으며 한 발짝 앞으로 다가섰다. 여인은 뒤로 돌아서서 있는 힘을 다해 뛰었다. 그녀는 자신이 지나가도록 가지를 들어준 나무와 빵덩이 같은 돌, 그리고 정상에 오르도록 해준 산 모두에게 "고맙다"를 연발 외치며 산을 내려왔다.

여인은 초라한 행색이었다. 머리는 산발했고 얼굴도 꾀죄죄한 채로 마을로 이르는 돌계단을 순식간에 뛰어내렸다. 그리고 동네를 가로지르는 큰길을 달려가 오두막집에서 불을 지피고 있는 무당을 찾아갔다.

"보세요, 여기 있어요. 반달곰의 털을 뽑아 왔어요."

무당은 빙그레 웃으며, "그래 잘됐군." 하더니 여인을 찬찬히 바라보며 털을 받아들었다. 그러고는 깨끗한 횐털을 불에 비추고 무게를 가늠해보더니, "그래! 정말 반달곰의 털이군!"이라 했다. 그러나 무당은 그 털을 불 속에 획 던져 버렸다. 벌건 불 속에 던져진 털은 순식간에 바싹 타버렸다.

여인은 깜짝 놀라, "아니, 왜 그러세요?"라고 소리쳤다. 무당은 "진정하게. 걱정할 것 없네. 모든 게 다 잘될 테니 안심하게."라고 말하며 산에 오른 뒤 곰을 달래 털을 얻은 과정들을 세세히 물었다. 여인의 이야기를 다 듣고 난 무당은 너그러운 미소를 띠며 이렇게 말했다. "집에 가서 그런 마음으로 남편을 대하면 모든 것이 잘 될 걸세."

분노한 자아를 치유하는 길

나는《반달곰》이야기를 이른바 '간극 이야기(aperture story)'의 범주에 포함시킨다. 간극 이야기란 표면적인 내용만 전달하는 데서 그치지 않고 그 배후에 치유 또는 더 깊은 의미가 숨겨진 이야기를 말한다. 이 이야기는 겉으로 보기에는 분노를 다루고 있지만, 좀 더 깊이 들어가면 심리의 질서를 되찾아 분노한 자아를 치유하는 길이 보인다.

이 이야기는 분노를 처리하고 치유하는 모든 과정을 다루고 있다. 현명하고 유익한 힘을 찾아내기(무당을 찾아내기), 한 번도 가보지 않은 심리의 영역을 찾아가라는 도전에 응하기(산에 올라가기), 망상을 극복하기(돌에 걸려 넘어지고 나뭇가지에 긁히면서도 포기하지 않기), 해묵고 쓸모없는 생각들을 버리기(제사를 지내줄 친척이 없는 원혼들을 위로하기), 자비로운 자아에게 간청하기(끈기 있게 곰에게 먹이를 주고 보답을 기다리기), 자아의 무서운 면을 이해하기(곰은 사나워질 수 있는 동물임을 배우기) 등이 그것이다.

너무나 거칠고 다루기 힘든 감정조차도 실은 활활 타오르는 에너지일 수 있다. 그 빛을 이용하면 지금까지 몰랐던 심리의 새로운 측면을 이해할 수 있다. 반대로 분노의 감정을 한 군데 집중하면 위산이 모여 위궤양을 초래하듯 심리의 정교한 여러 층에 무서운 구멍이 뚫릴 것이다.

우리의 감정은 언제든 지혜, 직관, 깨달음의 수단이 될 수 있다. 심지어 분노라 해도 마찬가지다. 분노를 잘 이용하면 뭔가를 터득할 수 있기 때문에 화가 난다고 해서 금방 풀어버리려 하지 말고 서서히 좋은 결과로 변화시켜 나가도록 하라. 분노 역시 세상 모든 것과 마찬가지로 나름의 주기가 있어서 일어났다 가라앉고, 없어졌다 다시 새로운 에너지가 되어 솟아난다.

우리가 분노에서 뭔가 배우려고 노력하면 어느덧 분노는 사라지고 그 에너지는 새로운 일, 특히 창조적인 일에 쓰일 것이다. 예술가들 가운데는 만성적인 분노에 빠져야만 창조가 가능하다고 주장하는 이들도 있지만, 그런 분노는 무한한 상상력과 아이디어의 저장고인 집단 무의식에 도달할 기회를 차단하는 만큼 항상 비슷비슷한 작품을 만들어낼 가능성이 높다. 분노를 새로운 에너지로 변형시키지 않으면 과거의 억압과 상처와 고문이 항상 되풀이될 것이다.

전쟁이나 사고 등으로 심한 상처를 입은 경우 저항력이 떨어지고 신체의 기능들도 약해진다. 심리적 상처 역시 마찬가지다. 심리적으로 상처를 받았지만 사는 것이 바빠서 그냥 넘어갔다면 아무리 오랜 세월이 흘러도 그 영향에서 벗어나지 못할 것이다. 분노를 느낀 그 순간 치유할 방법을 모색하고, 원인을 분석해야 한다. 그 에너지를 이용할 길을 찾지 못하면 평생 거기 갇힐 것이다.

치유자를 찾아 험한 산을 오르다

화가 날 때 분노를 애써 억눌러 마음의 모든 것을 태워버리지 말라. 오히려 분노를 손님처럼 안으로 불러들이고, 차를 대접한 다음 왜 찾아왔는지 물어보라. 그러면 이 이야기에 나오는 남편처럼 분노는 아무 말도 하지 않고 먹지도 않은 채 소리를 지르거나 꺼지라고 할지도 모른다. 이때 우리는 치유자를 찾아가야 한다. 심리의 가장 지혜로운 부분을 찾아 자아의 조급함이나 억울함을 극복하도록 모색해야 한다.

이야기에 나오는 치유자들은 대체로 차분하고 고요한 심리의 한 부분을 가리킨다. 하늘이 무너져도 평온함을 잃지 않고 솟아날 구멍을 찾는 심리 말이다. 여성의 내면에는 야성적인 치유자가 있다. 이를 잃었을 경우에는 나를 화나게 한 상황을 찬찬히 살펴보아야 한다. 그리고 이 상황을 어떻게 처리해야 훗날 자랑스럽게 느낄까 생각하고 실천하면 잃어버린 치유자는 금방 되찾을 수 있다.

어렸을 때 가족을 비롯한 주변 사람들에게 사랑을 받지 못했거나 괴롭힘을 당한 이들은 성인이 되었을 때 힘든 일 앞에서 다른 사람들보다 좀 더 예민하게 반응하는 경향이 있다. 자신이 남들로부터 사랑과 존중을 받을 가치가 있는 존재라는 확신을 잃은 아이들은 심한 슬픔과 분노로 좌절하며, 성인이 되어서는 절대로 그런 일을 겪지 않겠다고 맹세한다. 마찬가지로 집안에서 형제들보다 더 심한 제약을 받고 자란 소녀들은 성인이 된 뒤 비슷한 상황이 재현되면 평소보다 심하게 화를 내는 경향이 있다. 그래서 역으로 사람들이 화를 내는 상황을 뜯어보면 그 사람의 성장 환경을 대충 짐작할 수도 있다.

이 이야기에 나오는 젊은 아내는 분노의 암흑을 밝혀줄 방도를 찾고자 길을 떠난다. 그녀는 산 정상에서 현상의 여러 차원을 이해할 것이다. 우리는 삶에 대해 여러 가지 환상이 있다. "그녀는 예쁘니까 인기가 많을 거야." "난 실력이 있으니까 합격할 거야." 등의 생각은 때로는 모두 환상에 불과할 수 있다. 진실을 추구한다는 것은 다시 말해 환상을 극복하는 과정이라 할 수도 있다. 이런 환상들을 극복하면 분노의 숨은 뜻도 이해할 수 있을 것이다.

우리는 분노에 대해 많은 환상이 있다. "내가 화를 풀면 아주 나약해질지도 몰라." "나는 부모님이 그랬던 것처럼 화를 풀어도 전혀 달라지지 않을 거야."라고 생각한다. 우리가 진실을 추구하고, 질문을 던지고, 공부하다 보면 이런 환상들은 무너질 것이다. 과감하게 반달곰을 직면하는 것도 좋은 방법이다. 즉 분노와 의심, 혹은 비밀 등 심리의 진실로 야성적인 측면을 직면하는 것이다.

《반달곰》의 여인은 제사를 지내줄 가족이 없는 영혼인 새들이 날아오자 그들을 위해 기도하고 위로한다. 실현되지 못하고 무산된 여성들의 창조 같은 심리의 원혼도 이런 식으로 위로해야 한다. 어찌 보면 분노는 이런 원혼들이 쌓여 이루어진 것이라 할 수 있다. 이런 원혼들은 어떻게 다루어야 하는지 뒤에서 좀 더 자세히 살펴보기로 하자.

이 이야기에 나오는 곰은 본능적인 심리의 비밀을 상징한다. 그 비밀을 이해하려면 영적인 제물을 바쳐야 하는데, 이때 제물은 신앙이 될 수도 있고, 꿈이나 예술이 될 수도 있다. 때로는 암벽 등반이나 여행이 될 수도 있다. 어쨌거나 분노를 해소하는 것은 환상을 극복하고, 이를 스승으로 삼아 본능의 도움을 요청하고 원혼을 달래는 등 여러 과정을 거치는 매우 긴 여정이다.

강인하면서도 관대한 곰의 심리

분노 치유의 상징으로 늑대나 여우가 아닌 왜 하필 곰이 나왔을까? 고대인들에게 곰은 부활을 상징했다. 곰은 오랫동안 동면한다. 동면에 들어가기 직전 심장 박동이 거의 없어지고, 암수가 교미를 하는데, 신기하게도 정자와 난자는 바로 결합하지 않는다. 곰의 정자와 난자는 오랫동안 각각 분리된 채 암컷의 몸 안에 머물다가 동면기가 거의 끝나갈 때쯤에야 수정이 이루어지고, 세포분열이 시작된다. 이렇게 배태된 새끼는 어미 곰이 동면에서 깨어나는 봄에 태어난다. 죽음과 같은 오랜 동면에서 깨어나 새끼를 낳는 곰은 마치 죽어 있는 듯 보이는 것에서 생명이 태어나고 새로운 것이 창조되는 인생을 상징하기에 매우 적합하다.

그리스와 로마 신화의 아르테미스와 다이애나, 남미 신화의 무에르테와 헤코텝틀 등 곰은 사냥의 여신들과도 관련이 있다. 이 여신들은 여성들에게 사물의 심리적 측면을 추적하고 이해하며 천착할 능력을 준다. 일본에서 곰은 충정과 지혜와 힘을 상징한다. 특히 일본 북부 아이누족이 사는 지역에서 곰은 인간에게 신의 뜻을 전달하는 존재로 알려져 있다. 불교에서 반달곰은 관음보살로부터 목에 반달무늬를 받은 신성한 존재로 간주된다. 반달은 자비의 여신인 관음의 상징이고 곰은 그 사자로 알려져 있다.

심리적으로 볼 때 곰은 자신의 삶, 특히 감정을 조절하는 능력을 나타낸다. 이런 능력이 있는 사람은 주기에 따라 움직이고, 항상 맑은 정신을 유지하며, 다음 주기를 위해 깊은 동면에 빠져 에너지를 재충전할 수 있다. 곰이라는 상징은 우리가 마음의 평정을 유지할 수 있다는 것, 특히 강하면서도 동시에 관대할 수 있음을 보여준다. 그런 능력을 지닌 이는 조용하면서도 유능하고, 자신의 영역을 지키고, 한계를 분명히 하며, 필요하다면 세상을 뒤흔들 수 있다. 또한 누군가 자기를 필요로 할 때 언제나 옆에 있어 주고 격려해줄 것이다.

모든 희망이 사라질 때 찾아오는 깨달음

곰은 여인에게 연민의 감정을 느끼고 자기 목에서 털을 뽑도록 허락한다. 여인은 털을 얻자마자 서둘러 하산했고, 산을 올라올 때 했던 동작을 반복한다. 노래와 찬양을 되풀이한 뒤 치유자 무당을 찾아간다. 자비로운 치유자는 여인에게 자신의 성과를 음미할 시간을 주듯 한참 동안 가만히 있다가 힘들여 뽑아온 털을 불에 던져 버린다. 그러고는 경악을 금치 못하는 여인에게 그저 집에 가라는 지시만을 내릴 뿐이다.

"가서 이번에 배운 대로 처신하라."는 지시가 무당이 내린 처방전이다. 무당이 반달곰의 털을 불에 던지며 그 말을 하는 순간을 선불교에서는 '득도의 순간'이라고 할 것이다. 여인에게 깨달음의 순간은 산에 올랐을 때가 아니라 반달곰의 털이 불에 타버린 순간, 즉 기적적인 치유의 가능성이 사라지는 듯한 때인 것이다. 이는 우리에게도 중요한 교훈을 준다. 뭔가 열심히 노력만 하면 모든 문제를 해결할 수 있다는 생각은 착각일 수 있다.

여인이 산에 올라가 진리를 배우는 동안은 모든 것이 기적처럼 느껴진다. 그런데 하산한 뒤에는 그처럼 어렵사리 구해온 털이 불구덩이에 던져진다. 환상이 사라지고, '득도' 후의 시간이 된다. 여인의 삶은 다시 일상으로 돌아오지만, 산에서 배운 교훈은 분노에 묶여 있던 그녀의 에너지를 다른 데 쓰게 해줄 것이다.

분노를 극복한 여성들은 새로운 지혜를 얻는다. 좀 더 잘 살 수 있을 거라는 자신감을 획득한다. 그러나 미래의 어느 순간 그들이 누군가의 표정이나 말 때문에 자신이 인정받지 못하고 있다거나, 평가절하 당하고 있다거나, 본의 아니게 이용당하고 있다는 느낌을 받으면 남아 있던 아픔이 되살아날 것이다. 해묵은 아픔에서 비롯되는 분노는 소형구가 마구 튀어나와 흩어지는 유산탄 같아서, 아무리 철저하게 파편들을 제거한다 해도 조금은 남아 있기 마련이다.

극심한 고통을 초래하는 것은 엄청난 상처가 아니라, 심리 안에 남아 있는 아주 미세한 분노의 파편들이다. 이 조그만 잔해들은 처음처럼 엄청난 아픔을 초래하고, 여성들은 원래의 아픔이 되살아날까 봐 두려운 나머지 잔뜩 움츠려 있음으로 해서 오히려 더 많은 고통에 노출된다. 그런 여성들은 외부에서 일어나는 일들을 수습하려고 애쓰는 동시에 내면에서 우러나는 옛 상처의 기억을 억누르려 하고, 또 한편으론 고개를 숙이고 도망치려고 애쓰기도 한다. 그러나 한 사람이 동시에 세 가지 일을 하는 것은 아무래도 무리다. 이럴 때는 과감히 모든 것을 떨쳐버리고, 고독 속으로 물러나 휴식을 취하는 것이 상책이다.

과거의 분노에서 완전히 벗어날 수 있는 여성은 없다. 과거를 뒷전으로 밀어놓아도 말끔히 없어지는 것은 아니다. 그러나 자기 힘으로 분노를 밀어버리면 삶은 안정을 되찾을 것이다. 그리고 모든 것이 완벽하진 않지만 어느 정도 살 만하게 정리될 것이고 앞으로 나아갈 수도 있다. 신장의 결석은 가만히 시간이 지나가도록 놔두면 가라앉지만, 분노는 자기 자신이 적극적으로 나서서 해결해야 한다.

정당한 분노라면 화끈하게 풀어라

한쪽 뺨을 맞았을 때 다른 쪽 뺨도 내밀라는 가르침, 즉 불의나 학대를 겪으면서도 침묵을 지키라는 가르침은 신중히 고려해야 한다. 간디가 정치적 도구로 이용한 피동적인 저항은 효율적이었을지 모르지만, 너무나 타락하고 부정한 권력 때문에 고통을 당함에도 불구하고 여성들이 침묵을 지켜야 한다는 것은 어불성설이다. 부당한 일을 겪으면서도 아무런 말도 못하는 여성은 야성과 격리될 것이고, 그들의 침묵은 평정이 아니라 피해를 줄이기 위한 방편에 지나지 않는다. 여성이 입을 다물고 있다고 해서 자기 생활에 전적으로 만족한다는 것은 아니다.

때로는 그동안 쌓인 화를 화끈하게 풀어버리는 것이 훨씬 나을 수도 있다. 기회가 오거든 오래 묵은 화를 모두 쏟아버리라. 자신의 영혼이나 정신을 심각하게 해치는 일이 일어나거든 우선 조용하게 문제를 해결하려고 노력하고 그것이 안 되거든 적당한 시간을 골라 마음껏 분노를 발산하라. 자신의 본능적 자아에 신경 쓰는 여성이라면 언제 어떻게 행동해야 할지 직관적으로 알고 즉각 행동할 것이다. 다음 이야기에 나오는 주인공처럼 말이다.

못된 남자와 오아시스 이야기

자신의 급한 성미 때문에 허구한 날 세월을 낭비하다 못해, 가까운 친구들에게도 외면당한 한 남자가 있었다. 어느 날 그는 늙은 현자를 찾아가 어떻게 하면 자기의 못된 성질을 고칠 수 있겠느냐고 물었다. 누더기를 입은 현자는 그 젊은이에게 저 멀리 사막에 있는 바짝 마른 오아시스에 가서 모든 나무가 시들어버린 숲 한가운데 앉아 행인에게 짭짤한 물을 퍼주라고 일렀다.

젊은이는 모래바람을 막아줄 긴 옷을 입고 사막으로 길을 떠났다. 그리고 시든 나무들 아래에 앉아 여러 달 동안 지나가는 이에게 물을 퍼주며 지냈다. 그러자 몇 년 동안 한 번도 화를 내지 않고 살 수 있었다.

그러던 어느 날 한 나그네가 오더니 젊은이가 내민 희끄무레한 물을 보고는 코웃음을 치며 횡하니 가버렸다. 이에 화가 머리끝까지 치솟은 젊은이는 그 나그네를 낙타에서 끌어내리고 바로 살해해 버렸다. 그러고 나선 급속히 밀려드는 후회로 고개를 떨구었다. 그때 또 한 나그네가 쏜살같이 달려오더니 죽은 이의 얼굴을 보고 이렇게 말하는 것이 아닌가.

"이렇게 고마울 수가! 이 자는 임금님을 시해하러 가던 자였답니다."

순간 오아시스의 오염된 물은 맑아졌고, 시들었던 나뭇잎들도 푸르게 되살아났다. 또 꽃들도 예쁘게 피기 시작했다.

적당한 때 화를 발산하는 지혜

이 이야기의 핵심은 살인이 아니라 때가 왔을 때 분노를 발산하라는 것이다. 주인공은 나그네들에게 물을 퍼주기 위해 메마른 사막으로 떠난다. 여성들은 천성적으로 생명력을 나눠주는 것을 즐긴다. 그러나 적당한 때가 오면 의로운 분노를 느끼고 이를 발산해야 한다.

여성들은 늑대처럼 예민한 존재다. 물결에 출렁이는 모래나 바람에 흔들리는 나뭇잎은 물론이고, 자기 영역에 들어오는 다른 존재의 발소리에도 민감하게 반응한다. 또 다른 사람들이 느끼는 아주 미세한 감정의 변화도 금방 알아챈다. 그러나 바로 그런 예민함 때문에 여성들은 자신과 타인 사이에 존재하는 경계를 의식하지 못하고 정신적인 상처를 입곤 한다.

이 이야기의 주인공처럼 여성들도 가슴속에서 치솟아 오르는 분노 때문에 굉장히 까다로워질 때가 있다. 남에게 냉정하게 대함으로써 자신의 아픔을 줄이려 한다든가, 속으로는 상대를 비난하면서도 겉으로는 다정한 말을 속삭일 수도 있다. 이때 여성은 자기에게 의존하는 이들에게 어떤 행동들을 강요하고, 자기에게 복종하지 않으면 미워하겠다는 위협을 가하기도 한다. 반대로 그들을 칭찬하거나 격려해야 할 때는 아무 말도 하지 않는다. 가까운 사람들을 그렇게 취급하는 이들은 분명 자기 심리 안에 있는 '천적'으로부터 같은 취급을 받고 있을 가능성이 높다.

어떤 일이 있어도 모든 걸 참고 견딜 필요는 없다. 우리에겐 때가 되면 분노를 발산할 수 있는 능력이 필요하다. 늑대들은 대개 적과의 정면 대결을 피하지만, 자기 영역을 침범 당하거나 계속 괴롭힘을 당하면 자기 나름의 방식으로 공격을 가한다. 아주 드문 일이긴 하지만 늑대들은 필요할 때 자기의 분노를 마음껏 발산한다. 우리 여성들도 그런 능력을 계발할 필요가 있다.

사실 여성들도 늑대와 마찬가지로 괴롭힘을 당할 때 강하게 분노할 능력을 천부적으로 타고났다. 분노는 여성들이 창조를 위해 시간적·정신적 여유를 지키는 수단에 속한다. 때로는 마음의 평정을 유지하기 위한 수단이며 타고난 권리이고, 때로는 도덕적 의무가 되기도 한다.

이 이야기에 나오는 남자는 얼떨결에 사람을 죽인다. 그러나 곧 "처음 짐작이 맞다."는 깨달음에 이르고 "절대 화를 내지 마라."는 규율에서도 해방된다. 《반달곰》에서와 마찬가지로 이 이야기에서도 주인공은 행위로 인해 깨달음을 얻지 않았다. 깨달음은 환상에서 벗어나 현상 아래 숨어 있는 본질을 이해하는 순간 찾아왔다.

수많은 죽음, 그리고 영혼의 휴식

멕시코나 콜로라도 남부 등지에는 길가에 스페인어로 '데스칸소스(descansos)', 즉 휴식을 뜻하는 작고 흰 십자가들이 서 있다. 이탈리아나 그리스 등 지중해 연안의 나라들에도 위험한 절벽 등지에 같은 십자가가 서 있다. 이 십자가들은 대개 꽃으로 장식되어 있고, 새로 자른 보리나 밀짚으로 뒤덮여 금빛으로 반짝이기도 한다. 작은 막대기로 만들어진 것도 있고 때로는 바위에 그려진 경우도 있다. 이 십자가는 사람이 죽은 자리를 나타낸다. 바로 그 자리에서 누군가의 인생 역정이 끝난 것이다. 교통사고나 일사병, 혹은 싸움 등으로 길가에서 객사한 사람들을 위해 가족들이 그런 십자가를 세워준다.

여성은 스무 살이 되기 전에 수천 번의 죽음을 경험한다. 스무 살이 되기도 전에 인생행로가 바뀌고, 소중히 간직했던 꿈이나 계획이 무산되는 경험을 한다. 이 모두가 휴식을 필요로 하는 죽음들이다. 이런 죽음은 우리의 성장과 의식의 변화에 도움이 되긴 하지만 한편으로는 몹시 서글픈 일임에 틀림 없다.

휴식을 취한다는 것은 곧 인생을 돌아보고 자신이 경험한 크고 작은 죽음을 표시하는 것을 의미한다. 나는 여성들의 삶의 역정을 도표로 그려 자신의 자아가 죽은 시점을 십자가로 표시해보라고 하고 싶다. 뭔가를 포기했거나 믿었던 도끼에 발등을 찍힌 시점에 십자가를 그려 넣고, 의식하지 못했던 일은 '망각'이라 쓰고, 스스로 해방시킨 일은 '용서'라고 쓴다.

휴식의 십자가를 그리는 행위는 《반달곰》의 주인공이 떠도는 원혼들을 위해 기도하고 위로하는 행위와도 비슷하다. 휴식의 십자가는 어딘가를 가려다가 포기한 자신의 인생을 표시하기도 한다. 무엇인가 죽은 시간과 장소를 나타내는 푯대일 뿐 아니라 그 원혼들에게 보내는 사랑의 편지이기도 하다.

분노로 버티기엔 너무 위험하다

분노를 방치하지 말아야 할 때는 언제인가? 분노 때문에 창조적인 일을 하지 못한다면 이는 변화가 필요한 때이다. 누군가의 잔인함이나 성급함, 혹은 거만함이나 무식함 때문에 화가 났다면, 적어도 운명 때문에 힘든 나날을 보냈다면 언젠가는 모든 것을 용서하고 안정과 평정을 되찾아야 한다.

분노를 발산하지 못하는 여성은 대체로 분노를 힘의 원천으로 삼는 경우가 많다. 이는 처음에는 괜찮을지 모르지만 너무 오래되면 에너지가 모두 방전되고 말 것이다. 분노에서 나온 에너지는 정열에서 비롯된 힘과는 전혀 다르다. 어쩌다 도움이 될지는 모르지만 그 상태가 지속되면 심리적으로 지나친 부담이 된다. 분노의 불이 꺼지지 않고 계속 타 들어가면 생각 자체가 연기에 그을려 인지력이나 이해력 또한 감소한다.

이때 필요한 것은 지속적인 용서뿐이다. 우리가 용서를 어렵게 생각하는 것은 그것이 단번에, 그리고 완전히 이루어지는 행위라고 생각하기 때문이다. 용서는 실제 많은 단계로 이루어져 있고, 오랜 시간이 필요한 일이다. 중요한 것은 용서의 과정을 시작하고 계속하는 것이다. 그 과정을 끝마치는 것은 필생의 작업이기 때문이다. 일단 용서의 과정을 시작하면 심리도 평정을 되찾을 것이다.

성격상 남을 쉽게 용서하는 이들도 있지만 용서는 대체로 힘들여 배워야 하는 기술에 속한다. 진정한 치유를 위해서는 진실을 밝히고 말해야 한다. 진실이란 고통이나 아픔뿐 아니라 분노까지 포함한다. 심리의 치유자는 우리의 장단점을 모두 알고 있기 때문에 어떤 말을 해도 전혀 놀라지 않을 뿐더러 진실을 말한다면 끝까지 우리를 도울 것이다.

다음에 소개하는 용서의 네 단계가 도움이 되기를 바란다.

용서, 그 놀라운 치유력

1. 중단 — 상처를 떨쳐버리다
2. 삼가 — 상대를 벌주지 않다
3. 망각 — 받은 상처에 대해 더 이상 생각하지 않는다
4. 완전한 용서 — 빚을 탕감해준다

1. 중단

용서의 첫 단계는 잠시 동안 상처를 준 사람에 대한 생각을 떨쳐버리는 것이다. 잠시 떠나는 휴가가 이와 같을지 모른다. 이 과정은 우리를 괴롭혔던 기억을 필요할 때마다 얼마든지 잊어버리는 것이며 마지막 단계에도 도움이 될 것이다. 이는 포기하는 것이 아니라, 문제에서 잠시 분리됨으로써 융통성과 힘을 되찾는 것이다.

중단은 과거에 하던 글쓰기나 여행 등 자신에게 힘이 되는 일에 전념함으로써 문제에서 잠시 벗어남을 뜻한다. 이는 유익한 시간일 뿐 아니라 상처를 치유하는 데도 매우 효과적이다. 우선은 상처받은 심리에 약을 발라주고, 가해자는 다음 기회에 만나보겠다고 생각하는 것이다.

2. 삼가

용서의 두 번째 단계는 처벌을 삼가는 것이다. 상처를 생각하지 않을

뿐더러 이에 대해 아무런 조치를 하지 않고 단순히 참는 것을 말한다. 이로써 문제가 삶의 다른 부분으로 퍼지지 않으며 다음을 위해 에너지를 비축하는 데도 효과적이다. 물론 모든 것을 잊고 가만히 있으라는 말은 아니다. 잠시 상황을 객관적으로 관찰하라는 뜻이다.

삼간다는 것은 인내심을 갖고 끓어오르는 감정을 억누르고 조절함을 의미한다. 삼가는 행위는 심리를 정화하고 치유하는 데 매우 좋은 약이므로 많이 할수록 좋다. 물론 모든 충동을 억누를 필요는 없다. 단지 미움에 사무친 말을 하지 않는다든지, 원한에 찬 행동을 하지 않는 것이다. 다시 말해, 들끓어 오르는 감정을 자비심으로 억누르는 관대한 행위를 가리킨다.

3. 망각

망각이란 기억을 억누르고, 때로는 놓아주는 것을 의미한다. 모든 것을 완전히 잊으라는 것이 아니라, 의식적으로 아픈 기억을 풀고 마음의 뒷전으로 제쳐놓은 뒤 무대에서 내보내라는 뜻이다. 이는 매우 능동적인 행위로 자꾸만 떠오르는 아픈 기억이나 감정을 스스로 강력하게 억누름을 의미한다. 망각은 또한 의식적인 행위로 기억을 없애는 것이 아니라 그 기억에 연결된 감정을 통제하는 것이다.

4. 완전한 용서

사람이나 사회, 혹은 국가를 용서하는 데는 많은 단계가 있지만 그들을 '완전히' 용서하는 것은 결코 굴복이라 할 수 없다. 그들이 우리에게 진 빚을 의식적으로 탕감해주고, 원한을 풀며, 복수의 생각을 버림을 의미한다. 그들을 언제, 어떤 식으로, 어디까지 용서하느냐를 결정하는 것은 바로 자기 자신이다.

　완전한 용서는 용서의 모든 과정을 마무리하는 정점이다. 상대를 무시하고 냉정하게 대하는 자세를 버리고, 자신의 감정을 숨기고 거짓되게 대하는 태도 역시 버리는 것이 완전한 용서다. 싫어하는 사람에게 차갑게 대하는 것보다는 그들과 보내는 시간을 줄이는 것이 영혼에는 더욱 좋다.

　용서는 창조적인 행위이다. 용서의 방법이나 시기는 얼마든지 자신이 정할 수 있고, 또 자신이 정해야만 한다. 용서의 모든 과정을 완결하면 우리는 어떻게 변할까? 우리를 괴롭힌 상황에 대해 분노보다는 슬픔을 느끼고, 그 일을 저지른 사람에 대해서는 동정심을 느낄 것이다. 왜 그가 그런 일을 해야만 했는지 이해하고, 분노에서 벗어나기 위해 애쓰며, 더 이상 뭔가를 기다리거나 원하지 않는다면 진정한 용서가 이루어진 것이다. 이때 비로소 자신의 삶을 살 수 있을 것이다.

Chapter 13

여자를 비밀로 속박하는 사회?
– 그래도 여걸은 죽지 않는다

비밀의 트라우마가 야성을 속박하다

눈물은 우리를 어딘가로 실어다준다. 눈물은 삶이라는 배를 바위며 마른 땅이며 새롭고 더 나은 곳으로 흘러가게 해주는 강물과도 같다. 우리가 눈물을 흘릴 때 영적인 삶의 배도 더불어 생겨난다. 여성들은 죽을 때까지 가족이나 자신의 비밀을 마음 깊이 묻어두라는 교육을 받고 자란다. 때문에 밖으로 흘려버리지 못한 채 삭힌 눈물이 바다보다도 훨씬 많다.

예부터 여성들은 눈물을 통해 인종과 언어를 초월해 끈끈한 유대관계를 맺어 왔다. 큰 문제가 있을 때 과감히 대처해온 여성들은 상처족의 일원이 될 자격이 있다. 여성은 특히 수치심과 관련된 이야기들을 마음속에 고이 간직하는 습성이 있다. 그런데 그 비밀들을 보석 취급하기는 커녕 영혼에 묻은 시커먼 때만도 못한 존재로 간주하곤 한다.

나는 평생 심리 상담을 하는 동안 여성들이 오랫동안 감추며 살아왔던 비밀 이야기들을 숱하게 들었다. 자신의 의지로든, 누군가의 강요에 의한 것이든 비밀을 간직한 여성들은 자기가 입을 열면 상황이 매우 나빠진다고 생각했다. 자신이 나쁜 사람으로 간주되거나 지금의 지위를 잃게 될까 봐 두려워했고, 중요한 사람과의 관계가 단절될 것을 걱정했다. 심지어는 누군가가 자기를 해칠 거라고 생각하는 여성들도 있었다.

여성들의 비밀은 대체 어떤 것일까? 물론 일부는 아주 뻔뻔한 거짓말이나 악랄한 행위인 경우도 있었지만 그런 경우는 상당히 드물었다. 대부분은 사회, 문화, 종교의 잣대 때문에 생긴 비밀이었다. 또 남자들에게는 괜찮지만 여성에게는 금기시되는 일이 비밀이 되는 경우도 많았다. 그런 비밀은 여성들의 수치심과 관련이 있다. 이를 마음속에만 간직하고 있으면 즐겁고 자유분방한 본능은 멀어진다. 게다가 가능한 한 본능과 관련된 것들과 관계를 끊음으로써 자기 자신을 보호하려 하고 이미 말할 수 없이 커진 고통을 억누르려 애쓸 것이다.

비밀을 간직한 여성에게 방어적인 행위는 아주 일반적으로 드러나는 양상이다. 어떤 책을 읽고 어떤 영화를 볼지, 어떤 일에 참여할지, 혹은 어떤 일에 웃을지 말지를 선택하는 기준은 자기가 간직한 비밀의 트라우마 때문일 가능성이 높다. 이런 의미에서 비밀은 야성의 본능을 속박하는 존재라 하겠다.

비밀의 주제는 대체로 드라마틱하다. 배신, 금지된 사랑, 호기심에 기인한 대담한 행위, 강제된 행위, 짝사랑, 질투와 복수, 금지된 욕망 또는 성관계, 예기치 않은 임신, 학대의 방임 또는 학대 등 주제도 매우 다양하다. 비밀 이야기의 구조는 동화 같이 극적인 패턴을 갖고 있으나, 동화와 다른 점은 그 결말이 영웅적이지 않고 비극적이라는 사실이다. 순진한 주인공이 여행이나 모험을 통해 깨달음에 이르는 구조를 기대하면 낭패다. 비밀 이야기는 고난을 이기고 마침내 성공하는 이야기가 아니라 희망을 잃는 이야기에 가깝다. 비밀 이야기의 주인공들은 자신의 선택이나 인내심에 긍지를 느끼는 대신 치욕과 절망에 빠진다. 대체로 왜곡된 영웅 이야기로 시작해 아무런 성과 없이 끝나는 구조가 여성이 간직한 비밀 이야기의 실체다.

그러나 이런 비극적인 결말은 얼마든지 영웅 이야기로 뒤바꿀 수 있다. 자신의 비밀을 누군가에게 털어놓되 결말을 고쳐 쓰라. 그러면서 자신이 한 역할과 자신의 속성을 재점검해 보라. 물론 고통스러운 과정이 될 테지만 많은 교훈을 얻을 것이다.

여성들은 흔히 성(sex)과 돈, 혹은 폭력 등과 관련되어 자신이 경험한 일이나 자신이 내린 선택을 수치스러워한다. 그리고 그 기억에서 영영 벗어날 수 없다고 느낀다. 그러나 그건 완전히 잘못된 생각이다. 누구에게나 결과를 예측하지 못한 상태에서 잘못된 선택을 한 경험은 있지만 이 지구상에서 끝까지 용서받지 못할 일은 하나도 없다. "아뇨, 그렇지 않아요. 내가 저지른 일은 도저히 용서받을 수 없을 거예요."라고 말하는 사람이 있을지도 모른다. 그러나 인간이 한 일 가운데 끝까지 용서받지 못할 일은 아무것도 없다.

자아는 인간을 처벌하도록 압박하는 존재가 아니라 피조물의 천성을 이해하는 야성의 신이다. 우리가 직관 등 기본적인 본능을 잃었을 때는 올바르게 행동하기가 정말 어렵고, 결과를 예측하기도 힘들어진다. 야성적 영혼은 이런 정황을 고려할 줄 아는 자비로운 존재다. 비밀을 간직한 여성은 마술사의 검은 베일에 싸인 공주처럼 마음속의 비밀을 절대로 발설해선 안 된다고 생각한다. 그리고 엄청난 치욕감과 두려움 속에서 살아간다. 그러나 우리의 비밀 이야기를 들어주고, 그 상처를 치유해줄 사람이 분명 있을 것이다.

비밀을 지키는 심리의 황무지

비밀을 감추고 있는 여성은 자기를 사랑하고 보호해줄 사람들과 차마 가까이 하지 못하고 혼자서 슬픔과 두려움을 짊어지고 산다. 융의 말처럼 비밀은 잠재의식과 분리된 생활을 하게 만든다. 수치스런 비밀을 숨기고 살면 심리에 감정이나 행동에 제대로 반응하지 못하는 황무지가 생긴다. 이 심리의 황무지에는 무수히 많은 문과 자물쇠 등이 비밀을 안전하게 지키는 장치로 가동된다.

여걸은 여성의 마음속에서 갖가지 끈과 사슬로 칭칭 묶인 시커먼 보따리를 금방 찾아낸다. 이 황무지는 너무도 어두운 나머지 빛이나 사랑에 아무런 반응을 보이지 않을 것이다. 그러나 심리는 어떤 식으로든 억눌린 것들을 발산한다. 비밀 자체는 드러내지 못하지만, 갑작스런 우울함과 이해하기 어려운 분노를 드러낼 것이다. 때로는 신경성 질병들로 표출되기도 한다. 대화를 느닷없이 중단해버린다든가, 영화나 텔레비전을 보고 이상하리만치 과하게 반응하는 증상을 보일 수도 있다. 다음의 《금발 여인》도 그런 주제를 담은 이야기이다.

무덤을 뚫고 나온 금발 아가씨

옛날에 황금 실타래처럼 빛나는 긴 머리칼을 지닌 묘하게 아름다운 아가씨가 살고 있었다. 고아인 그녀는 숲속에서 검은 상수리나무 베틀로 베를 짜며 혼자 살았다. 숯장수 아들이 자기와 결혼해 달라고 계속해서 그녀를 괴롭혔다. 계속 괴롭힘을 당하던 어느 날 금발 여인은 그를 달래기 위해 금발 머리를 조금 잘라주었다. 그런데 이 무식한 남자가 시장에 그 금발 머리를 내다 판 것이 아닌가. 사람들은 모두 그에게 손가락질을 하며 비웃었다.

이에 화가 난 남자는 어느 날 밤 아무도 몰래 금발 여인의 오두막에 잠입해 그녀를 살해한 뒤 강가에 묻어버렸다. 아무도 이 사실을 눈치 채지 못한 채 오랜 세월이 흘렀다. 그런데 그녀가 죽은 후에도 아름다운 금발은 계속 자라나 마침내 무덤 위까지 뻗어 나왔고, 무덤에 금빛 갈대가 가득 우거지게 되었다. 목동들은 금빛 갈대를 꺾어 피리를 만들어 불었다. 그러자 피리에서는 이런 노래가 계속 흘러나왔다.

"이 안에는 숯장수의 아들에게 살해당해 암매장된 금발 아가씨가 묻혀 있다네."

결국 숯장수의 아들은 체포되었고 숲속에 사는 이들은 평화를 되찾았다.

여걸은 결코 죽지 않는다

이야기에서 주인공의 금발은 아름다운 여걸을 상징한다. 여걸은 죽고 땅속에 묻힐지라도 영원히 사라지는 법이 없고 계속 자라나 밖으로 뻗어 나온다. 그것이 이 이야기의 교훈이다.

이 짧은 이야기는 비밀의 본질을 드러내준다. 여성의 삶이 짓밟힐 때 어떤 일이 일어나는지 짐작할 수 있다. 이 이야기에서 비밀은 숲속에 혼자 사는 금발 여인의 죽음이다. 금발 여인은 결혼을 거부하는 여성의 심리를 상징한다. 독거를 원하는 여성의 심리는 일면 신비롭고 고독하며, 온갖 것을 계획하고 추진하는 힘이기도 하다.

이런 자족적인 야성성은 비밀 혹은 그 트라우마로 인해 가장 큰 상처를 입는 대상이기도 하다. 여성의 자아가 느끼는 일체감은 행복해지기 위해 그다지 많은 것을 필요로 하지 않는다. 숲속에서 혼자 베를 짜는 여성의 심리는 평화롭기만 하다.

야성적인 심리의 특징은 아무리 심하게 다치고, 심지어는 죽임을 당해도 이를 극복한다는 데 있다. 때가 되면 자기의 사연을 노래할 것이고 그런 뒤에는 진실이 밝혀지고 심리의 상처도 치유될 것이다. 우리의 심리가 죽은 것처럼 보일 때도 생명은 유지되고 있다. 야성은 아무리 어려운 상황에서도 우리의 생각을 지키고, 발전시키고, 때가 되면 밖으로 뻗어 나온다.

심리 상태를 이해하고 치유책을 강구하기 위해서는 이 이야기에 나오는 목동들이 그랬듯이 갈대 줄기에 영혼의 숨결을 불어넣고 노래를 불러야 한다. 물론 치욕스러운 비밀도 있다. 그런 비밀은 깨끗이 털어놓고 자비로운 이들의 평가를 받아야 한다. 치욕스런 비밀을 감추고 있으면 엄청난 자책감과 자학에 빠지기 쉽고, 언젠가 터질지 모를 그 재앙이 끊임없이 자신을 괴롭힌다. 다른 사람이 내버려두어도 그녀의 내면은 끊임없이 자신을 괴롭힐 것이다.

치욕, 두려움, 분노, 죄의식, 굴욕과 연관된 비밀을 감추면 주변의 잠재의식과 격리되기 쉽다. 이는 발목을 수술하려고 마취 주사를 맞으면 발목 주변이 모두 감각을 잃는 것과 같다. 비밀은 오래 두면 심리의 많은 부분을 마비시켜 버린다.

내가 아는 한 여성은 결혼한 지 삼년 만에 남편이 자살했다고 한다. 그녀는 시댁 가족들의 압박 때문에 자신이 앓고 있던 심한 우울증은 물론이고, 개인적인 감정도 감추고 살아야 했다. 그녀는 시댁 식구들이 남편에게 가한 학대 행위를 전혀 모른 척 해왔다. 시댁은 남편의 기일에도 그녀에게 연락하지 않았고 그녀는 불평 한마디 없이 혼자서 그 슬픔을 곱씹으며 살았다.

그 트라우마로 인해 그녀는 결국 모든 기념일을 잊어버렸다. 자신의 생일은 물론이고 주변의 모든 행사를 다 잊고 살았다. 남편의 죽음에 대한 비밀이 그녀의 삶을 통제한 것이다. 그녀는 자신이나 친구들이 축하받을 일들을 외면했고 축하행사를 시간 낭비라고 생각했다. 그녀는 자신의 오랜 슬픔과 치욕스런 비밀 때문에 남들과 자연스러운 관계를 맺을 수 없었고, 이 때문에 힘든 일이 생겨도 도와주는 사람이 아무도 없었다. 우리는 자신이 상처 입은 영역에서 남들에게 상처를 주는 경우가 많다.

치욕스러운 비밀을 털어놓다

본능을 지키고 심리 안에서 자유롭고 싶다면 가까운 이에게 치욕스러운 비밀을 털어놓는 것이 좋다. 필요하다면 몇 번이든 반복하라. 상처는 때로는 한 번의 소독으로 치유되지 않는다. 중요한 것은 치욕스러운 비밀을 정말 깨끗이 털어놓아야 한다는 점이다. 그런 비밀들을 집안 지하실 어두운 구석에 몇 년이고 방치하면 결국 독으로 부패하게 될 뿐이다. 그런 비밀을 간직하고 있는 여성은 주변의 지원과 보호를 받지 못한 채 살아간다.

이런 비밀들을 들춰내서 토의하고 분석하는 것은 말할 수 없이 어려운 일이지만, 최소한 누군가에게 편지로라도 털어놓도록 하라. 믿을 만한 사람이든 심리분석가든 그동안 감춰온 비밀을 털어놓으면 그들은 잘잘못을 가리지 않고, 사랑으로 감싸고 위로할 것이다. 그 비밀이 무엇이든 이를 처리하고 치유하는 일은 평생 끝나지 않는다. 한번 상처가 난 곳은 치료를 해도 나중에 다시 쓰라릴 수 있다. 그것이 진짜 아픔의 특징이다.

전통적인 심리학자들은 슬픔은 한번 처리하면 끝나는 과정이라 생각했다. 또한 슬픔을 치유하는 데는 일 년 정도가 소요되며, 그러지 못하는 이들은 뭔가 문제가 있다고 생각했다. 그러나 우리는 수천 년 동안 내려온 지혜를 통해 아무리 오래 슬퍼해도 끝나지 않는 아픔과 상처가 있다는 사실을 알고 있다. 아이를 사별했거나 입양시킨 여성들의 경우가 그런 예에 속한다.

폴 로젠블랏(Paul C. Rosenblatt) 박사는 여성들의 일기를 토대로 다음과 같은 연구결과를 내놓았다. 즉 주변 사람들의 지원과 위로를 지속적으로 받는 여성은 힘든 일을 겪은 뒤 한두 해가 지나면 극심한 슬픔은 극복한다. 그러나 그 뒤에도 약간의 고통은 오래 지속된다고 한다. 시간이 가면서 차츰 고통이 줄어들긴 하지만, 간혹 처음 그 일을 당했을 때와 비슷한 엄청난 슬픔에 빠진다는 것이다.

비극적인 일을 겪은 뒤 오랫동안 슬픔에 빠져 있는 것은 결코 병적인 일이 아니다. 오히려 비밀을 계속 감추고 있으면 슬픔은 더 오래 지속될 것이다. 비밀은 영혼과 심리의 자연스런 치유를 막고 정신의 황무지에서 빠져나올 수 없게 만든다. 일단 비밀을 털어놓으라. 그러면 더욱 충만한 깨달음과 활력으로 가득 찰 것이다.

여걸은 우리가 슬픔에 빠져 있는 동안 우리를 껴안고 우리의 탄식과 울분에 귀를 기울여준다. 가장 아픈 곳에 약을 발라주고, 위로의 말을 속삭이며, 항상 곁에서 함께 슬퍼해줄 것이다. 여기저기 온갖 상처로 가득하다 할지라도 이 사실만은 기억하라. 상처는 압력을 흡수하는 능력 면에서 피부보다 훨씬 강하다는 사실을.

상처족을 위한 탈출 망토

여성들과 심리 상담을 하면서 나는 가끔 그들에게 전신을 덮는 일명 '탈출 망토'를 만들게 한다. 탈출 망토란 천이나 종이로 만든 옷에 그동안 살면서 겪어온 치욕이나 상처를 그려 넣은 망토를 말한다. 말하자면 살아오면서 희생양이 되었던 경험들을 모두 망라하는 것이다. 어떤 이들은 한두 주일 만에 탈출 망토를 완성하지만 사람에 따라 몇 달이 걸리기도 한다.

이런 작업은 치유에 큰 도움이 되었다. 처음에는 나의 탈출 망토를 만들어보았다. 내가 살아오면서 겪은 여러 가지 고통을 쏟아버리고 새로운 삶을 시작하고 싶었기 때문이다. 그리고 일단 망토를 완성해 복도에 걸어 두니 그 옆을 지나갈 때마다 비참함이 아닌 자신감이 들었다.

상담했던 다른 여성들도 비슷한 이야기를 했다. 한번 망토를 만들고 나면 거기 아무리 비참하고, 괴롭고, 슬픈 내용이 담겨 있어도, 절대 버리고 싶지 않다고 했다. 우리는 가끔 그 망토를 '전투복'이라고도 부른다. 거기에는 우리의 상처와 아픔뿐 아니라 강인함과 승리의 기록까지 모두 담겨 있기 때문이다.

라코타 인디언들은 겨울에 있었던 모든 사건들을 동물 가죽에 새겨 넣는 전통이 있다. 나후아틀 족과 마야 족, 그리고 이집트인들은 부족 간 전쟁과 승리를 문자로 남겨두었다. 마찬가지로 여성들도 자신의 인생을 탈출 망토든 어디든 간에 기록할 필요가 있다. 나는 딸이나 손녀들이 나의 탈출 망토를 보고 어떤 느낌이 들까 상상해 본다. 훗날 그들에게 그 의미를 설명해주는 것도 좋을 것 같다.

누가 그대의 국적이나 인종, 혈통을 묻거든 자랑스럽게 대답하라, "나는 상처족이다."라고.

◆ Chapter 14 ◆

여자들은 왜
위험한 거래에 빠지는가?

인내로 들어가는 지하 밀림의 세계

　이야기가 씨앗이라면 우리는 씨앗이 뿌려지는 토양이다. 이야기를 들으면서 행복을 찾기도 하고, 멸망하는 주인공과 자신을 동일시하기도 한다. 늑대 이야기를 듣고 나서는 한참 동안 여기저기를 어슬렁거리며 늑대가 된 듯한 느낌에 빠지기도 하고, 새끼를 되찾은 비둘기 얘기를 들으면 우리 가슴이 털로 뒤덮이고 마음은 온통 비둘기의 느낌처럼 충만해진다. 아홉 번째 용과 싸워 여의주를 빼앗은 주인공 이야기를 듣고 나면 함께 기진맥진하면서도 만족감에 부푼다. 이야기에 담긴 지혜는 보너스다. 《손 없는 아가씨》도 그런 강력한 느낌을 줄 것이다.
　《손 없는 아가씨》는 주인공이 인내심을 가지고 지하 세계에 있는 숲을 발견한다는 내용이다. 이때 인내심이란 단순히 "그치지 않고 계속하다."는 뜻 외에도 "강하게 하다, 힘을 부여하다"라는 뜻이 있다. 이는 이 이야기를 이끄는 주된 동력이며 한 여성의 심리적 여정을 요약해주는 특징이기도 하다.

우리는 어디에서나 인내를 배울 수 있다. 갓 태어난 새끼 늑대의 발바닥은 진흙처럼 부드럽지만 숲속을 걷고 달리면서 매우 튼튼해진다. 나중에는 뾰족한 자갈길이나 따가운 가시밭, 심지어는 깨진 유리조각이 깔린 길도 안전하게 돌아다닐 수 있게 된다. 어미 늑대는 얼음같이 차가운 물속에 새끼를 던지기도 하고, 쓰러질 때까지 달리기를 시키기도 한다.

인내는 위대한 야성의 어머니나 여걸 원형의 특징이기도 하다. 인내는 우리를 강하고 튼튼하게 만든다. 그리고 그 단련의 무대는 지하의 밀림 세계. 여성에게 깨달음이 일어나는 그 야성의 세계로 들어가면 일상생활에서는 얻기 어려운 새로운 시각이 생길 것이다.

이 이야기의 주인공은 여러 번의 하강을 거치는데, 한 번 하강할 때마다 상실과 희생과 깨달음의 과정을 지난다. 왕과 왕의 어머니도 비슷한 경험을 한다. 하강과 상실, 그리고 깨달음은 여성이 살아가는 동안 경험하는 야성의 재생을 상징한다.

손 없는 아가씨의 파란만장한 모험

옛날에 한 남자가 살았는데 그는 어느 날, 마을의 모든 곡물을 갈기에 충분한 커다란 맷돌을 손에 넣었다. 그러나 곧 사업이 힘들어지면서 모든 것을 날리게 되었다. 그에게 남은 것은 헛간에 있는 육중한 맷돌과, 방앗간 뒤뜰에 있는 꽃이 만발한 커다란 사과나무뿐이었다.

어느 날 그는 은도끼를 들고 땔감 나무를 하러 숲에 올랐다. 그때 나무 뒤에서 이상한 노인이 걸어오더니 "고생해서 나무를 할 필요가 없네. 자네 방앗간 뒤에 있는 물건을 나한테 주면 부자가 되게 해주겠네."라고 말했다.

방앗간 주인은, '방앗간 뒤에는 사과나무뿐인데'라고 생각하며 선뜻 그러겠다고 말했다. 그러자 노인은, "그럼 삼 년 후에 와서 내 물건을 찾아가겠네."라고 하더니 껄껄 웃으며 나뭇가지 사이로 사라졌다. 방앗간 주인은 머리카락을 바람에 휘날리며 쌩하니 집으로 달려가다가 그에게 달려오는 아내와 마주쳤다.

"여보, 갑자기 벽에 새 시계가 생기고, 헌 의자 대신 새 의자가 나타나고, 찬장에도 먹을 것이 넘치고, 장롱과 상자에도 물건이 가득 찼어요. 이게 도대체 어떻게 된 일이죠?"

이 말을 하는 순간 아내의 손가락에는 금반지가 껴지고 머리에도 금 장식이 꽂혔다. 그가 "아!"하고 탄성을 지르는 순간 그의 바지가 비단옷으로 바뀌고, 닳을 대로 닳은 그의 신발도 새 신으로 변했다. 그는 숨을 몰아쉬며 방금 숲에서 일어난 일을 아내에게 찬찬히 들려주었다. 그리고 "사과나무야 다음에 한 그루 더 심으면 되지 뭐."라고 말했다.

"앗, 여보!" 아내가 사색이 되어 소리쳤다. "그 검은 옷을 입은 노인은 악마예요. 방앗간 뒤에 사과나무가 있는 것은 사실이지만 지금 우리 딸이 거기서 버드나무 빗자루로 마당을 쓸고 있단 말이에요." 방앗간 부부는 새 옷을 눈물로 적시며 허둥지둥 집으로 돌아왔다.

부부의 딸은 삼 년 동안 결혼을 하지 않은 채 기다렸다. 그녀의 성품은 봄의 사과처럼 부드러웠다. 드디어 악마가 그녀를 데리러 왔다. 그녀는 깨끗하게 목욕재계한 후 하얀 드레스를 입고 바닥에 하얀 원을 그린 뒤 그 안에 서 있었다. 악마가 손을 내밀어 그녀의 팔을 잡으려 하자, 순간 보이지 않는 힘이 그를 땅바닥에 쓰러뜨렸다.

악마는 "앞으로 절대 목욕을 해선 안 된다. 그렇지 않으면 네 가까이 갈 수가 없어!"라며 고함을 질렀다. 부부와 딸은 공포에 사로잡혔다. 몇 주가 지나는 동안 딸은 손에 물을 전혀 대지 않았다. 머리카락이 덕지덕지 엉겨 붙었고, 손톱 밑에도 때가 새까맣게 끼었다. 피부는 까매졌고 옷도 때에 절어 검고 딱딱해졌다.

그렇게 점점 짐승 몰골을 하게 된 그녀 앞에 어느 날 악마가 다시 나타났다. 그런데 악마를 본 그녀는 하염없이 눈물을 흘렸다. 그녀의 눈물이 손가락과 팔을 타고 내려오더니 더러웠던 손과 팔이 금세 눈처럼 희고 깨끗해졌다. 화가 난 악마는, "저 아이의 손을 잘라내지 않으면 나는 가까이 가지 못해!"라고 소리쳤다. 아버지는 기가 막힌 표정으로, "우리 아이의 손을 자르라고요?"라고 되물었다. 악마는 "그렇지 않으면 너와 아내는 물론이고 여기 있는 모든 것은 내가 다 죽여 버릴 테다!"라고 소리쳤다.

겁에 질린 아버지는 딸에게 용서를 빌며 은도끼를 갈았다. 딸은 "저는 아버지의 자식이니 아버지 뜻대로 하세요."라고 대답했다. 아버지는 딸만큼이나, 아니 딸보다 더 슬프게 눈물을 흘리며 딸의 손을 잘랐다. 악마가 다시 그녀에게 다가가 팔을 잡으려는 순간 그녀가 흘린 눈물이 잘린 팔을 적셔 다시 새하얗게 변했다. 악마는 다시 땅바닥에 고

꾸라졌다. 그러고는 무서운 저주를 퍼부으며 영원히 사라졌다. 소녀에 대한 악마의 권리를 모두 잃었기 때문이다.

그녀의 부모는 백세가 되었다. 그러나 진정한 숲속 사람들답게 최선을 다해 살았다. 늙은 아버지는 딸에게 아름답고 화려한 성을 지어주겠다고 했으나, 딸은 거지가 되어 남들의 도움을 받으며 사는 편이 훨씬 마음 편하다며 깨끗한 천으로 잘린 팔을 감은 뒤 다음날 새벽, 길을 떠났다.

그녀는 걷고 또 걸었다. 한낮이 되자 그녀의 얼굴은 땀자국 때문에 더러운 얼룩이 생겼고, 머리카락은 바람에 날려 황새 둥지같이 되었다. 그녀는 자정 무렵 왕의 과수원에 도착했는데 거기엔 달빛에 반짝이는 과일들이 주렁주렁 열려 있었다. 그러나 과수원은 연못에 둘러싸여 있어서 들어갈 수가 없었다. 배가 고파 죽을 지경이던 그녀는 바닥에 무릎을 꿇고 주저앉았다. 그런데 그 순간 흰옷을 입은 정령이 나타나 수문을 열어 연못의 물을 빼주었다.

소녀는 배가 탐스럽게 달린 나무들 사이를 거닐며 누군가가 이 열매들의 수를 헤아려 놓았을 것이고, 지금 이 순간도 지켜보고 있다는 생각이 들었다. 그런데 그때 나무 한 그루가 마치 자신의 열매를 따먹으라는 듯 끼익 하고 그녀 앞에 가지를 늘어뜨렸다. 그녀는 환한 달빛 속에 서서 금빛으로 빛나는 배를 따먹었다. 팔에는 붕대를 감고, 머리카락은 엉키고, 때에 찌든 모습이었다.

정원사는 이 광경을 지켜보았지만 그녀를 수호하는 정령의 힘을 느꼈기 때문에 모르는 척하고 있었다. 아가씨는 배를 하나 먹은 다음 연못을 다시 건너가 숲속에서 잠이 들었다. 다음날 아침 과수원을 찾은 왕은 배가 하나 없어진 것을 발견하고 정원사에게 진상을 물었다. 정원사는 "어젯밤 달이 휘영청 밝을 때 두 정령이 연못의 물을 빼고 과수원에 들어왔습니다. 그중 손이 없는 정령을 향하여 배나무가 마치 '저를 따십시오'라고 말하는 듯 가지를 늘어뜨려 주어서 그 정령이 따 먹었습니다."라고 자신이 본 대로 이야기했다.

그날 밤 왕은 정령들과 대화가 가능한 마술사와 정원사를 대동하고 과수원에 나와 나무 밑에 앉아 망을 보았다. 자정이 되자 한 아가씨가 하얀 정령과 함께 숲에서 나왔다. 누더기 차림을 한 그녀의 얼굴은 때로 절었고 머리는 산발에 손이 잘린 모습이었다. 그녀는 전날 밤처럼 연못의 물을 빼고 과수원에 들어와 스스로 가지를 내린 나무에서 배를 하나 따먹었다.

마술사가 조심스럽게 그녀 옆으로 다가갔다. "그대는 귀신인가 사람인가?" 아가씨는 "저도 한때는 세상 사람이었지만 이제 이곳 사람이 아닙니다."라고 대답했다. 왕이 마술사에게 그녀가 사람인지 귀신인지 묻자, 그는 둘 다라고 대답했다. 왕은 두근거리는 가슴을 누르며 그녀 앞으로 나아가 말했다. "이제부터 내가 그대를 아끼고 보살피겠소." 왕은 그녀를 성으로 데려가 은으로 두 손을 만들어준 뒤 왕비로 삼았다.

그러던 어느 날 왕은 전쟁 때문에 먼 길을 떠나게 되었다. 그는 어머니에게 사랑하는 왕비를 부탁하면서, "이 사람이 아이를 낳으면 바로 저에게 알려주십시오."라고 당부했다. 얼마 뒤 왕비는 건강한 아이를 낳았고, 왕의 어머니는 사자를 보내 왕에게 그 소식을 전하라고 했다.

왕에게 가던 사자는 도중에 피로가 밀려와 강가에서 잠시 잠을 청했다. 그런데 잠을 자는 동안 나무 뒤에 숨어 있던 악마의 사주를 받아 왕에게 엉뚱한 소식을 전하게 된다. 왕비가 반은 사람이고 반은 개인 아들을 낳았다고 말이다. 왕은 큰 충격을 받았지만 그래도 어려운 때일수록 왕비를 잘 돌보고 아끼라는 명령을 내렸다. 그런데 이 명령을 전하러 가던 소년이 갑자기 식곤증으로 잠이 쏟아져 강가에서 잠시 잠이 들었다. 그 사이 다시 악마가 나타나 왕비와 아이를 죽이라는 명령을 전하게 만들었다.

왕의 노모는 이 소식을 듣고 깜짝 놀라 다시 사신을 보냈다. 결국 왕과 어머니는 서로 잇따라 여러 사신을 보냈고, 이 사신들은 모두 강가에서 잠이 든 사이 악마의 사주를 받았다. 마침내 왕의 어머니는, "왕비를 죽이고 그 증거로 혀와 눈을 보관하라."는 소식을 듣게 된다.

왕의 어머니는 차마 착한 왕비를 죽일 수 없어 사슴을 대신 죽인 뒤 그 혀와 눈을 보관했다. 그러고는 왕비에게 아이를 데리고 멀리 달아나라고 말했다. 왕비는 어머니에게 작별을 고하고 슬피 울며 길을 나섰다. 길을 떠난 왕비는 크고 깊은 숲에서 온종일 길을 헤매었다. 그런데 저녁이 되자 예전에 연못의 물을 빼주고 과수원에 들어갈 수 있도록 해준 정령이 나타나서는, 순박한 산사람들이 운영하는 허름한 객사로 그녀를 안내했다. 그녀가 당도하자 흰옷을 입은 처녀가 왕비를 알아보고는 아이를 받아 자리에 눕혔다.

"내가 누군지 어떻게 알지?" 왕비가 물었다. 처녀는 "왕비마마, 저희 산사람들은 이런 일을 잘 알고 있습니다. 편히 쉬십시오."라고 말했다. 왕비는 그곳에서 7년 동안 행복하게 지냈다. 그 사이 그녀의 손은 다시 자라났다. 처음에는 진주처럼 발그레한 아기 손이었다가, 다음에는 소녀의 손이 되었고, 마침내는 여인의 손으로 변했다.

전쟁에서 돌아온 왕은 어머니로부터 왕비의 이야기를 들었다. 왕의 어머니는 울면서 왜 왕비와 아이를 죽이라고 했는지 물으면서 눈과 혀를 보여주었다. 어머니로부터 자초지종을 들은 왕은 식음을 전폐하고 잃어버린 아내와 아이를 찾기 위해 7년 동안 온 사방을 헤맸다. 그러는 동안 왕은 행색이 초라해졌다. 수염은 이끼처럼 텁수룩하게 자랐고, 눈도 벌겋게 충혈되었다. 그러나 전보다 더욱 강력한 힘이 그를 지탱해주었다.

어느 날 왕은 왕비가 머물고 있는 객사에 이르렀다. 흰옷을 입은 처녀가 지친 왕을 맞아 자리에 눕혔다. 그러고는 흰 베일을 덮어주었다. 그런데 곤하게 잠든 왕의 숨결 때문에 얼굴을 덮고 있던 베일이 미끄러져 내렸다. 그가 잠에서 깨어보니 한 사랑스러운 여인과 아름다운 아이가 그를 지켜보고 있었다.

여인은 "저는 당신의 아내이고 이 아이는 당신의 아이예요."라고 말했다. 그런데 여인에겐 두 손이 달려 있었다. 그녀는 "그동안 고생하고 노력한 덕분에 손이 다시 자라났어요."라고 말했다. 곧이어 흰옷을 입은 처녀가 그동안 잘 보관해 두었던 은손을 내어왔다. 왕은 자리에서 일어나 왕비와 아이를 얼싸안았다. 그날 밤 숲은 기쁨으로 가득 찼다.

왕은 정령들과 동네 사람들에게 큰 잔치를 베풀어준 뒤 왕비와 아이를 데리고 어머니에게 돌아가 다시 결혼식을 올렸다. 그 후 왕과 왕비는 아들딸을 많이 낳고 행복하게 살았다.

엉겁결에 무시무시한 거래가 성사되다

처음 방앗간 주인은 부자가 되고 싶은 욕심에 악마에게 사과나무를 팔겠다고 약속한다. 그러나 이때 팔린 것은 사과나무가 아니라 바로 그의 딸이었다. 우리는 여성들이 실수로 어떤 계약들을 맺는지 생각해볼 필요가 있다. 가장 무서운 계약은 피상적인 대가와 깊은 지혜의 삶을 바꾸는 것이다. 실상은 아무것도 아닌 것을 얻기 위해 이빨과 손톱, 혹은 감각을 버리는 것과 마찬가지다.

아름답고 순진한 방앗간 딸은 아무것도 모른 채 뒷마당만 쓸고 있었다. 아직 변화할 준비가 되어 있지 않은 그녀는 본의 아니게 아주 무서운 배신의 제물이 된다. 아버지는 그녀를 인도하는 입장이지만 세상이나 심리에 대해 무지한 상태였다. 심리의 아버지적인 측면이 이처럼 영혼에 대해 무지한 경우 여성은 무서운 실수를 저지르기 쉽다. 사물의 겉모습과 참모습이 다른 경우가 많다는 사실을 전혀 모르는 것이다.

지하 세계의 숲에서 순진함을 잃은 여성은 특별한 존재로 간주된다. 이는 그녀가 상처를 입었기 때문이기도 하지만, 다른 한편으로는 진실을 발견하기 위해 자신의 의식에 치열하게 천착하면서 자기 보호 장치를 제거한 때문이기도 하다. 여기서 순진함의 상실은 성인이 되기 위한 의식에 다름 아니다.

이 이야기에서 방앗간은 심리를 상징한다. 심리는 방앗간처럼 여러 가지 생각과 개념을 갈고 다듬어 우리에게 유익한 양식으로 변화시킨다. 개념과 감정 및 의식이라는 재료를 잘 섞어 창조적인 일을 하는 원동력으로 만들어내는 것이다. 그런데 방앗간 주인은 방아를 찧지 않았다. 심리의 방앗간 주인이 일손을 놓은 것이다. 세상과 지하 세계에서 불어오는 온갖 깨달음의 씨앗들을 방치한 이런 상태로는 필요한 양분을 제대로 얻지 못한다.

누구에게나 그런 동면기가 있다. 자식을 기르거나 재능 있는 어린이들을 지도해본 경험에 비추어 볼 때 대개 열한 살 무렵의 아이들에게 그런 일이 일어나는 것 같다. 이때 아이들은 끊임없이 자신을 남과 비교하고, 항상 바쁘면서도 멋져 보이려고 권태에 빠진 척한다. 자신의 내면에서 일어나는 일을 제대로 의식하지 못하고, 점차 자신이 지닌 예지력을 잃어간다.

우리가 피상적인 유혹에 빠져드는 것도 바로 그런 때다. 판단력, 직관 등 야성적인 능력들을 잃어버리면 겉으로는 아무렇지 않아도 머지않아 슬픔과 고난의 씨앗이 될 것이다. 돈 많은 남자와 결혼하기 위해 자신의 재능을 저버린다든가, 좋은 딸이나 애인이 되기 위해 평생 꿈꿔온 일을 포기하는 경우가 그렇다. 좀 더 안락하고 말끔한 생활을 위해 진정한 소명을 버리는 것이다.

이런 여성은 본능을 잃을 뿐 아니라, 깨달음이 아닌 암흑 속에 떨어져 사물의 본질을 꿰뚫어보는 능력을 상실한다. 설령 악마가 찾아와도 마치 몽유병 환자처럼 문을 열고 그를 맞아들일 것이다. 악마는 심리의 어두운 면, 즉 천적을 상징한다. 천성적으로 빛을 갈망하며 빛을 지닌 것이면 무엇이든지 빨아들인다.

이 이야기에 악마가 나타난 것은 소녀의 아름다운 빛 때문이다. 소녀가 지닌 빛은 예사 빛이 아니다. 마치 몽유병에 걸린 처녀의 영혼인 듯 그 빛은 악마에게 더욱더 매혹적으로 다가온다. 창조적인 생활을 하고, 야성적인 영혼을 소유했으며, 얼굴과 몸매가 모두 아름다울 뿐 아니라, 총명하고 너그럽기까지 한 소녀는 자신이 그런 빛을 소유함을 전혀 의식하지 못한다. 그래서 악마의 유혹을 받기가 더 쉬운 것이다.

내가 상담했던 한 고객은 마흔이 넘도록 남편과 아이들은 물론 부모나 주변 사람들에게 줄곧 이용만 당해 왔다. 그녀는 매우 상냥했다. 감미로운 목소리를 소유했고 몸가짐도 매우 사랑스러웠다. 그녀가 발산하는 아름다운 빛 때문에 사람들은 넋을 잃고 벌떼같이 그녀의 불 앞에 몰려들었지만 정작 본인은 그 온기를 느낄 기회가 없었다.

그 부인도 무서운 계약을 맺고 있었다. 즉 계속 사랑받고자 하는 자신의 욕구를 충족시키는 대신 누가 어떤 부탁을 하든 모두 들어주겠다고 약속한 것이다. 심리 안에 있던 천적이 그녀에게 판단력을 버리면 언제나 사랑받게 해주겠노라 거짓된 약속을 했다.

이 이야기에서 꽃이 만발한 사과나무는 여성의 아름다운 측면을 상징한다. 야성적인 어머니의 세계에 뿌리박고 있어서 아래로부터 양분을 공급받는 이 나무는 잎이 져도 씨가 남아 있고, 겉으로 보기에는 약해도 뿌리에서 올라온 양분과 수분으로 기운을 되찾는다. 먹이 사슬의 바탕이 되는 나무는 세계 어디서나 깨달음의 상징이다. 여성도 나무처럼 여러 단계의 성장과 변화의 주기를 갖고 있다.

"봄에는 젊지만 쓰고, 가을에는 달지만 얼음같이 차갑다."는 말이 있다. 사과나무도 그런 양면성이 있다. 늦봄에는 열매가 동글동글 예쁘고 아침 햇살에 씻긴 듯 탐스럽지만, 먹어 보면 맛은 지독하다. 그러나 가을이 되면 사탕처럼 감미로운 즙으로 넘친다. 사과나무와 소녀는 둘 다 여성의 자아를 상징한다. 사과는 또한 그 자아의 육성과 성숙을 의미한다. 스스로가 자신의 영혼에 대해 잘 모르면 영혼의 양분을 얻을 수 없다. 성숙하기 위해서는 우선 땅에 뿌리를 내리고 여러 해를 자라야 한다.

사과나무와 소녀는 주기적으로 우리에게 찾아오는 개화의 에너지를 상징한다. 이런 에너지가 없는 여성은 희망을 상실할 뿐 아니라, 정신적·감정적으로 교착 상태에 빠진다. 소녀의 아버지는 그 귀중한 사과나무를 팔아넘기면서, "또 하나 심으면 되지 뭐."라고 대수롭지 않게 말한다. 그의 심리가 여성의 싱싱한 본능을 극도로 과소평가한 것이다. 자신의 창조자이자 여신적인 측면을 알아채지 못한 사람은 야성적인 어머니의 사자라는 자신의 소임마저 저버린다. 하지만 끈질긴 깨달음의 과정이 시작되는 것은 바로 이런 실수 덕분이다.

방앗간 일이 없는 주인은 나무를 한다. 엄청난 에너지를 기울여 나무를 자르고 나른다. 이는 심리가 자기 일을 처리하고, 생각을 발달시키고, 꿈을 실현하고, 마음먹은 일을 실천에 옮길 에너지를 갖고 있음을 의미한다. 그러나 가엾은 자아는 언제나 손쉬운 길을 택한다. 힘들게 나무를 하지 말고 심오한 여성적 본능의 빛을 팔라고 유혹하는 악마에게 금방 넘어가 버린다. 우리는 세상에 공짜는 없다는 걸 잘 알지만, 자기만은 예외이기를 바라면서 어리석은 계약을 맺는다. 그리고 인간이면 누구나 이런 손쉬운 이익을 바란다. 무수히 많은 여성이 나무를 베는 대신 안락한 생활을 하려다가 손을 잃고 마는 것이다.

손이 잘린 채 지하 세계로 떠나다

악마는 계약을 맺은 지 삼 년 만에 소녀를 잡으러 온다. 이 삼 년은 천적에게 희생당한 여성이 이를 깨닫지 못하고 사는 세월을 가리킨다. 또 앞으로 자기에게 일어날 일을 두려워하는 기간을 말해주는 것이기도 하다.

이윽고 삼 년이 지나자 소녀는 목욕을 하고 흰옷을 입은 채 그를 기다린다. 그러나 그녀의 눈물이 악마의 힘을 약화시켰고, 화가 난 악마는 씻지 말라고 호통을 친다. 그런데 이 엄명은 악마가 생각한 것과 정반대의 효과를 낸다. 너무도 더러워진 소녀가 야성적 본능을 회복하는 계기가 된 것이다.

악마는 야성에 가까이 다가오지 못한다. 소녀는 짐승 같은 형상으로 파괴적인 힘을 물리친다. 소녀의 야성과 눈물은 자신을 파괴해 에너지를 뺏으려는 힘의 접근을 막는다. 악마는 소녀의 아버지에게 딸의 손을 자르라고 명하며 자기 말대로 하지 않으면 다 죽이겠다고 위협한다. 심리 전체를 죽여 버리겠다는 위협이다. 손을 자른다는 것은 누군가를 붙잡고 지탱하며 도울 능력을 잃게 만드는 것이다.

심리에서 미숙한 아버지 측면은 천적에 대항하지 못하고 소녀의 손을 자르기로 한다. 소녀는 이에 복종하고 피를 흘린다. 고대 종교에서 지하 세계로의 하강을 의미하는 행위도 이와 같다. 고대시대부터 나무를 더 튼튼히 자라게 하기 위해 어린 가지를 자르는 풍습이 내려오고 있다. 나무는 또 많은 문화에서 신성한 존재로 간주되었다. 시들거나 죽었다가도 다시 살아나는 신비로운 능력이 있다. 나무는 불의 원천이고 요람의 재료가 되며 집을 엮는 데 필요한 나뭇가지를 제공한다. 또한 아플 때는 약의 원료를 제공하고, 적으로부터 안식처를 제공하기도 한다.

이 소녀가 지하 세계에 이르기 위해서는 손을 잃어야 한다. 지하 세계는 사람이 살 수 없는 곳이지만, 많은 것이 여기에서 분해되어 다른 곳에서 재활용된다. 몸의 일부를 절단당한 소녀는 늙거나 병들지는 않았지만 종전의 생활을 계속할 수 없었다. 소녀의 아버지는 딸의 손을 자름으로써 이런 하강과 분해의 과정을 촉진시킨다. 이 과정에 놓인 여성은 자신이 여태 소중히 여기던 것, 가치관과 믿음 등을 잃어버린다.

소녀가 손을 잃은 뒤 심리는 전보다 더 중요해진다. 순진한 아버지 측면도 오래지 않아 죽는다. 손을 잘리고 더욱 지혜로워진 여성은 이제 아버지의 도움 없이도 스스로 앞길을 헤쳐 나갈 수 있게 된다. 우리도 마찬가지로 지하 세계로 하강하는 동안 심리의 두 손을 잃는다.

여성에게 손은 특히 중요하다. 여성의 손바닥은 마치 감지기 같아서 누군가를 껴안고 토닥거리거나, 어깨를 살짝 건드리기만 해도 상대방의 인품을 대충 짐작한다. 손에는 일종의 레이더가 들어 있는 셈이다. 손은 수신기뿐 아니라 송신기의 역할도 한다. 상대방과 악수를 할 때 그 힘과 손가락의 느낌, 혹은 온도를 통해 자신의 감정을 전달한다. 악한 사람은 악수를 할 때 마치 심리에 구멍을 낼 듯 강렬한 느낌을 준다. 반면에 악수를 통해 상대를 위로하고 아픔을 치유해주는 사람도 있다.

심리의 천적은 손이 지닌 이런 신비로운 능력을 잘 알고 있다. 세계 어느 곳이든 병적으로 잔인한 이들은 사람을 유괴해 손을 자른다. 인간의 감정과 인지력을 없애겠다는 뜻이다. 악마의 본심도 이와 같다. 이 이야기에 나오는 악마는 살인자보다 더 잔인하다. 심리의 손을 잘린 여성은 자기 위안이나 자기 치유의 수단을 상실한 것이다. 심리의 손을 자른 악마의 존재 이유를 이해할 사람은 없다. 이런 자에게 맞서는 가장 강력하고도 간단한 수단이 바로 눈물이다.

소녀가 울자 눈물이 그녀를 악마로부터 보호해준다. 악마가 그녀를 잡아가지 못한 것은 소녀의 우는 모습을 보고 마음이 약해져서가 아니다. 눈물에 깃들어 있는 순수한 힘이 악마를 압도했기 때문이다. 소녀는 울어야 한다. 요즘 여성들은 눈물이 메말랐을 뿐 아니라 운다는 사실조차 부끄럽게 여기는 경우가 많다. 여성들은 꽃피는 나무처럼, 언제나 습기를 지닌 존재가 되어야 한다.

심리의 요체가 두 손을 잃었을 때는 나머지 부분들이 이를 보상해준다. 두 발로 갈 길을 찾고, 영혼과 정신으로 앞을 내다본다. 손이 없는 보보 여신처럼 가슴과 배로 앞을 향해 나아가기도 한다.

방랑 끝에 과수원을 만나다

소녀의 아버지는 딸에게 평생 안락한 생활을 보장해주고 싶어 하지만 소녀는 이를 거절한다. 모든 것을 운명에 맡기고 과거의 삶을 벗어나 자기만의 길을 떠난다.

짐승같이 지저분한 몰골로 방랑하던 소녀는 어느 날 밤 정령의 도움으로 과수원을 둘러싼 연못을 건너게 된다. 그리고 정원사가 지켜보는 것도 모르고 왕의 과수원에서 배를 따먹는다.

깨달음이란 무지를 벗어나 고통과 인내 등 어떤 대가를 치러서라도 심리의 더 깊은 차원을 찾아가려는 우리의 욕망을 말한다. 소녀의 부모는 딸을 무지 속에 가둬두려고 했지만 악마를 물리친 소녀는 이를 거절한다. 무지 속에 갇힌 채 손이 없는 비참한 꼴로 평생 남의 보호를 받는 무의미한 삶을 거부한 것이다. 그녀는 상처를 깨끗이 싸매고 심리의 더 깊은 곳에 이르는 돌계단을 내려간다. 상처를 싸맨 붕대의 흰색은 저승을 나타냄과 동시에 연금술에서는 영혼이 지하 세계로부터 부활함을 알리는 색이다. 즉 흰색은 하강과 복귀의 주기를 예고한다.

사춘기에서 성인, 기혼자에서 독신, 중년에서 노년으로 새 길을 떠나는 이들은 죽음과 부활의 과정을 경험한다. 누군가와 관계를 청산한다든지, 부모님 곁을 떠난다든지, 해묵은 가치 체계를 버린다든지, 독립을 주장하는 것은 모두 지하 세계로의 하강을 의미한다. 게다가 이때는 손이 없는 상태다. 매달려 의지할 것이 없는 것이다. 이제 소녀에겐 바람과 길이 부모를 대신할 것이다.

그녀는 이제 행색이 초라해졌을 뿐 아니라 너무나 배가 고파 과수원 앞에서 무릎을 꿇는다. 그곳이 마치 제단인 듯 말이다. 사실 이 과수원은 지하의 신들을 위한 제단을 의미한다. 심리의 원초적인 측면으로 하강하면 전에 우리의 허기를 채워주던 속세의 것들은 맛을 상실한다. 우리가 소중히 여기던 갖가지 목표나 업적이 그 가치를 잃는 것이다. 이제는 아무리 둘러보아도 입맛에 맞는 음식을 찾을 수 없다.

이런 큰 어려움에 처할 때마다 금방 누군가가 나타난다는 건 정말 기적적인 일이다. 굶주린 소녀 앞에 영혼의 사신인 하얀 정령이 나타나 연못의 물을 비워주고 과수원으로 들어갈 수 있도록 이끌어준다. 단테가 《신곡》에서 비르길리우스의 인도를 받고 천국에 도달했듯이 손 없는 아가씨는 흰옷을 입은 정령의 인도로 과수원에 들어간다. 깨달음에 이르지 못한 어머니와 허영심 많은 아버지의 집을 떠나자 야성의 영혼이 그녀를 인도해준 것이다.

심리적으로 볼 때 지하 세계는 우리의 잠재의식과 비슷해서 원형, 유혹, 위험, 보물, 고문, 시험 등 기이하고 매혹적인 것들이 가득 차 있다. 그곳을 무사히 여행하기 위해서는 영적 기반이 탄탄하거나 혹은 강력한 지도자의 안내를 받아야 한다. 자칫 유혹과 덫에 빠져 자아를 상실할지도 모르기 때문이다.

소녀는 페르세포네나 삶/죽음/삶의 여신처럼 마술적인 과수원과 왕이 기다리는 영역에 도달한다. 그리스 신화에 보면 지하 세계로 들어가는 문 위에는 두 그루의 나무가 엉켜 자란다. 생전에 좋은 일을 했거나 위대한 업적을 이룬 영웅들이 사후에 가는 극락세계인 엘리시움 역시 과수원이라고 한다. 엘리시움은 늘 해가 떠 있고, 원하는 이는 항상 이곳으로 돌아올 수 있는 세계로 이승의 그림자로 묘사된다. 모든 것이 단지 손익의 관점에서 평가되는 이승과 달리 저승 또는 지하 세계는 신비로운 깨달음과 강한 정신력에서 오는 자기 발전의 관점으로 평가된다.

이 이야기에서 중심이 되는 것은 나무이다. 특히 침엽수나 활엽수와 달리 과실수는 자양분이 가득하다. 과실수는 과육뿐 아니라 많은 수분을 함유한다. 성장과 지속의 바탕인 물은 뿌리를 통해 들어와 모세관 현상을 통해 무수한 망상 조직을 타고 위로 올라 탐스러운 열매를 맺는다. 그래서인지 과실은 영혼이 있다고 간주된다. 과실은 물, 공기, 흙, 양분, 씨가 응집된 생명력을 상징한다. 뿐만 아니라 그 맛은 매우 달콤하다.

이 이야기에서 가장 감동적인 부분은 잠재의식이 어려운 상황에 처하면 자연이 영혼을 돌봐준다는 것이다. 사람들은 종종 알 수 없는 곳에서 흘러온 물이 마음의 메마른 땅을 촉촉이 적셨다는 이야기를 한다. 이 물은 우리의 고통을 해소해주진 못하지만 어둠을 헤치고 나갈 힘을 준다. 성경에서 광야에 내리는 만나, 바위에서 흘러나온 물처럼 허기를 달래고 앞으로 나아갈 용기를 준다. 앞으로 나아가야 지혜에 이를 수 있는 것이다.

이 이야기는 아주 오래된 약속에 대한 기억을 상기시켜주기도 하는데, 그것은 지하 세계에서는 아무리 어둡고 갈 길이 불확실해도 유익한 양분을 얻을 수 있다는 약속이다. 어찌할 바를 모르고 헤맬 때도 '누군가' 그리고 '무언가가' 우리 옆에 서서 길을 인도해준다. 소녀는 배의 과육을 통해 '야성적인 어머니'의 몸을 섭취한 것이다.

지하 세계에서 사랑을 얻다

왕은 과수원의 배가 하나 없어진 것을 발견한다. 정원사는 전날 밤에 일어난 일을 왕에게 사실대로 고한다. 그날 밤 마술사와 정원사를 대동한 왕은 초라한 몰골의 소녀를 발견한다. "전에는 이 세상 사람이었으나 이제는 아닙니다."라는 소녀의 대답을 듣고 왕은 그녀에게 사랑과 충절을 약속한다. 그러고는 그녀에게 은으로 된 손을 만들어주고 그녀와 결혼한다.

왕은 지하 세계를 여행하는 잠재의식을 지키는 존재이며 그의 과수원은 온갖 나무로 가득 차 있다 그러나 소녀처럼 왕 역시 하강을 경험한다. 어떻게 보면 왕은 소녀의 뒤를 따르고 있다. 왕과 정원사, 마술사는 성숙한 남성의 원형으로 처녀, 어머니, 노파로 체현되는 여성적 원형의 삼위일체와 대칭을 이룬다. 손 없는 아가씨는 처녀를, 왕의 어머니는 어머니와 노파를 체현한다. 소녀의 변신에 기여하는 등장인물들을 통해 여성 심리의 다양한 측면들을 살펴보자.

소녀, 득도의 길에 나선 무지한 영혼

소녀는 전에는 무지했으나 이제 깨달음의 길에 나선 심리의 측면을 나타낸다. 부드러운 겉모습 뒤에는 전사나 여걸 같은 측면이 숨어 있다. 그녀는 외톨이 늑대 같은 강인함을 지닌 존재로 아픔이나 배신, 고통, 외로움에도 굴하지 않고 지하 세계를 헤매다가 새 힘을 얻어 세상으로 돌아온다. 그녀가 처음 지하 세계에 내려갔을 때는 의식하지 못했지만 사실 그녀는 늙은 야성의 어머니, 즉 여걸의 가르침을 따르고 있다.

지혜로운 인도자, 흰옷 입은 정령

전설과 동화에서 흰옷을 입은 정령은 대체로 지혜로운 인도자이자 안내자를 의미한다. 삶/죽음/삶의 여신들로 나오는 이들도 눈부신 흰옷을 입고 있다. 원형 심리학에서 흰옷 입은 정령은 삶/죽음/삶의 여신의 보조자임을 시사한다.

정원사, 생명을 되살려내는 원동력

정원사는 씨앗과 뿌리 등을 보관했다가 되살려내는 일을 한다. 이런 점에서 호피 인디언의 코코펠리와 흡사하다. 코코펠리는 봄마다 마을에 와서 곡식을 영글게 하고 여성들을 풍요롭게 해주는 곱사 정령을 가리킨다. 정원사는 사물을 부활시키는 역할을 하기도 한다. 여성의 심리는 끊임없이 새로운 에너지를 심고, 단련하고, 거둬들임으로써 늙고 닳아빠진 것들을 대체시킨다. 저절로 닳아 없어진 심리의 측면을 보충하기 위해서는 언제나 새로운 에너지를 만들어내야 하는데, 그것이 바로 정원사의 역할이다. 그는 심리 안에서 일어나는 변화를 기록하고 새로운 에너지를 공급한다. 심리 안에는 항상 새 생명이 태어나고, 묵은 것이 죽어 없어진다. 새로운 생각과 에너지들이 끊임없이 나타났다 사라진다.

왕, 지하 세계의 지혜의 보고

왕은 지하 세계에 있는 지혜의 보고를 상징한다. 영적인 지혜를 세상에 나가 자신 있게 실행할 수 있는 능력을 지녔다. 여왕 혹은 노파의 아들로 지혜의 상실·죽음·부활이라는 심리의 변모 과정에 관련이 있다. 주인공을 찾는 과정에서는 소녀처럼 야성적인 존재로 변했다가, 소녀를 찾는 순간 일종의 부활을 경험한다. 이는 심리적으로 그때까지 중요했던 것을 떨쳐버리고 새로운 것을 터득하는 순간이다. 또 구태의연한 태도를 버리고 잊고 있던 본래의 시각을 회복하는 순간이기도 하다. 이런 의미에서 왕은 여성의 심리에서 태도의 혁신을 상징한다.

마술사, 여성의 신비스러운 본능

마술사는 왕이 본 것을 해석해주는 역할을 하는 존재로 여성의 진정한 힘을 상징한다. 여성의 본능은 놀라운 능력들이 있다. 잊고 있던 것을 일순간에 기억한다든지, 먼 데서 일어나는 일을 안다든지, 눈에 보이지 않는 것을 이해한다. 마술사는 이런 능력을 상징하는 동시에, 여성들이 이런 능력을 잃지 않도록 도와주는 역할을 한다. 마술사는 여성일 수도 있고 남성일 수도 있지만, 이 이야기에선《푸른 수염》에 나오는 신부의 오빠처럼 남성의 형태를 띤다. 그러나 여성들의 꿈에서 마술사 원형은 여성으로 나타나기도 하고, 동물이나 광물, 혹은 노파로 나타나기도 한다.

왕의 어머니, 천적의 간계를 간파하다

왕의 어머니로 나타나는 노파 원형은 풍요와 생산성을 상징할 뿐 아니라 천적의 간계를 꿰뚫어보고 저주를 완화하는 능력을 지닌 존재다. 이때 '풍요'란 기름지다는 뜻 말고도 마치 흙처럼 무언가를 심고 생산하는 능력을 의미한다. 또 반짝이는 검은 흙, 털로 뒤덮인 검은 뿌리, 예전에 살다 죽어 땅에 녹아들어 있는 모든 생물을 상징한다. 이런 의미에서 풍요는 씨앗을 가리킬 뿐 아니라 이를 심고 배태하고 구원하는 힘을 지닌 토양을 가리킨다.

악마, 영혼을 죽이는 심리의 천적

이 이야기에서 악마는 여성의 본능에 맞서 심리의 발전을 저지하고 모든 영혼을 죽이려는 심리의 천적을 상징한다. 악마 원형은 여성 심리 가운데 생명의 원천과는 완전히 동떨어진 힘으로 반드시 굴복시켜야 한다. 이 악마 원형은 이른바 '대체 영혼(alter-soul)'과도 다른 존재다. 나는 여성의 심리에서 보채고 유혹하는 본성을 가리킬 때 대체 영혼이라는 이름을 사용한다. 대체 영혼은 저항하지만 긍정적이다. 종종 여성의 꿈에 자유자재로 둔갑하는 노파로 나타나며, 때로는 압력, 때로는 격려를 줌으로써 본연의 야성을 되찾아 지하 세계로 내려가게 한다.

방랑자를 기다리고 있는 지하 세계

지하 세계의 과수원에는 양성의 여러 힘들이 모여 소녀를 기다리고 있다. 이처럼 여러 힘이 모이면 불을 일으키는 부싯돌 같은 힘이 생긴다. 그리하여 심리 안에도 여러 가지 변화가 일어난다. 직관과 지혜 등 참된 에너지를 얻게 되는 것은 서로 다른 여러 힘이 모여 우리에게 압력을 가할 때이다.

이 이야기에서 과수원의 배는 지하 세계를 여행하는 이의 허기를 덜어주는 과실로 등장한다. 전통적으로 배는 사과나 무화과, 복숭아와 더불어 자궁을 상징한다. 이 과일들은 모두 안팎이 있고 안에는 생명이 될 씨앗이 있다. 배는 원형적으로 새 생명의 탄생, 즉 새로운 자아의 씨를 상징한다.

신화나 동화에서 배는 '위대한 어머니'나 '야성적인 어머니', 그리고 왕과 신하들의 영향권 아래 있다. 왕이 배의 개수를 헤아린 것은 심리가 변화하는 과정에서는 모든 요소가 중요하기 때문이다. 그런 과정에서는 모든 것이 기록되고 계산되고 통제된다. '야성적인 어머니'는 자신이 지닌 변형의 자원이 얼마인지 정확히 알고 있다. 왕이 배의 수를 헤아린 것은 새로 지하 세계에 들어온 이가 있는지 알아보기 위해서다. 영적 세계는 언제나 새로운 구도자와 방랑자를 기다리고 있다.

소녀가 과수원에 들어갔을 때 배를 따먹을 수 있게 가지를 늘어뜨려 준 나무는 모든 자원과 힘을 모으기 위해 과수원 전체에 울려 퍼지는 종소리와 같다. 왕, 마술사, 정원사, 왕의 어머니 등 모두가 그녀를 맞이하고, 격려하고, 도와준다.

여기 나오는 세 남성, 즉 정원사, 왕, 마술사는 지하 세계를 여행하는 여성을 지켜보면서 질문하고 도와주는 힘을 상징한다. 여성 심리에서 왕의 측면은 배가 하나 없어진 것을 보고 과수원에 변화가 일어났음을 알아챘다. 왕이 심리의 마술사를 부르고, 이 마술사는 잠재의식의 여러 요소들 사이의 차이를 알아내기 위해 질문을 던진다.

소녀는 흰 옷 입은 정령과 함께 과수원 길을 가로막는 연못의 물을 비우고 과수원으로 들어온다. 이 연못은 그리스 신화에 나오는 스틱스 강처럼 죽은 자에게 쉴 자리를 제공하고 삶의 완결을 표시해준다. 그러나 살아 있는 여성이 그 옆에 너무 오래 머물면 영적으로 권태나 나태에 빠질 우려가 있다.

소녀는 죽은 자들의 휴식처인 잠재의식의 세계를 지나간다. 이때 그 물을 마시거나 물에 들어가서는 안 된다. 정령이 연못의 물을 빼는 것은 바로 그 때문이다. 지하 세계로 내려가는 여성들은 간혹 자신도 죽은 이들처럼 휴식을 취해야 한다는 착각에 빠진다. 그럴 때는 유혹을 떨치고 얼른 다음 단계로 넘어가야 한다.

심리의 지하 세계를 여행하는 여성들은 온갖 책임과 귀찮은 과업으로 가득 찬 속세를 떠나는 것이 최상의 방법이라는 망상에 빠지는 경우가 더러 있다. 이때 속세는 지하 세계를 여행하는 여성들의 발목을 감는 밧줄로, 우리가 망상에 빠지지 않도록 제어하는 역할을 한다.

소녀가 배를 먹는다는 것은 삶과 죽음의 비밀을 맛본다는 의미이기도 하다. 과실은 개화, 성장, 성숙, 퇴화를 상징하는 존재로 이를 먹는다는 것은 끊임없이 삶과 죽음이 되풀이되는 삶/죽음/삶의 비밀을 체득함을 의미한다.

심리의 배를 먹는 행위는 창조적 욕망을 충족시킴을 뜻한다. 곧 글을 쓰고, 그림을 그리고, 조각을 하고, 직물을 짜고, 새로운 창작품을 발표하고, 변호하고, 옹호하고자 하는 모든 창조에 대한 욕망 말이다. 자라서 열매를 맺고, 우리에게 양분을 제공한 다음 다시 시들어 가는 과정은 우리를 사랑하는 심리적 나무의 본성이기도 하다. 그것이 배가 됐든, 나무가 됐든, 과수원이 됐든 우리가 일단 만물의 주기성을 깨닫고 나면 어떤 상황에서도 그 패턴이 되풀이되리라는 믿음이 생긴다. 이는 또한 우리가 죽어가는 것을 변모시켜 새로운 자원으로 활용할 수 있음을 의미한다.

또다시 나락에 빠지다

왕은 어머니에게 왕비를 부탁하고 아이가 태어나면 연락하라고 한 뒤 먼 길을 떠난다. 왕은 왜 갑자기 먼 길을 떠난 걸까? 주인공의 남편인 왕 또는 귀족이 갑자기 먼 길을 떠나는 에피소드는 동화에 흔히 나오는 장면이다. 이는 주인공을 돕는 힘이 잠시 물러감을 뜻한다. 이 이야기에서는 왕의 어머니가 대신 주인공을 돌본다.

소녀가 왕의 아이를 잉태했다는 것은 정신적 성장을 계속할 경우 얻게 될 새로운 삶을 품었음을 의미한다. 그녀의 삶이 다시 위기에 처하고 나락에 떨어지는 듯 보이는 것은 그녀 안에 새로운 생명이 넘치고 있기 때문이다. 처음의 위기와 달리 이번에는 내면의 남성적 힘과 늙은 '야성적 자아'가 그녀를 돌봐준다.

지하 세계의 왕과 왕비 사이에서 태어난 아이는 지하 세계 특유의 날카로운 감각을 지니게 된다. 그러나 아직 또 한 번의 '변신의 과정'을 거쳐야 하는 잠재적인 존재이기도 하다. 지하 세계를 여행하는 여성들이 엄청난 계획을 생각해내는 것은 바로 이 단계이다. 새롭고 참신한 생각으로 넘쳐나는 바로 그런 때이다.

심리적 아이를 잉태한 여성들은 내내 얌전히 살다가 중년 무렵 별안간 일을 벌인다. 마흔다섯에 갑자기 알프스 산을 오르는가 하면, 대학에 입학하기도 한다. 안전하지만 무의미한 일을 하며 시간을 낭비하던 과거를 버리고 좀 더 의미 있는 일들을 향해 길을 떠나는 것이다.

아이를 낳는다는 것은 여러 요소가 통합된 전인적 자아로 거듭남을 상징한다. 지하 세계의 새 생명이 태어나기 전 단계에 있는 여성들은 내면에 있는 모든 힘들이 자기 삶을 들락거리는 나그네처럼 느껴질 것이다. 그러나 심리의 아이를 탄생시킨 뒤에는 삶에서 벌어지는 모든 일들이 자신의 일부임을 깨닫고 바람직하지 못하거나 두려운 요소 또한 자기 것으로 받아들이게 된다. 자기 내면의 모든 요소를 너그럽게 받아들이고 스스로의 성장과 발전에 이용하게 된다.

우리 내면에 새로운 자아가 탄생하려 할 때는 지금까지의 생활이 왠지 불만족스럽게 느껴지고 마음 또한 어수선해진다. 이것은 애인이나 직업, 혹은 돈으로 충족할 수 없는 영적인 굶주림이다. 이때는 차분히 새 아이, 새로운 삶의 탄생을 기다리는 수밖에 없다. 시간이 흐르고 지하 세계를 계속 여행하다 보면 분명 아이가 태어날 시기가 온다. 이처럼 새로운 영적 세계의 탄생을 기다리는 여성들은 새 아이나 집 등 새 삶을 얻는 꿈을 꾸는 경우가 많다.

왕이 전쟁에 나간 사이 소녀는 왕의 어머니와 함께 머문다. 이때 어머니는 늙은 현자로서, 여성의 잠재의식 안에 있는 데메테르 같은 모성과 헤카테 같은 노파 원형을 나타낸다. 소녀와 왕의 어머니의 관계는 여성의 잠재의식 안에 있는 처녀, 어머니, 그리고 치유력을 지닌 노파의 상호작용을 상징한다.

왕의 어머니는 소녀가 아이를 낳자마자 왕에게 사자를 보내 소식을 전한다. 그러나 사자는 강가에 이르러 잠이 들고, 이때 나무 뒤에 숨어 있던 악마가 나타나 그 소식을 바꿔 버린다. 이는 지하 세계를 여행하는 소녀에게 또다시 닥칠 어려움을 예고한다.

그리스 신화를 보면 지하 세계에는 망각의 강 레테가 있다. 이 강물을 마시는 사람은 삶의 모든 기억을 잃게 되는데, 심리적으로는 자기 삶의 현실을 망각함을 의미한다. 왕의 사자는 소녀의 새로운 의식 세계와 현실을 이어주고 힘이 되어주어야 하는데, 아직은 새로 태어난 아이가 파괴적이고 유혹적인 힘의 도전을 이겨낼 능력이 없다. 그래서 왕의 사자는 망각의 강가에 누워 잠들어버린 것이다.

다른 버전에서는 악마가 왕의 어머니가 보낸 사자를 사주하여 이런 말을 고하게 한다. "왕비가 개와 교접해 반은 사람이고 반은 개인 아이를 낳았습니다." 이는 결코 우연이 아니고, 유럽과 아시아에 널리 퍼져 있던 여신 숭배 종교의 잔재로 보인다. 고대인들은 머리가 셋 달린 여신을 숭배했다. 헤카테, 바바 야가, 마더 홀레, 베르히타, 아르테미스 등은 모두 동물과 관련이 깊다.

　이러한 고대 종교들은 여성들을 깨달음에 이르게 하고, 평생 영적으로 단련하도록 가르쳤다. 이 이야기처럼 왕비가 낳은 아이가 반은 사람이고 반은 개라는 악마의 거짓된 증언은 고대의 여신 숭배 사상이 이상하게 왜곡된 것이다. 새로운 종교들은 고대 종교의 여신들이 동물과 교접했고, 신자들에게도 그렇게 가르쳤다고 왜곡함으로써 여신들의 신성을 모독했다. 《푸른 수염》에 나온 천적은 여성의 생각과 감정을 말살하려 했는데 이 이야기에 나오는 악마는 그보다 더욱 교활해 살아나가는 데 필요한 도덕적 권위, 폭넓은 시각 등을 얻는 데 없어서는 안 되는 인지력과 판단력을 왜곡하고 있다. 《푸른 수염》에 나오는 천적이 모든 여성을 죽이려고 한데 비해 이 이야기에 나오는 천적(악마)은 여성을 살려두는 대신 여성과 여걸과의 결합을 막으려 한다.

악마의 그럴싸한 거짓말을 조심하라

　우리 문화의 많은 부분이 아직도 여성들의 영적 생활을 막고 있다. 우리 사회의 악마는 이런 저런 것을 없애고 잘라내어 여성들이 야성을 회복하지 못하게 한다. 그래서 무수히 많은 여성들로 하여금 두려움에 싸여 방황하도록 강요하는 것이다.

　천적은 외롭고 굶주린 영혼뿐 아니라 깨달음에 이른 여성에게도 접근한다. 악마의 이런 행태는 어머니에게서 딸로 이어지는 전통의 파괴에서 가장 잘 나타난다. 악마는 다양한 육체적 경험이 아름답고 신성한 것이라는 고대의 가르침을 잊게 한다. 경이로움 대신 치욕감을, 힘 대신 무력감을 느끼도록 조장한다. 문화의 악마가 지어낸 이런 거짓말을 어머니는 아무 생각 없이 딸들에게 전한다. 이로써 딸들은 치욕감과 죄의식에 싸여 살게 된다.

심리나 사회에 이런 천적이 나타나기 전에 여성들은 날카로운 예지와 판단력을 길러야 한다. 자신의 마음을 지키고, 천적의 그럴싸하지만 위험하기 짝이 없는 거짓에 속아 넘어가지 않도록 조심해야 한다. 그러나 천적의 힘이 너무 강하고 야성적인 영혼이 극히 부족한 사회는 사회적·종교적으로 뒤틀려서 자연스러운 것을 이상한 것으로 왜곡한다. 본능에 대한 엉뚱한 선입견을 갖게 하고, 신중함과 현명함을 빼앗고, 부자연스러움과 고통스러움을 준다.

악마가 거짓말을 늘어놓고 진실을 왜곡해도 왕의 어머니는 왕비를 보호할 것이다. 아무리 사회적·문화적 압력이 거세어도 현명한 어머니는 딸의 본성을 억누르지 않는다. 진실을 말하게 하고, 약한 척하거나 남을 이용하지 못하게 할 것이다. 왕의 어머니는 왕의 명령을 어길 경우 뒤따를 벌을 두려워하지 않고 현명한 길을 택한다. 천적의 속임수에 넘어가지 않고 더욱 현명하게 행동한다. 무엇이 중요한지 알고, 여성들이 건전하게 발전하도록 돕는 야성의 어머니다.

왕비가 아기를 낳았다는 소식을 전할 사신이 파견되자마자 악마가 나타나 그를 유혹한다. 악마는 원래 빛을 보면 나타나는데, 새 생명보다 아름다운 빛이 어디 있겠는가? 심리에는 새로 태어난 요소를 왜곡하고 끌어내리려는 측면이 존재한다. 지하 세계를 여행하는 여성은 심리 안에 아름다운 것이 태어나면 잠시나마 이를 시샘하고, 오해하고, 경멸한다.

이 이야기는 그런 현상에 맞설 방법을 알려주고 있다. 즉 자신이 소명감과 활력을 잃고 어쩐지 중심을 잃었다고 생각되면 심리 안에 있는 천적을 찾아내라. 우리는 이 위기를 극복할 힘이 있다. 더군다나 왕과 왕의 어머니가 모두 우리를 응원하고 있지 않은가.

　설사 악마가 나타나지 않았더라도 왕의 어머니는 주인공을 또 다른 깨달음의 장소로 내보냈을 것이다. 지하 세계를 여행하는 여성은 나름의 교훈과 위험이 있는 깨달음의 장소를 몇 곳 지나친다. 악마는 이를테면 그 다음 장소로 가도록 재촉하는 역할을 한다.

　아이를 낳은 산모는 대개 일정 기간 지하 세계와 연관된 존재로 간주된다. 지하의 먼지와 물로 뒤덮인 산고를 치르는 동안 삶/죽음/고통/기쁨의 신비를 경험한 만큼 한동안 이승보다는 지하 세계에 속한다. 왕비는 이런 산모와 비슷하다. 그녀는 지하 세계에서 새로운 생각과 시각을 갖게 된 뒤, 베일을 쓰고 다시 길을 떠난다.

　그림 형제의 책에서는 손 없는 아가씨의 아이가 '슬픔'이라는 이름의 남자아이로 등장한다. 반면 여신 숭배 종교에서 지하 세계의 왕과 주인공 사이에 태어난 영적인 아이의 이름은 '기쁨'이다. 야성의 어머니는 주인공에게 두 가지 축복을 내려준다. 어떤 일이 있어도 아이가 계속 자양분을 취할 수 있도록 엄마의 가슴에 아이를 묶어주는 것과, 남들이 아이 엄마를 알아보지 못하도록 베일을 씌어주는 것이 그것이다.

　여성들은 여러 가지 영적 어려움과 유배를 당한 후에도 야성적인 어머니와의 관계에서 나온 풍요롭고 찬란한 고독에 싸여 길을 떠난다. 베일은 우리가 야성적인 어머니의 딸임을 시사한다. 이때 우리는 잠재의식 안에 있는 우리의 거처, 즉 고향을 찾고 있기 때문에 속세의 현란함에 흔들리지 않는다. 꽃이 만발한 과일나무들이 아름다운 베일을 뒤집어쓴 형상이듯 베일을 쓴 우리도 우리의 숲을 찾아 떠도는 꽃핀 사과나무라 할 수 있다.

고대 여성들은 부드럽고도 힘찬 에너지를 얻기 위해 사슴을 죽이는 의식을 거행했다. 사슴은 지하 세계를 여행하는 여성처럼 혹독한 추위와 기아를 이겨낸다. 어디서나 먹을 것을 찾아내고, 자연의 심오한 주기에 따라 생활한다. 사슴을 죽이는 의식에 참가한 여성들은 야성적인 동물의 에너지를 얻었을 뿐 아니라 죽음에 대한 교훈도 배웠을 것이다.

왕비가 왕의 성을 떠나는 행위 역시 일종의 희생이라 할 수 있다. 이때 우리는 과거에 우리를 보호하고 격려해주던 여러 힘과 떨어지지만 지금까지 배운 여러 교훈을 기억하고 영적 성장을 계속해야 한다. 왕비도 어린아이를 안고 깊고 어두운 숲을 향해 길을 떠난다.

숲속의 객사, 여걸의 영역에 이르다

젊은 왕비는 깊고 울창한 숲에 이르러 이리저리 헤매다가 흰옷을 입은 정령의 도움으로 친절한 산사람들이 운영하는 객사에 도착한다. 거기에는 그녀를 알아보고 환대하는 흰옷 입은 처녀가 있다. 왕비는 거기서 칠 년 동안 행복한 나날을 보냈다. 잘렸던 손도 다시 자라났다.

왕비는 비록 남편과 떨어져 있었지만 고향 같은 곳에 돌아와 칠 년 동안 힘을 되찾고 삶의 풍요를 누렸다. 흰옷을 입은 정령은 숲속을 헤매는 그녀가 가엾어서 숲속의 객사로 안내한다. 이는 지하 세계를 여행하는 여성들에 대한 야성적인 어머니의 무한한 사랑의 표시이기도 하다.

왕비가 지나가는 울창하고 깊은 숲은 원형적으로 볼 때 신성한 깨달음의 장소다. 왕비는 꽃이 만발한 사과나무 같아서 나무가 울창한 이 숲이 바로 그녀의 고향이라 할 수 있다. 그녀는 숲에서 꽃이 피어날 뿌리를 되찾는다.

숲속에서 객사를 운영하는 여인은 누구일까? 흰옷을 입은 정령처럼 그녀 역시 머리 셋 달린 여신의 한 부분이다. 이 이야기가 원래의 형태를 유지하고 있다면 객사에는 틀림없이 친절하고 씩씩한 노파가 살고 있을 것이다. 흰옷을 입은 처녀는 《바살리사 이야기》의 바바 야가와 같다. 바바는 바살리사를 처음 만났을 때, "오, 그래, 난 너희 가족을 알고 있다."라고 말했다. 이처럼 숲속 객사를 운영하는 처녀도 왕비가 들어서자마자 그녀를 알아본다.

이야기는 이 시점에서 다시 끊어진다. 즉 우리는 왕비가 칠 년 동안 무슨 일을 하고 무엇을 배웠는지 전혀 모른 채 그저 그녀가 잘 쉬고 힘을 되찾았다는 말만 듣는다. 이는 고대 신앙들이 흔히 그 가르침을 비밀로 지켰기 때문일 수도 있지만, 원래 책에는 그녀가 매년 한 일이 나와 있을 가능성이 많다. 심리에서는 영원히 사라지는 것이란 없는 법이다. 이야기에 나와 있는 얼마 되지 않는 정보를 근거로 그녀가 어떻게 살았는지 대강 짐작해볼 수 있다.

여성의 삶은 칠 년을 주기로 달라진다. 이 주기는 여성의 실제 나이와 평행을 이룰 수도 있지만 반드시 일치하지는 않는다. 여성의 삶은 아주 오래전부터 주로 신체의 변화에 따라 여러 단계로 달라졌다. 이 단계들을 신체적 · 영적 · 감정적 · 창조적 삶에 따라 나눠본다면 앞으로의 일을 예견하는 데 길잡이가 될 것이다.

여성들의 동요나 갈망, 혹은 변화와 성장을 잘 지켜보면 예부터 전해온 이 패턴을 어렴풋이 짐작할 수 있다. 이 단계들은 서로 다르지만 모두 완결, 성숙, 죽음, 신생의 주기라는 공통점을 갖고 있다. 왕비는 숲에서 칠 년을 살면서 이 단계들에 대해 배웠을 것이다.

여성의 연령기	특징
0~7	신체와 꿈/사회화의 단계지만 상상력을 유지함
7~14	분리의 단계지만 이성과 상상을 조합함
14~21	새로운 육체/사춘기/개화의 단계지만 관능을 보호함
21~28	새로운 세계/새로운 삶/여러 세계를 탐색
28~35	어머니의 나이/남과 자신을 양육하는 길을 배움
35~42	탐구자의 나이/자아를 기르고 찾음
42~49	노년기의 초기/먼 곳에 있는 근거지를 찾기/남에게 용기를 줌
49~56	지하 세계의 나이/그 영역의 언어와 의식을 배움
56~63	선택의 나이/자기 세계와 앞으로 할 일을 찾음
63~70	파수꾼이 되는 나이/지금까지 배운 것을 재정리함
70~77	다시 젊어지는 나이/노파의 특징을 더 많이 갖게 됨
77~84	영적인 나이/작은 것의 소중함을 알기
84~91	심홍색 실을 짜 넣는 나이/삶의 짜임을 이해하기
91~98	초월의 나이/말이 줄고 존재가 증가함
98~105	공기와 숨결의 나이
105	초시간적인 나이

본능의 숲을 되찾은 야성의 신랑과 신부

전쟁에서 돌아온 왕과 그의 어머니는 악마가 자신들의 전언을 왜곡했음을 깨닫는다. 왕은 식음을 전폐하고 왕비와 아이를 찾으러 나선다. 칠 년 동안 가족을 찾아 헤매는 동안 그의 손은 거칠어졌고, 수염이 이끼처럼 무성하고 눈에도 핏발이 섰다. 칠 년이 지나서야 왕비가 머무는 객사를 찾아낸 왕은 아내와 아이를 되찾고 산사람들에게 성대한 잔치를 베풀어준 다음 왕비와 함께 성으로 돌아와 다시 결혼식을 올린다.

지하 세계로의 하강을 계속해온 손 없는 아가씨는 이 시점에서 강력한 영적 힘들을 한데 모은다. 왕(아니무스), 아이(자아), 왕의 어머니(경험 많은 야성적인 어머니), 객사의 흰옷 입은 아가씨(깨달음에 이른 처녀)의 네 가지 힘이 이제 그녀의 심리를 인도한다.

부부의 재결합이 이루어진 것은 왕의 방랑 덕분이다. 왜 왕은 방랑의 길을 떠났을까? 왕인 그가 왜 직접 그녀를 찾아 헤매야 했을까? 그 이유는 원형적인 왕조차도 영적인 일을 해야 하기 때문이다. 이 이야기의 심오한 진실은 심리의 한 측면이 바뀌면 다른 부분도 변해야 한다는 것이다. 이제 왕비는 나약한 방랑자가 아니고, 모든 면에서 여성의 길을 터득한 존재다. 야성적인 어머니의 이야기와 가르침을 알고 있고, 새로운 손도 생겼다.

왕 또한 고난을 통해 자신을 계발해야 한다. 그는 야성적인 어머니로부터 그들이 악마의 속임수에 넘어갔다는 말을 듣고 왕비가 예전에 그랬듯이 자신을 찾기 위해 방랑의 길에 오른다. 그는 손을 잃지는 않았으나 왕비와 아이를 상실했기 때문에 왕비가 먼저 간 길을 따라 7년 동안 헤맨다.

왕과 왕비 모두 깊은 숲속을 헤매는 것은 당연한 과정이다. 깨달음은 야성적인 숲, 즉 여걸의 곁에서만 얻어지기 때문이다. 깨달음에 도달한 여성들은 지상에서도 지하 세계에 대한 애정과 거기서 배운 교훈을 표현하는 경우가 많다. 심리적으로 그런 여성은 모닥불처럼 그윽한 향기를 뿜어낸다.

기나긴 깨달음의 과정을 겪는 여성들이 세상에서 당면한 과제를 잘 감당해내는 것을 보면 놀라지 않을 수 없다. 지하 세계를 여행하면서도 애인을 사귀고, 아이를 낳아 기르고, 예술 작품을 만들어내고, 글을 쓰고, 요리를 한다. 그러나 이들은 종종 갈등을 느낀다. 해야 할 일을 미루지는 않지만 순간순간 뛰쳐나가고 싶은 충동을 느낀다. 숲속에 뛰어들고 싶고, 산 정상에 올라 바람을 쐬고 싶기도 한다. 그런 충동에도 불구하고 대부분의 여성은 자신의 책임과 의무를 잘 수행한다. 이처럼 세상은 지하 세계를 여행하는 여성에게 적당한 압력을 가해 거기 너무 빠져들지 않게 균형을 잡아주는 역할을 한다.

왕은 아니무스를 상징하는 존재로 나름의 변신을 거쳐 마침내 왕비와 아이(자아)와 재결합한다. 그리고 모든 것을 인고하고 재기와 지혜로 이들을 도와준 어머니에게 돌아가 서로 아끼고 사랑하며 살아간다. 이들은 다 함께 늙어간다.

영혼을 사로잡으려는 악마의 시도는 실패로 돌아가고, 영혼은 갖가지 시험과 고난을 거쳐 목적지에 이른다. 여성들은 대체로 7년마다 이런 주기를 맞는다. 그리고 이런 주기를 거치고 나면 아무 때나 이런 일들을 골라 수행함으로써 영혼을 강화하는 데 이용할 수 있다. 영혼을 강화하기 위해 다음을 참고하기 바란다.

- 심리의 부모를 떠나 남들의 도움에 의지해 심리의 지하 세계로 내려간다.
- 살아오면서 맺은 나쁜 계약으로 인한 상처를 붕대로 싸맨다.
- 심리적으로 굶주리며 헤매다가 자연에서 양분을 얻는다.
- 야성적인 어머니를 만나고 그녀가 주는 음식을 먹는다.
- 자신을 보듬어줄 지하 세계의 아니무스를 만난다.
- 여성 본능의 과수원(다양한 에너지)을 발견한다.
- 영적인 아이-자아를 배태하고 낳는다.
- 오해로 인해 사랑하는 이와 헤어지는 과정을 꿋꿋이 견딘다.
- 재와 오물과 흙먼지를 뒤집어쓴다.
- 참고 기다리며 직관, 지혜, 손의 힘을 되찾는다.
- 영적인 아이를 제외한 모든 것을 잃어도 여행을 계속한다.
- 아니무스의 야성과 본연의 힘을 되찾아주고 그와 사랑을 나눈다.
- 경험 많은 야성적인 어머니, 새로 태어난 아이-자아 앞에서 야성의 신랑과 다시 결혼한다.

《손 없는 아가씨》는 현실을 살아가는 여성들에 대한 이야기로 여성들은 본질적으로 몇 번이고 심리의 지하 세계로 하강해야 함을 보여준다. 우리의 심리와 영혼은 심리의 숲을 여행하고 있다. 가끔은 가던 길을 멈추고 야성적인 어머니의 음성을 들으며, 영적인 과실에서 양분도 얻는다. 그리고 결국엔 사랑하는 모든 것들과 다시 만날 것이다.

처음으로 여걸과 함께 사는 여성들은 한동안 어려움을 느낄지도 모른다. 이때 필요한 것이 무한한 인내심이다. 인내심을 지킬 때 상처받은 본능이 치유되고 순진함도 버릴 수 있다. 또 심리와 영혼의 심오한 진실을 배우고, 배운 것을 지키며, 소중한 것을 과감히 주장할 수도 있다. 지하 세계로의 여행을 마치고 나온 여성은 겉으로는 그대로지만 내면적으로는 엄청난 여성 본연의 야성을 체득한다. 겉으로 보기에는 상냥하지만 속에는 분명 늑대와 같은 야성이 꿈틀댈 것이다.

◆ *Chapter 15* ◆

여걸의 뒤를 밟는
깊은 영혼의 노래

수천 년간 우리를 미행해온 야성의 그림자

　미행이란 너무도 가벼운 손놀림과 발걸음으로 마음껏 숲속을 활보하며 무언가를 주시하면서도 어느 누구의 눈에도 띄지 않는 것을 말한다. 늑대는 자기 영역을 침범하는 존재의 뒤를 그림자처럼 좇는다. 번개처럼 나타났다 연기처럼 사라지고, 다시 나타나면서 침입자에 대한 정보를 수집한다.

　늑대처럼 몸짓이 부드러운 짐승도 없다. 늑대가 움직이는 소리는 마치 수줍은 천사의 소리마냥 나긋나긋하다. 무언가 낯선 대상을 발견하면 우선은 뒤로 물러나 조용히 뒤를 밟는다. 그러다 갑자기 그 대상 앞에 나타나는데, 나무 뒤에서 얼굴을 반쪽만 내밀고 금빛 눈으로 재빨리 상대를 응시한다. 그리곤 돌아서서 연기처럼 사라졌다가 다시 그 앞에 나타난다. 이것이 바로 미행이다.

여걸은 수천 년 동안 우리를 미행해왔다. 얼핏 나타났다 금방 사라져서 잘 눈에 띄지 않지만, 살아가는 동안 다양한 형태로 수차례 나타나는 것만큼은 분명한 사실이다. 따라서 우리는 여걸이 보이지 않을 때조차 그 잔상에 둘러싸였음을 느낀다. 여걸은 우리를 알고 싶어 하고, 우리가 자신을 따를 준비가 되어 있는지 꿈이나 이야기에 나타나 우리를 꼼꼼히 살핀다. 길을 가다 문득 이상한 느낌이 들면 뒤를 돌아보라. 네 발로 서 있는 아름다운 야성의 그림자가 보일 것이다.

우리는 모두 야성의 향기를 그리워한다

우리는 여걸의 숲에서 태어난 존재로 단순히 그 땅을 지나치는 나그네가 아니다. 여걸의 숲에서 삶을 일구는 주민이 되어야 한다. 그 땅이 우리의 유산이고 고향이다. 영혼의 야성적인 힘이 우리를 미행하는 이유는 무엇일까? 예부터 어떤 미지의 큰 힘이 우리 그림자를 붙잡으면 우리도 그 힘을 얻게 된다는 말이 전해온다. 여걸은 우리의 그림자를 사로잡고 싶어 한다. 그리고 그렇게 되면 우리는 본연의 모습을 되찾게 된다.

대부분의 여성은 이를 두려워하지 않는다. 아니 오히려 그렇게 되기를 꿈꾼다. 지금이라도 여걸의 행방을 안다면 당장 찾아가 그 품에 안기고 싶을 것이다. 자신의 일, 영적인 삶, 여걸의 동굴을 찾아 아래로, 아래로 쉼 없이 내려갈 것이다.

여성은 나이와 상관없이 언제부턴가 야성을 찾기 시작한다. 무언가에 열정을 쏟을 때마다 나를 돕는 야성의 존재를 느끼기 때문이다. 어쩌면 꿈에서 하얀 눈밭에 찍힌 야성의 발자취를 보았을지도 모른다. 아니면 심리적으로, 여기저기 구부러진 나뭇가지가 나뒹굴고, 자갈이 뒤집혀 축축한 면이 위로 나와 있는 것을 보고는 뭔가 축복받은 존재가 지나쳤음을 느낀 적도 있을 것이다. 또 마음속 저 아득한 곳에서 익숙한 숨소리가 들리거나, 땅에서 가벼운 진동을 느낄 때 우리 내면에 뭔가 힘이 넘치는 야성적인 자유 같은 것이 꿈틀대고 있음을 느낄 것이다.

그때 우리는 도망칠 수 없다. 오히려 그 뒤를 따르며 좀 더 잘 뛰어오르고 잘 달리는 법을 배우고, 심리라는 대지의 침입자를 미행하는 법도 배운다. 우리가 여걸을 미행하기 시작하면 여걸 또한 우리를 조용히 미행한다. 여걸이 울부짖으면 우리 역시 서툰 언어로, 잘 알지도 못하는 대상에게 응답한다. 여걸은 우리를 기다리고 우리를 격려한다. 이것이 바로 야성적인 본능의 신비이다. 우리는 완전한 깨달음 없이도 여걸을 알고, 완전한 통찰 없이도 자아 너머에 존재하는 신비스럽고 사랑스러운 힘의 존재를 이해한다.

미국 시인 오팔 화이틀리(Opal Whitely, 1897-1992)는 어린 시절 야성과의 화해에 대해 다음과 같이 표현했다.

> 오늘 나는 초저녁의 어스름 속에서
> 앞 못 보는 소녀를
> 짙은 어둠이 깔리고 그림자가 가득한
> 숲속으로 데리고 가서
> 우리 쪽으로 다가오는 한 그림자에게 인도했다.

그 그림자는 부드러운 손으로
그녀의 뺨을 어루만졌고
그 소녀도 그림자에 대한 두려움을 잊고
그를 좋아하게 되었다.

창조 속에 길게 드리워진 여걸의 그림자

여성은 자신의 그림자를 미행함으로써 오랫동안 잃고 있던 것을 되찾을 수 있다. 우리가 잃었던 보물들은 오늘날에도 우리의 꿈이나 환상, 오래된 동화나 이야기 등 영감에서 우러나온 창작물 속에 긴 그림자를 던지고 있다. 온 세계의 여성들은 모두 과거에 잃었던 보물을 꿈꾸며, 잠재의식에서 솟아나올 새로운 보물을 기다린다. 그들은 모두 같은 꿈을 꾼다. 그들에겐 길을 알려주는 지도가 있고 서로 북돋아주는 동지가 있으며 꿈을 통해 서로 단결한다.

꿈은 잠재의식 속을 파고들어 우리가 잃어버린 것은 물론, 고쳐야 할 것들까지 밝게 비춰준다. 야성적인 꿈의 세계는 전설속의 사라진 대륙처럼 잠자는 우리의 몸에서 솟아나 우리 위에 안전한 고향을 만들어준다. 그리고 이 땅은 우리의 깨달음과 자아의 영역이다.

우리는 여걸의 꿈, 혹은 여걸과 재결합하는 꿈을 꾸고, 그 꿈으로 하루를 살아갈 힘을 얻는다. 밤마다 똑같은 야성의 꿈을 꾸고, 아침이 되면 발은 젖은 흙으로 더러워지고, 머리카락은 바다나 숲의 향기를 머금은 채 잠에서 깨어난다. 그러나 간밤의 야성적인 영역은 잊고 곧 일상 속 새로운 하루로 들어선다. 그리고 세상의 온갖 일에 야성의 숨결을 불어넣는다. 여성의 야성은 삶의 모든 영역에서 힘이 되어줄 뿐 아니라 이를 지탱하는 힘 자체이다.

우리 여성들은 꿈이나 일상에서 자기가 맡은 만큼의 땅을 마련해 모든 사람의 고향을 만들어가고 있다. 그 땅들이 점점 넓어져 언젠가는 하나로 연결될 것이고, 이렇게 연결된 땅은 부활의 땅, 심리적 고향이 될 것이다. 우리 여성들의 삶과 애환, 눈물과 웃음 등 야성적인 지혜가 지배하는 땅이 될 것이다.

여성이라면 누구도 이 일을 회피할 수 없다. 변화는 여성들의 손을 통해서만 이루어질 수 있다. 여성 내면에 있는 현자 또는 여걸이 나아갈 길을 제시해주고 있다. 앞으로 달려가던 여걸은 가끔씩 걸음을 멈추어 우리를 살피며 한참씩 기다려줄 것이다.

모험이나 과감한 도피를 생각하고 있다면 가능한 한 깊이 묻혀 있는 뼈를 파내라. 이 세상 모든 것의 야성적이고 천부적인 성질을 풍요하게 만들라. 사랑과 뛰어난 본능을 이용해 적시에 으르렁거리고, 덤비고, 힘껏 치고, 죽이고, 도망치고, 숨도록 하라. 여걸과 좀 더 가까이 살기 위해서는 지금보다 더 씩씩해야 한다. 좀 더 날카로운 직관으로 더 창조적인 생활을 하며 좀 더 많은 말과 생각을 만들어내야 한다. 그리고 여성들과 더욱 굳게 뭉치고, 남성들에게도 친절해져야 한다. 더욱 큰 목소리로 폐로부터 울려오는 '깊은 노래'를 불러야 한다.

자신이 고대의 상처족의 일원임에 긍지를 갖고, 살면서 받은 상처를 자랑스럽게 내보이라. 치욕감을 떨쳐버리고, 다른 이들의 길잡이가 되어야 한다. 분노 때문에 에너지를 낭비하지 말고 오히려 거기서 힘을 얻도록 하라. 그리고 무엇보다도 여성적인 재치와 기지를 한껏 발휘하라.

좋은 것은 언제나 겉으로 드러나는 법이다. 깨달음은 다 좋지만, 자기 혼자만 알고 있다면 아무 소용이 없다. 자신의 깊은 발자취를 남기고, 자신의 생각을 흔들어내야 한다. 환상을 극복한《반달곰》의 주인공처럼 대담하면서도 참을성 있는 여성이 되라.《성냥팔이 소녀》를 죽음으로 이끈 쓸데없는 망상에서도 해방되어야 한다.

'미운 오리 새끼'처럼 자신에게 어울리는 동지들이 나타날 때까지 참을성 있게 기다려야 한다. '손 없는 아가씨'처럼 인내심을 가지고 숲을 걸어가라. 가능한 한 많이 용서하고 더 많이 창조하라. 지금 내가 하는 행동이 딸과 손녀에게도 큰 영향을 미칠 것임을 기억하라.

본능에 따라 사는 방법은 수없이 많다. 늑대들이 조화롭게 사는 모습을 오랫동안 관찰한 결과 나는 다음과 같은 목록을 작성해보았다. 자신의 상황에 맞게 실천해보기를 권한다.

늑대들의 생활원칙
1. 먹기
2. 쉬기
3. 틈틈이 방랑하기
4. 위풍당당함을 유지하기
5. 자식을 사랑하기
6. 험담은 밝은 데서 하기
7. 듣는 귀를 잘 조율하기
8. 살도 중요하지만 뼈에도 관심을 갖기
9. 사랑하기
10. 종종 큰소리로 울기

■ 나오는 글

이야기는 상한 영혼을 치유한다

    누군가 옛날이야기를 들려줄 때면 계절이나 시간, 혹은 장소에 상관없이 하늘에 별이 반짝이고, 나뭇잎들 사이로 달빛이 스며드는 빛나는 밤이 된다. 이야기가 끝날 무렵이면 날이 밝아 오고, 때로는 별빛의 잔해나 폭풍우의 흔적이 그대로 남기도 한다. 그것이 무엇이 됐든 이야기가 끝난 뒤에 남은 그 파편들이 우리의 영혼을 일으켜 세운다.
    이야기를 하는 시간은 이야기꾼의 감성과 듣는 이의 필요에 따라 결정된다. 물론 특정 시기에만 이야기를 하는 종족들도 있다. 푸에블로 인디언들은 반드시 겨울에만 이야기를 들려주고, 동유럽 사람들은 대체로 추수 뒤에만 이야기를 들려준다고 한다. 원형 심리학이나 심리 치유에서도 이야기를 들려줄 때를 신중하게 결정하는 편이다. 시간, 장소, 듣는 이의 여건, 적절한 이야기는 치유에 매우 중요한 요소다. 때로는 이런 방법이 별 효과가 없을 때도 있다. 이야기는 들려주고 싶다고 나오는 것이 아니라 자기도 모르게 저절로 하는 경우가 많기 때문이다.

　내가 속한 이야기꾼 집단은 한 이야기꾼이 씨앗들(재능 있는 후배들을 말함)에게 자기 이야기를 전수해주는 관습이 있다. 씨앗의 선발 과정은 알려져 있지 않지만, 특정한 규칙이나 규율대로 하는 것이 아니라 대부분 인간관계에 의해 결정된다.

　우리 집단에서 볼 때 이야기는 이야기꾼의 영혼에 새겨진 흐릿한 문신과 같다. 각 이야기에는 부모와 조부모가 들어 있고 심지어는 조상신이 들어 있기도 한다. 이는 이야기꾼이 스승으로부터 그 이야기를 선물로 받거나 전수받았음을 의미한다.

　이야기를 들려준다는 것은 기억을 되살리는 과정으로서 결코 쉬운 일이 아니다. 자기가 들은 이야기를 다른 이야기꾼에게 전해줄 때도, 먼저 그 사람을 잘 알고 이해해야 한다. 이야기를 단순히 오락으로 생각하는 이들도 있지만 본질적으로 이야기는 남을 치유하는 수단에 해당한다. 그 기술을 잘 익히기 위해서는 먼저 자신이 내면에서 잘 소화해 그 이야기를 자기 것으로 만들어야 한다.

　이야기에는 빛 같은 원형적 에너지가 가득 차 있어서 활력이 되고 지혜를 준다. 그러나 환자에게 정확한 처방전이 필요하듯 이야기 또한 엉뚱한 시간과 장소에서 엉뚱한 양을 섭취하면 원하는 효과를 얻기 힘들다. 원형은 우리를 변화시킨다. 따라서 듣는 이를 전혀 변화시키지 못하는 이야기는 실패한 것이다.

　훌륭한 이야기꾼을 보면 뿌리로부터 나무가 자라듯 자기 삶에서 이야기를 만들어내고, 이야기를 통해 스스로 성장하고 변화한다. 이야기를 기르는 것과 이야기를 통해 자라는 것은 전혀 다른 차원이지만 전통적으로는 후자를 이상적으로 여기고 있다.

나는 독자 여러분이 직접 이야기를 경험하기를 바란다. 피와 눈물과 웃음으로 이야기를 기르고 꽃피울 뿐만 아니라, 여러분 자신도 그 이야기와 더불어 활짝 피어나기를 바란다. 그때 비로소 이야기의 치유력을 이해하게 되고 적절한 용도를 알게 될 것이다.

클라리사 P. 에스테스

■ 옮긴이의 글

여성해방은 내 안의 여걸로부터

　수년간의 미국 생활 동안 나는 적지 않은 친구들을 사귀었다. 그러면서 친구들의 개인적인 고민이나 인간관계에 대해 많은 대화를 나누곤 했다. 그때 가장 인상 깊었던 점은, 미국 친구들의 욕구와 우리의 욕구는 다르지 않으나 이를 충족하는 방식이나 거기에 부여하는 의미는 상당히 다르다는 사실이었다. 미국 친구들의 이야기를 듣거나 내가 가르친 학생들의 글을 읽어 보면 그들의 욕구는 우리와 별다를 바가 없었다. 그들 역시 가족들과 원만한 관계를 이루기를 바랐고, 연인으로부터 사랑받고, 인생의 문제를 진지하게 논의할 친구들을 원했다. 또한 자신의 영혼을 정화시켜줄 예술 활동을 갈구하기도 했다.
　에스테스의 《늑대와 함께 달리는 여인들》은 이런 점에서 아주 흥미로운 책이다. 〈뉴욕 타임스 북 리뷰〉, 〈뉴스위크〉 등 여러 잡지와 신문의 통계를 보면 이 책이 출간된 1992년 여름부터 지금까지 그 인기나 판매

부수는 별로 줄어들지 않았다. 뿐만 아니라 샌프란시스코 등 미국 서해안 지역에는 산에 올라가 자연의 정기를 들이마시고, 손에 손을 잡고 빙 둘러서서 그야말로 늑대처럼 울부짖는 등 이 책에서 제시한 가르침을 실천하는 여성 단체들이 무수히 많다고 한다.

이 책이 오랫동안 인기를 끌고 있는 이유는 여러 가지가 있겠지만 먼저, 작가인 에스테스는 30년 넘게 심리 상담을 해온 심리과 전문의이고 그 수강생만 해도 수십만이 넘는다는 점이다. 이는 오늘날 수많은 미국인들이 심리학이나 심리 요법을 개인의 문제뿐 아니라, 서구 사회의 여러 병폐를 해결하는 중요한 수단으로 여긴다는 사실을 반영한다.

이 책은 일본, 이누이트, 멕시코, 동유럽, 미국 원주민 등 세계 곳곳의 이야기를 소개하고 있다. 또한 고대 그리스, 15세기 남미 등 다양한 지역의 설화 및 동화를 흥미롭게 재해석하고 있다. 정신과 의사들을 만나 심리 상담을 받아온 여성들에게도 이 책은 큰 도움이 되겠지만, 경제적 · 문화적 · 사회적 이유로 그런 혜택을 누리지 못한 여성들에게 더욱 유용할 것이라고 생각한다.

이 책에 나오는 여러 지역, 여러 시대의 이야기가 심리 상담에 적용될 수 있다는 것은 저자의 이론에 정당성과 권위를 부여해준다. 또한 이 책을 읽는 독자가 안고 있는 개인적인 문제점이나 고민은 결코 혼자만의 것이 아니라 보편적이고 초역사적인 것일 뿐더러 지극히 정상임을 말해준다.

이 책에는 그동안 여성운동 및 인권운동을 통해 보편화된 진보적인 생각들이 많이 녹아 있다. 특히 서문에서 저자는 다소 격앙된 어조로 오랫동안 압박과 설움에 시달려온 우리 여성의 본능도 이제 자유를 되찾을 날이 도래했다고 주장한다. 이는 사회적 · 정치적 · 문화적 당위가 아니라 여성의 본질(야성)에 대한 진정한 깨달음에서 비롯되는 보편적 · 초시간적 · 필연적 사명이라고 덧붙인다.

저자는 이 책에서 자신의 재능이나 욕구에 어울리지 않는 극히 제한된 삶을 살아가는 여성들에게 이야기를 통해 심리 상담을 해주고 있다. 굴레를 박차고 충실하고 새로운 삶을 개척하라고 촉구하면서 말이다. 시대와 문화가 바뀌면서 여성의 굴레도 다양한 형태로 변화한다. 그러나 저자가 풀어준 굴레의 이야기들은 21세기를 사는 현대의 여성들에게도 똑같이 적용되며 우리의 공감을 끌어내기에 충분하다.

때로는 부모의 무지함 때문에(《푸른 수염》,《손 없는 아가씨》), 때로는 사악한 사회 때문에(《미운 오리 새끼》), 때로는 자기 자신의 나약함이나 어리석음 때문에(《빨간 신》,《성냥팔이 소녀》) 여성들은 공허하고 위험한 가치 체계에 매달려 무의미한 삶을 살게 된다.

저자의 이론은 전통적인 의미에서의 여성해방 운동과는 방법이 조금 다르다. 즉 저자는 여성해방이 사회 개혁이나 정치 혁명이 아닌 개인의 심리적 변혁을 통해 이루어진다고 생각한다. 사회나 문화, 개인을 변용시키는 갖가지 정치 운동 역시 심리적 변혁의 결과나 부산물에 지나지 않는다는 것이 저자의 주장이다. 다시 말해, 심리적 변화 없이는 아무런 변화도 이루어질 수 없다는 것이다.

어쩌면 이런 심리지상주의가 이 책의 대중적인 인기를 이끌고 있는지도 모른다. 미국은 역사적 · 문화적으로 희망, 개선, 자기 개조의 전형적인 무대로 인식되어 왔다. 내 안에 있는 심리의 천적을 퇴치하고, 야성을 되찾기만 하면 모든 문제가 원만히 해결될 거라는 미국 문화 특유의 적극적인 인생관이 독자들의 마음을 움직이고 희망을 주고 있는 것이다.

저자는 여성의 야성이나 이를 체현하는 여걸이 모든 것의 원천이라고 한다. 우주만큼이나 본질적이고 영원불변하며, 죽었다가도 되살아나는 존재, 즉 우리의 이성이나 상식으로 설명할 수 없는 신비로운 존재가 바로 여걸이다. 우리는 이런 엄청난 잠재력을 지닌 존재이므로, 약간 다치거나 좌절한다 해도 거대한 원형적 오뚝이처럼 금방 일어설 수 있다는 것이다.

이런 심리관은 소위 삶/죽음/삶이라고 불리는 주기성 이론과 접목된다. 저자는 세상 모든 것, 즉 우리가 경험하는 모든 물질적·심리적 현상은 삶/죽음/삶의 주기에 따라 존재하고 작용한다고 한다. 살아가면서 겪는 일시적인 패배나 어려움을 포함하여 모든 물질적·정신적 상처는 조만간에 치유되고 보상된다. 이 책이 궁극적으로 말하려는 것도 바로 그런 '희망의 철학'이다.

사실 미국 문화와는 상당히 다른 전통 속에서 성장한 내 입장에서 저자의 지극한 낙관주의는 다소 이질적으로 느껴졌다. 저자는 모든 일이 주기에 따라 나타났다 사라지고, 찼다 기울고, 죽었다 살아나므로 설사 좀 불행한 일이 있더라도 참고 기다리면 '모든 게 잘 될 거라는' 믿음을 가지라고 한다. 물론 심리 상담이나 태도의 변화는 우리에게 새로운 자신감과 적극적인 자기 개혁의 동기를 제공한다. 그러나 제반 여건이나 정치·사회적인 변화 없이 자신의 노력만으로 개인의 삶을 근본적으로 바꾸긴 힘들 것이며, 상황에 따라서는 그런 믿음 자체가 여성들에게 큰 위협이 될 수도 있지 않을까 생각한다.

소설가 토니 모리슨(Toni Morrison)이 《푸른 눈》에서 지적한 바처럼 "사랑은 내가 사랑하는 대상에 따라 달라진다." 내가 아무리 완벽한 연인이 되어도 그 깨달음을 같이 실행해줄 사람이 없다면 무슨 소용이 있겠는가. 내 삶의 참된 변혁은 나 혼자만의 심리적 변화로 성취될 수 없다. 개인의 문제를 사회와 분리해 개인의 태도나 심리의 차원으로 환원해버리는 이런 유심주의는 그런 의미에서 신중히 받아들여야 할 '부분적 진리'라고 생각된다. 물론 야성을 회복해야 하는 원인과 전제가 사회적 억압과 모순이므로 여성학의 외연을 확대한다는 측면에서는 의미가 있다고 본다. 무엇보다 흥미롭게 읽힌다는 것도 이 책의 큰 미덕이다.

저자는 여성의 잠재력에 대해 확고한 믿음을 가지고 있다. 심리적으로 크게 무너졌거나, 심지어 죽었다 할지라도 여성에겐 새 힘을 불어넣어주고 부활을 도와줄 여걸이 존재하기 때문이다. 이런 저자의 믿음이 심리적 혹은 사회적 요인 때문에 위축된 많은 여성 독자들에게 큰 용기를 주고, 새로운 변화의 계기가 되기를 바란다.

2013년 가을
손영미

■ 이 책에 쏟아진 찬사들

나는 이 책을 지인에게 선물로 받았다. 이 책이 필요할 것이라고 그녀는 말했다. 집을 떠나온 지 오래, 무척 지치고 괴로워 마침내 이 책을 꺼내 들었을 때, 난 그녀가 옳다는 것을 깨달았다. 저자가 들려주는 이야기들은 우리의 영혼에 자양분이 되어 더욱 튼튼한 자아를 구축하게 한다. 그녀는 희망을 향해 열린 여성의 심장에 인생의 비전을 준다. 이것은 내가 사랑하는 이들에게 주고자하는 바로 그 책이다.

도로시 앨리슨(페미니스트 이론가, 작가)

영혼의 기도로 가득찬 예언적이고 구원에 빛나는 이 책은 타고난 시인의 작품이다. 영성과 신화와 치유의 언어들 사이를 오가는 유려한 문체를 나는 경외한다. 아무도 이처럼 저술한 적이 없으며, 수많은 사상의 경계선을 넘나든 적도 없다.

캐롤린 포르쉐(시인, 인권운동가)

인간의 천년왕국은 모닥불 주위에 둘러 모여, 힘들게 얻은 지혜를 후대에 전해주고 무한한 가능성의 꿈을 들려주며 이어져 왔다. 현대 사회는 지혜를 '팩트'로만 한정하고, 심지어 그 '팩트'에 여성이 접근하는 것조차 제한하지만 에스테스 박사는 이 모닥불을 되살렸다. 우리 모두를 위해!

글로리아 스타이넘(여성운동가)

이 책은 단지 또 다른 책이 아니다. 깊은 통찰력과 지혜와 사랑의 선물이자 지혜로운 자로부터의 신탁이다.

앨리스 워커(작가)

나는 이 책과 저자에게 감사한다. 이 책은 용감하다는 것, 보살피는 것, 여성인 것이 얼마나 영광스러운 것인지 독자에게 보여준다. 읽을 수 있는 모든 이는 이 책을 읽어야 한다.

마야 안젤루(배우, 흑인 인권운동가)

서정의 힘과 우아한 문체를 지닌 저자는 선인의 지혜에 현대적인 통찰력을 융합하여 영적으로 허기진 영혼들을 위한 의미 있는 책을 펴냈다. 그녀는 남성과 여성 모두를 진실한 영혼의 영역으로 초대하여, 영혼을 치유하며, 일깨우며, 도전케 하며, 서로 이어주며, 웃음 짓게 만든다. 이 책은 세대를 넘어 우리 시대의 심오한 영적 증언으로 기려질 것이다.

매튜 폭스(신학자)

인생의 풍부한 경험과 지혜로부터 에스테스 박사는 새로운 텍스트를 창조했다. 심리학자이자 민담 전래자로서, 그녀는 남성 지배적인 문화의 '만들어진 신화'의 실체를 드러내는 과정에서 우리에게 새로운 길을 제시한다. 그녀가 들려주는 각각의 이야기에서, 우리의 거친 본성을 마주한다면 비로소 자신의 영혼을 새롭게 발굴할 수 있을 것이다. 깊이 있고 용감하고 신성한 이 책을 통해 그녀는 여성들이 두려워하는 것은 물론이려니와 자신이 가진 내면의 힘을 직시할 것을 요구한다. 우리의 내면을 성장시키고 탐색하게 하는 책이다.

테리 템페스트 윌리엄스(환경운동가)

이것은 놀라운 책이다. 저자는 어둡고 칙칙한 핵심 포인트에 돌직구를 날렸다. 그녀에게 감사한다.

나탈리 골드버그(작가)

강력하고도 계몽적이며 여성지향적인 해석으로 가득한, 내면의 영혼을 찾아 헤매는 여성들을 위한 매력적인 스토리 컬렉션.

바바라 워커(여성학자)

저자는 다른 장소, 다른 시간, 오래 억압받아 잊어버렸던 다른 방법들에 대한 기억을 일깨운다. 우리 내면의 심리적 힘을 되찾을 때까지 이야기와 신화를 펼쳐낸다.

필리스 체슬러(심리학자, 여성학자)

신화와 이야기, 그리고 긴 영혼의 대화를 통해 저자는 여성 정신의 알려지지 않은 곳을 소생시킨다. 영감으로 가득찬 따뜻한 책이다

쥴리 캐쉬포드(심리학자)

늑대와 함께 달리는 여성들과 감히 함께 달리는 남성들에게 추천함.

샘 킨(철학자, 하버드대 교수)

에스테스 박사는 정신의 핵심에서 인간 경험의 드넓은 스펙트럼까지 광대한 영역을 넘나든다. 그녀는 날카로운 지성과 영적인 통찰력으로 이 세계의 깊이를 꿰뚫는 시인이다. 그녀는 자신이 인식한 것을 깊이 포용하면서 융합하는 휴머니스트다. 그녀는 얼마나 귀중한 선물인가.

사이콜로지 퍼스펙티브 저널

이 책은 깊은 내면에 관심이 있는 여성에게는 바이블이 될 것이다. 여성이 그녀의 직감적인 자아로 돌아가는 길에 마주치게 될 잘 알려진 함정이나 예상치 못한 함정들에 대한 로드맵이기도 하다. 이 책은 귀중한 선물이다.

로스앤젤레스 타임즈

위기와 실망과 자기방어적 행동들을 다루는 지혜의 조각들.... 이 책은 정신에 깊은 통로를 뚫어 영적인 자유에 새로운 길을 연다.

뉴스위크

이 책은 미국의 문화에 깊은 영향을 끼쳤다. 수천 개의 독자 모임, 세미나, 종교학자들, 정신분석자들, 글쓰기 교사들, 운동선수들, 문학비평가들, 토크쇼 호스트들, 친구

들, 연인들, 예술가와 댄서들, 가끔 미디어를 보는 이들조차 이 책에 대해 토론하였다.

블룸버리 리뷰

정신과 영혼의 관심을 온통 사로잡는다. 여성들은 매번 새롭고도 다른 의미를 찾으며 읽고 또 읽는다.

애리조나 리퍼블릭

이 책은 나이, 인종, 종교에 관계없이 모든 여성을 위한 여성 선언서이다. 거울을 보라! 에스테스 박사는 여성의 동질성이 각각의 차이를 압도한다고 주장한다. 그녀는 여성을 위한 이야기의 구술자이며 멘토이다.

히스패닉 매거진

깊은 영적 감명을 주는 책이다. 저자는 여성 안의 거칠고 슬기롭고 길들여지지 않은 본능에 찬사를 보이며 여성의 영혼에 경의를 표한다.

워싱턴 포스트

■ 색인

ㄱ
간극 이야기: 329
객관적 정신: 48
거미 여인: 117
골족: 42, 43
구혼자 테스트: 166
그림 형제: 24, 382
금발 아가씨: 349
길가메시: 145
까마귀-자아: 168, 169
꿈의 해석: 82, 239

ㄴ
나비 아가씨: 220~222
나비춤: 220, 222
노드: 49
늑대여인: 42, 43
닉스: 46, 122, 132, 304

ㄷ
다이애나: 333

단테: 370
대체 영혼: 375
더러운 여신: 310, 321
데메테르: 52, 122, 311~313, 315, 317, 379
데스칸소스: 339
두르가: 46

ㄹ
라 로바: 27, 42~46, 48, 52, 54~57, 81, 86, 123
라 케 사베: 45, 51, 95, 111, 122
라 후에세라: 43
라케시스: 117
라코타 인디언: 354
로사리오 카스텔라노스: 157

ㅁ
마나: 111
마나위: 137~146, 148
마녀: 6, 24, 27, 45, 97, 113, 115,

117, 253, 266, 309
마리포사: 218, 220
마술 양탄자: 215, 216
말비나 호프만: 223
망각: 82, 340, 342, 343, 379
매개적인 여성: 277
무에르테: 333
물 아가씨: 122
물개 가죽: 253~257, 260, 261, 264, 267, 268
미녀와 야수: 266
미운 오리 새끼: 7, 182, 184~190, 195, 196, 199~203, 205, 206, 395
민속학: 42, 140

ㅂ
바디 토크: 211
바바 야가: 27, 96~102, 104, 109, 110, 113~127, 132, 248
바살리사: 27, 96~105, 107~132, 189, 380, 384

반달곰: 266, 325~327, 329, 332~335, 339, 340, 395
발달심리학: 80
베텔하임: 73
보보: 311, 313~315, 317
보석 아가씨: 167
복부의 여신: 311, 313
본능 심리학: 210
빨간 신: 7, 8, 158, 229~250
뼈 딸랑이: 176

ㅅ
사이코이드 무의식: 48, 49
삶/죽음/삶: 53, 86, 87, 96, 115, 117, 121~123, 127, 132, 151, 152, 156~158, 160, 162~166, 168~174, 178, 180, 294, 302, 305, 370, 373, 377
삼가: 342, 343
상처족: 8, 345, 353, 354, 394
성냥팔이 소녀: 7, 297, 299,

300~302, 395
세 올의 금발: 303, 304
세드나: 154, 160
셰익스피어: 171, 193
소년과 독수리: 66
소피의 선택: 194
손 없는 아가씨/처녀: 28, 355, 356, 370, 372, 382, 386, 388, 395
시간의 어머니: 46
시시포스: 193
신곡: 370
신데렐라: 78
신성한 외설: 308, 309
심리 치료: 74, 146, 203
심리분석학: 19
심리의(적) 천적: 59, 68, 79, 86, 88, 89, 109, 147, 368, 375,

ㅇ
아눌룩: 253
아니무스: 83, 85, 143, 282, 290~294, 296, 299, 304~306, 386~388
아르테미스: 333, 380
아스클레피오스: 176
아이젠하워: 319, 320
알리바바와 40인의 도둑: 78
야생의 여인: 228
야성적인/야성의 어머니: 104, 131, 132, 198, 301, 356, 365, 371, 372, 375, 376, 381~383, 386, 388,
야수 신랑: 75, 76
어머니 콤플렉스: 191, 192
엄지공주: 214
에스겔: 50
엔토자키 샹게이: 223
엘레우시스 제전: 120
여걸 원형: 13, 14, 16, 19, 21, 27, 47, 81, 104, 321, 356
여성의 야성: 23, 79, 91, 115, 235, 394
여성의 양면성: 140, 142, 143, 148
영혼의 피부: 252, 253, 260~263,

268
영혼-자아: 278, 291, 292, 296
오룩: 255, 256~258, 278, 279
외톨이: 188, 195, 199, 200, 372
용서: 20, 145, 193, 233, 340~344, 347, 358, 395
원시 신화학: 25
원형 심리학: 21, 25, 26, 78, 86, 201, 236, 238, 283, 373, 396
융 심리학: 84, 192, 239, 264, 291
은둔자 콤플렉스: 66
음담패설: 308, 315
이난나: 137
이누이트: 152, 160, 168
이드: 17
이시스 여신: 52
이트로포스: 117

ㅈ
자기 성찰: 82
잠자는 숲속의 공주: 188

재니스 조플린: 245
정당한 분노: 336
정신분석: 19, 82
죽음의 여신: 17, 52, 53, 86, 171
중독: 71, 246~248
집단 무의식: 48, 86, 330

ㅊ
초서: 137
초월적 기능: 51
초자아: 108
치유자 원형: 272, 273

ㅋ
캔터베리 이야기: 137
캘리번: 193
켈트: 136, 253
코아틀리쿠에: 46
코요테 딕: 315~317
크로노스: 40
클로토: 117

키체족: 46
키클롭스: 193

ㅌ
타라후마라: 43
탈출 망토: 353, 354
템페스트: 193
토니 모핏: 48
토니 울프: 277

ㅍ
페르세포네: 311, 370
페르소나: 77, 78, 117, 127, 241
푸른 수염: 7, 27, 60~62, 64~69,
　　　　71~74, 78~87, 89, 92, 93,
　　　　142, 374, 380
푸에블로 인디언: 396
푸예: 219
프로이트: 73, 213
피학증: 203
필록테테스: 175

ㅎ
하타르: 214
해골여인: 7, 27, 152~156,
　　　　158~174, 176, 178, 180
헤라클레스: 175
헤카테: 46, 379, 380
헤코텝틀: 333
헤파이스토스: 189, 214
황금 폭포: 176

늑대와 함께 달리는 여인들
원형 심리학으로 분석하고 이야기로 치유하는 여성의 심리

2013년 11월 10일 초판 1쇄 발행
2015년　7월 20일 초판 6쇄 발행

지은이　클라리사 에스테스
옮긴이　손영미
펴낸이　여승구
편　집　오경희
디자인　WOOJIN(宇珍)

펴낸곳　이루

출판등록　2003년 3월 4일 제13-811호
주소　서울 마포구 서교동 410-3 (와우산로 15길 10) 201호 (121-895)
전화　(02)333-3953
팩스　(02)333-3954
이메일　jhpub@naver.com

ⓒ 클라리사 P. 에스테스, 2013

ISBN　978-89-93111-31-6 13180

가격은 뒤표지에 있습니다.